高等院校文化产业基础教材

WENHUA CHANYE

丛书主编 王育济 韩英

海外文化产业概论

李大伟 编著

海峡出版发行集团 THE STRAITS PUBLISHING & DISTRIBUTING GROUP | 福建人民出版社 FUJIAN PEOPLE'S PUBLISHING HOUSE

图书在版编目（CIP）数据

海外文化产业概论/李大伟编著. —福州：福建人民出版社，2017.2

高等院校文化产业基础教材/王育济，韩英主编

ISBN 978-7-211-07545-4

Ⅰ.①海… Ⅱ.①李… Ⅲ.①文化产业—世界—高等学校—教材 Ⅳ.①G114

中国版本图书馆 CIP 数据核字(2016)第 319917 号

海外文化产业概论

HAIWAI WENHUA CHANYE GAILUN

编　　著：李大伟

责任编辑：江叔维

出版发行：海峡出版发行集团

福建人民出版社　　**电　　话：**0591-87533169(发行部)

网　　址：http://www.fjpph.com　　**电子邮箱：**fjpph7211@126.com

地　　址：福州市东水路 76 号　　**邮政编码：**350001

经　　销：福建新华发行（集团）有限责任公司

印　　刷：福州万达印刷有限公司

地　　址：福州市仓山区金山大道 618 号橘园洲工业园 19 号楼

开　　本：787 毫米×1092 毫米　1/16

印　　张：20.75

字　　数：343 千字

印　　数：1—3000

版　　次：2017 年 2 月第 1 版　　2017 年 2 月第 1 次印刷

书　　号：978-7-211-07545-4

定　　价：42.00 元

本书如有印装质量问题，影响阅读，请直接向承印厂调换

序

2004年1月，教育部新设“文化产业管理”本科专业，山东大学历史文化学院成为全国首批承担这一专业的四所院系之一，并于当年实现了本科招生。次年春，山东大学文化产业管理学系成立。

任何一门学科的基础与范式，都只能建立在对研究史的总结之上，这是学科建设的第一块基石。山东大学已故史学名师郑鹤声先生有言：历史系每成立一个教研组，其首要工作必是整理学界相关著述之索引。基于这种办学传统，山东大学文化产业管理学系成立伊始，即会同历史系、档案系、考古系等，着手基础资料库的建设，并渐次启动《中国文化产业学术年鉴1979—2008年卷》的编纂工作。《中国文化产业学术年鉴》按学术编年史的框架，通过“年度学术论著选编”“评价集成与结论”“研究总目索引”等形式，对改革开放30年来中国文化产业研究的学术历程进行了系统的梳理。《中国文化产业学术年鉴》的编纂工作历时7年，出版后获得学术界、文化界的广泛好评，被认为是“涵盖了近30年相关领域中最完整的学术信息和最丰富的理论内容，既包括文化产业的概念、定义、逻辑内涵、行业边际、学科特点等学理方面的研究，又包括中国文化产业的历史、现状、行业模式、区域布局、新兴业态、业内典范等方面的宏观理论、政策和案例研究……近700万字的各类索引，更是为文化产业的学术理论研究和文化产业发展提供了海量资讯”（《光明日报》2010年3月31日）；产业界、政府管理层，甚至央视《新闻联播》等，也对这套历时7年而成的学术年鉴给予了特别关注。

与《中国文化产业学术年鉴》相类似，现由福建人民出版社出版的这套“高等院校文化产业基础教材”，也是山东大学文化产业管理学系成立伊始即已启动，历时多年才完成的一套大学本科基础教材。该教材所对应的都是山东大学文化产业管理专业的核心课程，从最初的备课教案、自编讲义开始，经历过2004年至2012年间的若干轮授课实践和若干轮修改。

同时，这也是目前国内唯一一套由同一所院系的一线授课教师完成的本科基础教材。因而，除了相对严谨、扎实之外，这套教材也非常适合大学本科教学。

作为一套完全由山东大学一线授课教师所完成的教材，自然还会表现出某些“山大特色”，即山东大学师生有关文化产业的某些共识性的理念。

第一，关于“文化产业”自身的发展历程，我们的共识有两点：

1. 认为“文化产品”的历史可以追溯久远，但“产业”意义上的“文化产业”则是现代“工业革命”后形成的一种产业体系。工业革命提供了强大的能源动力，如留声机、照相机、印刷机、播放器、摄影机等可以把一件文化产品按产业的需求海量复制，火车、轮船、飞机又足以把海量文化产品的营销链条无限延展。正是伴随着工业文明体系的建立，才产生了真正产业意义上的现代文化产业。

2. 认为“农业文明”关联的只是“文化产品”，“工业文明”关联的是“现代文化产业”，而数字技术关联的则是“当代文化产业”。数字技术对文化产业的最大影响，就是使文化产品彻底突破了时间与空间的限制，从而创造出巨大的利润，“文化产业”也因此而成为“朝阳产业”“黄金产业”，或“最后一块暴利蛋糕”。但是，这也同时提醒我们，不能笼统地把“文化产业”认定为“朝阳产业”，只有数字技术所催生的“当代文化产业”才是“朝阳产业”。从这一意义上说，以“三屏产品”（电视屏、网络屏、手机屏）为代表的数字文化产业，应该成为当代文化产业发展的主要方向。

第二，关于文化产业的公众认知和理论导向，我们的共识有四点：

1. 认为“文化、创意、财富”是文化产业三个最为本质的表达元素，也是“文化产业”最通俗、最平实的诠释。

2. 认为“文化”经过“创意”而产生“财富”，这之间并不存在“阿里巴巴”式的神话，存在的永远是《资本论》中所描述的从商品到货币的“惊险一跃”。而且，与工业、农业相比，文化产业的市场需求是“弹性”而非“刚性”的，这也就意味着这一产业更大的风险性。因而在宣传文化产业是“黄金产业”“最后一块暴利蛋糕”的同时，更应突出“文化产业的高风险性”这一往往被忽视的观点。

3. 认为文化产业的发展对“文化”始终是一把双刃剑，既有普及、提升文化的功能，又始终包含着强烈的“反文化性”。

4. 高度认同“历史文化资源的丰富是中国文化产业的最大特点和最大

的优势所在”。2002年的中国共产党第十六次全国代表大会，首次在大会报告中提出发展文化产业的战略部署。2003年1月，时任中共中央政治局委员、中国社科院院长的李铁映撰文指出：“中华民族有着五千年悠久的历史和灿烂的文化，其文化累积之丰厚、文化形态之多样和文化哲学之深刻，是世界上其他国家少有的。这是一笔怎么估价也不过分的宝贵的文化资源，是我们得天独厚的优势。对于中国新兴的文化产业来说，启动并整合、包装这些文化资源，就有可能形成具有中国特色的文化产业，并在全球市场的激烈竞争中占有可观的优势。”这些关于中国文化产业优势与特征的科学认识，至今仍然有着强烈的导向意义，当下中国文化产业最现实、最积极的发展策略就是如何将“历史文化资源大国”变为“文化产业强国”。这其中，历史文化资源与数字技术的结合，可能是最值得关注的方向。

第三，关于近30年中国文化产业理论研究的“学理架构”和当下的学科建设，我们的共识有三点：

1. 认为“文化产业”这一概念在近30年的中国出现，并不是对法兰克福学派“文化工业”概念的简单转译，它的生成，可以直接追溯到改革开放之初对知识分子地位的认定：由于当时知识分子已从“臭老九”跃升为工人阶级的一部分，于是各个“知识部门”，如教育、文化部门等，也就与“农业”“工业”一样，成为“一种生产部门，一种产业部门”。正是在这种理论思维的推动下，“第三产业”的概念在1980年前后即为中国学术界所关注。“第三产业”作为一个包含着“知识生产”在内的术语，又直接导致了“文化产业”这一概念的生成。因而早在1981年就出现了“文化的产业化”的说法，出现了“第四产业”与“精神经济学”之间的讨论，至1987年就出现了“文化产业”的概念。尽管当时尚无学者对这一概念进行定义，但是这一概念所具有的“望文生义”的优势十分明显，与中国传统思维的路数亦十分吻合——无需定义和解说，即可粗知内涵。正因如此，“文化产业”这一概念才能超越“第四产业”“精神经济学”，以及后来的“文化工业”“创意产业”“内容产业”“版权产业”等外来概念，被中国学术界和社会普遍接受。“文化产业”这一概念在中国首度出现的时间是1987年，远早于20世纪90年代末才为学界所引介的“文化工业”，因而“文化产业概念的内生性”，是近30年来中国文化产业理论最重要的“学理性起点”。

2. 认为作为国家战略层面上的文化产业发展起始于近十年，但关于文化产业的学术研究则贯彻于近30年。其中重要的节点是：1979年以来经济学界关于"精神产品"和"知识价值"的讨论；20世纪80年代学术界关于"第三产业""第四产业""精神经济学""文化市场""文化个体户与经纪人""文化搭台与经济唱戏""大众消费文化与精英文化"的讨论；20世纪80年代中期"文化产业"概念的首度出现，以及20世纪90年代有关"文化产业""创意产业""版权产业""文化经济学""文化管理学"的诸多讨论；2000年以来关于"文化事业与文化产业"的讨论，以及党的十六大以后国家战略层面上的文化产业研究；等等。对这些节点进行整合性梳理，可以为当下中国文化产业学科奠定坚实的基石，也是创立有中国气派、中国风格的文化产业理论体系的必由之路。

3. 认为文化产业管理专业作为教育部新设的一个十分年轻的应用型专业，就其人才培养目标而言，可以简单表述为：既要有纵贯古今的文化视野，也要有策划经营的文化理念，以及现代产业意识和经营思路的复合型人才。但就课程的设置和教学的重心而言，文化产业管理专业显然应该与具体的工艺美术设计、图书编辑出版、游戏创意、景区规划，以及演艺产业、广告产业、体育产业、旅游产业等有所区别。所以，在文化产业的教学、科研和学科建设中，应该突出"通识意识""学问意识"和"经典意识"，要从学术史的梳理中奠定这一应用学科的学理基础；要引导学生关注工业革命以来有关"文化工业""文化产业"的经典文献，关注近30年来中国学术界在文化与文化产业问题上的深度思考，从而保持大学教育应有的内在思想的活力、反省能力、质疑能力和价值动力。换言之，"文化产业"这一学科所面对的问题可能非常现实、非常政治和非常经济，但大学教育和学科建设仍应该与"现实""政治""经济"拉开距离，要努力建立并坚持大学自身的学术话语，并依据大学应有的治学逻辑设计学科建设的路径。

以上理念和观点主要体现在《山东大学关于增设"文化产业管理"本科专业的建议报告》（2003年）、《山东大学关于建立山东省文化产业研究基地的论证报告》（2003年）、《培养文化产业管理专业的合格人才》（2004年）、《文化产业：学术阐释的原则与目的》（2006年）、《加强文化产业的基础理论研究》（2006年）、《文化·创意·财富：三论"文博会"主题词》（2006年）、《论文化、创意、财富三者之间的关系》（2006年）、《关于文化创意产业的几点认识》（2006年）、《也谈文化与文化产业的关系》（2006年）、《1987：中国文化产业的重要节点》（2009年）、《中国文化产业学术年鉴 2003—2008 年卷出版说明》（2009 年）、《中国文化产业学术年鉴 1979—2002 年卷特别说明》（2009 年）、《文化产业学科建设要有四大意识》（北京大学第七届文化产业新年论坛主题发言）（2010 年）、《济南历史文化资源与文化产业》（济南市政策研究室委托课题结项报告；文化部基层文化干部培训班讲义）（2012 年）、《数字技术与当代文化产业》（济南市第三届青年科学家论坛主题发言）（2012 年）等相关文献和著述中。山东大学的各位同仁在教学和研究中对这些方面的问题思考和讨论也较多，所形成的共识也都以这样或那样的方式渗透、沉淀在这套教材的相关章节之中。这也使得这套教材有了一些区别于其他著述的显著特色。

这套“高等院校文化产业基础教材”的出版，得益于福建人民出版社的全力支持和赖炳伟先生的促成，从选题调研、审定编写提纲、编稿到今天的付梓，时间已过去了一年多，这期间，赖炳伟先生以及责任编辑们的工作热忱和辛劳，感动了我们每一位作者。可以说，没有他们的努力，这套教材可能还会以内部讲稿的形式存在若干年。

《中国文化产业学术年鉴 1979—2008 年卷》的编纂和这套教材的出版，大致夯实了山东大学文化产业学科建设的基础，但能否在这一基础上更筑层楼，显然还有待更多的努力。

是为序。

王育济

2012 年 8 月 23 日

有些 2004—2008 年营出版说明（2009 年）、《中国文化产业蓝皮书》[illegible]
[illegible] 2002 年[illegible]说明》（2010 年）、《文化产业学科建设与管理》[illegible]
[illegible]（北京大学[illegible]文化产业[illegible]主要文章》（2010 年）[illegible]
文化资源与文化产业》[illegible]文化部[illegible]
[illegible]文化[illegible]（2012 年）、《数字技术与当代文化产业》[illegible]
[illegible]（2011 年）[illegible]
[illegible]在[illegible]
[illegible]
[illegible]

这套"[illegible]文化产业[illegible]"[illegible]

[illegible]

《中国文化产业学术年鉴 1979—2008 年卷》[illegible]
[illegible]

[illegible]

目　录

第一章 海外文化产业的兴起

近年来，在世界范围内，文化产业蓬勃发展，用于文化领域的消费比重越来越大，以文化旅游、影视制作为代表的一些传统的文化产业焕发了新的生机，以互联网为媒介催生的新兴文化产业更是精彩纷呈，新创意、新业态、新模式层出不穷，文化产业以惊人的魅力吸引着世人的目光。

文化产业对其他经济产业有着极强的辐射带动作用，与信息、体育、服装乃至餐饮和地产等国民经济产业部门都可以普遍地渗透和融合，从而有效拉动国民经济发展。文化产业有力地推动了社会经济结构的优化与升级，创造新的经济增长点，它与科技紧密结合，带动着社交网络、在线教育、视频直播等新兴行业的蓬勃发展。文化产业的发展可以提供大量就业岗位，提供的就业模式灵活又富有弹性，而且需要的是以高素质人才为主同时兼顾各层次的人力资源，因此被很多国家视为解决大学生劳动就业难题的重要途径。发展文化产业，有助于完善公共文化服务，满足国民的精神文化需求，提升生活质量，是改善民生的重要选项，在一定程度上可以缓解社会矛盾。另外，文化产业中绝大多数行业都属于低能耗、无污染的绿色产业，在运作过程中对于自然资源的消耗量是极低的，是一种名副其实的低碳产业，符合世界各国保护生态发展的大趋势，备受世界各国政府的重视与支持。

由于文化的概念十分宽泛，在各国政治、经济等因素发展不同的情况下准确定义文化产业非常困难。目前，国际上引用较为普遍的是联合国教育、科学及文化组织（简称联合国教科文组织）关于文化产业的解释，即文化产业一般指这样一种产业：该产业结合创造、生产与商品化等方式，其本质是精神性的文化内容的生产与流通；这些内容基本都受到著作权法的保障，其形式可以是货品或者服务。世界各国根据本国发展情况和实际需要对文化产业有不同的定义：有的叫创意产业，如英国、新加坡、奥地利、泰国等；有的叫文化休闲产业，如西班牙等；韩国叫内容产业；美国则称之为版权产业。详见下表。

表 1.1 不同国家和组织文化产业的内容与分类

国家或组织	名称	内容与分类
联合国教科文组织	文化产业	文化遗产、出版印刷、音乐、表演艺术、视觉艺术、社会文化活动、体育和游戏、环境和自然等
美国	版权产业	文化艺术业（含表演艺术、艺术博物馆）、影视、出版发行、广告、网络服务、计算机软件业等
英国	创意产业	广告、建筑、艺术和古董市场、手工艺、设计、时尚设计、电影、互动休闲软件、音乐、电视和广播、表演艺术、出版和软件等
法国	文化产业	文化基础设施建设、电影、图书出版、旅游、体育产业等
日本	内容产业	出版、新闻、电影、广播电视、音乐、游戏、动漫等
韩国	内容产业	影视、广播、音乐、游戏、出版、音像、演出、卡通形象、文物、传统工艺品、传统服饰、创意性设计、网络及其相关产业等
印度	娱乐和媒介产业	电影、电视、广播、唱片、出版、旅游、软件业等

不同称谓下，各国文化产业的内涵和外延也不完全相同，但其核心产业具有一致性，一般都包括出版、多媒体、音像视听和手工艺设计等典型的技术与文化高度结合的产业。文化产业需要生产者在文化生产的过程中花费大量的脑力劳动用于文化产品的创作、包装以及策划，其智力密集型特征非常突出。

第一节　文化产业的兴起缘由

一、文化生产力的发展是根本动力

文化产业的兴起和发展与生产技术的革新有关。17 世纪的欧洲是现代工业文明的起点，最早开始进行工业革命的英国成为现代工业文明的起源地。18 世纪 60 年代，英国率先发起并完成了第一次工业革命，欧洲其他国家相继进行了工业革命，先后走上了资本主义工业化道路，开始用工业化的物质方式大规模地扩展人类生存空间。当时的产业革命虽然主要局限于人类社会的物质生产领域，但对人类文明的总体进程产生了深刻影响，从这个时期开始，科学技术真正成为一种推动社会发展和进步的因素。随着工业革命带来物质生产的极大丰富，人们的生存方式、思想理念和时间利用规则也随之发生了巨大的转变。

根据西方经济学中著名的“配第—克拉克”定理，随着经济的发展，第一产业的劳动力将逐步流向第二产业，以此类推，第二产业中的劳动力也将逐步流向第三产业。这一结论是17世纪英国经济学家配第根据对欧洲国家各个行业从业人员的收入水平进行比较而得到的经典结论。根据配第的研究，作为第一产业的农业，其从业人员的整体收入水平在整个社会中处于底层；作为第二产业的工业，其从业人员的整体收入水平高于第一产业；而作为第三产业的商业、服务业，其从业人员的整体收入水平在整个社会中是最高的。因循趋利本性的驱动，人必定要从收入较低的产业流向收入较高的产业，因此，某一区域的经济越发达，第一产业的从业人数就越少，第三产业的从业人数就越多、对劳动力的吸纳能力也会越强，这是“配第—克拉克”定理的核心内容。

在配第时代之后，世界发生了翻天覆地的变化。社会生产力形态经历了物质生产力、精神生产力和文化生产力三种形态的更替，从物质生产力向精神生产力再向文化生产力的发展彰显了社会生产力动态化、高级化和文明化的过程。新的生产力形态会诱发新型产业的产生，当新型生产力在社会生产力中起主导作用时，该产业将成为国民经济中的支柱产业。①

1876年电话诞生，标志着能直接传送人类声音的通信方式的变革。在电话发明以前，人们异地联系的主要方式是发送电报。但发电报不仅手续麻烦，而且也不能进行即时的双向信息交流。19世纪90年代，摄影技术开始与电学技术结合，促进了电影的诞生。从此，电影工业也就成为新技术应用的实验工厂，为以后电视的出现积累了技术经验。20世纪20年代，无线电广播和电视传输技术开始被广泛应用，使得对符号、声音、图像的复制以及远距离传输成为可能。这种以广播、电视为主体的电子媒介打破了时间和空间的限制，也挣脱了物质载体的束缚，是革命性的变革。20世纪50年代，计算机的发明引领了世界经济的发展潮流，促使一系列计算机相关技术，如微电子技术、光纤通信技术、数码存储技术等取得重大突破，由此带动了互联网的诞生及推广。网络是通过电子技术、计算机技术、通信技术、信息技术、空间技术、视频技术等联结世界各个国家、部

① 刘吉发、陈怀平、李雯：《中西方文化产业比较研究》，171页，北京，中国社会科学出版社，2013。

门和个人的高速信息交换系统。数字化时代的到来再一次翻天覆地地改变了人类的生活方式。

数字化产业的发展对人类社会具有以下影响：(1) 人类的思想和感情得以冲破静态的图像、雕塑品、手工艺品的束缚，可以在连续的影像、声音的传递中动态地呈现。(2) 新技术的出现使得人类在某一时段的行为和情感流露得以保存，这是一种超越时间和空间的复制和重演，对人类社会中直线式的时间和固有的地理空间是一种完全的颠覆。在数字化的社会中，时间是多线性交叉并存的，地理空间也是无限重叠和交错的，这对整个人类的思维方式和生存环境都构成了重塑。例如一名家庭妇女可以在参加她孩子的大学毕业典礼时，走在校园中用手机翻看孩子小时候在旧居中所拍摄的照片或者视频，又可以随时和千里之外的其他人视频通话，在这一行为中，时间、空间都是交错杂糅却又异常真实地结合在一起的。(3) 人类的思想和情感得以迅速扩散至世界上任何一个连通互联网和通信网络的角落。技术的革新使得人们恍如生活在地球村中，只要轻轻按下号码或者敲击键盘，即可以与通信、计算机、电话等网络中的地球村邻居接通，向其传递自己的观念和思想。这种无法估量的传播效应是过去传统的文化行业所不能想象的。

二、大众文化消费的升级需求

美国心理学家亚伯拉罕·马斯洛将人类需求像阶梯一样从低到高按层次分为五种，分别是：生理需求、安全需求、社交需求、尊重需求和自我实现需求。人的需求层次建立在满足感上升的基础之上，表现为从低层次到高层次的渐进过程。当人的基本需要得到满足后，必然追求身心健康、精神享受、自我实现等高层次的精神需要。因此，随着生产力水平的提高，人们空余时间增多，对精神文化的消费需求越来越强烈。

大多数发达国家通过工业和科技革命，已从传统的农业国家跨步到了工业社会，物质产品的丰富、消费者收入的提高、收入结构的改变带来了需求结构的变化。文化产业的兴起与日渐上升的大众文化消费需求有关，随着工业社会和城市化的大发展，大众消费市场的形成带动了文化产业的兴起。

下面以美国的大众消费文化为例。美国是一个移民国家，在 20 世纪 30 年代，美国移民总数曾经达到 2200 万之巨，形成了一个不可小觑的社会阶层。大量的移民在美国的大城市中形成民族文化聚居区域，并为美国的城市化进程提供了必不可少的劳动力，大大加快了美国的城市化进程。

离开故土的城市新移民不可避免要向外部寻求情感寄托和快乐的源泉。在众多文化产业中，电影业可谓是社会各阶层普遍喜欢的典型的大众文化产业。19 世纪末 20 世纪初，电影以默片的形式登上历史舞台。作为下层民众的文化消遣对象，早期电影的售价非常便宜，并为上流社会的精英阶层所不屑，认为那不过是底层人玩赏的玩意儿。

然而电影产业很快随着电影大师查理·卓别林的一系列经典之作打开了市场。卓别林原本是英国伦敦南部一个少年剧团的演员，迫于生计，曾经从事过报童、卖花童、理发店学徒等艰辛工作。童年时期的这段悲惨生活使得他有机会大量接触下层民众，对他们的喜恶和意趣了如指掌。因此，他的表演总能在下层民众中引发最广泛的共鸣。其代表作品《流氓》《工作》《警察》以及让他声名大噪的《摩登时代》，无一不是用喜剧讽刺手法反映下层民众生活中的喜怒哀乐的经典之作。这些作品让卓别林大受下层民众的欢迎之余，也吸引了不少移民阶层成为其忠实的粉丝。

在民众广泛的支持下，作为城市化娱乐标志的电影业得到了极大的发展。20 世纪 20 年代末，美国电影院的入场观赏费用不过一枚 5 分镍币，是绝大部分工薪阶层都能承受的价格。至 20 世纪 30 年代，美国电影的周上座人数竟然超过了 1100 万，而当时美国的人口才不过 1.1 亿左右而已。①

早期电影业的商业回报引起了嗅觉灵敏的电影商的投资热情。从 20 世纪 20 年代开始，美国开始修建豪华的电影院，吸引更多中产阶层以及精英阶层到电影院中欣赏电影。事实上，随着城市的发展，大众文化也越来越适应中产阶级的审美观。数量庞大的中产阶级将上流社会的审美意趣向下层民众传播，形成了文化消费的中坚力量。他们对于传统基督教伦理观的反叛以及对享乐主义价值观的推崇推动了大众文化的势力范围进一步扩张。至 20 世纪 40 年代，经过十余年的发展，美国的造梦工厂好莱坞已经拍摄了将近 7000 部电影，占据了世界大银幕的 90% 份额，称霸世界影坛。②

电影产业的崛起标志着文化在大众消费视野中正式成为了一种商品。文化一旦变成一种商品，它便开始千方百计地迎合消费者的口味。一件文

① 中央电视台：《公司的力量》，135 页，太原，山西教育出版社，2010。

② 腾天天、田龙过：《我的电影观——好莱坞造梦工厂》，《电影评介》，2010 (20)：17—19 页。

化产品越是能迎合消费者的口味，它的经济价值就越能得到体现。不同于精英文化需要时刻考虑对人生和宇宙做出严肃的思考和探讨，大众文化被创造的主要目的之一便是反映世俗的情感和关注。民众在日常生活中可望而不可即的经历，在寻常交往中无法宣泄的情感和情怀，都希望在消费大众文化的过程中得到补偿性的精神慰藉和心理安慰。

而大众文化也正是这样一种形式的文化："它消解一切意识形态，又竭力迎合大众，不追求精神的超越性，因而以轻松、快乐、狂欢的姿态赢得各个阶层大众的欢愉。它唯一的约束来自市场规律的支配，因此它没有一贯的立场，随时迎合大众的口味，并随着市场情况的变化，随时来调节自己的文化立场。而最能够迎合大众口味的，唯有欢乐。"① 文化精英主义学者德怀特·麦克唐纳也曾经指出："大众文化的花招很简单，就是尽一切办法让大伙高兴。"② 因此，好莱坞电影大多以爱情、冒险、动作为题材。观众在观看这些题材的电影时，不需要很严肃的思考就能获得欢乐。

消费主义的新取向成为发展创意产业的内在动力。消费主义作为一种文化兴起于20世纪30年代的美国，盛行于60年代。这是一种主张对物的消费和占有体现身份地位和优越感的生活方式，是西方国家进入消费社会后所出现的消费文化的最初形态，是资本主义从生产型社会向消费型社会转型时期和阶段所形成的一种影响深远的经济与社会文化现象。在工业化时代，工业产品通过广告系统、商品设计和产品包装来进行兜售，并寓以一定的时尚、成功、圆满等符号价值于其中，诱导出需求的冲动，以培养需求，产生消费，从而在一定程度上解决了生产过剩和消费不足之间的矛盾，保持了经济和社会的持续繁荣，延缓了经济危机的爆发。③ 由此可见，大众消费文化的普及使其成为人们生活中的实用工具。它们因人们的需求而被创造，却又不知不觉构造了人们生活的形态，是人类文明进化史中一个不可或缺的标志与符号。

三、政府推动是重要驱动力

经济增长是各个国家发展的重要目标，第三产业占GDP的比重成为反映经济发展水平的指标之一。发达国家的物质消费生产产业在国民经济

---

① 许文郁、朱元忠、许苗苗：《大众文化批评》，53—54页，北京，首都师范大学出版社，2002。

② 叶志良：《大众文化》，38页，上海，上海文艺出版社，2003。

③ 肖显静：《消费越多并不越幸福》，《中国文化报》，2010年3月22日。

中所占的比重相对缩小，精神消费生产产业的比重相对增大。1988 年美国的文化产业中电影、电视、录像带和音乐出版的总收入就高达 600 亿美元，首次超过农业和飞机制造业的收入，成为美国出口的第一行业；同年，日本娱乐业仅电子游戏机的生产经营收入就已经超过了日本汽车工业总值。美日两国文化产业产值的增长标志着其国民经济结构发生了质的飞跃。作为世界经济的领头羊，这些国家产业结构调整的动向标志着新经济形态即“知识经济”的出现。[①] 在这种经济形态下，以知识和信息的生产、分配和使用为增长方式的文化产业成为龙头产业，以能源、原材料和劳动力等物质资料为基础的工业经济和农业经济退居二线。这并不意味着物质资料生产已无用处，而是说明物质生产已经达到一个高度，物质产品的生产仍然是文化产业重要的基础。

除了少数发达国家，大多数国家的产业结构都不甚合理，第二产业比重较大，第三产业比重不高，其中文化产业在第三产业中的比重尤其小。为了提高国家经济发展水平和国际影响力，以高科技、低能耗、高产值为特点的文化产业是进行产业结构优化升级的必然发展方向。文化产业是智能化、知识化、科技化的产业，价值增长幅度大。增加第三产业的比重，增加文化产业在第三产业中的比重，能实现经济的快速增长。在产业结构优化需求的驱动下，文化产业的发展前景一片大好。

自然资源是人类的生存之本。伴随着经济的飞速发展，部分矿产资源逐渐面临着枯竭的危机，第一产业和第二产业均面临着不同程度的原材料短缺、环境污染和劳动力成本危机，越来越多的就业人口开始流向第三产业中寻觅就业机会。20 世纪 50—60 年代，蓝领工人在美国就业人口中所占的比例为 40%左右，但是到了 20 世纪 90 年代，已经减少到 20%左右了。这些就业人口并没有流向农业当中，而是已经开始逐步向第三产业转移了。随着就业人口在整个产业链中不断地往下游移动，文化产业开始逐渐成型，为全球经济滞胀提供了疏通的良方。

尤为特殊的是，基于文化产品的双重属性，文化产业所承载的价值观具有潜移默化的效应。相比军事、经济力量作为一种“硬实力”在国际舞台上令人敬畏，文化力量是一种“软实力”，以一种润物细无声的姿态逐渐赢得他国的认同。文化产业的全球竞争已经成为一种综合国力的竞争。

---

① 刘吉发、陈怀平、李雯：《中西方文化产业比较研究》，17 页，北京，中国社会科学出版社，2013。

新华网就曾经刊文指出："现实一再表明，在信息技术高度发达的当今时代，谁的传播手段先进、传播能力强大，谁的文化理念和价值观念就能广为流传，谁就能掌握国际话语权。可以说，如果没有健全的传播渠道，在国际上就会陷入有理没处说、说了也传不开的被动境地。"① 往远里说，有好莱坞营造的"美国梦""美国精神"、法国戛纳影展塑造的多元包容的开放形象，近者则我们的邻国韩国和日本也都是借助文化产业提升国家形象的受益者。韩国借助动漫游戏、影视制作和电子音乐等文化产业提升国际影响力，"韩流"吹向世界各地，大受推崇；日本政府实施"酷日本"项目，借助动漫形象和电子游戏等文化产业优势产品博取其他国家的认同和好感。文化产业的力量真是不容忽视。

综上，高度重视文化创意，积极发展文化产业，资助文化服务，推进文化贸易，抢占海外市场，尽可能拓展国际生存空间，已成为世界各国政府的普遍追求。美国的影视业，日本的动漫业，英国的音乐业，均是生长于某一国却最终享誉世界的代表性文化产业。

第二节　文化产业的理论演变

随着大众文化以及大规模文化生产在社会中日渐崛起，与文化产业相关的理论也逐步成型，最终形成了较为稳固的文化产业概念。在这一演变过程中，文化工业（culture industry）成了一个关键词。

最早的文化产业理论滥觞于德国法兰克福学派的工业批判理论学者霍克海默与阿多诺。他们二人较早提出以"文化工业"作为文化产业雏形。在 1947 年《启蒙辩证法》一书中，霍克海默和阿多诺二人将"文化工业"从"大众文化"（mass culture）中独立了出来，专门指称通过遵循一定的标准而生产出来的文化。霍克海默和阿多诺当时使用了文化"工业"（industry）描述文化产品的制作流通状态，意在抨击因为艺术的工具化生产而造成的大众异化现象。他们认为"文化工业对文化消费者的整合是别有用心的。它采用自上而下的方式，硬生生地糅合了高尚艺术与通俗艺术"②，这种做法使得高尚艺术和通俗艺术的严肃性通通都被抹杀而且消失

---

① 《为什么要加强国际传播能力和对外话语体系建设》，新华网，http://news.xinhuanet.com/world/2014-01/31/c_119194622.htm。

② Theodor W Adorno and J M Bernstein (eds). *In The Culture Industry: Selected Essays on Mass Culture*. London: Routledge, 1991, p98.

殆尽了。

不仅如此，在法兰克福学派看来，文化与艺术本质上是一种个体化的自由创作的结晶，它是一种象征着个性化抒发的精神力量；然而当文化艺术品被商品价值规律所左右，并具备了商品形式和特质的时候，文化艺术产品具有了很多固定情节和表现手法，文化与艺术品的价值也就因此大幅度降低了。在文化工业的视域下，文化不再是一种自发的、无商业意识的物质或者非物质创造；艺术品和文化创造的目的也不是为了满足个人欣赏的需求。文化转变为一种商品，同时通过使用和交换两个维度衡量其价值，他人的消费观和消费需求成为文化创造者所要思考的首要问题。

因此，在该学派看来，文化工业带来的后果是“反启蒙”的，是一场对于独立个性的阻碍和束缚运动，文化工业的兴起带来的后果无疑是消极的。[①]

然而也有学者认为，大众文化出现的本质恰恰是在于泯灭所谓高雅文化与通俗文化之间的界限。在大众文化出现之前，高雅与通俗、大众与精英、民俗与经典之间均存在着不可逾越的鸿沟。然而随着大众文化的产生，这些存在于社会之中有形和无形的等级对立可以得到消解，从而使得普遍适用的意义和价值观有了建立的可能。[②] 这方面的学者以瓦尔特·本雅明为代表。

本雅明认为工业化的资本主义社会是以机械化的复制作为其主要生产特征的。因此，在其1935年的《机械复制时代的艺术作品》一文中，本雅明将其一生中对美学研究的精华融汇其中，预言了大众意识对于原有文化艺术创作模式的破坏力以及新兴的文化艺术生产的独特魅力。本雅明并不反对现代化的技术与传媒对文化和艺术进行复制式的千篇一律的生产。他认为正是科技和传媒的发展、机械化的流水线模式使得文化和艺术得以从古老的仪式和高贵的阶层当中释放出来，从而让更多的普通民众有了亲近它们的机会。

本雅明也认为文化艺术产品的机械化大生产有利于让已经与现代社会断裂开来的古老经验得以在现代人身上继承。“经验”是前工业社会赖以生存的基础，是人类心理结构中潜意识的累积。然而进入工业社会后，人与人之间的情感交流逐渐减少，信任危机、精神危机逐渐浮出水面，对现

---

① 陆扬、王毅：《大众文化与传媒》，50页，上海，上海三联书店，2000。

② Appadurai，Arjun and Carol A Breckenridge. “Why Public Culture?”. *Public Culture Bulletin*，1988（1），p5—9.

实利益的追逐成为人类关注的重点，口耳相授的“经验世界”遭遇了有史以来最大的挑战，逐渐跌入无底深渊。

与之相对应的是，大众媒体使用信息传播的方式对人类进行轮番轰炸，其功能并非让人传承过去，而是了解当下。在不断刷新的信息中，人们开始遗忘过去，只能根据大众媒体所提供的方式表现自己，遗失了自己的记忆。人类陷入了“震惊”以及对震惊的“条件反射”之中。①

摄影技术的发明使得工业时代的人类有了“震惊”的体验。因为通过摄影镜头的捕捉，瞬间之美变成了永恒之美，由此亦铸造了工业时代的经典，带给人“震惊”的体验。

对于“震惊”的需求刺激了电影的发明。作为工业时代的一种文化、艺术表达形式，电影是一个技术集合体。在电影制作中，拍摄的器材和镜头使用、画面的切割和放映等技术手段均有利于人们重新了解他们所不知晓的世界以及情感流动，从而使得人们已经被钝化的探索意识得到唤醒。出于对商业利润和成本降低的追逐，作为商品的文化遵循整齐划一的标准展开生产，文化艺术产品开始进入机械化的工业复制模式当中。

本雅明认为正是这种令人“震惊”的工业化艺术让文化和艺术变成了社会各个阶层皆可以参与的民主革命。随着机械化文化艺术复制能力的提升，文化成为一种批量生产的商品。在这一转变过程中，科技与大众传媒起到了极大的推动作用，因为它们均使得文化产品的复制和快速传播成为可能。社会化大生产也促进了文化生产技术的发展，使得原本浑然一体的文化创造过程被分解和重组成了流水线式的文化生产工艺，从而为艺术品、文化商品日后的产业化大生产打下了基础。

与此同时，越来越多的民众可以不受时空、阶层的限制参与到文化和艺术欣赏、创造、制作的环节中来。这些文化和艺术原本是由贵族阶层垄断的。如摄影和电影的出现，使得普通民众可以一睹高尚艺术的芳容，他们当中有天赋者也拥有了成为电影明星、表现多姿多彩生活的机会。再如纸质媒体上“编读来往”专栏成为大众读者与编者、作者交流看法的平台，也使得普通的民众拥有了在公共媒体上发表意见、展现才华的机会。

理论界对文化工业的意义仍没有定论，文化工业仍然随着科技和传媒技术的发展日渐壮大。尤其是 20 世纪 50 年代以来，光纤通信、激光、数

---

① ［德］瓦尔特·本雅明著，张旭东、魏文生译：《发达资本主义时代的抒情诗人》，148 页，北京，三联书店，1989。

字电视等技术日渐成熟，促使文化工业摆脱了机械化的文化艺术复制生产方式，逐渐转向高科技文化艺术创作生产，实现了从文化工业到文化产业的成功转型。

在美国和西欧家庭中，文化消费已成常态，如观看戏剧、购买文化产品等支出已经占到家庭整体消费的30%。① 与之相匹配的是，美国的文化产业产值在GDP中的比例高达25%，音像业已经取代美国曾经引以为傲的航天工业成为出口贸易产业的第一位。

在亚洲，最早出现文化产业觉醒意识的是日本。20世纪50年代，日本动漫界一代宗师手冢治虫出品了里程碑式的科幻漫画《铁臂阿童木》，由此启动了日本的新兴动漫产业。《铁臂阿童木》的成长和发展之路正是工业社会中科技如何被嵌入到文化产业中并取得极大成功的典型缩影。

从内容上看，《铁臂阿童木》的主旨在于彰显科技为现代人生活所带来的福祉。故事的主人公阿童木是天马博士为了纪念其在车祸中死亡的儿子飞雄而制造的机器人。它精通60国语言，指头可以发射激光，会7种武器，上天入地，无所不能，在新世纪帮助弱小人群，为人类的幸福而奋斗不息。

阿童木的故事包含着双重意蕴：(1) 人类在现代工业化社会中已经变得脆弱不堪。从死于车祸的飞雄到弱小而不得不依靠阿童木保护的人类，都在传达着这一隐喻。(2) 科技的力量日益彰显，阿童木无所不能，积极努力地为人类谋求福祉，正体现出人类对于科技创造未来的美好愿景。正如《铁臂阿童木》的片尾曲所唱，"(它)是我们的好朋友"。这两重意蕴都非常符合处于工业社会上升阶段的人们的心理状态。

《铁臂阿童木》最早于1952年以漫画形式在杂志《少年》上连载。在漫画大获成功后，手冢治虫开始进军动画业，采用电视动画的形式于1963年首次在日本富士电视台开播。手冢治虫对《铁臂阿童木》的商业运作颇具前瞻意识。在阿童木的制作成本来源中，"1/3来自向国内电视台出售电视转播权；1/3来自出售玩偶制品，也就是一切和阿童木有关的玩具、文具和服装；剩下的1/3来自向海外出售电视转播权"②。可以说，《铁臂阿童木》是日本乃至亚洲文化产业的先驱，为亚洲文化产业在国际社会中争得了一席之位。它的出现也标志着从文化工业演变而来的文化产业已经跳

① 蔡尚伟、温洪泉等：《文化产业导论》，217—218页，上海，复旦大学出版社，2006。

② 白晓煌：《日本动漫》，156页，北京，中国旅游出版社，2006。

出了欧美世界的局限，开始具有了全球意义。

伴随着文化工业的发展，大众文化中的价值也日渐得到肯定。伯明翰学派关于文化产业的理论便是其中一例。诞生于英国的伯明翰学派以关注大众的审美意趣以及日常生活而著称，对大众文化抱有极大的热情和好感。他们所关注的“大众”，并非“多数人”意义上的“众”，而是进一步强调，这些“大众”是没有受到教育的人群。这些文化程度较低的群体所消费的文化曾在精英文化中心观的视野下被视为一种“毒瘾”般的存在，是低级情趣和哗众取宠的集合体。有鉴于此，伯明翰学派中的代表学者雷蒙特·威廉斯拒绝使用“大众文化”来指称民众文化，而是以“共同文化”指称那些在民众中广泛流行的通俗小报、流行明星、购物商场和街头广告等文化载体。在他们眼中，正是这些通俗易懂的文化形式确保了文化本身的生生不息。这些文化“就与生产劳作、做生意、搞政治、挣钱养家无甚差别，都是一种活动形态，仅此而已”①，是在寻常饮食男女鲜活又枯燥的日常生活中酝酿出来的。

大众文化价值在理论界地位的提高也促使人们对于文化的产业化运作和文化消费机制的重视。其中代表性的学者为20世纪80年代文化社会学的奠基人理查德·彼得森，其关于文化生产的理论被视为文化社会学发展的主要基石。

彼得森对文化生产的研究始于音乐工业。作为通俗文化的代表，音乐工业始终在文化产业中占据重要地位。彼得森正是发现了音乐作为工业的物质性所在。与法兰克福学派始终认为音乐等文化艺术行业是社会中的一种精神性存在不一样的是，彼得森看到了音乐工业背后的利益链条：在一场成功的音乐会中，主办方以及音乐会所在地往往会声名大噪，收获很多旅游、酒店、餐饮等收入，音乐表演者和演奏者则可以获得大量的酬劳，音乐会的主办方也通过售票获得大量收益，而普通民众则获得与心仪的偶像见面和一同分享音乐感悟的机会。

对于音乐工业的研究无疑深化了彼得森对于文化生产内在运作模式的认知。1994年，彼得森在《通过生产视角进行文化研究》一文中将文化生产视角归纳为市场、工人薪酬、市场结构、决策体系等。随后彼得森与阿纳德又进一步发展了文化生产理论，认为文化生产应该从法律、科技、市

---

① Raymond Williams. *Culture and Society 1780—1950*. Harmondworth: Penguin Books, 1963, p69.

场、职业生涯规划等方面来理解。在彼得森的理解中，“生产”在文化中的意义已经由法兰克福学派时期的机械化大生产转变成为文化的创造、制作、分配、消费等环节。

如果说法兰克福学派充分注意到了文化被大规模生产的趋势，本雅明确立了文化创造者的主体地位，彼得森则使得文化的产业化生产趋势浮出水面。因为只有产业化的生产才需要充分的制作、分销、包装、宣传等种种环节的管理和经营。产业是指在国民经济中承担一定经济功能的活动单元。在产业化形成之前，这些环节在机械化复制时代根本就是一些无足轻重的因素。

与此同时，彼得森也发展了“文化杂食”理论，为文化产业的进一步成熟发展提供了绝佳的注脚。彼得森认为文化意趣跟社会地位之间并不存在直接的关联。通常认为，社会地位较低的人在文化产业发展中受益颇深，因为这是他们得以接触文化艺术尤其是高雅文化艺术的好机会；社会地位较高的人被认为是“文化偏食者”，只对高雅文化艺术感兴趣，并且在文化产业日益发展的今天已经严重“营养不良”，他们的文化权益实际上是被剥夺了。彼得森认为这种理论完全不合时宜。在他看来，社会地位较高的人士实则是“文化杂食者”，他们对各种风格和类型的文化资源均保持着开放的姿态。在文化大餐中，并没有高雅人士和低俗之徒的区分。

与彼得森几乎同时期的文化产业理论家还有法国著名人类学家、社会学家皮埃尔·布尔迪厄①。布尔迪厄的学术研究涉猎非常广泛，从人类学、社会学和教育学到历史学、语言学、政治学、哲学、美学和文学研究，贡献了很多有价值的理论，在文化产业领域的贡献之一就是系统地剖析了文化产业中资本运作的内在机理。他把资本分成三种基本类型：经济资本（economic capital）、社会资本（social capital）、文化资本（cultural capital），并深入研究了文化资本的形态。

布尔迪厄认为，自20世纪60年代以来，在科技的大力推动下，民众的日常生活消费领域发生极大的改变，文化日益成为一种商品，成为日常消费中的重要构成部分。因此，作为商品的文化就无可避免地要涉及文化资本的运作问题。文化资本形式有三种，包括：“具体的形态”，主要是身体与精神中比较持久和恒定的部分；“客观的形态”，主要是以图片、辞书、工具等形态出现的文化商品；“体制的形态”，这是文化资本得以形

① 也有译作布迪厄、布丢、布赫迪厄等，本书采用布尔迪厄之译。

成、保存和传播的“原始性资产”。[①] 第一种形态是一种属于人本身的形态，通常指通过家庭环境及学校教育获得并成为精神与身体一部分的知识、教养、技能、品位及感性等文化产物，可以通俗地理解为文化能力。第二种形态，是一种物化形态，是可以直接传递的，可以通俗地理解为文化产品。第三种形态，是一种制度的形态，体制化的文化资本是文化能力经过文化体制的资格授权后的存在形式，文化管理部门通过文化资本制度化来管理文化资本。布尔迪厄特别谈到了作为体制化的文化资本之一的学术资格，认为“学术资格和文化能力的证书作用是很大的，它给了其拥有者一种文化的、约定俗成的、长期不变的、得到合法保障的价值”。这三种形态的资本构成了每个人文化资本的总和。布尔迪厄的理论肯定了文化资源本身所具备的看得见和看不见的价值，在他看来不同的文化资本是可以进行转换的，这在实践上有一定的积极意义。文化资本投资就是投资者将自身拥有的文化资本作为投资要素投入到文化生产的过程中，它不是一种直接注入式的投资（如经济资本投资），而是将文化资本融入投资者的活劳动中，进而发挥其功效，生产出新的文化产品。这种文化产品的生产活动通过市场化运作转化为文化产业。当然，随着世界经济、政治、文化的发展，文化资本概念已经突破了布尔迪厄原有概念的界限。

软实力则是近些年颇受欢迎的一个理念，是由哈佛大学教授约瑟夫·奈在 1989 年《注定领导：美国权力性质的变迁》一书以及 2004 年《软力量：世界政坛成功之道》中提出并完善的。软实力是一种与支配性的硬实力不同的力量，它并不涉及军事、经济力量等硬性指标，而是跟国家凝聚力、文化在国际社会中的普遍认同度等有关。因此，软实力实则是一种引导力、同化力和吸引力。一个国家的实力是由文化吸引力、经济引导力以及相应的政治、军事价值观和震慑力构成的。随着文化产业的发展，世界经济逐渐向文化、艺术、旅游等行业倾斜，因为“艺术既是文化财产，同时又是经济源泉。投资艺术将对一个地方的整体经济产生影响，它有着乘数效应。艺术将使旅游业大受裨益，从而推动工业的发展，提高不动产的价值”。[②]

---

① 郑也夫、李强：《西方社会学史》，121 页，北京，能源出版社，1987。

② ［美］约翰·奈思比（John Naisbitt）、帕特里夏·阿伯丁（Patricia Aburdene）著，王仁良等译：《2000 年大趋势》，北京，时事出版社，1990。

第三节　文化产业的发展概况

2015年12月3日，联合国教科文组织、国际作家与作曲家联合会和安永会计师事务所共同发布文化与创意产业报告：《文化时代——第一张文化创意产业全球地图》。报告认为，文化创意产业是世界经济的主要贡献者和数码经济的主要驱动者；文化创意产业是国民经济和地区经济的战略性资产，创造就业岗位、增强城市魅力、提高发达国家和新兴国家人民的生活质量。报告显示，文化创意产业平均每年创造产值22.5亿美元，占全球GDP的3%；雇佣2950万员工，占全世界工作人口的1%。文化创意产业的效益已超过电信业，提供的工作岗位数已超过欧洲、日本和美国三地汽车产业工作岗位数的总和（2500万个）。[①]

在实际的操作中，不同的国家根据自身的实际和发展的侧重点对文化产业做了不同的定义，结合国情各有特色，内容产业、创意产业、媒介产业、数字娱乐产业等异军突起。

一、内容型文化产业

美国、日本和韩国都是世界上极为注重发展“内容产业（content industry）”的国家。

“内容产业”的概念早在1995年在“西方七国信息会议”中被提出，并于1997年以“信息产业”（information industry）为名作为二级产业进入到《北美产业分类系统》（North American Industry Classification System，NAICS）当中，成为一个新的产业领域。在此之前，美国的产业分类标准被称为“标准产业分类（SIC）”，信息产业的进入促使美国产业分类开始更新换代，是文化产业发展中具有划时代意义的事件。

与传统意义上的信息产业不同的是，信息内容产业并不包含计算机等硬件产业，而是专指出版、音像、广播、传媒等数据业。根据欧盟在2000年的定义，内容产业是指“那些制造、开发、包装和销售信息产品及其服务的企业”。（详见表1.2）这一概念的内涵是，无论是音像传播物还是出版物，都是在“粗管子”——光纤宽带电缆中流过的内容（content）。这也是内容产业得名的由来。

---

① 疏影：《文化创意产业是世界经济的主要贡献者》，《中国文化报》，2016年1月11日。

表 1.2 内容型文化产业分类表

产品类型	产品种类
印刷品	报纸、书籍、杂志
音像与电子出版物	数据库、音像制品及其服务、传真、光盘、电子游戏及其服务
音像传播	电视、录像、广播、电影院
消费型软件	应用于个人电脑、平板电脑、智能手机等智能终端的各类软件

数据来源：http://wiki.mbalib.com/wiki/内容产业。

美国是世界头号文化产业强国。从 20 世纪末开始，美国文化产业产值就已经占到本国 GDP 总产值的四分之一左右，远远超过了航天工业所占的比重。由美国主导的电影业是伴随着新文化产业崛起而兴起的吸金行业。在众多文化产业领域中，电影业是链条化产业结构最为成熟的行业。一部成功的电影往往需要依赖高效的链条配合才能创造可观的票房和口碑。一部电影的诞生，往往需要经过剧本生成、资金筹集、演员选用、宣传与推广等种种步骤，还需加上前期拍摄、后期制作、剪辑合成等步骤。这种庞大的制作需求使得电影业可以迅速成为文化产业发展中的宠儿。

美国文化产业可以概括为“版权核心产业”，其优势产业主要为图书出版业和娱乐影音业，这两者均以严格的版权执行标准为基础发展而来。

版权保护是美国内容产业的生命线。为此，美国特意设立了商业软件联盟（Business Software Alliance）发挥打击盗版、保障正版的功能。商业软件联盟对盗版软件的使用采用零容忍政策。一旦个人或公司被怀疑使用未注册软件，商业联盟将和联邦警察一同对该公司或者个人提出检控。在未能证实对未注册软件所有权的情况下，公司或个人将面临使用盗版或未注册软件的巨额罚金。

美国对著作权的保护日益严密，这主要体现在其对侵犯著作权行为的处罚异常严厉，适用 25 万美元与 5 年监禁的处罚力度。与此同时，美国对于侵犯著作权的行为也几乎达到了零容忍，任何人只要复制或者发行未经授权的作品 10 份或以上，就有可能面临严厉的刑事处罚。

在强有力的版权政策与执行机构的保障下，美国的内容产业得到了迅猛发展。以美国电影业为例，美国影片产量在全球所占的比例不到 7%，然而放映时间却超过了全球电影总放映时间的 50%。《泰坦尼克号》摄制于 1997 年，当年阶段性全美票房已达 4.7 亿美元，国际票房更接近 20 亿美元，是好莱坞史上最卖座的电影之一。近年来摄制的 3D 电影不断掀起新的票房狂潮，其中《阿凡达》攻势凶猛，阶段性票房就达到了 20 亿美元。

除却电影本身的票房收入，电影所带来的衍生品收入更是远远高于电影票房收入本身，往往是票房收入的两倍多。美国电影向来注重对电影衍生品的营销开发工作，如好莱坞“20世纪福克斯”制作的电影《星球大战》，当年票房高达18亿美元，而电影衍生品的收入高达45亿美元，至今还在源源不断创造新的利润。据迪士尼的消息，电影《冰雪奇缘》中同款公主裙在不到一年的时间，仅在美国就售出了300万条；除了传统的化妆品、服装、玩偶、道具等衍生品之外，迪士尼还发布了16款全新的冰雪奇缘主题食品以及医疗保健品，包括新鲜的水果、果汁、酸奶、家用绷带甚至牙线。除此以外，像《哈利·波特》《变形金刚》《美国队长》系列美国大片，都是电影票房和衍生品制作的大赢家。

日本大力发展内容产业很大程度上是围绕着国家品牌打造展开的。在文化政策的选取上，日本政府主要以“酷日本”（Cool-Japan）作为国家的主打品牌，其文化产业不仅包括歌舞伎、茶道、花道、和食、相扑等传统文化形态，也包括电影、电视、动漫、游戏等现代文化载体。“酷日本”发展战略的精髓在于将日本举国文化整合到一起，共同凝聚成一张“酷日本”的特色鲜明的国家名片，让任何与日本相关的产品都因为“酷日本”这张名片而获得巨额的附加值，形成品牌效应。日本大力发展各种结合传统文化的新潮、时尚的数字化高科技文化产品，如风靡一时的卡拉OK、电子宠物等流行文化创造均出自日本文化产业从业者之手。

文化内容产业的飞速发展也为日本经济打了一剂强心针。20世纪70年代，日本文化产业的从业人员比例就已达到了4.2%，到21世纪初期，日本创意产业从业人员比例已经高至6%，文化产业在吸纳人员就业的过程中效果显著。20世纪90年代，日本遭遇经济衰退，经历了经济发展中“失去的十年”。然而即使在这样恶劣的处境下，日本文化产业的收入仍然超过了汽车工业以及农林业的产值，成为日本经济的支柱产业，并于21世纪初占据世界文化产业中10%的份额。尤其是动漫产业，占日本GDP比重超过10%，在国际市场上的份额仅次于美国，其影响力早已超过日本汽车等工业。

受到日本文化崛起的影响，经济实力远在世界前十位之后的韩国近年来也极力发展内容产业，以文化为立国之本，试图跻身世界文化大国的行列。韩国集全国之力打造文化产品，展开“文化创造融合带”“韩国文化日”等活动，并将发展重点放在了音乐、舞蹈、电视剧、电影制作方面。

韩国歌手鸟叔 2012 年的一首《江南 style》，表演和曲风都是满满的韩国风，却迅速获得世界观众的认可。其独特的舞姿“骑马舞”甚至在芬兰的舞曲热图表名列榜首，彰显“韩流”威力之巨大。

概而言之，作为内容型文化产业发达的三个代表性国家，美国、日本、韩国可谓是各有千秋。美国以全面发达的产业链和高精尖技术支撑著称，投入成本颇高，收益也非常喜人，为美国文化产业带来了丰厚的利润。日本则从国家战略布局出发，举国打造国家文化名片，通过专攻动漫业、游戏业、电影业等某些优势行业，精耕细作，在全球范围内构造了“酷日本”的国家名片，亦为自身带来了丰厚的文化产业利润以及品牌效应。韩国的内容产业则以流水线式电视音像制作为主，成本较大，却能迅速扩大其文化势力范围，让韩国文化短时间内在亚洲树立了口碑，对风靡一时的“韩流”的形成功不可没。

二、创意型文化产业

除了内容型文化产业外，创意型文化产业也是近二十年来异军突起的文化产业类型之一。创意产业的概念首先由英国提出。英国向来以发展创意产业著称，其对文化产业的定义即为“那些投资个人创造性、技能和智慧，并通过知识产权的开发和生产，创造潜在财富和就业机会的活动”。

英国是发展创意文化产业的老牌国家，从 20 世纪 90 年代开始就致力于创意文化产业的建设，其创意产业的门类非常广泛，涵盖电脑服务、创意设计、音乐工业、影视娱乐等行业。创意产业在英国 GDP 中的比重超过 10%，大大高于其他产业在 GDP 中所占的比重。英国的音乐产品在全球所占份额仅次于美国，稳坐第二把交椅。英国设计业人才辈出，每年产值约为 50 亿英镑。

英国也是较早把创意性的戏剧表演作为文化产业主体构成的国家之一。在伦敦西区布满着大大小小的剧院，前来伦敦观光的游客在领略泰晤士河、“伦敦眼”等风光之余，也会一并拜访伦敦西区，领略英国戏剧表演如音乐剧《猫》《西贡小姐》等名剧的魅力。对于这些传统名剧，英国尽量将其保留在古老的剧院上映。然而随着创意产业的发展，英国也在探讨这些传统戏剧的创意表演形式，其中一个典型的例子就是让观众在电影院看戏剧的“英国国家剧院现场”项目（简称 NTLive）。英国国家剧院致力于这一创新表演模式的开发，希望戏剧表演和电影放映可以突破彼此的界限，形成一种介乎两者之间，既可以有生动传神的大银幕舞台，观众和演员又不需要被银幕隔开、充满互动的舞台。2009年6月的初夏之夜，由海伦·米伦主演的《费德尔》首次通过高清摄像进行全球同步直播，直播信号传送到全英国228家电影院，超过5万人在电影院中与在英国国家剧院剧场中的上千观众共同见证了首次NTLive实况转播的诞生。尤为有创意的是《弗兰肯斯坦》一剧，由凭《贫民窟的百万富翁》获得奥斯卡最佳导演奖的丹尼·博伊尔执导，请在CBS热播剧《基本演绎法》中扮演福尔摩斯的约翰尼·李·米勒和《神探夏洛克》里的主演本尼迪克特·康伯巴奇（卷福）两位"神探"同台竞技。对于两位自我要求极高的演员来说，这真是一场无路可退的短兵相接。该作品2011年首演于英国国家剧院，场场爆满，卷福和米勒因出色演技共同获得2012年奥利弗奖最佳男演员大奖，丹尼·博伊尔后来担任了2012年伦敦奥运会开幕式的总导演。NTLive项目得到英格兰艺术委员会的资金支持，并通过和电影院的合作分成增加一部分收入。在2015年度的英国国家剧院的财报中，NTLive项目在全球收入达610万英镑，占到了英国国家剧院总收入的5%。总观剧人数超过120万，其中本土观众人数为72.5万人，其他的国家的观众为47.5万人。全面的国际化使得NTLive项目的影响超出了英国本土，在世界各地迅速发酵。2015中英文化交流年，包括《弗兰肯斯坦》在内的多部NTLive剧目被引进中国，与中国观众见面。

创意性的传统表演也为英国文化产业增色不少。在英国的旅游文化产业产值中，大约30%是由创意性的表演业和艺术业共同贡献的。有感于电影业与戏剧业确实能带来大量的经济和社会效益，欧洲各国都热衷于修建高端剧场，以提高放映或者表演品质为第一要务，作为旅游业的衍生品，为当地政府带来更多的收益。如奥地利在布雷根茨的博登湖修建的水上剧场，德国在法兰克福修建的"日落林荫道"剧场，都是全球闻名的重要高端剧场，每年都能为所在地带来大量的经济收入。

与英国主打创意产业相类似的国家是澳大利亚。1994年，澳大利亚政府就将《创意之国度》作为文化产业发展的主导政策实施。这个文化政策将振兴和保护民族文化放在第一位，期望在创造性地推进民族文化方面有所建树。这个发展策略将文化视为经济发展的重要资源，对促进澳大利亚创新、市场营销以及经济腾飞有不可替代的引领作用。

为了配合创意文化产业发展，2008年澳大利亚通信与艺术部在《打造创意创新经济》文件中将创意文化产业定义为音乐、表演、电影、电视、广播、建筑、出版、视觉艺术、软件开发等几个方面，并为这一政策的实施提供了相应的人才培养支持。

自1996年开始，澳大利亚又陆续出台了一系列鼓励民众参与创意文化产业的政策和纲领，如《艺术面前人人平等》《澳大利亚数字内容产业行动纲领》《推动创意——21世纪创新发展日程》等，为澳大利亚的文化产业发展指明了方向。

三、遗产型文化产业

遗产型文化产业的代表性国家多集中于拉丁美洲，以巴西、墨西哥、秘鲁、阿根廷等国为代表。拉丁美洲国家均具有文化多元性的特质。在这片神奇的大陆上，既有印第安人所创造的光辉璀璨的玛雅文明、阿特克兹文明，也有西班牙、葡萄牙、荷兰等殖民者留下的天主教文明，也有殖民时期输入黑奴而带来的非洲土著文明，以及二战时期从欧洲涌入南美洲的艺术家与文化人所带来的现代欧洲文化。因此，在拉丁美洲大陆上，从来不乏多种“混血”文化的影子。拉丁美洲民众对于文化怀有极大的尊重和包容，即使是面对曾经对自己的民族进行残酷统治的殖民文化，仍然出于对文化的敬畏而极力将其保存完整。

有鉴于此，尽管拉丁美洲的经济仅位列发展中国家的序列，却是世界上对自身以及异己文化最为珍视的地区之一。因此，文化遗产是拉丁美洲最丰富的文化产业资源之一。从1978年至2015年，拉丁美洲共有百余项人文或自然景观入选世界遗产。其新晋的三项世界文化遗产是墨西哥的16世纪水利设施“腾布里克神父水道桥”、乌拉圭的“弗赖本托斯文化工业景观”以及牙买加的“蓝山与约翰克洛山脉”。[①] 腾布里克神父水道桥是16世纪单层拱廊设计的水道桥，在腾布里克神父的倡导下建立，带有欧洲罗马水利工程的建筑风格，是美洲大陆殖民时期文明的见证。弗赖本托斯文化工业景观则是19世纪一座肉类加工厂的遗址。这座工厂是欧洲肉类市场的重要供货源，反映出南美洲在现代工业化浪潮中参与全球制造的进程。

丰富的、富有历史层次感的文化遗产成为拉丁美洲发展文化产业的起点。于1987年被列入联合国文化遗产名录、位于墨西哥瓦哈卡州的瓦哈卡古城，就是以文化遗产为依托、成功发展以旅游业为主要形式的拉美文

---

① 数据来源：联合国教科文组织《世界遗产名录》中心（World Heritage Centre of UNESCO），http://whc.unesco.org/en/list。

化产业的典范。

瓦哈卡是拉丁美洲保留较多印第安人民族色彩的城市之一，是著名的印第安人总统华雷斯的故乡。瓦哈卡当地仍然保留着与印第安人玉米崇拜有关的盖拉盖查庆典，这是当地原住民吸收欧洲音乐特色和土著舞蹈形式创作出来的表演形式，与当地人的日常生活无异，表演非常朴实自然，深受游客喜爱。在整个瓦哈卡古城中，原住民并没有因为文化遗产旅游业的开发而迁居城外，相反，原住民一直居住在城中，沿街挑选新鲜的水果、生活用品甚至热乎乎的玉米卷和他们最喜爱吃的莫莱酱鸡。这种对活着的文化遗产进行保护的产业发展思维使得拉美文化产业迅速获得了世界各地游客的认可，仅瓦哈卡一个古城，每年就能为墨西哥带来2000万美元的收入。

除了有形的物质文化遗产，无形的非物质文化遗产也为拉丁美洲大陆创造了巨额的经济收益。如巴西每年举行传统狂欢节作为文化产业发展的一个重要卖点。

在丰富的文化遗产资源支持下，拉丁美洲的文化旅游业呈现出井喷式的增长。2010年，巴西国际旅游总产值就增长了51%，2011年增速虽然放缓，但是也达到了32%的年增长率。墨西哥旅游业也一跃成为本国第三大外汇来源的支柱性产业。[①] 文化遗产业所创造的价值已经远远超过了拉美国家其他产业所创造的价值，成为当今世界文化产业中别具一格的发展形态。

四、其他

此外，尽管一部分发展中国家目前主要的文化产业业态是遗产型或者自然资源型的文化产业，但是这些发展中国家也有文化产业转型升级的强烈意愿，以及弘扬自己本土文化的战略需求。尼日利亚、加纳等前英属、法属殖民地国家尤其有代表性。一些非洲本土电影人认为，想要通过电影语言向世界讲述一个真实的非洲，只能依靠自己的电影。不仅如此，在欧美电影大行其道的今天，只有拍更多更好的非洲本土电影，才能让非洲年轻一代更了解自己的国家和文化，从而加强非洲在当今世界的存在感。

非洲大陆长期受英法两国的殖民统治，在此过程中受到其文化的浸

① 徐艳芳、金华、王蔚：《拉丁美洲传统文化资源的旅游产业化路径考察》，《拉丁美洲研究》，2012（2），62页。

淫，较早接触到了电影的魅力，电影产业具有广泛的民众基础。但这些国家大多经济基础较为薄弱，人口基数较为庞大，消费需求与消费能力之间具有巨大的反差。目前受各种困难所局限，例如发展文化产业最急需的高端人才匮乏、购买高端设备所需资本缺失、知识产权保护体系不健全等，主要以文化产品粗放式大规模复制为主要形式发展文化产业。在这样的情况下，大多数国家电影往往取材于非洲乡村和城镇中的日常生活，采用流水线编排情节，用摄像机拍摄，快速批量生产。这些低成本制作的电影缺少影院放映，很多城市根本没有影院，主要就是卖给电视台，或者大规模拷贝到DVD、CD、录像带等音像载体中去，以低廉的价格向民众出售。这种模式使得尼日利亚一跃成为全球主要电影制作中心之一，并为自身赢得了“瑙莱坞”的美誉。2006年，尼日利亚电影界制作了872部作品，位列电影高产国家行列。在其带动之下，西非另一大经济体加纳的电影业也开始蓬勃发展，一度年产量达数百部。加纳电影主要是英语片，其首都阿克拉被称为“格莱坞”；近年来以第二大城市库马西为中心崛起的契维语方言电影，使该城成为首都阿克拉以外的又一个影视基地，加纳本地媒体称其为“库马坞”。①

从技术层面来讲，非洲国家电影的制作水平落后，设备器材较简陋，演员的表演水平颇为业余，电影制作工艺粗糙。从电影内容来看，故事情节趋于雷同、缺乏新意。而且，为了迎合观众，很多电影中充斥着血腥暴力以及巫术等内容。此外，盗版产业链给非洲电影人带来了最沉重的打击，造成了另一种恶性循环——由于盗版速度太快，电影工作者只能压低成本以减少损失，电影越来越粗制滥造。

另一方面，事物的发展总不会一蹴而就，必定要经过量变到质变的过程。制作数量的繁荣为文化本身带来了极大的能量释放。对于这些具有丰富的文化资源却又急需改变经济状况的国家和地区而言，该国或者该地区的产能、效能以最低成本得到最大化发挥，也能为这些国家和地区积累发展中高端文化产业所需要的“第一桶金”，仍是一种值得肯定的文化产业发展形态。2005年，南非电影《卡雅利沙的卡门》获得第55届柏林电影节金熊奖最佳影片奖，为非洲电影赢得了更多的关注。并且，随着计算机技术的不断发展，非洲电影人也逐渐学会通过后期制作使电影看起来“更

① 林晓蔚：《随笔：西非电影业繁荣背后的隐忧》，新华网，http://news.xinhuanet.com/newmedia/2014-04/25/c_1110413045.htm。

像样儿”，演员和新建的影院也越来越多。

概而言之，在当前的世界文化产业格局中，美、日等发达国家仍然以内容产业为文化产业发展的主要形式，其强有力的文化传输网络足以将其意识形态迅速输往世界任何一个和互联网以及通信网络、卫星网络相通的地方；英国与澳大利亚等国以创意产业为主要发展模式，试图通过这种以智力为主要资源的经济发展模式为自身的经济危机以及对本土文化的保护杀出一条血路；南美洲国家目前以文化遗产业为其主要发展路径，并已形成极具地方多元文化特色的文化产业发展路径；而非洲国家则处于奋起直追的状态，努力通过大规模的复制式电影生产追赶文化产业的列车。

第四节 文化产业的发展趋势

无论文化产业以何种模式出现，其长远发展均是建立在对文化资本的合理运用基础上的。而随着文化产业的深入发展，如何保护文化资本和其所带来的权益以及如何在全球化的处境中维护自身的文化安全，才是各国政府最应当关注的热点问题。当前世界文化产业逐渐呈现出以下趋势：数字技术引领未来、知识产权意识日益普及、资本全球化运营、文化本土主义抬头等。

一、数字技术引领未来

数字技术的出现影响着文化产业的发展走向，数字化内容产业已逐步成为当代社会发展中的主流产业；借助数字技术表现内容的创意方式对经济增长的带动作用越来越大，被视为经济高速增长的引擎，并引领当代文化产业发展的新趋势。此外，数字化技术的新手段为原来许多难以充分利用的文化资源提供了新的保护和开发思路，数字全息博物馆、非物质遗产的影像传承等都是数字技术带来的福音。世界主要文化产业强国在制定文化发展战略时普遍把数字化、智能化和网络化作为第一趋势。

2008年诺贝尔经济学奖得主保罗·克鲁格曼曾经写道：“渐渐地，数字化将成为必然趋势，令知识产品复制起来更加方便，高价策略更难维系。因此，我们必须找到顾及这一现实的经济贸易模式。”①

---

① ［荷］约斯特·斯密尔斯、玛丽克·范·斯海恩德尔著，刘金海译：《抛弃版权——文化产业的未来》，3页，北京，知识产权出版社，2010。

计算机网络技术的发展，为文化消费和文化产品带来了全新的模式。互联网可以为大众提供大量娱乐消费产品，电视、电影、音乐、游戏等都可以通过互联网平台来实现。互联网的社交功能在提升用户黏性方面发挥了重要作用，以网络化形态存在的文化产业业态将成为文化产业发展的主流趋势。2009年，在全球25个互联网最普及的国家中，借助于互联网，文化服务业所创造的价值比开通互联网前平均增加175%，从业人员增加43%。例如在美国，互联网普及后，文化产业所创造的社会价值占社会总产值的比例，从过去的20%上升至30%以上，超过9000亿美元。①

数字技术具有高精确度的压缩能力，极大地提高了信息传输能力，这是传统的模拟技术所不能比拟的。如数字化视听技术的出现，使得声音和图像能够压缩、录制和传播，并颠覆以往单纯的“离线”传播，使实时在线传播成为现实。谷歌公司于2004年开始寻求与图书馆和出版商合作，大量扫描图书，希望打造世界上最大的数字图书馆，使用户可以利用“谷歌图书搜索”功能在线浏览图书或获取图书相关信息。谷歌数字图书馆是以数字化格式存储可以利用计算机访问的图书，数字化的内容可以被存在本地端或通过计算机网络由远程访问，人们可以更迅速地找到想要的书籍、文件甚至是图片。数据的数字化大大缩减了书籍所占的空间，减少人力、财力成本，可以24小时即时使用，并且同样的数据可以供多人同时间使用，使信息的传播更为快速与便捷。在信息经济时代，数字媒体技术、数字版权技术的革新使数字化成为文化产业发展的主流趋势。

现代科技使创作思维中的无限想象转化为丰富的现实情境，极大地拓展了创意空间，催生出新的表现形式。就创作而言，一个好的文化资源或优秀创意要转化为相应的文化产品，必须借助一定的手段进行表达。现代科技的进步，打破了以往传统表现手法的障碍，为那些天马行空般创意的实现提供了强大的技术支持和手段，极大地丰富了文化产品的表现方式。同时，科技创新本身也在不断地激发着文化创作者的创新意识和创新思维，催生出更多丰富而具有想象力的文化表达方式、表现形态和全新的文化媒介。如“分形艺术”的产生就是科技转化为艺术的过程，这一过程不仅使人们觉悟到科学技术与文化艺术的融合为人类的心灵塑造和审美打开了新的窗户，并且将催生和形成新的文化经济生长点。②

---

① 刘国强：《世界有关国家文化产业发展策略》，《中国党政干部论坛》，2010（1），20页。

② 杨翊恺：《科技在促进文化产业发展中的作用》，《学习时报》，2011年1月11日。

新媒体的变革与创新，使人们的生活方式和文化企业的生产方式也越来越智能和高效。随着物联网、云计算产业的蓬勃发展，智能硬件、智能家居、智能可穿戴设备已成为物联网领域备受瞩目的应用。扫脸付款、自动驾驶等各种原本只是想象的智能应用逐渐成为现实，其中蕴藏的商业价值不可估量。根据美国消费科技协会 2016 年 5 月发布的研究报告，目前全美可穿戴设备的持有率是 15%；健康计步器以及其他类似设备都很受欢迎；智能手表因为价格较高，持有率仅为 8%，明年或许会增至 16%。可穿戴智能设备的出现，将衍生出表现力与互动性更强的媒介服务与产品，将引领新一轮的媒体变革。

二、知识产权意识日益普及

众所周知，文化资本与经济资本最大的不同在于，文化资本虽然在本质上仍然是一种财富标志，但是它们是以有形或无形的方式存在的。有形的文化资本及其所代表的财富，如古典建筑、图书等，较容易衡量以及受到保护；然而无形的文化资本，如民间传说、神话、庆典等，却需要通过一定运作才能衡量价值、产生相应的权益和经济效益。即使是有形的文化产品，也是附加了大量心血和精力的投入才得以形成，其总体的文化价值实则是包含了这些无形和虚拟的投入在其中的。这些有形、无形的文化价值与效益遵循何种标准、如何衡量，从而确保文化产品中所包含的所有价值在高度发展的复制、转移技术下不被损耗，正是摆在文化产业发展中的重要理论问题。而技术创新对于保障市场规模扩大，并促使企业在这一过程中在企业文化、制度建设、知识转移方面功能提升的意义是毋庸置疑的。文化产业必须在知识产权保护制度下运转，否则这个产业便会失去创造活力，逐渐萎靡。因此，适应文化产业发展新形势的知识产权法以及相应的保护制度也就应运而生。

美国一直把有效执行的知识产权政策作为文化产业发展的保障。美国对版权保护的重视可追溯至 1790 年制定的《版权法》，对作者关于“地图、书籍、图表”等专著权提供可续期的 14 年专权保护。至 1909 年、1976 年，美国两次修订《版权法》，使得版权保护内容和机制更加全面，录音、美术、摄影、电影等新技术作品得到了保护，保护时间也得到了延长。仅 1994 年，美国因为出售专利的缘故，在世界范围内获利 146.7 亿美元，其中 97.3 亿来源于欧盟国家，39.1 亿来源于亚太地区，剩余的 10.3

亿则来源于拉美地区。[1]

其后美国又出台新的版权相关法，使得版权保护日趋严密。1998年《松尼·波诺版权期限延长法案》(*Sonny Bono Copyright Term Extension Act*)又将版权的保护期延长了20年，规定1923年以后创作的作品保护期限延长为95年。这在美国引起了相当大的争议，并非所有人都赞同，有学者认为这种行为阻碍了社会发挥创意、创造公益的机会。1998年出台的《千年数字版权法》，则是美国为了适应和配合日益信息化的互联网文化产业发展以及“互联网信息高速公路计划”的推进而制定的，是对数字时代著作人权益保护的立法尝试，为作品的网上传播提供强有力的保护。

日本也是世界上较早开始知识产权制度建设的国家之一。日本对知识产权的保护最早是从专利入手的。早在20世纪50年代，日本就颁布实施了《工业产权法》，对发明专利、实用新型等领域制定了详尽的保护和处罚条例。其后，日本又多次修改产权法律，加大了对知识产权的保护力度以及对侵犯知识产权行为的处罚力度，如延长发明专利的保护期限、按照侵权产品的数目确定侵权赔偿责任等。

为了进一步落实知识产权保护制度，21世纪初期，日本将“知识产权立国”确立为基本国策，并于2002年制定并实施《知识产权基本法》，在文化产业领域全面展开知识产权保护制度建设。此外，日本还专门建立了“知识产权战略会议制度”，由首相担任最高领导职位，会议成员则由教育、经济等部门的部长组成，对日本知识产权领域中的任何事宜有干预权。在“知识产权立国”的国策引领下，日本基本形成了从小学到大学、从小型企业到大型企业的知识产权教育体系，全民知识产权保护意识大为提高。日本也由此迅速成为世界专利产权大国，其每年所申报审批的发明专利在全世界所占的比例高达40%，充分体现出“知识产权即生产力”的日本经济发展理念。

随着知识经济时代的到来，文化交流信息量大增，文化产业也开始走进“地球村”模式。尤其是冷战结束之后，横跨在东西方世界之间的铁幕已经缓缓落下，东西方之间蕴蓄已久的交流欲望骤然爆发，各国文化产业之间的贸易壁垒也日渐拆除。至20世纪90年代，美国与欧洲国家之间的

① 谢文泽：《拉美主要国家有关知识产权的规定》，《拉丁美洲研究》，1996(3)，62页。

传媒、信息壁垒已经破除。日渐频繁的文化贸易要求国际性的知识产权保护公约来维护贸易中各国的文化利益以及文化安全。

在国际知识产权保护进程中，21 世纪最具权威性的、由世界贸易组织制定的《与贸易有关的知识产权协定》（*Agreement on Trade-Related Aspects of Intellectual Property Rights*，TRIPs，简称《知识产权协定》），可谓是一个划时代的标志。这一协定的制定和实施实质上是东西方国家在世界文化产品的贸易大战中彼此角力和博弈的结果。

《知识产权协定》是一部国际贸易背景下的知识产权国际公约。然而值得注意的是，这部由世界贸易组织颁行的国际公约实则是以发达国家的文化利益为出发点而制定的世界文化产业版图的划分规则。这一协定毫无疑问是迄今为止最全面、保护标准最高的国际知识产权公约。然而鉴于东西方之间、发达国家与发展中国家之间的文化产业发展标准和发展状况存在一定的差异，在同等高标准的制约下，发展中国家尤其是东方的发展中国家不得不以较高的标准引入文化产品，并为此支付高成本却在国内面临低回报；而文化产业发达国家则有更充足的高标准理由拒绝发展中国家的文化产品出口。这份权威的国际公约看似公平，却为发达国家垄断世界文化产业提供了绝佳的契机，大部分发展中国家反而被推向了文化产业发展的困境。

发展中国家也没有忽视在知识产权保护方面加强立法和制度建设。非洲地区有两个政府间国际知识产权组织——非洲知识产权组织和非洲地区知识产权组织，他们分别管理法语非洲国家之间、英语非洲国家之间的区域性多边条约。13 个原法属国家 1962 年缔结了《建立非洲—马尔加什工业产权利伯维尔协定》（*Libreville Agreement Establishing the African and Malagasy Office of Industrial Property*），对各国的专利、实用新型和商标等领域提供事务处理的规范。1963 年通过并实施了《统一商标条例》，这是第一部跨国商标法，依照此跨国法获得的商标注册在 13 个成员国有效，而且注册商标也受到同一部跨国法保护。因为马尔加什是主要的缔约国，故而当时缔结协定的国家联盟也被称为“马尔加什工业产权局”。其后由于马尔加什 1976 年改名为马达加斯加，并退出了这一协定，同年“马尔加什工业产权局”改名为“非洲知识产权组织”（African Intellectual Property Organization），签订《成立非洲知识产权组织（ARIPO）的班吉协定》（简称《班吉协定》）。《班吉协定》在国际知识产权保护进程中具有划时代意义，它是非洲大陆乃至全世界范围内第一个“产生全面跨国工业产权与版权的地区性公约”[1]，《（欧洲）共同体专利公约》缔结时间较之《班吉协定》还要早两年，生效时间却比它要晚。

英语非洲国家曾在内罗毕召开专利版权地区会议，建议成立非洲地区知识产权组织。《建立非洲地区知识产权组织协定》（*Agreement on the Creation of the African Regional Industrial Property Organization*，简称《卢萨卡协定》）于1976年12月9日在赞比亚卢萨卡召开的外交会议上通过，于1978年2月15日生效。非洲地区知识产权组织共有17个成员国。

相比于非洲大陆于20世纪中期早早地制定出相关的知识产权保护协定，拉丁美洲国家对知识产权的保护意识并不强烈。在这方面做得较好的拉美国家有巴西和墨西哥。巴西于1993年成立了“国家工业产权管理局”，专门审批发明、实用新型、外观设计以及药品与农产品专利等事宜。墨西哥则于1991年颁布实施了《工业产权促进和保护法》。

三、资本全球化运作

文化产业在世界范围内的兴起，与全球化政策的推广关联密切。在全球经济和科技相互渗透趋势越来越明显的背景下，国家和地区之间的关联突破了地域的限制，通过互联网的联结形成了相互依存的整体，使得文化的跨地域流动格外迅捷。

二战后，美国一跃成为世界超级大国，欧洲市场开始逐步向美国敞开。欧洲电影市场份额几乎全部（超过80%）被美国占领，而欧洲电影在美国市场所占的份额不足3%。20世纪90年代，美国从欧洲进口了2.9亿美元的视听产品，却对欧洲出口了36亿美元的同类产品。[2] 整个欧洲都在为美国文化的侵蚀而感到焦虑（见图1.1）。欧洲学者安妮·马西（Anne Massey）就曾提到她的祖母、外祖母、父母、女儿以及她本人是如何受美国电影文化影响的。好莱坞的时尚和生活方式让她们祖孙四代趋之若鹜，她们不仅对《风月俏佳人》《泰坦尼克号》等美国影片中的角色爱慕不已，还非常喜欢购买印有好莱坞明星照片的衣服、杯子等生活用品。[3] 因此，

① 郑成思：《知识产权论》，544页，北京，知识产权出版社，2003。

② 沈孝泉：《法国：“文化例外”是确保文化安全的国策》，《红旗文稿》，2014（19），34页。

③ Anne Massey. *Hollywood beyond the Screen*: *Design and Material Culture*. Oxford: Berg Publishers，2000，p34.

在一些欧洲人看来，“好莱坞就像是一匹特洛伊木马”，上面承载的是“迪士尼乐园、快餐连锁店和为美国从衣服到爵士音乐所做的免费广告”。①

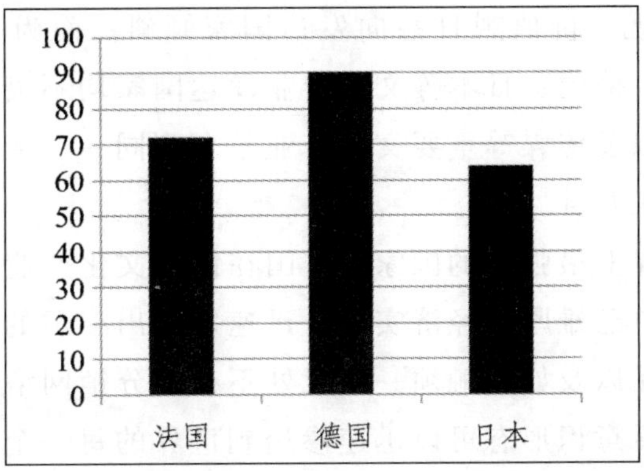

图 1.1　1999 年美国电影在各国电影市场中所占比例（%）

来源：孟建：《“文化帝国主义”的全球化传播与影视文化的反弹》，《中华新闻报》，2000 年 11 月 27 日 006 版。

20 世纪 90 年代以来，世界文化产业领域出现了大规模的兼并潮，不少文化企业开始谋求强强联合，降低运营风险，覆盖传媒、信息、娱乐等多领域的巨型航母级公司出现。跨国文化集团并不是企业资产与职员的简单归并，而是技术、市场、人才、经营和品牌等综合优势的互补；是为了适应经济全球化和竞争日趋激烈的状况，创造文化企业竞争优势和增强核心竞争力的重要道路。航母级文化产业公司的出现使文化传播的途径更加多元化，电影、电视、出版社、网络、纸媒、主题公园等多种类媒体出现了融合的趋势，可以提供更全面的文化体验服务。

通常来说，同类型的产业越是集中，越能有效形成聚合效应，降低运营成本和潜在风险，并增加创新思维和知识传播的效率。由于文化产业对知识和思维的生成、共享有着较大的需求量，聚集形态是最有利于文化产业刷新绩效的业态利器。因此，电影、动漫、电视、游戏等文化内容产业通常都以聚集产业的形态出现。如纽约、伦敦、巴黎、东京、米兰等，均是代表性的文化产业聚集地。

当今世界文化中的主流声音主要由几家顶尖传媒与通讯公司垄断。这几家公司是世界通讯业财团精英中的精英，拥有强大的文化产品生产能力与全球产品分销网络。这一梯队的公司包括时代华纳集团、维亚康姆集

① 王晓德：《二十世纪以来法国反美主义的文化释读》，《历史研究》，2008（3），117 页。

团、通用电气公司、华特迪士尼集团、新闻集团、维旺迪集团、索尼集团、贝塔斯曼集团等，多数公司总部所在地为美国。这种文化航母的出现使得全球的文化观、价值观日益向发达国家倾斜。而为了实现这样的并购，美国、英国、德国、日本等文化产业发达国家均不惜修改法律，将电视、网络、娱乐以及传媒等重要文化产业整合到同一个庞大的机构中，实现效能升级和分工互补。

作为当今世界上最强大的国家，美国在世界文化产业兴起的大潮中捷足先登，依仗着自己雄厚的经济实力，迅速发展出凌厉的文化攻势。强大的影视、音像产品以及如同触须一般无处不在的分销网络确保了美国的文化价值观以及生活意识形态可以迅速渗透到世界的每一个角落。如全美三大商业广播电视公司之一的美国广播公司（American Broadcasting Company，ABC）现在是迪士尼的全资子公司，与分布于全美各州的两百余家电视台结成联盟，形成了密如蛛网的电视网络，随时可以将自己的节目和频道分销出去，迅速在全美乃至全世界形成影响力，巩固了迪士尼在世界各国儿童心目中的美好地位。在贸易自由化与一体化的背景下，美国文化日益猛烈的宣传攻势引发了世界其他国家的强烈不安，不少学者将这种现象称为“文化霸权”的扩张。

四、文化本土主义抬头

全球化在带来好处的同时，也带来了更加激烈的国际竞争和全球进一步加剧的不公，尤其是“世界上存在着一些强势的经济集团和文化产业集团，他们造成了并维持着在各国国内和各国之间不平等的发展”①。

欧洲对于美国文化入侵的忧虑可谓早已有之。老牌欧洲国家法国曾是美国的“姊妹共和国”。美国独立战争的胜利以及自由女神像的伫立均与法国的支持密不可分。然而在文化层面上，法国对于美国文化一直采取避而远之的态度。法国人崇尚民主、自由和公平，而冷战后的美国在国际社会上专断独行，动辄以武力打击他国，与法国的价值观极为不符。与此同时，法国人也认为美国社会中的容许持枪、堕胎等政策不可理喻。

为了阻止或者延缓本国文化出现“美国化”趋势，以法国为首的欧盟国家和加拿大提出了在全球一体化贸易中的“文化例外”原则。按照欧盟

---

① 关世杰：《把握世界文化发展趋势，寻求中国文化发展对策》，《国际新闻界》，2002（1），10页。

与加拿大的主张，国家在本疆域内具有文化主权，亦有权利保护自己的文化在国土范围内不受侵扰。因此，在1993年的法语共同体首脑会议上，法国提出“文化产品不能等同于其他工业产品和服务产品，所有属于精神文化的产品应当置于世界贸易判决的范围之外”①，不能毫无管制地在全球一体化的背景下自由贸易。

在“文化例外”原则指导下，以法国为首的欧盟国家以及加拿大对美国文化进行了抵制。如电影大国法国就大力推进了本土电影制作的补贴措施，刺激本国电影工业的发展。至1993年底，美国只掌握了57%的法国电影市场份额，低于欧盟的其他任何一个国家。与此同时，法国提高了欧共体关于成员国至少播放50%欧洲节目的标准，将底线拉高至60%，并进一步规定法国人制作的节目在本土播放率须达到40%以上，以此抵制美国电影与电视业的“入侵”。②

这个过程中的标志性事件莫过于美国迪士尼乐园在欧洲的折戟沉沙。迪士尼乐园是美国华特迪士尼公司所创立与运营的一系列主题乐园的总称，以加州迪士尼乐园、佛罗里达州迪士尼乐园、东京迪士尼乐园以及巴黎迪士尼乐园规模最大。其中巴黎迪士尼乐园于1992年在马恩河谷镇开放，由迪士尼公司不惜血本耗资44亿美元兴建，期望在欧洲市场赚得盘满钵满。然而惨淡的数字报表让迪士尼公司高层不得不正视现实：截至1994年底，巴黎迪士尼乐园巨亏20亿美元，一向所向披靡的迪士尼公司首次遭遇滑铁卢。

从20世纪中期开始，日本开始大肆扩张自己的经济势力范围，试图构筑一个横跨亚欧的以经济为基础的文化实体。在实施经济战略的同时，日本也努力通过发展文化产业增强国际影响力。日本地少人多，内部资源有限，发展空间一直受限，对自身的文化是否会被大国同化时时抱有极深的忧虑。富有忧患意识的日本企业也曾主动出击，对美国文化产业实施收购和吞并。如索尼公司就曾经收购了美国好莱坞三个片场，让日臻成熟的好莱坞电影工场为日本所用。

日本始终试图通过本国文化的发展和包装为日本在世界赢得一席之地，并保护自己的文化在日益涌动的全球化大潮中不被冲击得一干二净，

① 沈孝泉：《法国：“文化例外”是确保文化安全的国策》，《红旗文稿》，2014（19），34页。

② 王晓德：《全球自由贸易框架下的“文化例外”——以法国和加拿大等国抵制美国文化产品为例》，《世界经济与政治》，2007（12），75页。

极其擅长将本国文化元素如樱花、英雄等崇拜融入游戏产品中。以日本历史文化为背景的电子游戏中时常可见樱花和英雄的身影，多以传统的乐器尺八、三弦作为伴奏，具有鲜明的东方特色。

澳洲与亚洲地区虽然并不像欧洲一样对美国文化发生正面而直接的抵制，却也在静默无声地通过保护本土文化来达到防御外来文化渗透的目的。澳大利亚是一个多元文化的国家，二战后即长期实施移民政策，并有大量的土著民族，文化体系异常多元。因此，在澳大利亚，任何背景和民族的人士想要保留和传承他们自身的文化，都会得到政府的大力支持以及各种资助制度的保障。这种多元化的文化基础是澳大利亚发展文化创意产业的保障。

未来的世界文化格局将充满着机遇和挑战。一方面以美国为主导的文化强国仍会凭借其航母级文化机构向全世界持续地推销他们的文化意识形态；另一方面，日益觉醒的本土文化保护意识将为地方性、民族性的文化产业发展提供方向。发展中文化实体的成长势不可挡，虽暂时弱小，却终将能在世界文明的丛林中发出自己的声音。

在如何融入全球化文化产业发展的洪流这一研究领域中，来自巴勒斯坦的美籍学者爱德华·萨义德的观点非常有代表性。萨义德出生于殖民地时期的巴勒斯坦，阿拉伯语和英语的双重语言环境曾带给他极大的身份困扰，这种多重身份和文化的冲突性在他身上萦绕，最终促使他提出了极具建设性的后殖民时期全球化文化格局理论。他认为，在这个时代，“帝国主义直接的控制已经基本结束；展现在我们面前的是，帝国主义在具体的政治统治、意识形态、经济和社会活动中，以及一般的文化领域中，同过去一样，仍将继续存在”。① 这是当前世界文化变革中弱势文化体系所面临的挑战。然而，挑战也是一种机遇。正是在全球化的背景下，弱势的文化尤其是东方的弱势文化得以有机会“有意识地进入到西方的话语结构内部，同它打成一片，努力去改变它，使它最终承认被它边缘化了的、受压制的甚至是被遗忘了的某段历史”②，这是最大的机遇所在，也正是我们置身于一个文化产业尚在起步阶段的国度中学习海外文化产业知识的使命所在。

---

① ［美］爱德华·W. 萨义德著，李琨译：《文化与帝国主义》，4页，北京，三联书店，2003。

② ［美］爱德华·W. 萨义德著，李琨译：《文化与帝国主义》，308页，北京，三联书店，2003。

第二章 美国文化产业

在美国，文化产业称为“版权产业”，分为四大类，即核心版权产业、交叉版权产业、部分版权产业、边缘支撑产业。

核心版权产业是指那些主要是为了原创、生产、发行或展览版权产品的产业，包括报纸、图书、期刊、摄影、录音、音乐出版、广播和电视播放、商用及娱乐软件等；部分版权产业是指那些部分产品为版权产品的产业，包括纺织品、珠宝首饰、家具、玩具、游戏等；边缘版权产业包括那些将受版权保护和部分受版权保护的产品发行给商家和消费者的产业，例如为发行版权产品服务的运输服务、电信业、批发商和零售商，这些行业产生的全部产值中只有一部分被视作版权产业的产值；交叉版权产业是指那些生产、制造和销售主要是为了促进有版权的作品的创造、生产或者使用的设备的产业，包括CD机、电视机、VCR机、个人电脑、空白磁带和打印纸的制造、批发和零售。以上四个部分合称全部版权产业。[①]

美国凭借其无可比拟的经济优势，综合运用外交、金融、科技等各种手段，打造了以好莱坞、迪士尼、麦当劳、可口可乐等强势品牌为代表的完整而巨大的文化产业链，培育了成熟的本国文化消费群体，并开辟了最为广阔的海外文化市场，从而使美国迅速确立了全球文化产业的领先和主导地位。

第一节 美国文化产业概况

从1996年开始，美国版权业就已超过汽车、农业与航天业等其他传统产业，成为美国最大宗的出口产业。美国的影视业和软件业发展尤为迅

① 斯蒂芬·斯威克著，胡知武、蒋言斌译：《美国版权产业缘何能唱经济“主角”》，中华人民共和国国家知识产权局网站，http://www.sipo.gov.cn/dtxx/gw/2007/200804/t20080401_353569.html。

速，在国际市场中优势明显。美国是世界电影业最发达的国家，也是称雄世界的软件大国，其软件销售额约占全球软件销售额的2/3，几乎垄断了全球的操作系统及数据库市场。美国版权产业在出口、增值和就业等方面的持续增长，巩固了版权产业作为美国经济发展支柱产业的地位。

2016年2月16日，美国国家艺术基金会联合美国商务部经济分析局发布统计数据，数据显示，自2006年以来，美国的艺术和文化产业每年均为贸易顺差，且呈现逐年增长的态势。2013年出口额排在前列的行业是：电影和电视节目（159亿美元）；与艺术相关的软件出版，如游戏、图片处理软件（99亿美元）；珠宝首饰和银器（81亿美元）；创意广告（71亿美元）；建筑设计服务（3亿美元）。包括电影、电视、与艺术相关的软件出版和创意广告等在内的版权密集型商品的出口额达330亿美元，超过世界所有艺术和文化产品出口总额的一半。①

一、美国文化产业的发展阶段

文化的演变反映政治、经济的发展历程，文化产业作为融文化和经济于一体的特殊产业，其发展自然也随着历史的车辙经历着阶段性的变化。作为世界文化产业的重要组成部分，美国文化产业的发展经历着从起步到发展再到繁荣的过程。早在20世纪20—30年代，美国政府就意识到文化产业的重要性，并出台了一系列的法律法令扶持文化产业的发展，这成为美国文化产业发展的起点。第二次世界大战结束后，各国争相发展本国经济，信息技术的快速发展是这一时期的重要标志，为文化产业的进一步发展提供了技术支持。“由此美国开始加速开拓和占有海外市场，把扩大文化产业出口、提高本国文化在全球的影响力和渗透力作为重要的战略目标。”② 进入21世纪，经济全球化给各国的文化产业发展带来了新的机遇和挑战，美国开启了发展文化产业的新纪元。

对于美国文化产业的发展历程，国内学者的观点趋同于“三个阶段”：“第一个阶段从20世纪20年代到第二次世界大战前后；第二阶段从二战后到冷战结束；第三阶段从冷战结束到现在。”③

---

① 郑苒编译：《美国国家艺术基金会统计显示：文化艺术发展速度超过其他经济部门》，《中国文化报》，2016年2月29日。

② 柳士发：《文化市场学》，167页，上海，上海文艺出版社，2002。

③ 张慧娟：《美国文化产业发展的历程及启示》，《中国党政干部论坛》，2011（10），29—31页。

（一）第一阶段：20世纪20年代到第二次世界大战

之所以将20世纪20年代作为美国文化产业萌芽并独立发展壮大的起点，是因为在这一时期随着无线电、放映机等新技术的发展和成熟，一些文化传播新载体迅速融入人们的生活。广播业、电影业等文化产业新领域开始萌芽并迅速成长起来。1920年11月，美国第一家广播电台KDKA开始运营，播出了哈定与考克斯竞选总统的结果。此后，无线电广播迅速成长为一个新兴的赚钱行业。据统计，美国国内电台数从1922年1月的30座增加到1923年3月的556座，收音机数目也从1921年的5万台猛增到1922年的60万台以上。

20世纪是光和影的世纪，看电影是现代人消遣娱乐的重要途径之一。在20世纪20年代这10年中，美国全国约有2万家电影院开张。到20世纪中期，豪华的电影院已基本上取代了镍币影院。20年代末，好莱坞电影为战胜商业无线电广播，在音响方面进行了一次革命，产生了有声电影。甚至1929年的经济大萧条也没能影响电影事业的发展，反而促使更多人进入电影院去寻找慰藉。之后，各大影视公司相互竞争，经过激烈厮杀，五大影视巨头垄断好莱坞长达半个世纪，其电影发行占美国市场的90%，并成功拓展全球影视市场。

在这一阶段，美国文化产业的各个主要分支都形成并发展起来。但它们的形成和发展基本处于一种自发、独立的状态，其发展范围和体系也主要限于国内。但是这无法阻止美国文化产业迅速发展的脚步。

（二）第二阶段：二战后至冷战结束

这一时期，美国文化产业在冷战的政治格局和新自由主义的背景之下获得快速发展。首先，冷战格局的政治背景使美国在文化产业海外输出的过程中十分注重宣传本国的意识形态，其重要途径就是加大对文化产业的干预力度，在文化部门的设置和政策的制定方面不断加大对美国价值观的宣传。其次便是新自由主义的兴盛。凯恩斯主义受经济危机的打击已无力回天，新自由主义顺势兴起。政府干预减弱，市场经济和自由贸易的强势发展都促进了文化产业各领域的勃兴，也加剧了美国文化企业的兼并和垄断。

另外，科学技术的发展成为美国文化产业飞速发展的巨大动力。20世纪50年代计算机的发明带来了传播媒介的第三次革命，计算机、通信卫星、微电子、光纤通信、激光、数码等信息技术在此后40年间获得重大发展，带领美国文化产业进入发展的转折点。

二战后的几十年间，美国文化产业成为促进经济增长的生力军，各个分支都获得了巨大发展，总体实力在全球遥遥领先。这一时期，美国文化产业开始重新规划版图，除了传统的电子传媒业和娱乐业之外，把印刷和出版业、旅行与旅游产业也纳入到文化产业发展的战略规划当中。[①] 尤其是电视业的蓬勃发展格外引人注目。1952 年美国建立了四大电视网，34％即 1500 万个以上家庭拥有电视机。到 20 世纪 50 年代末，这一数据迅速扩大到 86％，美国成为世界上电视普及率最高的国家。1962 年，美国发射第一颗电视通信卫星，把美国电视节目扩散到全球范围，不断向北美、拉美及西欧等地输出电视剧。

（三）第三阶段：冷战结束后至今

1991 年苏联解体、冷战结束，美国的文化产业发展进入新阶段。20 世纪 90 年代，互联网的发明与普及促进了网络业的迅速崛起，对美国文化产业的传统格局造成了严重的冲击。互联网带来的全球化和经济一体化对传统文化产业来说是一把双刃剑，一方面使得传统文化产业出现下滑和萎缩，另一方面却推动了传统文化产业的更新换代。互联网的交互式体验和方便快捷的传播方式使传统的报纸等行业受到了前所未有的冲击，“1990 年，《美国日报》总销量为 6232 万份，1994 年下滑到 5931 万份，1998 年跌到 5618 万份，到 2000 年《美国日报》总销量只有 5577 万份。”[②] 但这并未使美国报纸业一蹶不振，优胜劣汰后留下的各大报社开始涉足互联网领域，相继开发、建立自己的网站，传统文化产业模式与新兴事物相结合，实现了文化产业的新转型。

二、美国文化产业发展现状

近 30 年来，美国的文化产业一直保持强劲的增长态势，各分支领域都十分发达，无论总体发展规模还是对经济的贡献，都是首屈一指的。

根据国际知识产权联盟发布的《美国经济中的版权业：2012 年报告》，2012 年美国全部版权产业增加值为 1.69807 万亿美元，占美国 GDP 的 11.25％，其中核心版权产业增加值约为 1 万亿美元；2009 年至 2012 年，美国全部版权产业年均增长率为 4.99％，其中核心版权产业年均增长率为

---

① 杨明辉：《美国文化产业与对外文化战略》，《世界经济与政治论坛》，2006（5），110 页。

② 张慧娟：《美国文化产业发展的历程及启示》，《中国党政干部论坛》，2011（10），29—31 页。

4.7%，是同期美国经济年均增长率2.1%的两倍多。全部版权产业就业人数超过1110万，占美国全部就业人数的8.35%，其中核心版权产业提供就业岗位约540万个。版权产业工资水平比平均工资水平高33%。版权产业是美国最重要的出口创汇产业之一，版权相关产品出口额为1420亿美元，仅次于军工产业，远远超过同期航空航天、农业、食品、药品等其他行业。《美国经济中的版权产业（2014）》报告的数据显示，2013年，美国核心版权产业增加值为1.1266万亿美元，总体版权产业增加值为1.9217万亿美元。版权产业对美国经济的贡献逐年增加，版权产业创造了更多更好的高薪就业机会。

影视业独占鳌头。美国影视业在全球影视市场中占据了重要地位，好莱坞出品的电影受到世界各国影迷的喜爱，美国制作和生产的电视节目在世界上125个主要国家和地区播出，每年向其他国家转播的电视节目达到30万小时。直至今日，美国好莱坞的电影仍然是全球票房的引领者，创造了无数的票房奇迹。虽然好莱坞在2014年的表现有些惨淡，但2015年的全美票房总数则飚至109亿美元，《星球大战：原力觉醒》一部电影在半年时间内全球票房就达到了10亿美元；2015年造就了两部美国史上首映票房最高的电影和5部全球票房突破10亿美元的大片，这足以让人见识到好莱坞在行业内的强大实力。

出版业实力雄厚。美国出版业的年度营业额以平均3.5%的年增长率稳步上升，年度图书与期刊的出版种类、销售量与营业额均居世界前列。美国出版商协会发布的数据表明，美国图书出版产业2014年整体销售同比增长4.6%；全美图书总销量增长3.7%，达27亿册。著名的大型出版公司有：时代出版公司、西蒙与舒斯特出版公司、麦格劳-希尔出版公司、哈考特-布雷斯-朱万诺维奇出版公司、麦克米伦出版公司、艾迪生-韦斯利出版公司、霍顿·米夫林出版公司等。另外还有许多专业出版社和纸皮书出版社以及大量的政府出版社、学校出版社等等，产业规模庞大。

娱乐业发展十分迅速，成为新亮点。美国的娱乐业包括旅游、游览、博彩等多种项目，不仅在美国国内占据不小市场，更吸引着全球的目光。最著名的是迪士尼娱乐公司，2014年迪士尼公司的乐园及度假村收入为123.3亿美元，比2013年增长7%；而其业务更是扩展到了网络媒体、电视电影和产品销售，成为美国娱乐业的代表。美国的娱乐业甚至成为一些地方的支柱产业，如拉斯维加斯，在20世纪80年代就已经成为世界上著名的集娱乐、休闲、国际会议及博彩于一身的娱乐中心，并且带动了其他产业如旅游业和演出业的发展，每年的经济收入超过200亿美元。

全球高端文化产业人才聚集。二战后的美国政治、经济高度发展，吸引了来自世界各国的文化创意人才，这奠定了美国文化产业的人才基础。相关资料显示，在国际金融中心纽约市，唯一能与华尔街经济效益抗衡的只有文化产业，每年有上百亿美元的资金在文化市场中流通。美国文化产业所需的成本中，除了基本的投入与供给之外，人力资源和文创人才的开发与聚集都居世界榜首。文化创意产业是“3T”产业——以人才（talent）、科技（technology）、包容（toleration）为支撑的产业。在经济全球化的背景之下，美国虽然倡导自由主义的经济政策，但始终把握“人”的核心。首先，文化产业的发展需要人力资源，人力资源的开发始终是文化产业创新和发展的核心动力。对于没有文化传承历史底蕴的美国，依靠人力资源开发和人才聚集，才能使文化产业的发展超过拥有悠久历史文化的国家。其次，在经济全球化的今天，美国的文化产业特别注重人力资源在全球范围内的文化沟通及互动。有了国际化技能、金融和管理人才的支撑，美国文化产业才可以依靠全球市场的紧密流动，占据全球文化产业市场至关重要的地位。

集约化发展态势明显。进入21世纪以来，随着科学技术的不断发展和经济全球化进程的进一步加快，美国文化产业朝集群化的方向发展。美国大规模文化产业集团主导着全球的文化产业重组，文化产业在积累了大量资本以后开始寻求跨产业和跨国界运作。2001年时代华纳公司和美国在线公司合并被批准，创下了全球文化产业重组并购规模的纪录。各个文化巨鳄依靠其品牌价值、资本实力和多元化经营模式，迅速向欧洲、南美、亚洲等地扩张，通过源源不断的文化产品出口将美国文化输出到全球各个地区。

产业增值、就业水平和海外销售三方面持续增长的趋势，巩固了版权产业作为引领美国经济增长的关键产业的地位。在强大的法律和积极有效的执法下，美国版权经济的增长将继续为美国的经济繁荣提供助力。

第二节　美国文化产业政策

美国政府没有专管文化的国家级政府部门，但政府对文化产业并非放任自流，而是通过法律法规和各项优惠政策鼓励文化产业的发展，包括对文化艺术的保护和对新兴创意文化项目的扶植推广。

从美国文化产业的发展历程来看，很少会看到政府的影子，这在业界被称为“市场驱动型”发展模式。事实上，虽说很难看到政府的直接干涉行为，但并不是说美国政府就放松了在政策方面对文化产业的管理；相反，美国文化产业之所以获得如此令人瞩目的成就，与其政策方面的鼓励和支持是分不开的，注重法律保护是美国文化产业稳定可持续发展的重要因素之一。

一、美国文化产业政策的形成及发展

美国文化产业的发展壮大离不开全面系统的文化产业政策。一个成熟的政策体系必然是经过多年的探索和考验、经过无数次的选择和淘汰之后发展而来的。美国文化产业政策体系的形成是一个动态的过程，与美国文化产业的发展历史是紧密结合的。

（一）政策的初步形成

《美国联邦宪法》是美国的根本大法，奠定了美国政治制度的法律基础。宪法是美国文化产业发展的根基。对于美国文化产业政策体系的形成和发展来说，1789 年通过、1791 年生效的美国宪法第一修正案具有深远的影响和非凡的意义。宪法第一修正案以法律的形式保障了人们的言论自由，这是人们最重要的一项文化权利，因此可以说宪法第一修正案确立了美国文化产业政策的基本原则。美国文化产业政策的发展过程，就是在美国宪法第一修正案的框架下，自由与监管不断博弈、努力建立一种动态平衡的过程。

进入 20 世纪 20 年代后，随着科技的进步，许多新兴设备不断地出现，美国文化产业当中的一些重要分支比如广播业、电影业等开始萌芽并快速壮大。随着文化产业的发展成熟，需要建立起规范有序的法律法规，相应的立法与执法部门也渐渐地成立和发展起来。这一时期《无线电法》《通信法》《美国报刊战时行为规约》等专门法相继颁布，这些相关法律法规和宪法第一修正案一起组成了美国文化产业初期阶段的政策。

（二）政策的发展阶段

二战结束后，美国文化产业进入了新的发展格局。在美苏对峙的近半个世纪里，美国对其文化产业做出了较多的干涉。这个时期，美国政府先后成立了一些与文化产业密切相关的机构，密集出台了一系列法律法规，运用强大而系统的物质设施和组织，推广美国的文化、价值观念和生活方式。这一时期的美国文化产业政策被打上了深刻的意识形态烙印。[①] 从20世纪80年代开始，美国打破了紧张状态，放松对文化产业发展的管制，实施文化对外扩张政策。这一时期形成的宽松的政策环境打破了政府对文化产业发展所带来的一些束缚，使其得以自由良性发展，并涌现了一批规模宏大、实力雄厚的跨国集团。

（三）政策的成熟阶段

20世纪90年代苏联解体后，美国成为世界唯一超级大国，美国文化产业发展面临着前所未有的新格局和新挑战。这一时期由于网络业的迅速崛起，美国的传统文化产业格局迫切需要进行改变，美国政府不得不面对由于新兴技术的兴起而出现的一系列问题。例如新兴行业带来的信息安全、隐私保护问题，如何合理妥善解决知识产权保护问题，如何在新兴行业异军突起的情况下延续传统文化产业的辉煌。面对多方问题和挑战，美国政府将政策重点放在了信息网络领域的规范和立法、知识产权保护等领域。一系列法律法规的颁布和实施，使美国形成了全球保护范围最广、相关规定最为详尽、体系最完备的知识产权保护法律体系。这不仅加强了美国对文化产业的保护，还为其开拓广阔的海外市场提供了保障。[②]

二、美国文化产业政策的基本内容

美国从建国初期就开始对文化艺术事业实行法律保护。1787年制定的《美国联邦宪法》第一条第八款规定："为了促进科学和实用艺术的进步，对作家和发明家的著作和发明，在一定期限内给予专利权的保障。"这是美国最早的对文化艺术专利进行保护的法律条文。以后，随着美国法律体系的不断修订和扩充，在文化方面的立法也不断完善。

目前，美国已经形成了定位明确、层次清晰、相互衔接、体系完备的文化产业法律体系。该体系主要由宪法、文化产业发展的基本法律、知识产权保护法、有关文化产业的行业性法律、其他相关法律等五种不同类型的法律构成。这些法律和法规为美国的文化产业发展提供了理念、政策和实践的法律指导和保障，[③] 使美国的文化产业发展有法可依、有章可循。

---

① 张慧娟：《美国文化产业政策的形成与发展》，《科学社会主义》，2012（6），147—150页。

② 刘恩东：《美国文化产业发展的法律支持体系》，《中外文化交流》，2015（10），12—13页。

③ 刘恩东：《美国文化产业发展的法律支持体系》，《中外文化交流》，2015（10），12—13页。

综合美国文化产业的相关法律可以发现，美国文化产业政策主要可以分为对内对外两大部分，其中对内分为三个层次：

第一层为国家层。主要包括1789年生效的《美国联邦宪法》和1791年生效的宪法第一修正案等。“第一修正案”规定：“国会不得制定关于下列事项的法律：确立一种宗教或禁止信仰自由；限制言论自由或出版自由；限制人民和平集会的权利以及向政府请愿的权利。”这不仅明确了公民享有基本文化权益，还规定了国家有保护公民合法文化权益的义务。宪法是美国文化产业立法的基础，为美国文化产业营造了自由宽松的发展环境，为美国自由分散、多元化的文化管理体制确立了法律依据。

美国还有一些法律规定与文化艺术发展有关。这些规定散见在其他法律之中，如《反托拉斯法》等对媒体、影视等文化企业的市场垄断和兼并进行了规范。

第二层为专业层，即针对文化产业的发展而制定的行业性法律。包括1927年的《无线电法》、1934年的《通信法》、1956年的《图书馆服务和技术法》、1965年的《国家艺术及人文事业基金法》、1976年修订的《版权法》、1994年的《国际广播法案》、1996年的《博物馆图书馆事业法》、1996年的《联邦电信法》、1998年的《千年数字版权法》、2000年的《防止数字化侵权及强化版权赔偿法》等，这些行业性法律为不同文化产业的发展提供了更详尽、更具针对性的法律规范。

鼓励创新的价值理念使美国成为世界上极为重视知识产权保护制度的国家。美国政府将知识产权视为文化产业的核心价值，把知识产权保护作为文化产业崛起、发展的保障，建立起了以保护版权为核心、以注册登记制和财产权保护制为途径的法律体系，主要包括《专利法》《版权法》《商标法》《反不正当竞争法》等。

《国家艺术及人文事业基金法》是美国制定的第一部支持文化艺术事业发展的法律，明确规定政府直接负有支持基本文化事业发展的义务；依据该法，创立了美国历史上首个致力于艺术与人文事业、采取独立运作模式、主要以资金支持和补贴方式促进美国艺术与人文事业发展的机构——国家艺术与人文基金会。该法界定了政府在文化艺术发展中的职责，明确了政府对文化艺术负有政府引导、资金扶持、政策推动的责任。

随着互联网和数字技术在经济领域的不断推广，数字知识产权应运而生。为了适应数字化时代对美国版权产业发展的要求，弥补数字化文化领域的法律空白，美国积极实施数字化版权保护战略。美国政府1980年就修改《版权法》，将计算机软件纳入版权法的保护范围，成为最早采用版权制度来保护软件知识产权的国家。为了适应数字化时代文化产业发展的需要，美国在1997年后还相继制定了《计算机软件保护法》《半导体芯片保护法》《千年数字版权法》《电子盗版禁止法》《伪造访问设备和计算机欺骗滥用法》等相关版权法律，来更好地保护数字版权。①

坐落于美国华盛顿特区的国际知识产权联盟，其成员包括美国出版协会、商业软件联盟、娱乐软件协会、录制业协会、影视联盟和电影协会六大行业组织，代表了美国1300多家生产和销售版权产品的企业。1990年，国际知识产权联盟第一次调查与版权保护有关的产业对美国整体经济的贡献。随后每一两年发表一次美国版权产业系列报告。

第三层为与文化产业密切相关的法律。在美国的政策法律体系中，有许多法律并非专门针对文化产业而设的，但它们与美国文化产业的发展息息相关、不可或缺。这些法律主要包括美国《联邦税法》《合同法》《统一商法》《公平交易法》《劳工法》《公司法》《反垄断法》《消费者权益保护法》等。其中《联邦税法》《合同法》与文化产业发展关系尤为密切。例如《联邦税法》中的“501C条款”规定了非营利文化艺术机构的公益性质、义务，以及应享受的税收、支出等优惠和减免等政策，对美国文化产业的发展起到了举足轻重的作用。

这些相关层面的法律体系帮助美国建立起成熟的资本市场，特别是债券和股票市场极其发达，大量的资金流动保证了美国文化产业资金的注入。个人、团体和财团可以直接对文化产业进行投资，灵活、快捷，成为美国众多文化企业融资的重要渠道。例如，美国迪士尼公司通过资本市场融资，规模不断壮大，整体竞争实力不断增强。1995年迪士尼公司斥资190亿美元收购了美国广播公司ABC，从而促使1996年迪士尼的融资额大幅增长。为了筹集并购所需的巨额资金，迪士尼公司分别进行了50.53亿美元的长期债权融资和94.35亿美元的股权融资，融资总额高达144.88亿美元。②

美国文化外交立法大多始于20世纪40年代至60年代，为美国文化外交的有效开展发挥了至关重要的作用。直接影响美国文化外交发展进程的

---

① 刘恩东：《美国文化产业发展的法律支持体系》，《中外文化交流》，2015（10），12—13页。

② 董观志、李立志：《盈利与成长——迪士尼的关键策略》，20页，北京，清华大学出版社，2006。

有3个法律：

一是《史密斯—曼特法案》。该法案于1948年通过，主要是应对二战后欧洲重建和冷战中对抗苏联的需要。法案第一次确认了美国政府在增进与世界各国文化教育交流中应发挥的重要作用。法案授权美国国务院启动“国际访问者计划”（后更名为“国际领导者访问计划”），促进了美国与其他国家的知识阶层和社会精英之间的交流。

二是《国际文化交流和贸易展会参与法案》。该法案于1956年通过，旨在扩大美国文化艺术在国际上的影响，以应对苏联的文化艺术宣传攻势。法案结合美国外交推动“和平、自由和国际合作”的目的，确立了文化外交的重要地位和应发挥的恒久作用，同时授权美国国务院支持美国参加世界各类艺术节、运动会、工业及商业展会等，以传播美国文化、树立美国形象。

三是《富布莱特—海斯法案》（《双边教育和文化交流法案》）。该法案于1961年通过，重申并强调了做“人”的工作的重要意义，确立了美国政府在推动与世界各国人员交流方面的作用和职能，正式启动了国务院面向专家、学者、教师、学生等的“富布莱特计划”，对美国文化外交、公共外交发挥了持久作用。[①]

二战后，美国出版业迅猛发展，海外输出的作品日益增多，为维护美国的海外版权利益，美国开始重视版权保护与国际接轨的问题。1955年，美国加入了《世界版权公约》；1989年，美国加入《伯尔尼公约》。起初，美国长期拒绝加入《伯尔尼公约》，因为该公约对版权的保护水平远高于当时的美国版权法和其他公约，为保护自身的经济利益，美国拒绝了欧洲国家促其参加《伯尔尼公约》的正当要求。

此外，美国活跃于各类国际政治及经贸合作组织，主导制定有利于美国的更为严格的国际版权保护标准；利用强大的国家综合实力帮助本国文化企业开辟海外市场，有时以资助为诱饵、有时以强压为手段，不遗余力借助各种谈判机会要求他国开放文化市场、加强知识产权保护，从而为美国文化企业开辟海外市场，为美国企业的全球利益护航。例如，为了扩大保护范围，提高保护标准，顺应版权产业海外扩张的需要，美国主导全球版权保护立法。在关贸总协定乌拉圭回合谈判中，美国强烈要求将知识产权保护问题列入谈判的议程，最终于1994年4月15日签订了《与贸易有

① 焦波：《美国的文化立法》，《中国文化报》，2015年6月22日。

关的知识产权协议》。

美国的文化法律保障体系严密。通常，制定法律法规的机构是美国国会，政府则负责在法律框架内依法执政。具体来说，美国政府负责编列预算，对文化产业进行立项，国会则负责审批预算，两者之间彼此制衡和协调。在两者发生意见不合甚至冲突时，则依法由法院予以仲裁。为了应对突发情况，总统有时也动用行政权，签署临时法令。例如，2009 年，美国总统奥巴马签署了《艺术和美国复苏及再投资法案》。根据该法律，国家艺术基金会额外拨款 5000 万美元，大大缓解了经济衰退给公益文化艺术发展造成的负面影响。经过长期的不断发展完善，多个层次的法律之间相互衔接配合，一起构成了美国文化产业发展的法律支持体系，推动了文化市场环境良性健康发展。

美国文化产业政策的实施效果是显而易见的。美国实施对内放松管制和对外进行扩张的策略，将自由经济的策略应用在文化领域，利用开放市场和自由贸易为美国文化产业创造一个公平、公正而又自由的发展环境。美国文化产业政策的核心是向世界推行美国的价值观念，是对文化产业在对外扩张中利益最大化的维护。

三、美国的文化管理和资助体系

按照市场竞争能力，美国的文化产业总体上可以分为营利性文化企业和非营利性文化机构。美国作为世界范围内文化艺术产业最为发达的国家，其知名的艺术机构和文化产业机构包括纽约百老汇的剧院及好莱坞的制片厂等，以营利艺术机构先锋形象和其前沿的商业模式受到了诸多追捧，成为领域内争相效仿的对象。在美国发达的文化艺术产业背后，蓬勃发展的非营利艺术机构作为支撑产业发展不可或缺的中坚力量，在美国社会与经济发展中起着不可替代的作用。①

联邦政府对待营利性文化企业，信奉市场规律和市场竞争对文化产业的调控功能，因此干预极少，主要是为之创造良好的国内经营秩序和开拓国际市场，扫清文化企业发展障碍，以提供法律、金融、科技以及外交的支持为手段。对非营利性文化机构则扶持力度更大一些：（1）制定多项扶持资助政策，以税收减免、鼓励捐赠等手段间接资助文化机构。对非营利组织，美国有一套严格的注册、管理、运作和监督制度，从事社会公益活

---

① 刘义菡：《浅谈美国非营利艺术机构运营模式》，《中国文化报》，2016 年 1 月 7 日。

动的组织可以申请非营利机构的法律地位。非营利机构的定位使这些机构能享受政府的各项优惠政策，可减免财产收入税、地产税、邮资费等，还能使社会捐赠者减免所得税或遗产税等。（2）直接的资金扶持，主要是借助基金会的形式对文化艺术进行引导。美国的基金会主要分为三类，一是公立基金会，二是私人基金会，三是企业基金会，各类基金会均起到了很好的管理作用。从联邦政府的基金会到州和地方政府的理事会，虽然没有行政管理权，但在美国的文化艺术领域起着领导、协调和组织的重要作用，是美国政府管理文化艺术事业的一个有效渠道和方式。

遵照《国家艺术及人文事业基金法》，美国政府每年都要拿出相应比例的钱投入到文化和艺术事业中来。该资金只能直接用于文化艺术事业建设，而不能花费在巨大的文化行政机构的运行方面。

美国联邦政府在文化方面的最高决策机构实际上是“总统艺术与人文委员会”。它成立于1982年，是白宫文化政策方面的一个顾问委员会，负责研究艺术和人文方面的政策问题，提出和支持艺术与人文方面的重要计划，对艺术和人文方面的优秀作品予以确认。它的组成成员包括联邦政府机构的12位负责人，如国务卿、教育部部长、财政部部长等；另外33名成员是由总统任命的民间代表，他们是美国最杰出和最有成就的艺术家、演员、建筑设计师、舞蹈家、作家、学者、慈善家和企业家。

以国家艺术基金会、国家人文基金会两大基金会为主体的联邦赞助机构和以博物馆图书馆服务署、史密森学会、国家美术馆、肯尼迪艺术中心为代表的联邦公共文化服务机构共同构成了美国联邦政府的公益文化艺术支持体系。国家艺术基金会、国家人文基金会以及博物馆图书馆服务署虽然没有行政管辖权，但负责落实联邦政府制定的文化艺术政策和活动计划。它们的领导成员都必须经总统提名和国会参议院批准。美国国会每年向国家艺术基金会、国家人文基金会以及博物馆图书馆服务署提供拨款。这三个机构利用拨款分别向其涵盖的领域有选择地进行资助。①

美国政府在政策上采取了“杠杆方式”，以“资金匹配”来要求和鼓励各州、各地方以及企业拿出更多的资金来赞助和支持文化艺术事业，因此，各州、各地方都必须拨出相应的地方财政资金来与联邦政府的资金配套。另外，联邦政府机构提供的资金支持是有限的，一般要求对任何项目

① 本小节上述内容综合借鉴了新华社世界问题研究中心徐长银《美国文化管理的特点》、张玉梅《美国国家艺术基金会的运作机制》、卢娟《国外政府文化资助模式及对中国的启示》、焦波《美国的文化立法》等。

的资助总额不超过所需经费的50%，也就是说，最多只能提供某一项目所需费用的一半，另一半则必须由申请者从政府机构以外筹集。这样就避免了文化团体过分依赖联邦政府，鼓励文化团体积极进取。这种资金匹配方式调动了各州、各地方乃至全社会资助艺术事业的积极性，也调动了各艺术团体、艺术家的积极性；同时，通过多方考察，既能确认该项目的社会意义与艺术意义，又提高了项目的可实施度，避免了无效投入。①

以1965年成立的美国国家艺术基金会的运行为例，其成立之际时任美国副总统的休伯特·汉弗莱就声称，这种政府资金本质上是一种“种子基金”，因为“种子基金”能够生出更多的资金，实际上国家艺术基金也确实不辱使命。国家艺术基金会协助并指导各州立法或成立州立艺术委员会，各县、市亦多依此模式成立地方性艺术委员会，共同推进全美艺术文化活动以及艺术教育。现今全美拥有50个州的州立艺术机构、6大地区艺术机构；另有为数众多的政府机构分布在州政府下的市、镇、学区、特区等基层，被称为地方政府艺术机构。这些政府部门的职责包括艺术相关法律的制定和执行、财政拨款、开展艺术项目等。

据统计，国家艺术基金会与国家人文基金会每年向美国各州和联邦地区艺术委员会投放资金一次，约11亿美元，占文艺基金总额的20%；州、地方政府和企业的赞助高达50亿美元以上。基金会为各种艺术团体或个人项目提供资助，也用于奖励优秀的艺术成就。如美国国家交响乐团每年得到的艺术委员会拨款只占其总费用的10%，其余款项需由地方、企业及全社会予以资助。美国政府灵活应用市场运行规则和社会捐赠的历史传统，合理有效地将可使用的社会资金纳入艺术资助体系中；通过调整政府投入的领域和比例，积极拓宽艺术产业的资金来源；并通过相关税法规定，鼓励和扶持社会各界对艺术事业的参与，特别是捐赠支持。做到政府资助与社会私人资助合二为一，这是美国社会艺术资助体系活跃的重要原因。

文化艺术行业协会自律管理的体系也是非常值得借鉴的。美国政府的文化机构与文化艺术各种行业协会等民间组织和机构保持着密切的联系，通过帮助行业协会制订自律公约来对他们进行管理和制约。这些协会多数制订有行为准则之类的自律条约，如“全国广播业者协会”就制订有行业

---

① 卢娟：《国外政府文化资助模式及对中国的启示》，国家文化市场调查评估中心网站，http://www.cmsacc.org/zhengcefagui/20762.html。

的道德准则。这些自律条约一方面约束行业从业人员的行为，另一方面也维护从业人员的利益。同时，这些协会还代表本行业对美国国会、联邦政府甚至法院进行游说活动，在立法以及政策的制定方面施加影响。这些行业协会还负责提供知识产权保护服务，推广新技术的应用，对美国文化艺术的发展发挥了非常重要的作用。

完善的立法保护政策和先进的文化管理方式为美国文化产业的发展壮大提供了源源不断的资金保障。在此基础上，版权产业成为当今美国最富有活力并带来巨大经济收益的产业。

第三节　美国文化产业优势领域

政策保障公平，公平促进竞争，竞争激发创新。创新是美国文化产业快速发展的动力源泉。以创新为动力的高新技术，突破传统文化产业的固有边界，使文化产业实现跨越式发展。

虽然美国是一个年轻的国家，但美国的文化产业兴起较早，在长期的发展中形成了特有的优势。美国特殊的政治和历史发展背景造就了美国式的文化性格，也反映出美国的政治面貌、价值观念。文化产业的发展与经济息息相关，经济的发展得力于政府的扶持和资金的稳固，科技实力的雄厚是经济和文化发展的有力支撑，而人才则是成就一切的基础。美国的文化产业不仅对本国的社会和经济发展产生了巨大的贡献，还在一定程度上左右着全球文化产业的走向和格局。

一、以好莱坞为代表的电影产业

美国是电影王国，电影产业是美国的支柱产业之一。美国电影以其独特的形式最大限度地体现和展示了美国人的精神和物质生活，现在已经扩散到了世界各地，影响到全球各国人民的生活方式。

（一）发展历史①

1. 第一阶段：早期阶段

（1）无声电影时代（1893—1926）

1891至1893年，爱迪生实验室推出电影摄影机并申请专利，并创造

① 关于美国电影的分期有多种标准，这里主要是综合了理查德·麦特白的《好莱坞电影：美国电影工业发展史》和托马斯·沙兹的《旧好莱坞·新好莱坞》的分期，也综合借鉴了其他一些文献资料。

了世界上第一座摄影棚，还推出了“电影活动视镜”——把电影“关进”密封的箱子里，观众把眼睛贴在一个小孔上朝箱里观看。1894 年，爱迪生使用了 10 台电影活动视镜在纽约进行了首次商业演示。“电影活动视镜”不仅标志了美国电影文化的诞生，而且对欧洲产生了重大的影响。由于技术的限制，最开始美国电影都是无声电影，因而这一时期也常被称作“默片时代”。1909 年 1 月 1 日，美国 7 家电影制片公司和两家法国电影制片公司联合组成了电影专利公司，他们拥有 16 种专利权，还从唯一能生产胶片的柯达公司取得了胶片的专买权，以此为武器，开始了对电影经济的全面控制。独立制片商为摆脱专利公司的垄断，纷纷从纽约、芝加哥等电影集中地移向洛杉矶郊区的好莱坞。后来经过连年诉讼，美国最高法院终于裁定美国诉电影专利公司一案，宣布电影专利公司违反了反托拉斯法案，1915 年电影专利公司正式解体。此时以格里菲斯为代表的一批新的电影艺术家已经出现。原来的那批独立公司迅速壮大，又有一些电影公司陆续加入，好莱坞逐渐成为美国电影生产和发行的基地。第一次世界大战不同程度地破坏和损害了欧洲各国的电影业，却促成了美国电影的勃兴。美国电影源源不断地涌入欧洲市场。第一次世界大战结束后，从 20 世纪 20 年代起，美国电影行业的获利便成为世界之冠。

（2）早期有声电影时代（1927—1929）

由于无线电广播的普及，默片遭遇到了前所未有的挑战，美国电影业陷入危机。为了增加票房收入，摆脱经济困难的局面，电影公司积极开发新技术，改进电影质量。直到 1924 年，西方电气公司成功研制了维他风，这种系统可以将音乐录入然后与电影同步播放。从那时起，电影制作的新时代来临了：新的传媒方式、新影院设备和新的演绎方式。

华纳兄弟公司是有声电影推广的先行者。1926 年，华纳发行了电影《唐璜》，但这部影片中的声音还只限于一些音乐。1927 年，华纳推出了百老汇走红歌舞片《爵士歌王》，这部影片不仅有音乐，还加入了几句简单对白，这几句对白标志着一个新时代的来临。1928 年 7 月 6 日华纳又推出了号称“百分之百的有声片”的《纽约之光》。自此，有声电影全面推开。

这一时期美国好莱坞制片厂制度的基本框架已经形成，在激烈的竞争中出现了美国电影业赫赫有名的八家大公司：五家较大的公司——派拉蒙、米高梅、华纳兄弟、雷电华和 20 世纪福克斯，以及三家较小的公司——环球、哥伦比亚和联美。1922 年，好莱坞几大电影公司发起成立了“美国制片人和发行人协会”（MPPDA）。1929 年 5 月 6 日，第一届“美国电影艺术与科学学院奖”（奥斯卡金像奖）颁奖礼举行，意在提高电影艺术和质量，推动大众和电影企业的教育活动。

1929 年，在美国首先爆发经济大萧条，这也是资本主义经济史上最持久、最深刻、最严重的周期性世界经济危机。一些小型的影视公司因难以为继，纷纷宣布破产。不过与其他行业相比，美国电影业受经济大萧条的影响小很多，并且在经济危机之后很快就恢复了。

2. 第二阶段：旧好莱坞时代（1930 年到 20 世纪 60 年代末期）

美国电影业的飞速发展，也带来了很多社会问题，一些宗教和社会保守人士要求政府对电影进行审查。1930 年 3 月 31 日海斯领导的美国制片人和发行人协会不得不推出新的电影审查标准，也就是电影审查史上著名的《海斯法典》。好莱坞的自我审查体系开始运作，回避了严肃重大的社会、政治和道德问题，渐渐平息了外界的反对。从 30 年代到 50 年代，黄金时期的好莱坞电影，无不深深打上了《海斯法典》的烙印。一直到 1966 年，《海斯法典》才被取消。

（1）20 年的黄金时代（20 世纪 30 年代至 40 年代末期）

此时好莱坞年均生产电影数量高达 500 部，年人均观影次数达到 30 次以上，平均每周有 8000 万美国人会去看一场电影。这一时期，好莱坞大制片厂制度和明星制已经开始实行。为了迎合大众的欣赏趣味，好莱坞的制片商强化了类型电影模式，比如西部片、爱情片、恐怖片、战争片、喜剧片、音乐片、歌舞片等等。到 30、40 年代，有声故事片的创作和发行达到历史上的黄金时期，创造了全球影片发行量和卖座率的空前纪录，在制作质量上也达到世界领先水平。不少影片，如《大独裁者》《乱世佳人》《魂断蓝桥》《蝴蝶梦》《公民凯恩》等，都成为世界电影史上永恒的经典作品。

（2）转变中的好莱坞（20 世纪 40 年代末期至 60 年代末期）

从 40 年代末开始，美国电影产业开始遭受一系列的打击和挑战。1947 年“非美活动委员会”对电影界进行调查，电影的政治内容和制作人员的政治倾向也开始受到国会的审查，大批优秀导演、制片人、演员、编剧被迫离开好莱坞，一定程度上损害了当时美国电影业的创作元气。1948 年，联邦最高法院要求派拉蒙剥离其控制的院线，最终改变了美国电影工业结构，反托拉斯法对“派拉蒙案”的裁决使大电影制片厂制度由此终结，对 50 年代之后的美国电影工业产生了实质性影响。外加 50—60 年代电视机逐渐普及并进入家庭，进入影院的观影人数急剧下降。

1945年“美国制片人和发行人协会”（MPPDA）改名为“美国电影协会”（MPAA）。进入60年代，伴随着嬉皮士运动等社会思潮，《海斯法典》被电影人不断挑战和突破，1966年，《海斯法典》寿终正寝。1968年，美国电影协会推出的分级制度正式确立。

3. 第三阶段：新好莱坞时代（狭义上指20世纪60年代末到70年代中期，广义上泛指20世纪60年代末期以后）①

（1）新的时代（1967—1976）

1967年出品的两部很受欢迎的电影代表着新电影的起点：阿瑟·潘恩的《邦妮和克莱德》以及稍后的麦克·尼克尔斯的《毕业生》。

新好莱坞运动兴起于20世纪60年代。一方面，这一时期是美国社会的多事之秋，黑人争取平等自由的民权斗争风起云涌，旷日持久的越南战争使国内反战情绪不断高涨，建立在非理性基础上的反主流文化盛行。另外，大的制片公司纷纷倒闭或转产，有的公司为了节约投资则起用新人，贡献了一大批后来的杰出的导演，他们有卡萨斯特、阿瑟·佩恩、科波拉、丹尼尔·霍佩尔、马丁·斯科塞斯、乔治·卢卡斯、斯皮尔伯格等。他们对后来好莱坞电影再度辉煌贡献巨大。1969年，电影观众人数在持续下降了20年之后，首次出现了回升。好莱坞重新开始了辉煌时代。1975年斯蒂芬·斯皮尔伯格的《大白鲨》收入1.33亿美元，创下了票房纪录。1976年史泰龙主演的《洛基》让制片商惊喜，小成本也能赚大钱，而且满足了观众们在电影中寻找英雄人物的心愿。

（2）当今时代（20世纪70年代中后期至今）

随着美国经济的高速稳定发展和人均收入的增长，人们对娱乐的需求持续增多，好莱坞再度出现了新的曙光。1977年，卢卡斯的《星球大战》更明显地定下了美国当代电影的基调：应用高科技、取悦年轻的观众、追求巨额票房价值、如果成功就拍续集。此后美国这一类型的电影占了很大的比例，如《侏罗纪公园》系列、《异形》系列等。这些影片充分利用了电影高科技的成果，特技摄影和数字制作几乎成为媲美情节的法宝。新时期，好莱坞电影所带来的前所未有的视觉奇观已经远远超出了人们的视觉经验乃至梦幻，从而给观者以极大的感官刺激和震撼。

80年代以来，电影业的收入来源复杂多样，以年均9%的速度快速增长。这种增长最初是由录像机普及而带动的。好莱坞不再仅限于生产电

---

① 这里我们采纳广义的“新好莱坞”，从中再分成两段，这样兼顾狭义和广义。

影，广播电视、有线电视、卫星电视、音乐、观赏性运动、主题公园等各种文化传媒产业都与好莱坞产生了交集。80年代后期，里根政府开始放松企业管制政策，几家大制片公司又开始重新获得对银幕的控制权。

90年代美国电影业对海外市场的扩张更带来了电影的持续繁荣。美国电影业处于稳定发展时期，电影票房逐年递增，但增速保持相对稳定，不再出现大起大落。

（二）发展现状

好莱坞是电影梦工厂，这里成就了众多的明星和创造了无数的票房神话。美国电影协会第三任主席杰克·瓦伦汀曾经夸耀："我们大约在115个国家发行影片，美国影片实际上统治了世界银幕，理由很简单：如果你不喜欢美国汽车，你可以买德国的、瑞典的或日本的汽车；但美国电影却只此一家，目前还没有影片可以取代它。"

美国的文化产业非常注重加大科技的投入和应用。数字化、通信卫星、互联网技术的应用，是美国文化产业向世界传输文化产品的桥梁和快速通道。好莱坞制作的影视大片实现了艺术和科技的完美结合，让人在电影院里仿佛可以身临其境，感受惊心动魄的震撼场景；百老汇音乐剧的科技含量是许多传统表演艺术无法比拟的，美轮美奂的表演场景和光彩夺目的灯光效果让观众沉浸在艺术的感染力里无法自拔。高新技术的使用，不仅带来了美国文化产业技术上的革命，更加快了产业的发展进程，还带来消费者思想观念上的革新。①

现今好莱坞产品基本上可以简化为两类：一类是高预算的国际大片，另一类是主要符合本土化群众口味的类型影片。美国电影生产商凭借好莱坞这一影视基地占据了全球电影市场的主导权，除了在国内设立发行公司来控制电影的全球发行之外，还在其他国家投资或者联合了大量的发行公司来统一规划美国影片在全球的发行上映。

美国电影很多作品都是舶来品，将古老故事进行重新制作和包装，在创作上始终密切跟踪观众的视觉倾向和票房情况，对主题和表现形式不断地进行更新，与当时的社会动向和文化思潮交相呼应，不拘泥于小众文化和特定的表现模式，不断地对多种文化进行创造性的利用，从其他民族的历史和故事题材中吸收有益元素，制作具有美国文化特色和新的市场卖点的文化产品。例如在中国备受关注的动画电影《花木兰》和《功夫熊猫》，

---

① 刘锦宏、闫翔：《透析美国文化产业发展战略》，《观察家》，2007（9），58页。

主要依托于中国的传统文化；还有《阿凡达》《云图》《变形金刚》等大制作电影或到中国取景或采用一些中国知名艺人，刻意体现中国元素；有些甚至还引入了中国产品的植入广告，在吸引中国观众的过程中发挥了重要的作用。“可见，不仅美国文化产业的文化内涵来源于世界，其文化产业创新力也源自多元化世界，因而其生产的文化产品多是以全球市场为目标市场，善于迎合全球消费者的需求，实用主义倾向明显。”①

根据美国电影协会正式公布的数据，2015 年美国电影全球票房 383 亿美元，较 2014 年上涨了 5%。北美作为全球第一大电影市场，其票房在 2015 年稳中有涨，为 111 亿美元，较 2014 年增长了 8%。其中，3D 电影票房 17 亿美元，较 2014 年增长 20%，占到总票房的 15%。

美国影院的类型按照银幕数量分为四种：只有一块银幕的为单厅影院，有 2—7 块银幕的为中型影院，有 8—15 块银幕的为大型影院，超过 15 块银幕的为超大型影院。美国作为全球电影市场最发达、最成熟的国家，除了电影票房称雄全球，其院线与影院的发展水平也一直遥遥领先于其他国家。根据各公司 2013 年年报，美国前三大院线巨头 Regal Entertainment Group、AMC Entertainment Inc. 及 Cinemark Holdings Inc. 在美国拥有的银幕数量合计达 16827 块，约占美国银幕总数的 42%，显示了

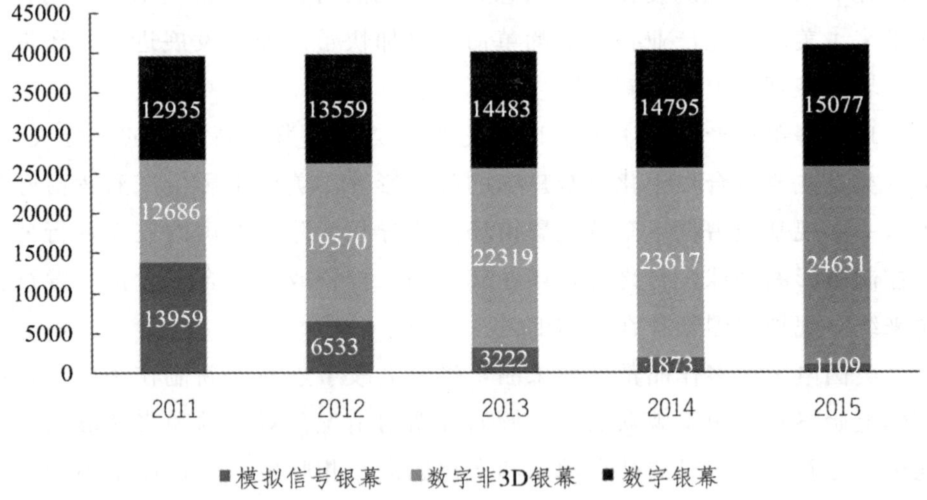

图 2.1　2011—2015 年美国银幕类型分布（单位：块）

① 孙景民：《从经济的视角审视文化——论美国文化产业理论》，《北京工商大学学报（社会科学版）》，2006（21），91—95 页。

较高的市场集中度。

2015年美国数字银幕数增长了3%，实现了97%的银幕均为数字银幕。其中，数字非3D银幕数增加了3%，数字3D银幕数增加了2%。模拟信号银幕数下降超过40%。详见图2.1。[①]

（三）强势企业

(1) 华纳兄弟娱乐公司（简称华纳兄弟或华纳）

华纳兄弟1917年开始在纽约从事电影的发行放映业务。1918年创立的华纳兄弟影业，是美国成立时间第三悠久的电影公司，前两家为派拉蒙电影公司和环球影业。华纳1927年摄制、发行了电影史上第一部有声影片《爵士歌手》，位列好莱坞八大电影公司的行列。

目前华纳兄弟依然是全球最大的电影和电视娱乐制作公司之一，子公司包括华纳兄弟影业、华纳兄弟制片厂、华纳兄弟电视公司、华纳兄弟动画制作、华纳家庭录影、华纳兄弟游戏、DC漫画公司和CW电视台。

华纳兄弟在20世纪30年代以拍摄黑帮片、歌舞片和传记片著称。当时的影片风格是情节紧凑，成本也较低。华纳兄弟成为好莱坞产量最高、利润最可观的大公司。

50年代美国电影萧条时期，华纳兄弟把财力转向制作电视系列片。1956年将大部分50年代以前的电影与卡通拷贝卖出，购买的公司又被并购，导致这批电影版权多次转手。

60年代开始，华纳兄弟越来越多地采用向独立制片人投资的制片方式。它成功地拍摄了《窈窕淑女》（1964）、《谁害怕弗吉尼亚·沃尔夫》（1966）、《邦妮和克莱德》（1967）等。1967年加拿大发行电视片的七艺公司买下了华纳兄弟公司，改名为华纳七艺公司。1969年11月，史蒂夫·罗斯在买下了华纳七艺之后，公司再次换名，新名称是华纳兄弟传播公司，而且开始涉足电视节目制作。在1990年被时代公司收购，之后改名时代华纳。后来时代华纳集团收购特纳广播公司。兜兜转转，当年华纳兄弟失去的很多早期电影版权又回到时代华纳手里。

华纳兄弟制作了很多经典电影，广受欢迎的系列影片《哈利·波特》系列、《黑客帝国》系列、《蝙蝠侠》系列、《终结者》系列等都是华纳兄弟娱乐公司的代表作。特别是《哈利·波特》系列电影风靡全球，截至2011年在全球范围内票房收入就已经超过74亿美元，至今稳居全球最赚

---

① 数据来源：美国电影协会：《2015全球电影市场报告》，http://www.mpaa.org/。

钱电影之列。

（2）华特迪士尼公司

迪士尼公司创立于1923年，1986年正式更名为现在的华特迪士尼公司（The Walt Disney Company）。

1919年，年仅19岁的穷画家兼动画制作者华特·伊莱亚斯·迪士尼和他的好友伊沃克用一架旧电影摄像机首次摄制了一部仅长两分钟的动画故事片。接下来迪士尼于1928年制作的第一部有声卡通影片《汽船威利号》在纽约市的殖民大戏院隆重举行首映，让迪士尼首次尝到名利双收的滋味。《白雪公主》《木偶奇遇记》《小飞象》《小鹿斑比》等影片相继问世，形成了独特的迪士尼世界。

随着电影市场主流更替，迪士尼从沉潜到重生，不但继续稳占动画王国版图，更成功跨入各娱乐领域。迪士尼保住了独立的艺术风格和地位，是好莱坞几大电影制片公司中唯一一家没有被金融资本集团交易过的。

迪士尼前掌舵人迈克尔·艾斯纳在位21年（1984—2005），对迪士尼公司贡献巨大。在他的领导下，80年代末到90年代迪士尼迎来又一个黄金时代：公司各项业务史无前例地增长，收入从10.5亿猛增到80.5亿美元，股票升值了1500%，主题乐园和相关收入增长3倍，消费品收入增长13倍。疲软的制片业务更是焕发出生机——艾斯纳上任伊始便创立试金石影业公司，从以往只生产那些合家欢的G级或PG级影片，开始制作发行成年人化的电影；1993年又收购独立电影巨头米拉麦克斯扩充艺术类电影，此后公司制片收入增长15倍。1996年以190亿美元的天价收购美国广播公司（ABC）后，迪士尼拥有了强大的媒体网络竞争实力。罗伯特·艾格继任公司CEO兼董事长后，迪士尼大手笔不断：2006年收购了皮克斯动画，2009年收购了漫威娱乐，2011年宣布上海迪士尼乐园开工，2012年收购了卢卡斯影业，一步步扩大着迪士尼娱乐王国的版图。迪士尼公司现在已经成长为可以与时代华纳抗衡的数一数二的传媒娱乐公司。

目前公司的主要业务有影视娱乐、媒体网络、主题公园和度假村、消费产品、迪士尼互动等。

（3）环球电影公司

美国环球电影公司是全球最大的电影、电视制片厂之一，也是好莱坞历史最悠久的公司之一。该公司成立于1912年，在公司创始阶段一度是好莱坞实力最强的电影公司。1914年该公司在好莱坞北面建起了摄影棚和供拍外景用的场地，命名为环球城，1915年3月环球城正式开幕启用，当年生产影片250部。成立初期，该公司主要生产低成本影片，包括西部片、音乐片、恐怖片和滑稽片等。

1936年，环球电影公司的创始人卡尔·莱默尔失去了对公司的控制权，之后公司股东几次更迭。二战后，英国企业家阿瑟·兰克创办的兰克影片公司买下了环球电影公司四分之一的股份，这家公司开始制作和发行规模更大、质量也更高的影片，如大卫·里恩的《远大前程》和劳伦斯·奥利弗的《哈姆雷特》。1952年，德卡唱片公司（Decca）收购环球。1962年，美国音乐公司兼并了环球，新公司名为MCA环球，环球城作为好莱坞的一个旅游中心向旅游者开放。70年代，环球虽然推出一系列重量级影片，包括《机场》《骗中骗》《美国风情画》《大白鲨》，但环球还是成了一家以制作电视节目为主的电影公司。1991年美国音乐公司把环球卖给了日本公司松下电器。1995年松下又把环球转卖给加拿大酿酒巨头西格拉姆公司。2000年，法国维旺迪成了西格拉姆的主人，维旺迪显然非常重视环球，因为合并后的新公司名就是维旺迪环球。2004年，维旺迪债务缠身，不得已又把环球电影公司80%的股份卖给了通用电气公司，通用电气把环球和旗下的全国广播公司并到了一起，成立了新公司NBC环球。2011年康卡斯特公司收购NBC环球51%的股份，通用电气则赎回维旺迪拥有的20%的股份。

虽然不停被转手交易，环球还是不断推出票房佳作。继《大白鲨》大获成功之后，斯皮尔伯格又陆续为环球拍出了《侏罗纪公园》系列卖座影片。罗伯特·赞米吉斯在80年代也为环球拍出了票房大卖的《回到未来》三部曲。环球电影公司尤为擅长开发续集电影。《美国派》系列是最成功的青春电影系列之一；《速度与激情》系列是影史上最成功的赛车系列电影；《谍影重重》系列获得普遍好评，是电影史上最成功的谍战系列影片之一，成为好莱坞动作片的新经典。

二、广播电视产业

美国的广播电视业在全球规模最大、历史最久。迄今为止，无论广播电视技术发展水平、广播电视媒介市场的发育程度，还是跨国媒介集团在全球的影响力，美国都居于世界领先地位。虽然起初，美国广播与电视业的发展是分离的，但在20世纪80年代美国政府实行的放松管制政策引发了90年代的并购狂潮，使很多企业成为巨无霸型的跨媒体、跨行业的全球化信息产业集团成员。在悠久的岁月中，美国广播电视形成了鲜明的特色，并引领着世界广播电视的发展趋势。

（一）发展历史

（1）美国广播业

1920年8月20日，美国西屋电气公司在匹兹堡开办的KDKA电台正式开播，开创了美国和世界的广播电视事业。人们对这种新兴的媒体传播方式感到好奇和兴奋，从1922年到1924年两年间，美国大众购买收音机的消费额从6000万美元激增到3.58亿美元。1924年EAT等6家电台开始联播，奠定了全国广播网的基础。此时，通用电气（GE）、西屋电气公司、大西洋电话电报公司（AT&T）都开办了自己的电台，这三家公司于1919年组建了美国无线电公司（RCA），RCA又于1926年创办了全国广播公司（NBC）。随后，NBC两网分开，红网继续发展为今天的全国广播公司；蓝网则于1943年被爱德华·诺贝尔买下，于1945年发展成为美国广播公司（ABC）。

进入20世纪30年代后，美国广播业迎来了发展的黄金时期，无线广播公司开始涉足新闻的播出，并迅速占据新闻界的垄断地位。随着电台数量的增加，电台之间信号干扰的情况越发严重，为了消除这种情况，调频广播这种新的形式受到了广泛使用。

（2）美国电视业

美国发明家兹沃尔金被称为“电视之父”。1923年他取得了电子电视摄像管的专利，1925年取得全电子彩色电视系统的专利，1931年研制出了电视显像管。1939年的世界博览会上，美国无线电公司首次向公众展示了该公司研制的电视机。1941年，美国联邦通信委员会正式向18家电视台颁发了运营许可证，美国的商业电视运营正式启动。此时，广播业正因为电视台数量的增多而遭受着前所未有的冲击，电视产业正是在广播产业的基础上建立起来的。经过二战的洗礼，三家广播公司纷纷由原有的单一广播业向电视业转移，并迅速建立起了自己的电视网。1950年至1985年的美国广播电视市场，主要是三家全国性的商业电视网即哥伦比亚广播公司、全国广播公司、美国广播公司鼎立称雄。20世纪80年代，因福克斯网的强势竞争，三大传统电视网受到了前所未有的冲击，因没有采取及时的挽救措施而导致观众大量流失。这一时期，美国广播电视业进入了发展的第二个阶段。

与广播电视同期成长的还有有线电视。从起初被当地广播电视台排挤，到卫星传播技术的使用，到付费电影台HBO的出现，有线电视逐渐繁荣起来。在有线电视的有力竞争之下，美国的广播电视产业市场告别了三足鼎立的时代。

（二）发展现状

（1）美国广播业

数字时代，报纸杂志等传统媒体受到了巨大的冲击，相对来说，广播业受到的影响不算太大。美国联邦通信委员会截至 2005 年 9 月的统计数据显示，美国共有电台 13599 家，其中调幅电台 4758 家、调频电台 8841 家（包括教育调频电台）。美国广播广告局 2004—2005 年的市场调查数据显示：在 12 岁以上的美国人中，大约有 93.7%的人每周收听广播、73.4%的人每天收听广播，周一至周五平均每天收听的时间为 2 小时 54 分钟，周末平均每天收听 5 个小时；有 94.9%的年收入在 5 万美元以上的美国成年人（18 岁以上）每周收听广播，每天收听时间为 3 小时 35 分钟；美国共有 12 岁以上的广播听众 2.282 亿；一天当中，美国人（12 岁以上）花在各类媒体上的时间比例为：广播 44%，电视 41%，报纸 10%，杂志 5%。显然，广播仍然是美国人使用最多的媒体。[①] 目前，广播的听众人数变化不大，2013 年数据显示，12 岁以上的美国人中，有高达 91%的民众每周收听调频/调幅广播，这和十年前的听众人数相比没有什么太大变化。此外，与其他媒体相比，广播听众各个年龄段的分布也比较均衡，2012 年 18—24 岁的听众比例占到 20%，而该年龄段的报纸读者只有 10%。[②]

美国广播业持续发展的原因，一是在于特定的生活方式。美国号称“轮子上的国家”，人均汽车使用量排名世界第一，车载收音机成为美国人日常生活中的重要部分。美国人每天都要花一定的时间在车上，移动收听慢慢成为绝大多数人的生活习惯。这一点在当前中国的广播产业中也体现得较为明显，家庭汽车越来越多，堵车越来越严重，中国人每天要花在车上的时间越来越多，广播产业已经从中受益。二是在于广播本身的音频播送特点。收听不占用手脚、不干扰视线，在洗碗或者拖地时音乐广播真是完美的一心两用的好搭档，耳机的应用还让听众随时随地可以进入独立的世界，对于各个年龄段的听众来说广播都是不错的陪伴者。三是互动性强，而且听众能掌控节奏。听众既可以选择只倾听，也可以选择参与话题、表述自己的观点乃至“躲在后面”放心倾诉自己的故事，这相比视频

① 孙有中等：《美国文化产业》，102 页，北京，外语教学与研究出版社，2007。

② 宋昭勋：《美国广播产业的现状、理念及启示》，《声屏世界》，2015（12），66—67 页。

节目的互动会更自在、更有安全感。四是各种新兴音频媒体不断出现和发展，听众市场划分细致。汽车广播、卫星广播、网络广播、数码高清广播、手机广播等均有较大的市场份额，竞争激烈，每个类型的广播公司都竭尽心力同其他类型广播争夺听众，制作节目更加用心，也更有针对性。五是充分利用了高科技带来的新机遇。广播公司开发客户端软件，利用博客、网站与听众讨论新闻，了解公众对公共事务的看法，在Facebook、Twitter、YouTube这样的社交媒体推送广播节目等。媒体融合是大势所趋，美国广播公司借助与社交媒体的结合进一步扩展了发展空间。

（2）美国电视业

2015年美国有线电视网络覆盖97%的家庭用户，市场渗透度达67%。20世纪70年代，美国有数百个中型区域性有线电视运营商，通过整合，全美前十大运营商就拥有全国约80%的用户。之前美国联邦通信委员会对有线电视运营商的规模限制为不能超过30%的市场份额，奥巴马总统上任之后取消了这一规定，给有线电视公司如康卡斯特公司（Comcast）、时代华纳有线电视公司、宪章传播公司（Charter）等运营商的发展提供了更大的空间。①

目前，美国有线电视除提供基本的电视节目业务，还积极拓展业务领域，例如HDTV高清电视、视频点播、数字视频录像、宽带接入等。随着互联网的发展，一些用户的消费理念和习惯已经发生了改变，尤其是一些思维活跃、善于尝试新鲜事物的年轻用户，更愿意通过网络信息技术及渠道获取更多更便捷的服务。为此，美国很多有线电视公司都为用户提供了可以在线上进行注册、付费、维修、投诉等环节的服务。另外，随着终端设备智能性的快速提升，用户对随时随地收看视频内容的需求正在不断地增加。为此，美国有线电视运营商积极推出高品质的多屏业务，例如康卡斯特公司的订阅用户可以通过智能手机和平板电脑的客户端收看电视直播。市场研究公司Leichtman Research Group（LRG）的报告数据显示，截至2014年第二季度末，包括康卡斯特、时代华纳等在内的有线电视公司互联网服务订阅用户首次超过付费电视用户的总和。LRG的总裁兼首席分析师称，在十年中有线电视运营商的互联网订阅用户增加了3000多万，扩展速度远远超出传统的有线电视服务。用户对高速宽带的需求日益增

---

① 刘皓、狄明：《美国有线电视现状及其对我国有线电视业发展的启示》，《广播与电视技术》，2015（2），16页。

加，促使各大运营商竭尽全力发展各自的高速宽带事业。自20世纪90年代至2015年，运营商已经投资1.2万亿美元用来建设和维护宽带网络。现如今，有线和无线电视网络已经覆盖了美国99%的用户。并且，美国拥有全球最领先的宽带网络，85%以上的美国用户宽带速率可达100Mbps或者更高。①

（三）强势企业

（1）全国广播公司（NBC）

全国广播公司创立于1926年，总部设立在纽约的洛克菲勒中心，是美国历史最久、实力最强的商业广播电视公司，与CBS、ABC合称三大商业广播电视公司。在当时NBC受成立于1919年的美国无线电公司（Radio Corporation of America，RCA）的管理。

1927年，NBC正式确定市场策略：NBC红网播出娱乐和音乐节目，NBC蓝网播出新闻和文化节目。联邦电信委员会在1939年起诉母公司RCA，认为NBC的两大网络及其所掌控的电台垄断了美国的广播市场。为避免被罚，RCA主动将NBC蓝网出售，NBC红网则被保留下来，不再需要区分蓝红，直接称为NBC即可。

1986年母公司RCA被通用电气公司收购，NBC也随之被购买，2004年与法国的维旺迪环球旗下的娱乐部门整合为NBC环球。

NBC每年制作和播出大量的新闻、体育娱乐节目及电视剧，其中《大西洋底来的人》《仁心仁术》《老友记》《威尔与格蕾丝》等电视剧为广大中国观众所熟悉。2005年该公司电视收视率占全美家庭的24.65%，排名第三位。但是近年来NBC电视台陷入低谷，收视主体十分不稳定。

（2）哥伦比亚广播公司（CBS）

哥伦比亚广播公司成立于1927年，是美国三大传统广播电视公司之一，总部设立在纽约。创办之初为16家广播电台组成的独立广播电台联盟，后与哥伦比亚唱机唱片公司联合组成哥伦比亚唱机广播公司。1941年，CBS公司正式开办电视广播，于1954年播出彩色电视节目。2005年，该公司电视收视率占全美家庭31.53%，排名第一位，广播收听率也排在各广播机构的首位。CBS的节目以新闻和娱乐性节目为主，高质量的新闻节目是CBS的特征，而CBS新闻节目的风格和特性是由最具影响力的、

① 刘皓、狄明：《美国有线电视现状及其对我国有线电视业发展的启示》，《广播与电视技术》，2015（2），18页。

最经常同观众见面的记者的个性来决定的。CBS 新闻的特征是以对个性的崇拜为基调的，爱德华·默罗、克朗凯特、丹·拉瑟等优秀的主持人使 CBS 形成了主持人明星制度，主持人对电视新闻选题和制作都拥有越来越大的权力和影响。

（3）美国广播公司（ABC）

美国广播公司创立于 1943 年，由被出售后的 NBC 蓝网发展壮大而来，是美国三大传统广播电视公司之一，总部设立在纽约市曼哈顿，目前其最大的股东是华特迪士尼公司。在美国三大广播电视网中，ABC 起步最晚，一段时间内力量较弱。1998 年，ABC 购买了《谁想成为百万富翁》这一益智节目的版权，将它重新包装后推向公众的视野。1999—2000 年《谁想成为百万富翁》平均每晚收视观众达 2900 万人，创下了美国历史上所有电视节目收视率的纪录。后来由于真人秀节目的强势竞争，ABC 为了挽回下跌的人气，也开始将视角转向了创新。在《交换妻子》这一真人秀节目旗开得胜之后，ABC 越来越意识到推陈出新的重要性。在明确发展方向之后，把改革的触角伸向了电视剧，凭借《疯狂主妇》《迷失》两部重量级电视剧，ABC 占据了有利地位，成为 2005 年度唯一一家在成年观众中收视率有所增加的电视网。另外，奥斯卡颁奖典礼的直播权使得 ABC 如虎添翼，奠定了 ABC 在美国广播电视业的地位。

三、以百老汇为代表的演艺产业

百老汇（Broadway）的含义非常复杂：既是一个地理名词，指纽约市中以巴特里公园为起点、由南向北纵贯曼哈顿岛、全长 25 公里的一条长街；又是指百老汇大街分布的几十家剧院；进而泛指百老汇的演艺产业。相关研究显示，百老汇的戏剧产业可以形成“1 比 7”的带动效应，即 1 张门票直接拉动餐饮、娱乐以及购物等 7 倍的各种消费。近几年百老汇的商业演出收入稳定在每年约 10 亿美元的水平。百老汇代表的演艺产业和好莱坞代表的电影工业一样都是美国文化产业的核心支柱产业。

（一）从“内百老汇”到“外百老汇”到“外外百老汇”

百老汇剧院区的发展始于 1732 年的殖民地时期。现在百老汇剧院的雏形是在 19 世纪末 20 世纪初形成的，当时的百老汇模式是商业戏剧与艺术戏剧并重。20 世纪 20 年代末，这里的剧院已达到 80 多家。

内百老汇。百老汇大街两旁分布着几十家剧院，在百老汇大街 44 街至 53 街的剧院称为内百老汇。内百老汇剧院一般规模比较大，上演的是经典的、热门的、商业化的剧目。

外百老汇。百老汇大街41街和56街上的剧院称为外百老汇（Off-Broadway），外百老汇演出的是一些实验性的、还没有名气的、低成本的剧目。30年代经济大萧条时期，外百老汇曾是上演工人戏剧和具有左翼政治思想剧作的场所。第二次世界大战后，外百老汇不仅上演新剧目，也复演在内百老汇演出失败的剧目，而且勇于在导演和演出风格上进行大胆探索，从而形成一个声势浩大的外百老汇运动。60年代，外百老汇每年上演约80个剧目，包括古典剧、严肃剧、喜剧、实验剧和歌舞剧等各种流派的戏剧作品。外百老汇剧院相对较小，容量一般在199—499人之间。

外外百老汇。外百老汇的商业化使一部分剧作家和演员再度“外迁”，这是20世纪60年代兴起的“外外百老汇”（Off-Off-Broadway）戏剧运动的直接原因。外百老汇渐趋商业化，演出费用不断上涨。一些年轻剧作家和青年艺术学生便在外围的格林威治村的一些咖啡馆、酒吧、顶楼或教堂以极低成本演出更加新颖的实验剧，慢慢形成了外外百老汇区剧院。演出剧目包罗万象，演出费用极为低廉，有的演员甚至不拿薪酬；剧场观众也来自纽约市的各个层面，包括市民、大学生、艺术家、剧作家等。

（二）成熟经验

纽约之所以能成为世界艺术中心、娱乐的先锋，百老汇功不可没。百老汇很像电影圈的好莱坞，具有极强的商业性和娱乐性。百老汇的戏剧产业创造了大量的经济效益，其发展模式和运行机制方面有很多值得借鉴的地方。

1. 市场定位清晰

百老汇演艺是以赢利为目的的商业表演。为了吸引观众，并让绝大多数人都能观赏，百老汇剧目的内容一般老少咸宜，不会出现太多有争议性的诸如宗教、政治和成人亲密关系的情节。

制作人弗格森认为，使一部剧目成功运作的前提是“剧作家必须把市场放在首位，需将他们个人的趣味和思想放在第二位”。剧作家和制作人都必须敏感地把握受众的消费愿望，使经济利益优先于价值导向，充分考虑投入产出、利润等问题，实现从创作精神性文化产品向制作功利化、赢利性商品转换。一部引起轰动的剧作肯定是一种社会情绪的宣泄或是社会愿望的满足。[①]

① 范煜辉：《美国百老汇戏剧产业启示录》，《文艺争鸣》，2010（22），53—55页。

2. 内容至上

百老汇对内容的追求从未止息。剧目的来源是多渠道的，有从伦敦西区引进的，有从电影改编过来的，还有一部分是大浪淘沙从自制剧目里面锤炼出来的。随着经济、社会的发展，观众对娱乐的需求是时刻变化着的，这就决定了戏剧的创作主题和表现形式也需要密切跟踪观众的反应。百老汇的表演形式融舞蹈、音乐、戏剧于一体，有些剧目更是融艺术与大众品味于一体，具有很强的观赏性和娱乐性。舞台布景富丽堂皇，加上各种现代化的科技手段，配合声响、灯光，使得舞台表演变幻莫测。也正是这种不断创新和变化的创作思路与艺术形式才使得百老汇戏剧的生命力历久弥坚。

3. 规模化演出

百老汇常演的剧目有几十种，其中以《悲惨世界》《美女与野兽》《歌剧魅影》《西贡小姐》《国王与我》等剧目最为出色。优秀的剧目，往往一演就是七八年，甚至十几年。因为连续上演，舞台背景等硬件设施利用率提高，边际成本逐渐降低；另外演员配合默契，演技不断提高，演出效果更加精彩。演出场次超过 500 场时，每多演一场都将给投资人和制作人带来丰厚利润。

4. 完整的产业链和系统运作

实际上，百老汇的戏剧产业从诞生那天起就与资本运作密不可分，制作人需要取得投资人的支持。除了私人投资、基金投资和银行贷款等融资方式外，现代金融市场上“文化产品的证券化”也为制作人和剧院管理者提供了更多样化的金融选择。为了降低风险，剧院可以与保险公司和专门的票务公司密切合作，共同承担风险和分享收益，这种“内容与资本的结合”一直都是百老汇成长的原动力。

百老汇的竞争非常激烈，几乎每个工种都有自己的演职员协会，只有成为其中一员才能取得在百老汇工作的资格。好莱坞的许多明星大腕都是从百老汇的舞台艺术表演起家后走上电影明星的道路，好莱坞的明星也以能在百老汇的舞台一展歌喉而感到荣幸，这样的例子有克露丝·格莲、波姬·小丝等。

5. 托尼奖的激励

托尼奖是美国剧联于 1946 年以美国著名女演员兼导演安托尼特·佩雷的名字设立的，被视为美国话剧和音乐剧的最高奖，与电影奥斯卡奖、音乐格莱美奖以及电视艾美奖并列。常设奖项 24 个，主要颁发给百老汇戏剧，包括最佳戏剧奖、最佳导演奖、最佳男女演员奖、最佳男女配角奖、最佳音乐剧本奖、最佳音乐剧导演奖、最佳音乐剧总谱奖、最佳音乐剧歌词奖、最佳音乐剧舞蹈编导奖、最佳音乐剧男女演员奖、最佳舞美设计奖、最佳灯光设计奖、最佳音乐剧男女配角奖、最佳重演剧目奖和特别奖等。

（三）强势企业

百老汇的企业主要分为三类：一是剧院经营商，一般拥有或者长期租用剧院，并负责剧院的日常工作。二是制作商，指开发并创作百老汇节目的公司，一方面要负责获取所有的创作作品的法律权利包括知识产权等，另一方面要负责筹集资金，还要监督节目的开发过程以保证节目的成功。三是节目经纪商，指制作商和剧院经营商之间的中间人。

同好莱坞一样，百老汇的业务也主要由几家大公司控制，最主要的剧院集团是舒伯特家族公司、倪德伦家族公司和朱詹馨家族公司。百老汇发展成现在的规模，与这三大剧院公司密不可分。

1. 舒伯特集团（Shubert Organization）

舒伯特集团目前运营着百老汇大街上的 17 家剧院以及 1 家外百老汇剧院。在纽约之外，舒伯特集团还在波士顿地区拥有舒伯特剧院，在费城拥有弗里斯特剧院，并托管着华盛顿特区的国家剧院。

创始人舒伯特三兄弟是以戏剧制作人的身份开始他们的百老汇创业之路的。三兄弟出生于东欧，幼年时随家人移民美国。1900 年，山姆·舒伯特搬到了纽约市，在那里受雇管理先锋广场剧院。他的兄弟们紧随其后到了纽约。舒伯特兄弟开始购买纽约和美国国内的剧院。他们先是将位于百老汇大街上的美国第二大马匹交易市场改造成剧院，后又买下这家剧院的产权，随后几年又斥巨资建造多家剧院。他们还与多位知名戏剧制作人合作兴建剧院，并量身定做剧院以吸引大牌明星，逐渐做成百老汇的第一大剧院集团。1913 年，舒伯特兄弟的首个旗舰剧场开张营业。在 20 世纪 20 年代的经济繁荣中，舒伯特兄弟的剧院管理业务快速扩张，1923 年，舒伯特家族再次斥巨资建造帝国剧院（Imperial Theatre）。作为音乐剧的旗舰场馆，这里曾上演过无数次辉煌时刻。1924 年舒伯特剧院公司在纽交所上市。1927 年，其旗下拥有及运营的剧院总数已达到 104 家，并享有全美上千家剧院的预订权，每年推出数十部自制剧目。几乎所有知名百老汇明星都在舒伯特旗下剧院演出过。

2. 倪德伦集团（NederLander Organization）

倪德伦集团在百老汇几个剧院集团中排名第二，目前也是世界顶尖的现场演出娱乐家族公司，在百老汇拥有9家剧院。1912年，现任总裁小罗伯特·倪德伦的祖父大卫·倪德伦得到底特律歌剧院99年的租赁权，从此开始了倪德伦家族基业。大卫的大儿子詹姆斯·倪德伦曾亲自制作200多部音乐剧，并在2004年获得托尼奖的终身成就奖。大卫的另一个儿子大罗伯特·倪德伦负责管理倪德伦家族纽约大都会以外的剧院及衍生业务，他以乐于投资那些周期长达两年、投资多达1500万美元以上的音乐剧著称。经过三代人的努力经营，如今的倪德伦家族已经成为美国娱乐业的权势豪门，专业经验涵盖剧院管理和经营的全部领域，以及票务、营销与广告等现场娱乐业的各个方面，成为国际剧院演出行业最重要的领导者之一。欧美市场有许多日渐衰退的老旧剧场，倪德伦家族与这些老剧场签订长期租赁或托管协议后，老剧场在倪德伦家族的改造下容光焕发，经典剧目重新演绎，激活了这些老剧院的上座率，从而比较容易得到新的投资或者贷款；而于倪德伦家族而言，这些新注入的资本再持续作为剧场扩建的资金，相当于他们以低成本接收了剧场。他们在百老汇以外还经营着17家美国剧院和3家伦敦西区剧院。倪德伦家族建立了院线联盟，将百老汇的剧目搬到其他院线，提出“不到百老汇就可以欣赏百老汇的音乐剧”的口号，扩大院线版图。此外倪德伦家族还涉足体育赛事、电视广播，并签约一些大牌歌手，如今成为名副其实的综合娱乐公司。

3. 朱詹馨剧院（Jujamcyn Theatres）

朱詹馨剧院集团是美国百老汇的第三大剧院集团，旗下共有5家剧院。集团是由美国霍尼韦尔公司的前主席詹姆斯·宾格及其妻子维吉尼亚·玛格丽特·宾格于1956年创立的。朱詹馨剧院集团在百老汇的地位仅次于舒伯特集团和倪德伦集团。相比前两大剧院集团，朱詹馨在内百老汇的39家剧院中只占有5座，可是它创造了令人称道的运作模式，从而惊人地获取了内百老汇总利润的三分之一。[①] 1987年兰德斯曼出任总裁后，进行了变革，将原来以对外出租剧院为主改为“租赁＋自主开发新剧”相结合的商业模式，大幅提升了公司赢利能力。兰德斯曼坚持把结盟一些非营利性的常驻剧院放在首要位置，这些非营利性的常驻剧院有固定

---

① 刘晓明、方世忠：《都市戏剧产业——国际对标和中国案例》，86页，上海，上海文化出版社，2010。

的剧团和自有的原创作品，成了绝佳的新作品孵化基地。通过这种模式，朱詹馨集团创作了很多脍炙人口的作品，例如《大河之舞》《天使之城》《神秘花园》《朱门巧妇》等作品都深受观众的喜爱。自制剧目《金牌制作人》更是在2001年独揽12项托尼奖，至今仍为公司贡献丰厚利润。2009年，兰德斯曼出任美国艺术基金会主席，乔丹·罗斯接手全部管理事务，并延续公司对内容制作的投入与重视。[①]

第四节 美国文化产业经典案例

一、《时代》(《Times》，又名《时代周刊》)

《时代》创立于1923年，由时代华纳公司在纽约出版，它是美国三大时事性周刊[②]中商业最成功的一家，影响和发行量也最大。该杂志内容广泛，主要对国际问题发表主张和对国际重大事件进行跟踪报道，以报道精彩及时、分析问题深刻和文字新颖取胜。《时代》有美国国内版、国际版，以及欧洲、亚洲和拉丁美洲版，各版内容基本相同，在全球拥有广泛的读者，占据着巨大的国际市场，成为宣传美国价值体系和生活方式的最好载体。

1.《时代》的特色[③]

(1) 国际化。《时代》拥有强大的采编队伍，它对新闻及大事件的敏感度极高，它的笔触可以延伸到世界的每一个角落。以其中的一个小栏目《世界瞭望》为例，2002年3月15日该栏目报道了来自中东、法国、俄国、英国、爱尔兰、阿富汗、阿尔及利亚、巴基斯坦、韩国、印度、美国、加拿大等十几个国家和地区的新闻。

(2) 准确性。在时效性上，杂志从来都不是报纸的对手，杂志的影响力来自其信息的权威性和全面性。为了消除时效性上的弱势，《时代》首创解释性报道，做到了扬长避短。信息的准确性反映了一份新闻周刊的综合实力，其新闻的采集能力、分析加工能力以及后期制作能力都会展露无

---

① 杜丽虹：《百老汇和伦敦西区是怎样炼成的?》，《新财富》，2012 (5)，232—249页。

② 《新闻周刊》《时代周刊》《美国新闻与世界报道》。

③ 曹艳、李培林：《美国〈时代周刊〉特色剖析》，《新闻界》，2002 (4)，40—43页。

遗。《时代》作为一家主流新闻周刊，以无可争议的新闻业绩成为具有国际影响力的品牌刊物。

（3）创新性。互联网革命导致的传媒业整体竞争格局的变化给杂志带来了新机遇。更重要的是，随着传媒、通信、软件、娱乐、互联网、金融资本、影视、电子工业的相互渗透、交融和影响，已经不能再孤立地就杂志而论杂志，杂志正在成为和其他类型的交流形式发生互动影响的新工具。《时代》也是最早全文上网的杂志之一，从其网站上可以浏览自1994年以来各期的所有内容。美国在线和时代华纳合并后，时代杂志集团利用美国在线庞大的顾客数据库和对互联网营销的专业经验，使《时代》增加了50万的订户，而《时代》网站更吸引人的还是其特色栏目。

2.《时代》的定位[①]

（1）指向性明确的市场定位。《时代》的创立填补了当时美国新闻周刊市场的空白，改造了美国的新闻业。在决定创办《时代》的近一年时间里，哈登和鲁斯细分了出版市场，制作了“样本”向资深的业内人士征求意见和建议；给他们认定的目标读者寄出了1000份订户调查，近七成的被调查者表示“渴望见到这本杂志”。这给了哈登和鲁斯以极大的鼓舞，使他们更加坚定了自己的办刊理想和思路。

（2）敏感的消费者定位。当时的美国是大众文化兴起的年代，虽然广播、电影、电话、报纸、杂志日益发达，人们生活的信息量空前增长，但《时代》的创始人布里·哈登和亨利·鲁斯却认为：“在美国，多数人孤陋寡闻，因为到目前为止还没有一种适合于忙人阅读的出版物能满足他们一经预览即能做到消息灵通的需要。”《时代》将自己的目标读者锁定为“忙人”，但这些所谓的忙人并非泛泛而指的忙碌的人，而是如创始人亨利·鲁斯所言的“一百万受过大学教育的人”。

（3）新颖独特的内容定位。《时代》在内容上的风格定位是非常成功的。《时代》将新闻按内容、性质和地区详加分类，开辟了经济、教育、法律、批评、体育、宗教、医药、艺术、人物、书评等栏目。这种在今天看来司空见惯的新闻分类法，在当时却是巨大的创举。如今，当年的《时代》创举已经成为期刊界通行的法则。在封面设计上，1923年《时代》的创刊号封面上，采用了当时的国会主席约瑟夫·坎农的肖像，从此以后，用重要人物肖像做封面就成为《时代》封面的主要特色。鲁斯认为，在封

---

① 齐琳：《论〈时代〉周刊的定位》，《编辑之友》，2009（2），78—80页。

面上印刷巨幅人物头像，不仅可以增强视觉冲击力，而且能通过重要人物进行时代写真，从而使严肃的新闻材料更加吸引读者。

二、维亚康姆公司

维亚康姆公司（Viacom Inc.）是一家全球娱乐内容公司，通过多个著名娱乐品牌为电视、电影、互联网与手机平台的用户提供服务。维亚康姆涉足传媒、娱乐的各个领域，目前暂居时代华纳和华特迪士尼之后位列美国第三大传媒公司。

1. 经营范围

业务包括电视、广播、广告、电影、剧院、音乐、出版、网络、教育以及影像带出租、旅游等等。旗下公司众多，并且都享有很高的市场份额以及知名度，包括哥伦比亚广播公司（CBS，美国三大传统广播电视网之一）、MTV全球电视网（全球发行最广的音乐电视有线网，到达140个国家和地区的3.84亿家庭）、BET电视网（最大的服务于非洲裔美国人的有线电视网）、尼克罗迪恩儿童频道（Nickelodeon目前拥有超过8100万美国家庭订户）、派拉蒙电影集团（库存影片超过2500部）、派拉蒙电视集团、派拉蒙主题公园、百视达（Blockbuster）录影带出租连锁店、喜剧中心频道（美国唯一的全喜剧有线电视网，维亚康姆和HBO联合拥有）、西蒙与舒斯特出版公司（Simon & Schuster每年出版2000多种商贸、大众市场、儿童及新媒体类图书）、Infinity无线广播公司（美国最大的无线电广播公司和户外广告公司之一）、维亚康姆电视台集团等。

2. 经营理念

维亚康姆公司之所以能在短时间内从一家小公司发展为世界传媒娱乐界的主要玩家，很大程度上源于它独特的经营理念。维亚康姆集团通过联合、兼并、收购、控股等方式，迅速扩大自身的规模及业务范围，使得自己总能处在社会发展的最前沿，得以更好地发展。

萨姆纳·雷石东先生是维亚康姆的董事长，内容为王、品牌至上、严格的产权保护便是他常说的经营公司的ABC理念。

A代表Acquire，即购买和开发最好的内容。总裁雷石东认为，“人们要看的不是传送，也不是有线系统，不是电视台，而是内容和节目本身”，他的目标是将维亚康姆发展成为“全世界最优秀的、以内容为主导的传媒公司”。与历史悠久的时代华纳和迪士尼不同，维亚康姆走的是一条固守“内容制作”的道路，其几乎所有的并购行为和商业战略都紧紧围绕内容而展开。事实上，维亚康姆对派拉蒙的穷追不舍就是出于这个原因。

B代表Brand，指塑造良好的品牌形象。品牌是决定企业是否能树立良好形象的关键，品牌权益是企业最有力的资产。当年收购CBS，正是因为雷石东先生看中了CBS旗下的众多知名品牌。维亚康姆的品牌战略体系十分完整。一方面，维亚康姆通过收购派拉蒙和CBS，逐步在全球传媒娱乐业中树立了维亚康姆这一大品牌；另一方面，维亚康姆旗下的各成员公司都有一套完整的公司品牌、节目品牌的推广体系，为公司形象的建立与推广提供服务和保障；另外，公司品牌内部的交叉促销、协同合作也是一个重要的品牌战略。

C代表Copyright，指的是实行严格的知识产权保护。对产品实行严格、有效的保护是内容和品牌建设的保证。正是因为维亚康姆公司所实行的一系列产权保护措施，维亚康姆的品牌才得以经久不衰，保持赢利。

3. 经营策略

（1）兼并、收购战略

维亚康姆公司的发展历程实际上就是一部企业的兼并收购史。维亚康姆公司的事业版图从总裁萨姆纳·雷石东1954年继承主要经营汽车影院连锁店的家族企业国家娱乐公司开始。国家娱乐公司经过雷石东30多年的经营，变成了全美最大的一家连锁影院系统。1986年，雷石东从美国运通和华纳兄弟公司手里以5.13亿美元的代价买下了MTV全球电视网。次年，雷石东便并购了维亚康姆公司。1994年，维亚康姆公司决定以84亿美元收购百视达和以100亿美元收购派拉蒙电影公司，这进一步夯实了维亚康姆作为娱乐业霸主的地位。1999年9月，雷石东再次把眼光停留在许多人垂涎的哥伦比亚广播公司的内容资产上。最终，这场涉及金额高达800亿美元、与哥伦比亚广播公司进行的兼并交易，使维亚康姆由此晋升为集娱乐、新闻、体育以及音乐制作、推广和发行于一身的国际顶级传媒公司。

（2）全球化战略

自1992年以来，维亚康姆将近10亿美元的投资用于国际扩张。维亚康姆的一位主管说："我们不会把脚离开加速器。"维亚康姆的海外业务是多样化的，包括电视网、电影推销、录像租赁、电视节目推广、图书出版、在线广告、影剧院业务和户外广告业务。维亚康姆公司具有强烈的全球市场意识，其产品无论是影视作品还是音像制品，都能畅销全球市场，广泛赢利。维亚康姆的廉价节目在全球一直很有影响，拓展到了除南极以外的每一个大陆，并以多种语言播送节目。它已在全球少儿电视领域处于领先地位。

（3）本土化操作

在扩张的过程中，维亚康姆非常注重本土化操作。本土化包含了两方面的主要内容：一是文化产品内容的本土化，二是公司管理与文化产品创作人员的本土化。维亚康姆的战略就是要利用合资公司、当地合伙人及其他媒体巨头，迅速站稳根脚，安全着陆。

1995年维亚康姆设立北京办事处，其旗下的MTV全球网立即开始以节目交换的形式拓展市场，先后与中央电视台、上海音像出版社、上海文广新闻传媒集团、北京电视台等机构合作，很快在中国市场拥有广泛的影响力和号召力。在把旗下的Nickelodeon儿童频道的节目引入中国时，维亚康姆则选择了与中国本土的唐龙国际传媒集团合作，维亚康姆将本土化后的“尼克知识乐园”嫁接在唐龙的发行网络上，从而形成了外资传媒、中国本土发行商、中国电视台“三位一体”的合作方式。电视台负责节目拍摄许可、拍摄和终审，唐龙负责节目发行和广告经营，维亚康姆则负责提供素材。

WENHUA CHANYE

第三章 英国文化产业

2015 年 3 月 2 日，英国剑桥公爵威廉王子前往上海参加英国举办的“创意英伦”开幕式，亲自推荐英国的创意产业，向世界推送“创意英伦”的名片，英伦风再一次风靡全球。

英国通过经济结构的大改革，挖掘潜力，通过大力发展文化产业实现了从“世界工业中心”到“全球创意之都”的华丽转变，许多资源枯竭的工业重镇摇身一变为摇滚之城、艺术之城，“英国制造”又焕发了新的生机与魅力。伦敦西区的歌剧、《神探夏洛克》的热播、伦敦时装周等都是英国创意文化产业中美丽的风景线。

第一节 英国文化产业概况

文化创意产业是英国国民经济中的重要支柱产业。2012 年英国创意产业产值占国民生产总值的 5%左右，一跃成为除金融业外的英国第二大支柱产业。与此同时，英国也成为全球最重要的广告、电视、电影、设计中心之一。

英国的创意产业大致可以分为以下几类：第一类以个人的创造力、技能和天赋为基础，包括广告、表演艺术、工艺设计、时尚设计等行业；第二类以对知识产权的开发为基础，如软件业、出版业、电视广播业等；第三类是通过个人的创造力、技能和天赋形成相关作品后，进一步构成知识产权、创造潜在财富的行业，如电影、音乐、手工艺品等行业；第四类是艺术品与古董拍卖，属于对已有的文化形式进行再包装、再开发，也构成了英国创意产业中的特色部分。详见下表。

表 3.1 英国创意产业分类

第一类	第二类	第三类	第四类
·广告 Advertising ·表演艺术 Performing arts ·工艺设计 Process design ·时尚设计 Fashion design ·建筑设计 Architecture	·软件业 Software Industry ·休闲互动软件 Interactive Leisure Software ·广播电视 Radio and Television ·出版业 Publishing	·电影与音像 Film and Phototape ·音乐 Music ·手工艺品 Artifact	·拍卖 Auction

除了上述创意产业外，体育推广行业、文化旅游业、酒店业、文化遗产保护与开发，以及最近加入文化产业开发行列的博物馆、艺术馆和图书馆行业均被认为是与创意产业相关的，属于创意经济范畴。根据 2006 年公布的《英国创意产业竞争力报告》，这些创意产业与创意经济一起又可以分为三大产业集群：生产性产业、服务性产业以及艺术品产业。[①] 上述 13 个行业虽然彼此间差异巨大，但都能有效将其商业价值以有价值的想法的形式表现出来，为人们创造对世界的新的理解和感受，从而得以彼此交织，形成一个相互联结的行业。

事实上，英国创意文化产业的范畴是极为广泛的。根据《连线》杂志的编辑罗恩（David Rowen）介绍，在英国创意产业并不局限于音像、影视、音乐、表演等行业，几乎所有的行业均可以和创意产业产生联系。一个通俗易懂的例子是："假如你在网站工作，那么当你和你的客户用 Twitter 联络，帮他解决问题时，你提供的这种服务甚至都可以称为创意产业。"[②]

一、英国文化创意产业的由来

提及英国这个曾经的日不落帝国，我们马上会想起两次工业革命的辉煌历史。作为 19 世纪的第一个工业化国家，英国在享受盛名的同时却也不得不为日益严重的环境污染问题付出代价。首都伦敦有"雾都"之称，不仅是气候使然，也与其工业规模的过快扩张有着密切联系。19 世纪末，英国的工业制造逐渐日薄西山，进入 20 世纪以后，"英国制造"更是失去

① 中国驻英国大使馆经济商务参赞处：《英国创意产业调研》，中华人民共和国商务部网站，http://www.mofcom.gov.cn/aarticle/i/ck/201201/20120107932523.html。

② 王可：《创意产业成英国投入产出比冠军产业》，《北京商报》，2009 年 11 月 16 日。

了往日的活力，英国经济长期处于停滞状态，且在相当长的时间内存在着高通胀、高失业率的不景气状态，由此引发的劳资纠纷、罢工游行也此起彼伏。因此，英国从工业大国向创意大国转型，实则是不得已而为之。突破经济发展瓶颈，触发新的经济增长热点，以最小的投入获取最大的回报，成为英国政府的当务之急。

1990年，英国政府委托大不列颠文化委员会协同英国电影协会、手工艺委员会、苏格兰与威尔士的艺术委员会等单位开始整合艺术和媒体国家战略。经过两年的调研论证，于1992年完成了“国家文化艺术发展战略”讨论稿，并于1993年以《创造性的未来》为题公开发布。这是英国有史以来首次以官方文件的方式颁布国家文化政策。这份纲领性的文化产业文件明确指出了文化产业创意性的内涵属性，该战略对振兴英国经济有重要指导和推动作用。

1992年梅杰首相组建国家遗产部，对艺术与图书馆部、就业部、内政部、环境部等部门中的文化职责重新整合，使得国家可以更有效地推进对全国范围内的文化艺术、音像制作、书籍出版、文化古迹、旅游宣传、新闻传媒等事业的管理。

1994年，布莱尔在担任工党领袖之后，拉开了“新英国运动”的序幕并提出了“新工党、新运动”的口号，推动英国传统工业的转型。他认为大力发展创意文化产业既可以避免环境污染、产能过剩等老工业体系带来的问题，又可以降低投入成本，只用人的智慧即可创造出一系列产值，同时还能充分利用英国老工业体系中的创意工业基础，是英国未来发展的重要方向。

1997年5月，工党在英国大选中以压倒性的优势击败连续执政达18年之久的保守党。年仅44岁的布莱尔出任政府首相，成为20世纪以来英国最年轻的首相。为了更好地实践自己的理念，布莱尔组建了“创意产业特别工作组”，并亲自担任工作组的主席一职。与此同时，文化、新闻以及体育三个部门也被整合到创意产业的队列中，致力于将英国国家文化遗产包装为创意产业，原国家遗产部也由此被重新命名为文化、媒体和体育部，体现出打破文化窠臼、将创意产业的范畴扩张至体育和传媒领域的“大文化”理念。

1998年出台的《创意产业纲领文件》明确指出创意产业是“源于个人创造力、技能和才华的活动，而通过知识产权的生成和运用，这些活动可以发挥创造财富和就业的潜力”。定义强调个人的创意、创造力、灵感等智力因素是文化创意产业的生命线和依存点。该文件将创意产业提升到国家经济战略的新高度，要求各区积极采取措施推动产业发展。布莱尔的改革举措无疑使得文化产业在英国国家战略体系中的地位得到了进一步凸显，政府管理职能也大为强化了，英国由此成为世界上第一个提出创意产业概念并将其纳入国家主要发展战略的国家。这份文件中关于创意产业的理念此后被许多国家和地区所沿用。

21世纪初，英国政府又发布了《创造机会——英格兰地方政府地方文化发展战略指南》，要求各地方政府根据指南制定产业发展战略，对创意产业进行顶层制度设计，为创意产业发展提供了框架及路径。

二、英国文化产业的发展现状

（一）创意人才聚集

创意产业发展的核心仍在于人。伴随着创意产业的兴起和推广，创意产业家（creative entrepreneur）也随之成为热门新词。一个真正意义上的创意产业家，必须对创意产业的运作方式有足够的了解，具备相当的创造力，并且乐于自我奉献，将创意产业推向新的高度。

创意产业在为英国经济带来惊人的年产值的同时，也为英国带来数以万计的就业岗位。这一批以创意为生的年轻人、艺术家、设计师迅速成为英国新的阶级。

为了更好地培养创意产业家，英国文化、媒体和体育部与贸工部、外交部等政府机构联合探索，建立了产学研相结合的人才支持体系，采取一系列积极有效的措施，在高校和研究机构建立创意人才培训基地，加强创意专业人才的培养。与此同时，英国政府还大力引进国际资本和创意企业，吸引人才汇聚英国，为有志从事创意产业的青年提供信息咨询服务等，悉心培育新兴的“创意阶层”。

在英国艺术设计师汤姆·迪克森看来，好的创意可以随时随地产生：“设计是千千万万个不同的小影响所组成的，比如他可能会被他的餐厅里面的厨师所影响，也有可能被某个手工艺人所影响，也会被某个展商的一些雕塑所影响，就是说这些影响是来自方方面面不同领域。”[①] 正是这种

① 新浪家居：《英国设计师汤姆·迪克森：商业奇才设计鬼才》，新浪网，http://sz.jiaju.sina.com.cn/news/20150413/675779.shtml。

"随时随地产生创意"的思想使得英国创意产业发展异常迅速。而类似迪克森这样的年轻人正是创意产业得以蓬勃发展的中坚力量。因此，英国政府尤其注重为这样的年轻人投身创意事业创造条件。自1997年至今，已经有超过1.5亿英镑投资投入创意事业，用于支持创意产业家与艺术家的工作。从统计数据来看，1997年英国创意产业从业人员已经达到156.9万人，至2007年增长至197.8万人，至2010年则接近230万人。①

（二）创意产业成长迅猛

英国创意产业在2013—2014年间集中呈现了一波井喷式的发展热潮。英国文化、媒体和体育部2016年1月发布的《创意产业经济评估报告》显示，在这两年间，英国创意产业的总增加值增长率为8.9%，高于2008年至2014年间复合年增长率3.5%。其中创意建筑与产品、时装设计齐头并进，总增加值分别达到16.4%与16.6%；电影、电视、音像领域异军突起，总增加值达到13.8%。然而作为英国传统文化产业强项的音乐、戏剧表演、视觉艺术反而表现平平，增加值为5.4%，低于2008年至2014年间该行业的复合年增长率6.5%。但从整体来看，英国创意文化产业自2008年起呈现了较大幅度的增值，增加值从611.45亿英镑增加至2014年的840.67亿英镑，增长率为37.49%，在英国整体经济中的比重也从4.46%升至5.19%，可见创意产业的发展对英国整体经济发展的带动作用。详见以下图表。

表3.2　2008—2014年英国创意产业各领域百分比

年份	广告与营销	建筑设计	工艺设计	设计（产品/图形/时装）	电影/电视/音像制品	软件/计算机服务	出版	音乐/表演/视觉艺术
2008	13.7%	5.8%	0.3%	3.0%	13.4%	42.6%	15.1%	6.1%
2009	12.1%	5.6%	0.4%	3.3%	10.9%	45.8%	15.6%	6.6%
2010	11.4%	4.4%	0.4%	3.4%	13.3%	45.2%	16.0%	5.7%
2011	12.5%	5.0%	0.4%	3.8%	15.3%	42.5%	14.2%	6.4%
2012	13.3%	5.0%	0.4%	3.6%	14.0%	43.6%	13.7%	6.5%
2013	13.3%	4.7%	0.2%	4.0%	12.1%	45.6%	12.9%	7.1%
2014	15.8%	5.1%	0.3%	3.8%	12.9%	43.5%	12.1%	6.5%

数据来源：《英国创意产业经济评估报告》（*Creative Industries Economic Estimates*）

① 熊澄宇：《英国创意产业发展的启示》，《求是》，2012（7），58—60页。

2016 年 1 月版，其中博物馆、美术馆、图书馆领域未统计。https：// www.gov.uk/government/statistics/creative-industries-economic-estimates-january-2016。

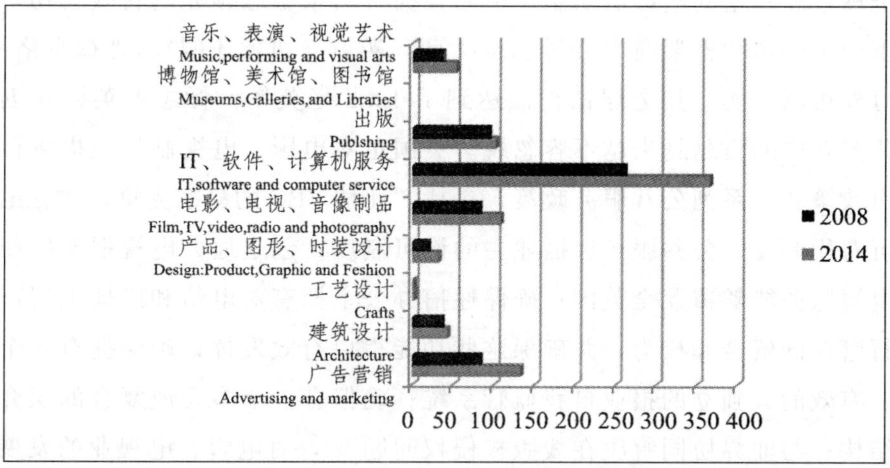

图 3.1　2008、2014 年英国创意产业各领域总增长值（单位：亿英镑）

数据来源：《英国创意产业经济评估报告》（*Creative Industries Economic Estimates*）2016 年 1 月版。https：// www. gov. uk/government/statistics/creative-industries-economic-estimates-january-2016。

从上述数据中可以看出，从 2008 年至 2014 年，IT、软件业与计算机服务行业始终是英国创意产业的支柱，至 2014 年总产值为 366 亿英镑，在创意产业中的整体比重在 42％至 44％之间，几乎占据了英国创意产业的半壁江山。电脑与软件业是英国创意产业中的第一梯队，是近年来冉冉升起的新星。“数字英国”是英国创意文化产业中的一张新名片，近年来发展日益兴盛。2009 年的《数字英国》报告显示，英国将把握数字时代的契机，通过完善明晰的法律框架和公平的产业发展理念，大力发展英国文化的数字化传播，并落实知识产权保护法，保障创作者、消费者与运营商的利益。这些举措将对英国数字化创意产业的发展起到长远的带动作用。在未来的创意产业中，英国还打算将数字化的“开放大学”作为一个主要行业来开展。

在英国创意产业体系中，份额排在软件业后面的是广告业、出版业和影视业。其中广告业从 2008 年的 83 亿英镑增长至 2014 年的 133 亿英镑，其占创意产业份额也从 13.7％跃升至 15.8％，增长势头十分明显。电影与电视行业自 2008 年以来也有不少的增长，从 82 亿英镑增长至 108 亿英镑。

值得注意的是，电影与电视业在 2009 年陷入低迷，直到 2011 年总产值才超越2008年水准，因此自2011年以来，电影与电视业总产值增长势头并不逊色于广告业。在电影业方面，英国的电影制作公司超过100家，是全球首屈一指的电影后期制作中心，拥有两家全球领先的特效公司——双重否定公司和框架商店公司。2012年，英剧《唐顿庄园》《神探夏洛克》在海外市场大卖，其全球销售额达到了12.2亿英镑，标志着英剧在创意文化产业中的贡献越来越不容忽视。英国也对电影、电视制作业提供税收优惠政策和一系列公共服务政策，包括“评估BBC的皇家宪章，建立电视许可费用制度、公共服务广播业主的许可制度；创立地方电视框架以便地方电视服务能够覆盖全英国；确保通信办公室拥有对电信和广播电视产业进行管制的资金和权力，并确保这些功能得以有效发挥；确保拥有一个新的、有效的、独立的报业自我监管系统；确保有一个多元或复合的媒介产权结构；与业界协同解决在线版权侵权问题”[①]，对电影、电视业的发展不无裨益。英国是世界首个建成数码电视系统的国家，英国超过60%的家庭使用数码电视服务。[②] 庞大的数码电视市场也为英国的电影与电视业发展打下了坚实的基础。

英国拥有庞大且多元的出版工业，每年出版的新书就超过10万本。就产值而言，英国出版产业2009年度产值超过115.6亿英镑，贡献了英国GDP的0.92%。近年来增长幅度并不大，而且在创意产业中的整体比重已经逐步下滑，从2008年的15.1%降至2014年的12.1%。然而不管如何，出版业与广告业、电影与电视业一起构成了英国创意产业中的第二梯队。

除了上述各个行业，英国的表演艺术也享誉全球，表演活动包括剧场表演、单人喜剧、交响乐、歌剧、舞蹈、嘉年华会与马戏团等。英国约有600个表演艺术节，如爱丁堡艺术节与诺丁山嘉年华。英国国家歌剧院与芭蕾舞团名扬四海。近年来，英国大兴土木建造新颖的表演艺术场馆与设施，目前也正展开此领域面向他国的技术输出。

值得一提的是，由于目前英国大量博物馆和美术馆免费向公众开放，所以博物馆、美术馆对于英国创意产业的贡献是间接的，但却是创意产业中前景美好的待进一步开发的潜力领域。2013年，大英博物馆接待游客

---

① 李丹林：《英国创意产业的发展与启示》，《中国新闻出版报》，2013年8月1日。

② 王可：《创意产业成英国投入产出比冠军产业》，《北京商报》，2009年11月16日。

670万人次，较2012年同期上升20%，可以预见在未来将会发挥更大的经济文化效益。①

创意产业极速膨胀也带动了相关联的创意经济行业以及创意相关行业的发展。在2008年英国赫福郡首届创意与经济国际交流会议上，英国文化大臣布雷萧提到创意产业是一项投入与产出比极高的事业，政府每投入1英镑的创意产业公共创业基金，就能吸引5英镑的私募基金投入，盘活6英镑的资金，是1∶5的超值买卖。而英国剧作家菲尔更进一步表示，创意产业对资金的盘活比例最高可以达到1∶12，是拉动投资的有效杠杆。

至2014年，英国创意经济总产值高达1333亿英镑，占英国经济总量的8.2%。2008年至2014年是英国创意产业极速膨胀的时期，其总产值增长率高达37.5%，为整个英国经济发展增色不少。

（三）英国的创意文化集聚区

英国创意文化产业的特点之一就是集聚化明显，集聚区以伦敦都市圈最为成功。伦敦市经过20余年的发展，昔日的工业制造核心地带业已发展成为以利物浦—伦敦—伯明翰—曼彻斯特等城市群为主体的伦敦都市圈。该都市圈的整体面积为4.5万平方公里，有3000余万人口居住于此，从内到外，由四个不同层次的圈层构成，分别为：内伦敦，即伦敦市本市；大伦敦，即伦敦城和周边32个行政区构成的文化经济体，整体面积约为1600平方公里；标准的大城市劳务区；都市圈内的其他城市经济体。②

伦敦既是英国的政治中心，也是许多国际组织总部所在地，作为世界历史文化名城，集中了众多的著名美术馆、博物馆以及新闻机构，也是世界最具规模的保险中心、精算中心、黄金及多种商品交易中心之一。在伦敦城的中心，有一座没有窗户的堡垒似的八层大厦，这就是被称为“银行之王”的英国中央银行——英格兰银行，在其周边围绕着100多家本国银行和520多家外国银行。与英格兰银行相毗邻的是伦敦股票交易所，伦敦股票交易已有200多年的历史，可称得上是世界证券交易的鼻祖，其股票交易量位于纽约和东京之后，居世界第三位。

① 中国驻英国大使馆经济商务参赞处：《英国创意产业调研》，中华人民共和国商务部网站，http://www.mofcom.gov.cn/aarticle/i/ck/201201/20120107932523.html。

② 郭璐、王仕卿、葛争红：《京津冀一体化交通网建设的国际经验借鉴与路径选择》，《中国科技博览》，2014（35），316页。

随着英国前首相布莱尔文化创意产业政策的提出，伦敦市也逐步转型，提出“创意伦敦”的概念，由伦敦市长办公室把握主要方向，伦敦市发展署监督具体实施，将主要精力放在创意产业的人才培养、融资投资等方面，使得伦敦在短短十余年中成为蜚声海外的设计之都、全球影视中心以及广告创意中心之一。这些新兴行业均有取代传统的金融业成为伦敦最大产能部门的明显趋势。

从现时发展情况来看，伦敦已经形成了包括苏荷（SOHO）区、南岸中心、西区以及东区等区域在内的非常完备的创意产业聚集区域。

在这四个创意产业区域中，苏荷区是发展得最为成熟的创意产业艺术区之一。这里曾是17世纪以来著名的繁华街区，现已发展成巨大的商业文化娱乐中心。伦敦苏荷区由牛津街、查令十字街、摄政大街等组成，各种酒吧、夜总会、俱乐部数量繁多，也是世界著名的酒吧区。近年来，苏荷区酒吧也发展出各种风格，有主题酒吧、鸡尾酒吧等各种形式，供顾客尽兴畅饮、享受时光。除了酒吧等商业文化娱乐场所外，苏荷区还成功地发展出了大量中小型媒体企业，主要从事电影等音像制品的后期制作，产业链条十分完整。伦敦苏荷区在电影拍摄和后期制作这两个产业领域中基本已经成为全球王牌产业群。

伦敦南岸中心则是以伦敦著名的文化遗产大本钟及泰晤士河畔为基础发展起来的传统创意文化产业群，主要以观光旅游为主。该区的主要功能在于打造城市名片，并将其与该区的创意产业关联在一起，共同创造经济效益。皇家节日音乐厅、皇家国家剧院、伦敦国王学院以及各类影院、餐厅都在这一区聚集，形成文化产业联动优势。

伦敦东区是在创意产业政策主导下发展变化最大的一个区。东区曾是伦敦著名的贫民窟，街道狭隘，房屋密布，因为靠近码头，成了贫苦民众和外来者的聚居地，以“脏乱差”著称。然而在文化创意产业政策的指导下，政府对这一区域进行了大力改造，将伦敦东区改造成艺术区，陆续建立了大量画廊、媒体公司、音乐公司、数码公司，成为大量画家、音乐人、自由职业者的聚居地，成为伦敦最富有潮流艺术气息的地方。

为了保持创意产品研发、制作、推广等环节中的灵活性，在东区建立的公司多数规模较小，10人以下的企业占绝大多数（见图3.2），非常符合英国创意产业中“小即是美”的理念。与中国义乌小商品市场通过大批量生产流水线产品获取利润不同的是，英国文化创意产业采用定制式的小规模生产模式，以一个私人化的定制皮包就能创造 100 个乃至 1000 个、10000 个流水线皮包的利润。伦敦东区麻雀虽小，五脏俱全，是英国传统街区在创意文化产业政策指导下成功改造升级的典型例子。

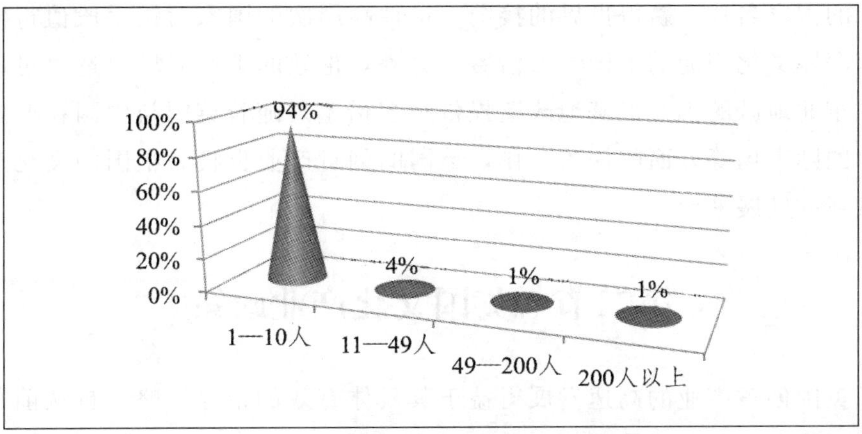

图 3.2　2009 年英国创意产业企业规模比重

数据来源：熊澄宇：《英国创意产业发展的启示》，《求是》，2012（7），58—60 页。

伦敦东区同时也是高新技术产业的集聚区，主要以科技城为中心，以科技带动数字产业的发展，不仅吸引了接近两千家中小型科技创意公司进驻，也吸引了 Facebook、谷歌、思科等大型高新企业的加入，成为世界上最具影响力的科技创意中心之一。伦敦东区的科技产业主要以软件、动漫和游戏业为主，产业形态高度集中，体现出英国“科技创意”的特色。

伦敦西区是较为纯粹的英国传统戏剧文化区，是典型的传统文化在当代社会中的延续，也是与纽约百老汇齐名的世界两大戏剧中心之一。伦敦西区已成为伦敦的一个品牌文化产业园区。西区还是一个出口创汇大户，其主要外汇收入来自海外游客和剧目出口。高水准的表演艺术使英国的旅游业受益匪浅。许多在英国其他地方举办的会议甚至会专门组织相关人员到西区观看演出。每年还有大量的西区剧目在海外上演。如音乐剧《猫》在伦敦连续演出 21 年；《歌剧魅影》从 1985 年在伦敦上演，至今仍在演出，至 2012 年已在全球 27 个国家、145 个城市演出，累计观众多达 1.3 亿人，全球总票房超过 56 亿美元，在纽约百老汇和伦敦西区演出均超过 10000 场。

在当前的形势下，资源损耗型的经济增长模式日益捉襟见肘，英国利用创意产业作为经济突围的手段，免遭原料价格高涨、劳动力成本上升所带来的被动局面，并成功地打造出“创意英国”的经济文化新面孔，很值得中国借鉴和参考。值得一提的是，在开发与推进创意产业的进程中，英国作为一个文化积淀深厚的国家，并没有“倚老卖老”地刻意维护其优雅、严谨的古老绅士形象，而是通过对创意文化产业的推动，打造“新英伦”的国家名片，赢得世界的接纳。这种高层次的国家营销手段值得同样具有深厚文化积淀的中国学习借鉴。另外，伦敦的工业老城改造也可以为中国东北地区的工业老基地改造提供很多借鉴。随着英国与中国在产业机制、国际市场等方面的深入合作，英国的创意产业也将为中国的文化产业提供新的发展平台。

第二节　英国文化产业政策

英国创意产业的高速发展得益于其具体有效的指导策略。自从前首相布莱尔设立文化、媒体和体育部负责全国创意文化产业后，文体部又先后制定出具体的发展战略，明确规定以奖励投资、风险基金支持等形式扶持创意文化产品的制作、发行、销售、宣传等环节。其后，英国政府多次发布新政策，为创意产业发展保驾护航。①

一、完备的创意产业政策体系

英国的创意产业政策框架极为完整，可以分为纵向管理与横向管理两个构成部分，遵循“适当分权、专宽兼备”的原则展开管理。纵向管理主要由英国文化、媒体和体育部推进，而横向管理则由基金会等非官方文化机构承担。

英国创意文化产业的极速发展与政府的文化政策引导不无关联。为了准确地描述英国的创意产业发展状况，英国政府先后于1998年和2001年出台两份数据详尽的产业政策报告，这是英国政府制定产业政策的重要基石。为了更好地促使已有和已创造的文化资源成功地转化为文化资本，英国政府的创意文化政策主要有三个基本导向：首先，政府主导创意产业的蓝图设计，培养民众的创意意识，尽可能让民众尤其是青少年参与到创意文化活动中去，为创意产业培养潜在的从业人员和消费市场，增强创意产业在大众文化中的影响力。其次，坚持将文化艺术创意活动纳入到教育服

① 中国驻英国大使馆经济商务参赞处：《英国创意产业调研》，中华人民共和国商务部网站，http://www.mofcom.gov.cn/aarticle/i/ck/201201/20120107932523.html。

务体系中，将提高个人创造力的艺术思维教育视为人生教育的重要构成部分，为创意人才培养和成长提供持续、系统、长期的培训。再次，鼓励政府与民间机构展开广泛的合作，调动一切力量对创意产业的从业人员提供相应的职业教育与各种形式的短期的有针对性的培训。这种长期系统培训和短期针对性培训的结合为英国创意产业培养了大批人才，为该产业的持久发展提供了动力。如 2008 年英国文化、媒体和体育部就与企业管理改革部、创新技能部一起起草了“创意英国——新经济中的新天才计划”战略协议，约定举办创意商业峰会，吸引人才加入到创意商业核心运作当中。

“创意英国”战略协议包括多项重点人才培养计划，主要为年轻人量身定做。如儿童企业家音乐早教计划，旨在及早在儿童中普及创立音乐事业的意识；发现天赋计划，补助金额 600 万英镑，每周为儿童与青少年推出 5 小时文化感受时间；学术中心计划，促进大学与中小学合作，让中小学青少年学生更多地接触创意教育，发掘自身的创意技能；创意学徒计划，旨在复兴英国传统戏剧，在舞台、戏服、道具、文案等运作项目中培养 1000 个接班人，英国皇家歌剧院、皇家莎士比亚剧团均对这一项目表现出较大的热情，愿意为接班人计划提供资助。[①] 对优秀的艺术品种进行重点资助和扶持，建立和完善创意文化产业载体，政府从组织建立、人才培养、研发、制作、销售、税费减免、知识产权保护等各个环节扶持创意文化产业。

2016 年 3 月 23 日，英国文化、媒体和体育部发布了长达 72 页的文化白皮书。这是时隔 50 多年来英国政府再次发布文化白皮书，上一次是在 1965 年。文化白皮书提出了更为细致的对文化发展的指导规划，要求之一是：“所有接受政府资助的艺术机构和团体，包括博物馆、剧院、美术馆、歌剧院、艺术团体等，都应该对所有人开放，不论他们的背景如何。”这是英国政府首次做出此类要求，英格兰艺术委员会将定期向政府汇报这些机构提高开放程度的进展情况。此外，政府确认对大英博物馆、维多利亚与艾伯特博物馆、科学博物馆资助 1.5 亿美元的承诺，帮助其更新仓储设施。政府于 2016 年夏季开展对博物馆和美术馆税收减免方案的正式磋商，减免决议将于 2017 年 4 月 1 日生效。[②]

① 王可：《创意产业成英国投入产出比冠军产业》，《北京商报》，2009 年 11 月 16 日。

② 郑苒编译：《英国 50 年后再次发布的文化白皮书长达 72 页》，《中国文化报》，2016 年 4 月 11 日。

为了建构和凝聚民众对创意文化产业的认同感，英国还从政府立场、文化当局策略以及施行文化政策的具体官员三个层面建立理念体系。首先，政府必须树立迫切需要艺术的观念，大力倡导创意文化产业的发展；其次，文化当局必须为各类艺术团体构建合适的生态环境，为其创作与表演提供足够的空间与支持；再次，创意产业的具体施政官员必须对艺术与文化创作抱有充分的尊重和敬仰，并努力为其创造条件。这些举措兼顾了宏观政策与微观施政各个层面，为英国创意产业的发展提供了坚实的保障，是英国创意产业得以迅速发展的主要原因之一。

在横向管理方面，英国政府往往发动金融界以及非官方基金、民间投资者的力量资助创意艺术家和创意企业的发展。在这方面，英国政府的主要工作可以分为三大类。其一为向创意艺术家与创意企业提供信息帮助，对其运作提出建议和参考；并在创意工作者与基金会之间充当联络人的角色，让双方自由选择合作伙伴。其二是通过制定翔实的行业调查报告，并提供给相关投资者，让投资者对创意产业的运作、种类、特色都有更深入的了解，为其选择资助对象提供准确、中立和权威的参考信息。其三，由政府出面，展开跨国创意产业合作。

二、创新资助与利润分配机制

尽管创意文化产业对经济的发展有着巨大的杠杆作用，但其初期投入的成本也是一笔不小的开支。为了发展创意产业，英国采用政府、基金会拨款资助以及发行国家彩票等形式筹集所需资金。这种资金筹集方式可以简单归纳为“三三制”资本构成形式。在这个资金筹集模式中，政府、社会资金与创意产业自身的投入分别占总产业资本的1/3，有利于创意产业主体灵活主动地发掘资源和扩展市场。

以发行国家彩票的方式为创意产业筹集资金也是英国的一大创意。1993年英国通过了国家彩票法案，以立法形式将每年的彩票所得用于发展文创产业。1994，英国首次发行国家彩票。英国国家彩票为文创产业设立了专门的基金，该基金有一个全新的理念：彩票收入的50%作为抽奖比例返还；政府、发行商、零售商共获取22%的管理和销售费用；剩余的28%全部反哺社会，用于扶持有益于社会公众的“美好事业”，覆盖慈善、环保、文化、遗产保护等多方面。为了慎重和专业地使用这笔巨资，英国政府通过彩票法案规定了“美好事业”部分基金分配的比例，其中慈善、健康、教育、环境项目占46%，艺术项目占18%，体育项目占18%，遗产保护项目占18%。这极大地弥补了政府文化投资的不足，兴建了一批文化设施，支持了优秀的文化人才的培养，为创意文化及相关创意经济行业的发展提供了极大的支持。

英国还推行税收优惠政策减轻创意企业的负担，优惠范围遍及电视制作、动画制作和电玩游戏等行业。从2013年起“在英国获得制片资格的生产商也可以申请如下税收优惠：制作费用不超过2000万英镑的，申请最高达到其费用25%的优惠；制作费用超过2000万英镑的，申请最高达到其费用20%的优惠。从2013年4月开始，高端电视、动画和电子游戏的税收减免将达到制作费用的25%”①。

在“后金融危机”时代，英国政府迫于国际金融危机的压力，减少了对创意产业中的艺术馆、图书馆等公共事业的投入，创意企业也在某种程度上出现了暂时性的衰退。为了扶持创意文化产业的发展，政府一方面对创意产业的个人和企业采取了非常优惠的税收政策，另一方面也努力做好知识产权的保护工作，捍卫他们的正当利益。大多数创意艺术家与文化企业很快地适应市场情况，从民间投资组织以及各种基金会处找到了创意资金来源。在经历了短暂的衰退后，英国创意产业很快出现了复苏，并且再度出现了强劲的发展势头。

2016年发布的文化白皮书再出新的指导措施，白皮书阐述了当公共资金变得有限的时候，文化机构应如何调整其业务模式，增强应对财政挑战的弹性。政府将成立虚拟的“文化商业学院”，与文化机构合作，强化整个文化行业的商业专业知识。为帮助艺术团体扩展商业潜力，政府将提供超过6000万英镑的资金，分别来自2600万英镑的英格兰艺术委员会战略资金（至2018年）、遗产彩票基金2016—2017年度新一轮的1000万英镑拨款和700万英镑的年度弹性遗产资金、用于博物馆业的总计3000万英镑的弹性资金（至2018年）。英格兰艺术委员会、独立慈善机构内斯塔和遗产彩票基金联合推出一项试点计划，允许艺术和遗产组织申请资助，探索如何从融资举措中受益，如配比众筹。②

正是英国政府从政策制定伊始就采取的“放权”而不是“集权”的态度，磨炼了当地的创意产业较强的市场生存能力，在经济危机来临时也能安然渡过难关。

---

① 李丹林：《英国创意产业的发展与启示》，《中国新闻出版报》，2013年8月1日。

② 郑苒编译：《英国50年后再次发布的文化白皮书长达72页》，《中国文化报》，2016年4月11日。

三、强有力的法律法规保障

对创意产业的知识产权异常重视，并出台相应法律进行强有力的保护，也是英国创意文化产业发展的重要特色之一。

英国的知识产权战略由商业、创新与技术部制定，具体职能执行则由知识产权办公室承担。英国创意产业中的电影与电视业、出版传媒业、音乐业、音像业、软件业均属于版权产业，版权法也就成为捍卫创意产业合法权益的勇士。英国历来就有保护版权的传统。《为鼓励知识创作授予作者及购买者就其已印刷成册的图书在一定时期内之权利的法》（简称《安娜女王法令》），1709 年由英国议会颁布，1710 年生效，是世界上第一部保护作者权益的法律。《大不列颠及北爱尔兰联合王国 1988 年版权、外观设计与专利法》，主要保护传统的出版业、设计业以及科技专利的利益。

进入 21 世纪后，随着英国创意产业的迅速崛起，相应的保护性立法也开始增多。尤其是在 2010 年英国首相卡梅伦上台后，英国为了进一步弄清知识产权如何保护创意产业的内在运作机制，展开了独立审查活动，并于 2011 年形成了一份审查报告，提出确保英国创意产业在数字时代仍能保持增长的知识产权框架。该框架的目标主要包括为英国建立全球化的知识产权政策框架和全球卓越的知识产权保护环境，充分满足消费者需求，为商业活动开展提供完善的知识产权服务。因此，2011 年，英国发布了《预防与治理：2011 年英国惩治知识产权犯罪战略》，表明英国反对国内乃至国际层面盗版侵权行为的决心和勇气。自 2010 年起，英国陆续出台了《数字经济法》《现场音乐法》等法律，2013 年又出台传媒与通讯领域的政策，基本顾及了创意产业中的各个重要产业领域。

从英国的例子来看，一系列版权法律的设立以及保护版权活动的开展为英国创意产业树立了开放而自由的价值标杆，同时也成为创意产业经济的重要构成部分，值得世界各国借鉴。

四、对创意产业集群的科学规划

在发展创意产业之前，英国政府已经意识到文化中心区域的打造对于国家新形象建构的重要性，在 20 世纪 50 年代初期就开始对伦敦都市圈进行规划。在这一阶段，英国政府将伦敦设计为由内环、郊区、绿化带、外环四个同心圆构成的单中心封闭式城市系统，四个同心圆之间使用放射路和环形路连接，初步奠定了 21 世纪伦敦都市圈的雏形。至 20 世纪 50 年代末，伦敦同心圆的外环又增加了八个卫星城市，以保证城内居民的工作、生活等日常所需。

这种同心圆格局直到20世纪60年代中期才发生了改变。这一时期的伦敦市主要沿着市中的三条主干道扩展，为伦敦都市圈的形成打下基础。至70年代，英国政府开始对大城市进行疏通，并且开始注重内城文化古迹的保护，为伦敦都市圈向创意产业集群转型提供了契机。

至20世纪末，英国主要从提高国民生活质量与提升未来可持续发展能力的角度对伦敦进行了进一步的发展规划。城市网络联系的建构以及中心区绿化景观的建设是这次规划的重点，减少噪音、发展公共交通也是该次规划的主要议题。这次规划中明确提出须限制机动车、私人汽车的使用，进一步开放公共公园，增加绿化带面积，改造泰晤士河等历史文化区域，同时增加公共交通的投入，确保其便捷性和对私家车的可替代性。商务、政务、住宅、文化、企业等分布以及各项活动之间的关系被进一步平衡，社区的安全性与廉价住宅的供应量增加，以确保不同背景、出身的人士从事工作的平等权利，为创意产业的发展提供了平等、自由、公平的社会氛围。

由此可见，从最初的同心圆都市构想，到后来的主干道拓展路向，再到最后适宜创意产业发展的四圈层都市圈的构成，每一步都经过了精心设计，并且对创意产业集群地的形成起到了重要作用。而以“大伦敦”为核心地带的四圈层创意文化产业区也确实在英国创意产业中发挥了龙头作用，这样的成绩与英国政府对创意产业集群地的精心设计是分不开的。在这个过程中，英国政府先后通过了《绿带法》（1944）、《新城法》（1946）等法律条文。[①] 将城市规划事务上升到法律高度，确保了有利于民生和城市建设的举措政通令行，是捍卫英国创意产业前进的有力臂膀。

除了伦敦以外，曼彻斯特也是将传统工业区和艺术结合的典范。随着工业发展逐渐衰落，艺术日益成为英国经济社会发展的优势。这种城市发展轨迹一方面扭转了当地经济衰退的颓势，另一方面也使得当地的文化优势得到了很好的利用，顺利实现都市转型。

综上所述，英国创意产业的迅速发展，得益于其完备的创意产业政策体系、创新性的产业资助与利润分配机制，以及有条不紊的对产业集群地

---

① 郭璐、王仕卿、葛争红：《京津冀一体化交通网建设的国际经验借鉴与路径选择》，《中国科技博览》，2014（35），316页。

的规划。这些都是英国能迅速从古老保守的“旧英国”向充满生机的“新英伦”转变的制胜关键。卓越的创意产业政策、分配机制、法律法规保障和产业集群地规划也构造出了完美的创意产业链条。以伦敦为例，这里的创意产业包括了作为起点的学校教育和作为终点的创意产品，这里是一个“全球创意思维的轮毂”。伦敦在高等院校中开设众多处于潮流前沿的创意艺术课程，并在全球排名中名列前茅；而且还拥有众多创意投资项目，总量约为其他欧洲城市的两倍；与此同时，超过40万人在伦敦从事创意产业工作：“这个城市会说300多种语言，是200多个民族之家，40%的劳动者来自海外”①，是一座全球化的国际创意产业之都。中国正置身于从“走量”粗放型工业模式向“走心”的集约型工业模式过渡的关键阶段，如何借鉴英国创意产业的经验，加强法律产权意识等短板，正是摆在我国发展进程中的重要课题。

第三节　英国文化产业优势领域

一、创作业：英国文化产业链的源头

（一）英国原创文学是文化产业的宝藏

英国有着光辉灿烂的文学遗产，文学作品在英国早已超越了阅读的功能。改编文学名著，是英国电影业和电视产业的擅长领域，也是英国文化产业的特色之一。

英国的文学宝库已经不单单属于英国，已经成为全世界的宝贵财产。姑且不说英国文学对全世界读者的心灵启迪和思想陶冶，单从文化产业角度来看，英国文学的贡献也是无与伦比的。无论是古典的还是现代的作品，都是改编话剧、音乐剧、电影、电视剧等的灵感及素材来源，是由此而衍生的一系列知识财富的源泉。欧洲各国、美国、日本、韩国都有大量据英国文学作品改编的影视作品，并且往往能取得巨大的成功，口碑与票房俱佳。据统计，2001年至2014年全球票房总排行榜前200位的影片中，33部是根据英国作家创作的故事和人物拍摄的。②

威廉·莎士比亚的作品曾被不可胜数的各国艺术家改编乃至再创作。

① 张亚欣：《伦敦有一条完整的创意产业链》，《中国城市报》，2016年4月18日。

② 王展鹏：《英国发展报告2014—2015》，226页，北京，社会科学文献出版社，2015。

笛福的《鲁滨孙漂流记》、简·奥斯汀的《傲慢与偏见》、夏洛蒂的《简·爱》、艾米莉的《呼啸山庄》、查理·狄更斯的《双城记》和《雾都孤儿》、哈代的《德伯家的苔丝》和《无名的裘德》等等，都不仅仅是文学名著，而且是一部部脍炙人口的电影佳作、电视剧经典。

近年来，随着科学技术的进步和互联网的极速发展，文化产业对文学作品的开发利用达到了前所未有的高度，制作更精良，模式更多样，传播更广阔，开发更全面，以英国原创文学为依托的泛文化产业开发不断给世人带来一个又一个的惊喜。

英国盎格鲁-撒克逊时期的英雄史诗《贝奥武夫》，2007 年被美国拍成了大制作同名电影上映。史诗式电影巨制《指环王》三部曲，就是改编自英国作家、诗人、语言学家及人类学家约翰·罗纳德·瑞尔·托尔金教授创作的魔幻小说。柯南·道尔的《福尔摩斯探案集》，改编以及衍生了多版关于大侦探福尔摩斯的影视作品，近年来风靡全球、新作令人望眼欲穿的英剧《神探夏洛克》也是以其为蓝本。J. K. 罗琳创作的《哈利·波特》系列小说改编的电影跻身全球最卖座系列电影。

其实说起对文化产业有大贡献的女作家，还有一位非常值得关注，那就是阿加莎·克里斯蒂（1890—1976），英国著名女侦探小说家、剧作家，被誉为“推理女王”。她的著作数量之丰在英国仅次于莎士比亚，从 26 岁开始写作到 85 岁去世，出版了 68 部长篇侦探小说、21 部中短篇小说选集、18 个剧本、1 部自传、2 部诗集等，销量累计几十亿本。在一个传媒还不甚发达的年代，在连续 50 余年的创作生涯中，几乎每年都有数部作品推出，而且其中的相当一部分都逐渐成为世界级畅销书，且长销不衰——这就是阿加莎·克里斯蒂梦幻般的惊人成就。尤为令人赞叹的是，她的文学作品几乎都改编成了各种其他类型的艺术作品，深受全球推理爱好者的喜爱。改编成电影的代表作品有《东方快车谋杀案》《阳光下的罪恶》《尼罗河谋杀案》等；改编成电视剧的有《马普尔小姐探案》《大侦探波洛》等；改编成舞台剧的《捕鼠器》，在英国舞台连演 30 年至今不衰。

（二）英国文学奖项

英国文学源远流长，成就辉煌，对世界文学尤其是英语文学影响深远。不仅传世作品卷帙浩繁，世界级文化名人、作家更是不胜枚举。英国素来有喜好颁奖的文化，英国民众对文学生活的浓厚兴趣更使得英国文学奖的评选备受瞩目。20 世纪 80 年代后，英国涌现出大量新的文学奖项，而许多历史悠久的文学奖不断提高奖金数额，推动着英国文学走向新的繁荣。英国大大小小的文学奖多达200多个。[①]

1. 布克奖

布克奖是当代英语小说界的最高奖项，可以与美国的普利策奖和法国的龚古尔奖相媲美，也是世界文坛上影响最大的文学大奖之一。

1969年，英国布克食品供应公司赞助设立文学界布克奖，只允许英国以及英联邦国家的作者参与。其后英国又设立了布克国际文学奖，专门面向英国本土以外的英文作家群体。获得布克奖就意味着在英文小说界站到了制高点。

布克奖的设立使得英国本土的原创小说得到了飞速发展，还带动相关文化市场的开拓。大约有三分之一的获奖作品改编成了影视作品，不少改编后作品获得了各种权威奖项，如奥斯卡获奖影片《英国病人》《辛德勒的名单》就是改编自布克奖的获奖作品。英国的文化价值观也由此实现了全球性的输出。

2. 詹姆斯·泰特·布莱克纪念奖

詹姆斯·泰特·布莱克纪念奖是英国最古老的文学奖，创办于1919年，是布莱克夫人为纪念她的最后一任丈夫而设立的。布莱克奖包括小说奖和传记奖，每年评奖一次，每项奖金额为1万英镑。获奖者由爱丁堡大学英语文学系的教授在其博士生的协助下，从前一年英国出版的英语作品中选出。

3. 英国图书奖

英国图书奖堪称英国图书业的奥斯卡，是最受瞩目的英国图书奖之一。该奖始于1990年，每年评选一次，设有12个奖项，除评出年度作者、年度图书大奖外，也对上一年度的最佳传记、绘本、童书、影视图书、有声电子书和新秀给予表彰，奖项设置涵盖各类图书，但不设奖金。

4. 橘子奖

1994年，专为女性作家而设的橘子奖宣布创立，首届评奖则在1996年。其创办人凯特·摩西因为有感于在众多大型文学奖项中女性作家常不受青睐，较难得到读者反响，因此设立该奖。

（三）从《哈利·波特》系列小说看原创文学对文化产业的贡献

英国女作家J. K. 罗琳创作的小说《哈利·波特》系列的成功商业化运作充分体现了文学创作对文化产业的贡献。从最初被多次退稿的魔法书

① 王燕：《英国文学奖的七宗“最”》，《中国文化报》，2012年4月4日。

到后来享誉全球的票房电影，再到以其为主衍生的一系列文化产品，形成完整的产业链条并热卖，在1997—2007年的文化产业领域谱写华丽飞跃的神话。

1997年，罗琳只是英国一个名不见经传的小作家，以卖文为生，其写出来的关于哈利·波特的第一部书稿屡屡遭到出版社退稿，一直找到第13家出版社布卢姆斯伯里出版社，后者才抱着对市场怀疑的态度为她出版500本，并勉强为罗琳支付3000英镑的报酬。其后，《哈利·波特》小说陆续出版了七卷，全部由罗琳亲自执笔完成，主要讲述年轻的巫师哈利·波特在魔法学校和同伴们在生活中发生的种种有趣而异乎寻常的故事。截至2015年，七卷《哈利·波特》系列小说被翻译成73种不同的语言销往世界各地，总销量超过4.5亿册，与当初的区区500册相比可谓是云泥之别。

《哈利·波特》小说的畅销引起了电影人的注意。英国独立电影人大卫·海曼看到罗琳的作品后就立刻推荐给了时代华纳公司。与罗琳签订了电影改编版权后，华纳兄弟宣布投拍《哈利·波特与魔法石》。其后不久，可口可乐以1.5亿美元买断了该电影的全球独家联合营销权，这一价格打破了好莱坞的营销权交易纪录。全球最大的三家玩具制造商美泰、乐高和孩之宝，分别以数千万美元的价格购买到哈利·波特系列玩具与文具的特许经营权，市场上由此出现了巫师服、飞天扫帚、魔杖等500多种周边产品。

时代华纳与英国本土的动漫公司合作，在2001至2011年间，根据其故事情节拍出了八部哈利·波特题材电影，分别是《哈利·波特与魔法石》《哈利·波特与密室》《哈利·波特与阿兹卡班的囚徒》《哈利·波特与火焰杯》《哈利·波特与凤凰社》《哈利·波特与混血王子》以及《哈利·波特与死亡圣器》上下集。这八部电影全球总票房为78亿美元，是全球电影史上最卖座的系列电影之一。

除了电影和游戏外，与哈利·波特相关的录像、广告、玩具、食品等纷纷投入开发、应用，形成了哈利·波特特许经营产业群。位于美国佛罗里达州的主题公园“哈利·波特魔法世界”2010年向游客开放。这一主题公园将忠实地还原罗琳小说中为哈利·波特魔法世界所设置的各个主要角色，并且让《哈利·波特》系列电影的场景设计班底进行园内设计。原著中的景点，如禁林、霍格沃茨魔法学校等得到呈现。为了让游客有身临其境的感觉，园区内还出售巧克力蛙、甘草魔杖、黄油啤酒、酸棒糖等魔法食品，完全比照着原著开发而成，对游客具有莫大的吸引力。

作为哈利·波特文化输出国的英国在这场全球商业盛宴中也不甘落后。英国杜莎夫人蜡像馆迅速制作出哈利·波特题材的蜡像，跟随电影在全球首映的步伐一同巡展。电影中的各种取景地都成了哈利·波特迷们的旅游目的地，为英国带来了源源不断的游客。

《哈利·波特》犹如英国创意产业的引擎器，瞬间点燃了全球创意文化产业的热情，迅速形成了价值超过千亿美元的产业链条。而《哈利·波特》的原作者，英国女作家罗琳，也获得丰厚的回报。仅仅她一个人就为英国创意产业带来了100亿美元的收入，其在英国的地位与收入扶摇直上。作为英国史上一流的商业和文化品牌，“哈利·波特”的成功不仅体现了英国创意文化输出的成功，也体现出英国创意产业在全球化的处境下号召力的日益强大。

然而在《哈利·波特》的文化传播过程中也明显地显示出英国的创意产业营销仍然存在短板。在小说出版后，是美国时代华纳公司嗅到了商机，将其开发成大银幕电影。而在电影票房大获全胜后，美国又占据先机，率先开发了哈利·波特题材的电玩游戏和主题公园，并且迅速拓展了琳琅满目的哈利·波特题材特许商品经营。在此过程中，英国综合营销意识显然滞后于美国，营销手法过于单一和滞后，这也促使英国痛定思痛。实际上，每个国家都有自己的擅长和优势领域，合作共赢何尝不是一种更好的选择呢？

二、音乐业：为英国赢得当下的口碑

在英国众多的创意产业中，音乐产业所占的份额远远比不上软件业，却代表了英国创意产业发展的未来主导方向。音乐产业打造国家新名片，通过品牌效应赚取更大的经济利润，是英国创意产业中的主产业。

英国的音乐工业在全球仅次于美国，尤其以摇滚乐、爵士乐以及交响乐著称。英国有意识的音乐工业发展始于1952年11月与《滚石》音乐杂志齐名的著名音乐杂志《新音乐快递》刊登的一份英国单曲榜单，其排名结果主要基于音像店的销售量。与当时称霸美国音乐界的《公告牌》（*Billboard*）已经发展出了各种形式的排行榜相比，《新音乐快递》杂志所做的UK排行榜略显单薄，然而这标志着英国的音乐工业开始觉醒，并展开了独立而迅猛的发展。现在，UK排行榜和美国Billboard排行榜并列，都是欧美音乐的主流排行，也是欧美音乐全球流行风向标。

英国的摇滚乐自20世纪60年代开始可谓是人才辈出。其最经典的摇滚乐队莫过于由利物浦工人家庭的四个男孩子组成的披头士（the Beatles）乐队。披头士乐队风格与美国嬉皮士运动相互呼应，迅速赢得了大量美国民众的喜爱，掀起披头士狂热，是英国音乐出口中的首个获得巨大成功的案例，也堪称20世纪60年代西方社会的文化符号。由保罗为列侬五岁的孩子朱利安（Julian）写的歌曲《Hey Jude》更是在政局动荡不安的60年代一举成为欧美各国青年争相传颂的歌曲，成为他们最重要的精神食粮之一。在伦敦奥运会开幕式中，保罗献唱《Hey Jude》，唤起了无数人的记忆和共鸣。

另一个值得关注的英国摇滚乐队是平克·弗洛伊德（Pink Floyd）乐队。这一乐队的音乐主打风格为迷幻摇滚，歌词多带有哲学意味，是英国殿堂级摇滚乐队。该乐队的影响力纵横音乐、表演、影视三界，代表作《迷墙》被誉为最伟大的音乐电影之一，与美国《音乐之声》齐名。整部影片基本没有对白，仅以音乐烘托情节发展和体现人物内心活动，是一部独树一帜的伟大的音乐电影。

成立于1962年的滚石乐队，至今还活跃在世界各国的舞台上，创作出很多经典之作，一直延续着传统蓝调摇滚的路线。70年代的皇后（Queen）乐队，招牌唱腔非常华丽，又带有人性温暖，完美将华丽摇滚、前卫摇滚、古典音乐及重金属风格熔为一炉，知名单曲有*We Will Rock You*、*We Are the Champions*等。还有石玫瑰（the Stone Roses）、缪斯（Muse）、山羊皮（Suede）、污迹（Blur）、绿洲（Oasis）、接招（Take That）、酷玩（Coldplay）等众多极为优秀的乐队。诞生于20世纪90年代末期的辣妹组合（Spice Girls），拥有9首全英冠军单曲，她们从英国迈向全世界，成为乐坛第一个女子偶像团体奇迹，并取得了全球范围内的商业成功。真可谓“江山代有才人出，各领风骚数十年”。这些杰出的英国音乐人对全球音乐界都有很大的影响，是英国的骄傲，也是英国音乐界对全世界的贡献。

值得注意的是，以摇滚乐为代表的英国的音乐工业虽然强调个性张扬，却也属规模经济的一种，其音乐人的工会，比英国煤炭工人工会规模要庞大得多。英国常驻的唱片公司超过2000家，投身音乐工业的专业制作人超过1000人，与此同时还有300家专业录音室在音乐工业领域活跃，这为英国音乐工业的蓬勃发展提供强有力的人力资源和硬件保障。英国也是音乐净出口国，出口范围包括音乐节的海外收益、音乐巡演、作曲填词服务、经纪人代理以及音像制品等。2011年英国音乐工业出口值为13亿英镑，占英国音乐总产值的26%左右。至2012年，这一比重增加至40%，音乐产业总增加值为35亿英镑（详见图3.3），音乐工业的出口总值跃升了1亿英镑。作词编曲作者与歌手是英国音乐工业中的收入主体。传统的实况音乐表演、唱片销售、音乐出版依然占据相当的比重，体现出英国版权法对创意产业的保护力度。

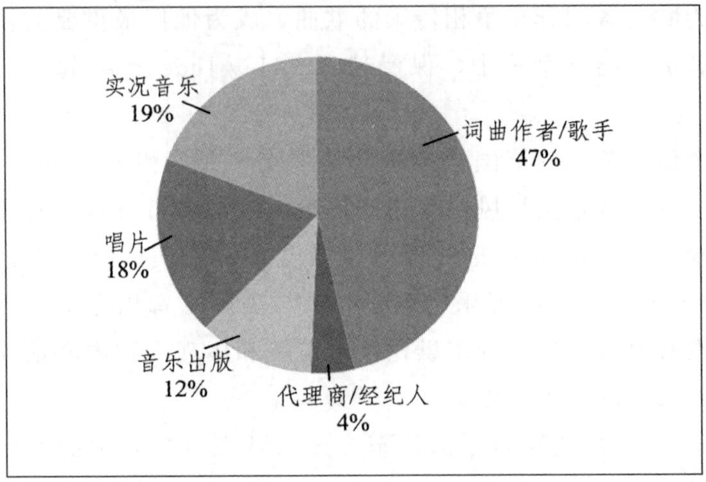

图3.3　英国音乐工业产值构成

数据来源：樊炜编译：《英国音乐产业总增加值达35亿英镑》，《中国文化报》，2013年12月31日。

2012年的这一增长变化与来自苏格兰的个性独特的女歌手艾美莉·桑德和以“伤心的灵歌”著称的格莱美天后阿黛尔等实力唱将的专辑在海外热卖、为英国音乐工业带来7000余万英镑的进账有关，体现出英国出口音乐工业的强劲势头。阿黛尔已经获得了全球性的影响，2008年出道，次年即获得格莱美新人奖和最佳女歌手奖，是名副其实的格莱美天后。2013年更是凭着在音乐领域的杰出贡献，获得大英帝国员佐勋章荣誉，可见英国对音乐工业确实寄予厚望。

艾美莉·桑德和阿黛尔的音乐创作风格均融合了布鲁斯、节奏布鲁斯、当代流行音乐等元素，可见流行乐仍然是英国音乐工业中的主流，其余的古典音乐和国外音乐等在整个音乐工业并不占主流地位。音乐工业是“英国令人敬畏的财富之一”[①]。

---

① 樊炜编译：《英国音乐产业总增加值达35亿英镑》，《中国文化报》，2013年12月31日，http://www.ce.cn/culture/gd/201312/31/t20131231_2023480.shtml。

2012年的伦敦奥运会就是英国集举国之力向世界推介本国音乐产业的成功例子。这场奥运闭幕式被命名为“英伦音乐交响曲”(A Symphony of British Music),大会的内容也非常名副其实。在这场持续了将近3个小时的狂欢派对中,“伦敦碗”体育场整个场地排列成了“米”字,并适时更换炫彩。随着舞台情节的发展,英国音乐产业的成就得到了淋漓尽致的呈现:半个世纪以来英国年度经典唱片中的500首流行乐、30余首各类风格的经典曲目成了这场派对的主旋律。皇后乐队、辣妹组合、阿黛尔这些在英国音乐史上星光闪闪的人物也悉数登场,重现了英国波澜壮阔、深厚绵长的音乐史。诚如英国知名文化观察员佐伊·威廉姆斯(Zoe Williams)所言:“驾驭奥运开闭幕式就如同在英国文化的已经离婚的双亲之间取得平衡:一方是莎士比亚、女王、国家医疗系统、詹姆斯·邦德、工业革命,另一方是音乐、出租车、时尚。”①

英国的音乐表演同时也带动了旅游观光业的发展。从1月份的格拉斯哥的凯尔特音乐节到爱丁堡的“除夕夜”庆典,整个英国几乎没有哪个周末不进行艺术表演活动。狂热的舞台,强大的明星阵容,无论你是摇滚乐迷、爵士乐迷、嘻哈乐迷,都能在英国找到你喜欢的音乐节。音乐节的举办不但拉动了参与者对音乐制品的消费,同时也促进了旅游业的快速发展。

格拉斯顿伯里音乐节是规模巨大的绿地音乐节和表演艺术节,通常在早春举行。雷丁利兹音乐节是历史非常悠久的流行音乐节,涵盖了另类舞曲、朋克、重金属等多种多样的音乐风格,邀请各国不同音乐领域的音乐人,如金属乐队和痞子阿姆都曾登台演出。巴克莱卡英国夏日时光音乐节在海德公园举行,是游客的首选。怀特岛音乐节是历史悠久的音乐盛宴。维珍音乐节由维珍传媒主办,许多当红歌手会来参加,是追星的理想场合。疯狂下载音乐节是英国规模最大的重金属音乐节。除此之外,还有全球著名的苏格兰音乐节和V音乐节等等。这些大大小小的音乐节产生的额外消费可高达12亿英镑;其中海外乐迷人数虽然不多,只占总参与人数的5%,却可创造食宿、观光等18%的消费,进账十分可观。

音乐产业也是英国可以兼顾当前经济收益和长线事业经营的产业。自从英国将创意产业列入国家主要发展战略后,英国便制定了大量针对潜在

① 曾旸子、樊炜编译整理:《中外“文化眼”看奥运》,《中国文化报》,2012年8月15日。

创意产业从业者即儿童与青少年的创意意识培养计划。如“创意英国”战略方案中的“寻找你的才艺”“创意接班人”等计划均主要以音乐产业为依托，帮助儿童与青少年发掘自己的音乐才华、建立自己的音乐事业。这保证了至少在未来的50年，英国的音乐产业仍然可以傲视群雄，造就一个音乐领域的“日不落帝国”。

三、设计业：英国最多元化的创意领域

英国工业创意和设计的积淀是非常深厚的。出自英国设计师之手的工业设计与发明，一直以来巨大地改变着世界人民的生活方式和思维方式。由阿尔伯特亲王和亨利·科尔（Henry Cole）策划的万国工业博览会于1851年在伦敦的海德公园举办，旨在以国际化的方式展示英国制造的力量。1944年，英国政府成立政府监督机构工业设计委员会（Council of Industrial Design），意在提升“好设计”的标准。这种工业创意的深厚积淀也为英国向世界“文化创意之都”的转型打下了深厚的基础。

在英国创意产业中，设计业是涉及领域最多元化的领域。英国设计行业享誉世界，在箱包、服饰、家具、珠宝、造型、建筑等多个领域均有出色表现。在英国本土有4000余家公司专门从事高品质商业设计，与此同时还有众多的自由设计师。英国设计师普遍对新生事物持欢迎态度，并在引领消费者品味、预测和反映消费趋势等方面发挥领军作用。其中，时尚设计和动漫设计在世界享有较高的地位。

从2003年开始，英国定期举办伦敦设计节，珠宝、家具、灯饰等方面的设计师云集于此，展示自己的得意之作，是全球瞩目的设计盛事之一。民众与游客身临其境，也禁不住对各种匠心独运的创意设计啧啧称奇。如今，伦敦设计节已经成为全球最具影响力的设计大事件之一，也是伦敦的一张醒目标签。

伦敦时装周是与纽约、巴黎、米兰时装周齐名的世界四大时装周之一，是世界公认的时装孵化器，以另类服装设计概念以及奇异展出形式闻名。在四大时装周中，伦敦时装周发展迅速，伦敦设计师汇展人选也从1994年的50位增长到2002年的130位。每年春秋伦敦时装周举办之际，顶级设计师聚集伦敦，向公众展示他们的时装作品。与其他三大时装周相比，伦敦时装周起步较晚，声望也不如它们高。然而“人们之所以喜欢伦敦时装周，是因为伦敦呈现出美丽但荒诞有趣、笨拙的衣服”，这里是传统性与颠覆性、荒诞性相互角力的竞技场。伦敦时装周从来不乏“大尺

度”“怪诞”等风格。近年来，伦敦的优秀设计师逐渐流失，伦敦时装周也转变风格。在 TopShop[①] 的赞助和支持下，学院派的设计新人有了更多登上 T 台的机会，尤其以中央圣马丁艺术学院和伦敦时装学院的学生作品较多，体现出先锋前卫的“伦敦风格”。

动漫是英国创意产业扩张最为迅速的领域之一，而且正逐渐受到全球的肯定。英国境内有许多富有创新精神的动漫工作室，设计并制作了许多有趣好玩的动漫形象。英国动漫界在以学龄前儿童为对象的动漫设计与短篇动漫等方面尤其享有国际声誉。全英动漫企业超过 300 家，其雇员教育程度为本科生及以上，高学历专业人才比重远超其他创意产业。

《小羊肖恩》的成功是英国动漫创意设计产业发展的一个缩影。《小羊肖恩》是由英国知名动漫公司阿德曼动画工作室和英国广播公司联手制作的定格戏剧动漫，至 2015 年共制作了 130 集，分为四季播出。

“小羊肖恩”原本只是英国阿德曼动画工作室制作的儿童动漫片《超级无敌掌门狗》中的一个客串角色，在华莱士拯救一个羊群的时候展现出过人的机智。《超级无敌掌门狗》是 6 集动画短片，从对白到情节设置都流露出英式幽默感，是英国创意动漫中的王牌作品之一，曾获得奥斯卡金像奖，在世界各地均有忠实粉丝。《超级无敌掌门狗》播出后，“小羊肖恩”这个角色逐渐赢得了观众的喜爱，《小羊肖恩》系列动漫顺势逐步发展了起来。

《小羊肖恩》充满了乐观积极的搞笑氛围，深受观众喜爱。片中羊群与其他动物的智商普遍较高，喜欢听摇滚、烤松饼等，英国原声歌曲也穿插其中，顺带推介了英国的生活方式和音乐创意工业。为了打破语言的藩篱以及译制带来的语言文化隔阂，《小羊肖恩》的制作公司设计了“哑剧”的表现形式，片中并未出现任何形式的语言对话，仅通过场景、动作、神态以及背景音乐变化进行叙事和推进情节。这使得《小羊肖恩》在海外传播的过程中几乎没有遇到什么文化和语言的障碍，迅速赢得了海外观众的心。

《小羊肖恩》也受到英国王室的格外青睐。英国剑桥公爵威廉王子 2015 年访华之时，特意为《小羊肖恩》站台，拉开中英文化交流季的帷幕。动漫形象“小羊肖恩”作为英国动漫产业的形象大使于 2015 年首次出现在中国邮票上，这一年也正好是中国传统的羊年。《小羊肖恩》成为

① 一个快速时尚品牌，属于英国最大的服装零售商 Arcadia 集团。

英国动漫创意产业向海外出击的王牌。

四、旅游业：英国的长线优势产业

作为与创意经济关联的行业，英国旅游业虽然不属于核心创意产业，却在近年来异军突起，逐渐在创意经济中占据主要地位。总体而言，英国的旅游业发展存在以下两种趋势：一是以古堡为载体发展物质文化遗产旅游；二是以博物馆、美术馆为载体培育新兴创意文化消费市场。概而言之，这是一个以古老传统文化为载体而发展出来的新兴战略文化行业，在创意产业领域中正越来越受到重视。

英国是保存历史文化遗产最多的国家之一，以保留了大量中世纪以来的古堡著称。作为曾经的日不落帝国，英国几乎随处可见可供抵御外敌用的古堡建筑，古堡也成为英国传统文化的代言人，是英国文化中难以磨灭的印记。英国的代表性城堡主要有四座，分别是华威堡、利兹堡、爱丁堡和温莎堡。

在这四座城堡中，位于英国泰晤士河南岸的温莎堡在海外知名度最高。温莎堡的知名度源于 20 世纪 30 年代最具争议的历史人物爱德华八世。1936 年 1 月，英王乔治五世驾崩后，爱德华继承其王位，称爱德华八世。正是在这一年，爱德华爱上了两度离异的美国女子沃丽丝·辛普森，并坚持迎娶她。爱德华八世于 1936 年 12 月主动退位，以温莎公爵的头衔受封。“不爱江山爱美人”的传奇无疑是一笔有价值的文化资源，使得古堡声名远播之余，也为英国城堡旅游业增色不少。温莎堡也一直是与白金汉宫、荷里路德宫齐名的英国行政官邸。英国女王伊丽莎白二世几乎每年都要在温莎堡度过其大量的时光。温莎堡也无愧于英国主要行政官邸的称号，里面藏有各种王室奇珍异宝、大量名画和艺术品，是一座名副其实的英国王室文化博物馆，每年吸引大量的海内外游客前往观光。

除了上述这些威名赫赫并带有浓厚历史文化积淀的皇家古堡作为王室文化的载体被创意产业重新包装后焕然一新之外，另有一些名气略逊于皇室的公爵、伯爵世袭的古堡也通过影视拍摄等形式成为创意产业中不可或缺的文化符号。如安尼克城堡，在维多利亚时代曾有“北部温莎堡”之称，诺森伯兰公爵家族自 14 世纪初期即居住于此，现为该家族的第十二任公爵居住，每年 4 月至 10 月对外开放。城堡被广袤的原野环绕，流水潺潺，美不胜收。在风靡世界的电影《哈利·波特与混血王子》中，霍格沃兹魔法学校悉数在该古堡取景。安尼克城堡也顺势成了无数《哈利·波特》疯狂粉丝的朝圣之地。安尼克城堡的管理者也极具经济头脑，索性把自己的古堡也办成了“魔法学校”，工作人员都是魔法师打扮，像模像样地教游客们做“飞天扫把”游戏，让游客乐在其中。

另一个被影视作品盘活的例子是海克利尔城堡。海克利尔城堡始建于17世纪，赫伯特（Herbert）家族世代拥有这座城堡，并仍有家族第八代后人卡那封伯爵及其夫人居住于此。海克利尔城堡宏伟挺拔，是典型的哥特式风格。然而由于经年风雨，城堡内部已经出现了严重的潮湿和腐烂，旁边的石头塔楼也年久失修了，急需巨额的费用进行修缮。风靡一时的英国电视剧《唐顿庄园》将这座城堡从颓势中挽救了出来。《唐顿庄园》讲述了第一次世界大战前后传统的英国贵族如何面对原有的社会秩序崩坏以及人权意识、资本主义、新兴阶级崛起的故事。在拍摄的时候为了更贴近历史原貌，《唐顿庄园》摄制组基本上采用了海克利尔城堡的家具入镜，实景地呈现了海克利尔城堡的风貌，由此也使得该城堡成为众多《唐顿庄园》爱好者的向往之地。在这股“唐顿”风潮的影响下，海克利尔城堡于每年的复活节、秋天等时间内有限对外开放，并将城堡的门楼改造成一家酒店。该城堡也提供婚礼场地服务，提前预订的婚礼将支付1.5万英镑的费用。

英国还在以古堡闻名的地区直接发展节庆旅游产业。以爱丁堡为例，该城堡包括旧城和新城两部分，是联合国教科文组织认可的世界文化遗产。爱丁堡市就是由爱丁堡发展而来，具有“北方雅典”的称号。现时的爱丁堡市以爱丁堡为中心，大力发展以艺术节为主要形式的创意文化产业。爱丁堡国际艺术节是世界上规模最大的综合艺术节之一，于每年8月举行，其雏形是1947年组建的爱丁堡军乐游行。该艺术节是英国各种创意文化表演的集会，既有专业艺术家登台表演，也有业余人士助兴演出；剧场、学校、街头、公园在艺术节期间均成为表演场所，整座城市也成为各国歌舞、军乐队、苏格兰风笛的海洋。2014年，爱丁堡国际艺术节吸引了世界各地将近42万观众，仅此一项，就为英国财政贡献了315万英镑的收入。2015年的爱丁堡艺术节从全球范围甄选并邀请2000余名艺术家参与表演，延续艺术节的票房神话。每年的2月、4月、6月，爱丁堡市也分别举行登山电影节、科技节、国际电影节。爱丁堡这座以古堡为依托而发展起来的城市已经变成了一座名副其实的创意艺术之都。

除了古堡之外，英国人对博物馆、艺术馆等公众文化艺术场所也极为重视。英国人非常乐于保留任何有历史积淀的东西，将其细致呵护并呈现于公众面前。博物馆、美术馆、文化遗产地也正在成为当今英国创意体系中异军突起的新兴产业。根据2014年度英国旅游景点协会披露的报告，当年英国各博物馆、美术馆等公众文化景点的访客人数增加了6.5%，其中伦敦地区增幅明显，高达7.11%。在博物馆领域，“大英博物馆以近670万人次的年访客人数连续8年蝉联综合排行榜榜首，英国国家美术馆紧随其后，欧洲最大的综合艺术中心——伦敦南岸中心以超过625万人次的访客人数排在第三位，泰特现代美术馆则排在第四位”①。除此以外，借着2014年在苏格兰格拉斯哥市举办英联邦运动会的东风，格拉斯哥当地的博物馆和美术馆也火了一把，苏格兰国家博物馆吸引游客164万人次，仅次于伦敦地区的免费博物馆访问量。2014年苏格兰国家美术馆举办的“年代：苏格兰当代艺术25年”特别展览取得了巨大成功，使得其访客数量激增39%。② 尽管当下大多数博物馆和美术馆都是免费向公众开放，其经济效益并未凸显，但这些举措为英国文化产业赢得极好的社会口碑，在世界各国消费者的心目中播下了英国文化的种子，极大地扩充了英国创意产业的潜在消费市场。这种长远的营销策略很值得我们学习与参考。

第四节　英国文化产业经典案例

一、巴斯：博物馆文化与现代创意产业结合的典范

巴斯，位于英格兰埃文郡东部，是一座入选世界文化遗产的城市，也是一座将传统与现代博物馆文化融为一体的世界著名旅游胜地。

“巴斯”（Bath）的本义是“洗浴”，市内以保留有罗马时期的浴池遗址而闻名。公元1世纪，大量的罗马人在凯撒大帝的率领下入侵英国，被巴斯天然的优质温泉资源吸引，故而修建了大量的温泉浴池，将罗马人的温泉文化在此发扬光大。现时巴斯也在遗址的原地设计建立了罗马浴室博物馆，完整地保留了当时富有代表性的温泉浴池遗址，还制作了复原图像和影视，讲述这些古罗马浴池数千年来的兴衰，声情并茂地向游客介绍巴斯的温泉文化。

---

① 宋佳烜编译：《英国文博机构访问量呈“爆炸式”攀升》，《中国文化报》，2015年3月23日。

② 宋佳烜编译：《英国文博机构访问量呈“爆炸式”攀升》，《中国文化报》，2015年3月23日。

巴斯市还将古建筑群皇家新月楼改建为集街道、博物馆和星级酒店为一体的文化建筑群。皇家新月楼是乔治王时期的建筑，建成于1767年到1775年间。整个建筑群一共有30幢楼，呈新月弧形分布，高贵典雅，被称为英国最高贵的街道，是名流出入之地。

现时皇家新月楼1号被改建为博物馆，陈列18世纪英国的珍贵文物与艺术品，几乎全年开放。为了让游客有身临其境的感觉，工作人员皆按照18世纪的风格穿着，向游客传递18世纪英国的辉煌与繁华。新月楼建筑群的另一部分被改建成皇家新月饭店，是当地最高级的酒店之一，意在与18世纪新月楼名流栖身的历史遥相呼应。

除了古罗马浴池博物馆和新月楼博物馆，巴斯还有保存18世纪文化的赫尔本博物馆。这座博物馆陈列着来自19世纪巴斯人威廉爵士的藏品，以18世纪的画作最为珍贵。这座博物馆近年来再度引起公众的关注与2011年的圣诞装饰有关。2011年，创意设计师将赫尔本博物馆周围的空地设计为花朵的原野，5000支颜色各异的花朵和灯泡被布置在空地中，形成梦幻般的神奇花海。根据设计师介绍，这是从他20年前一次荒漠旅行中获取的灵感。

当然，巴斯的创意文化产业并不止于为数甚广的博物馆文化，也发展出很多现代化的创意产业，诸如巴斯国际音乐节、巴斯国际偶戏节、巴斯电影节等节日。每年5月末到6月初举办的巴斯国际音乐节是世界上最为著名的音乐盛典之一，主要活动场地在当地的亚贝大教堂。音乐节起始于1949年，至今已经举办了50多届，小提琴名家曼纽因、芭蕾舞星纽瑞耶夫等伟大的艺术家都曾参加过这项盛会。节庆期间，不但可以欣赏世界上最精彩的艺术表演，还能观赏盛大的烟花巡礼和热闹的街头狂欢。这些节日的举办吸引了大量的民众，也使得巴斯的文创产业更为声名远播。巴斯和布里斯托还是英国最有名的热气球巡游城市，这里有许多高山峡谷可提供良好的气球起飞场地，是当地最受欢迎的游览活动。

巴斯市是古老的博物馆文化与现代创意产业结合的典范，也可以说是英国这个古老的王国焕发创意活力的缩影。

二、大英博物馆的艺术衍生品业务

大英博物馆（British Museum，又名英国国家博物馆、不列颠博物馆），是世界上最古老、最宏大的博物馆，与美国的大都会博物馆和法国的卢浮宫并称为世界三大博物馆。

始建于1753年的大英博物馆，位于伦敦新牛津大街北面的罗素广场，是一座规模庞大的古罗马柱式建筑，十分壮观。馆内收藏了800多万件藏品，包括大量珍贵的文物和图书珍品，还有很多伟大科学家的手稿，藏品之丰富、种类之繁多举世罕见。其藏品主要是英国于18世纪至19世纪发起的战争中掠夺得来，主要受害国家包括希腊、埃及及中国等。

大英博物馆作为国家级公益性博物馆，政府赞助是其运营资金的主要来源，但是大英博物馆通过文化创意，开辟了更广阔的资金来源，目前来自政府的资金支持只占大英博物馆总收入的30%。早在1973年就成立了负责出版、零售、文化旅游和产品开发的大英博物馆公司，1994年成立了负责接受捐助的大英博物馆发展信托基金。2000年底，大英博物馆开始免费开放，又成立了大英博物馆大庭院有限公司，负责新建成的“大庭院”的运作。现在，大英博物馆的文创产品年营收高达两亿美元，成为其主要收入来源之一。

大英博物馆拥有4个固定商店（包括书店、纪念品店、文化用品商店和家庭商店），还有配合临时展览而增设的商店。其经营的产品，不仅包括文物复制品、图片、画册等，还包括大量的受到博物馆馆藏品启示而设计的生活用品。近些年电子音像类图书的发展也很快。此外，大英博物馆对其图片类的衍生品的营销也非常独到，它们被用于满足专业用户的需要，从中收取一定的费用；顾客可以直接通过网上订购数码图片，也可以在博物馆得到现场打印的图片。

1. 大英博物馆衍生品的开发模式分析

从广义上讲，新产品开发既包括新产品的研制，也包括原有产品改进与换代，这就包括产品设计、工艺制作设计和投入生产等一系列过程。大英博物馆文化产品的设计有两种方式，一种是产品由9名全球采办组成的部门负责设计或者寻找设计并联系生产，另一种是直接从固定厂家进货。在前一个部门中，工作人员必须具备一定的设计能力，在必要的时候可以自行设计和开发，并通过各国驻英国使馆了解合适的厂家，根据使馆提供的该国厂家的产品图片和信息来订货。[①] 博物馆自己设计的专门产品由博

① 杨帆：《浅议博物馆文化产品的开发及营销——以大英博物馆和卢浮宫博物馆为例》，《故宫博物院院刊》，2013（4），20—28页。

物馆负责成本，而大多数产品采取的方式是直接采购，后者的设计费和制作费用等都由厂家自行负担，因此避免了销售的风险，也充分考虑了市场营销中的成本因素。其中有的产品是博物馆向世界著名设计师提供设计内容，由设计师设计并寻找厂家进行生产，最后运输到大英博物馆进行销售。在临时展览中销售量好的产品还会作为长期产品进行销售。著名设计师的声誉促进了博物馆产品的销售，而产品的销售又会提高设计师的知名度，达到一举两得的效果。

大英博物馆的大庭院商店有一处正好对着埃及馆的入口，而埃及馆的入口处就摆放着知名的埃及罗塞塔石碑。博物馆考虑到该石碑的重要性和商店的位置，请纽约的著名设计师根据该石碑设计了各类产品，相关的文创产品就包括石碑拼图、笔记本、笔、钱包、卡套、电脑包、鼠标垫、T恤、伞、背包、围裙、明信片、钥匙圈等，利用石碑的"名人"效应，吸引各类游客前来购买。由于对版权的管理非常严格，只有来过大英博物馆的人才有可能买到这类周边产品，这也是大英博物馆衍生品销量居于世界博物馆前列的重要原因之一。

英国家庭的浴缸里往往漂着几只橡皮小黄鸭，小黄鸭成为承载很多英国人童年记忆的符号。1970 年，歌手吉姆·汉森创作了流行歌曲《小黄鸭》，小黄鸭从此成为一种流行文化元素。大英博物馆推出过一套小黄鸭纪念品，萌萌的鸭子们或装扮成古埃及的狮身人面像斯芬克司，或头戴印第安人的羽毛头饰。装扮成古罗马战士的小黄鸭，黑色的上衣系着白色的排扣，下半身啤酒肚很是圆鼓；维京海盗小黄鸭那眼神、那表情仿佛在说："金银细软统统拿出来！"这些小黄鸭，间接展示了大英博物馆包罗万象的收藏品。[①]

此外，大英博物馆也会销售一些普通旅游产品和书籍，与许多博物馆出售的商品可能会是完全一致的。只要带有这个国家元素的具有纪念意义的产品都可以在博物馆内销售。由于大英博物馆的名气和客流量，这一方面的收入也同样十分可观。

2. 大英博物馆衍生品的经营模式分析

大英博物馆的经营模式是由博物馆自主经营，由下设的公司负责运

① 禾泽：《时尚十科技：让欧美博物馆文创产品很萌》，《中国文化报》，2016 年 7 月 14 日。

营。公司销售人员的工资由公司发放，超过销售定额的部分按照10%的比例提取奖励。一般来讲，产品的成本为售价的30%—50%。从大英博物馆的情况来看，博物馆为公司制定了销售计划，如果该公司能够超额完成此工作计划，则可以按照超额部分的10%进行提成；公司经理则为下属的工作人员制定了计划，按照同样的比例进行提成。该公司的销售部经理根据馆内4个商店的产品的价位、类型和销量重新安排了4个商店的产品，实际上最终目的是为了提高销售量，增加收入。这种企业性质的管理模式减少了管理上可能产生的迟滞，刺激了工作人员良好和积极的工作态度。①

① 王湛：《大英博物馆国际培训项目考察综述》，《博物馆研究》，2015（1），16—20页。

第四章　法国文化产业

法国是文化大国，拥有灿烂的历史文化遗产，艺术气息浓厚，这为文化产业的发展提供了丰厚的土壤。法国对文化产业的界定是：与可再生的文化产品和受众的扩展相关的领域，包括图书、印刷品、播放设备、电影院、多媒体制品、游戏软件和相关副产品的创作、生产与销售。随着全球化的发展，近年来法国文化产业的内涵逐渐丰富，强调如何运用市场手段将文化概念变为文化产品进行销售。① 法国文化产业涉及的行业有三个层面：外层是文化相关产业，包括文化遗产、信息产业、艺术品、博物馆、旅游产业；内层为创意产业，指演艺行业、创意设计、建筑、广告、时尚业等方面；内核由报刊产业、图书出版、电影、电视、音像产业组成。

第一节　法国文化产业概况

一、法国文化产业发展模式

从20世纪70年代以来，法国的文化产业随着城市经济的发展和转型呈现出蓬勃发展的势头。相比于英美等其他国家的文化产业市场竞争模式，法国的政府干预相对多一些。法国是二战后欧洲主要国家中最早设立文化部的，其主要职责是保护民族文化、扶持法国文化产业发展。

（一）国家主导模式

法国文化底蕴丰富，法国人对自己的文化情有独钟。法国政府认为在全球化的文化市场中，如果没有政府的干预和扶持，本土的文化元素可能会被外来文化元素冲击和取代，所以法国政府不遗余力地保护和推广本国文化。

① 侯聿瑶：《法国文化产业》，32页，北京，外语教学与研究出版社，2007。

早在1959年，也就是1958年法兰西第五共和国成立之后刚一年，戴高乐总统就颁布法令，宣布成立文化事务部，把艺术、文学（包括戏剧、音乐、博物馆和特殊的艺术教育）、建筑、档案等文化事务集中到专门的部门里。这是法国历史上第一次成立专门负责文化事务的政府部门。戴高乐总统给法国文化事务部确定的使命是："使大多数法国人能够接近人类的尤其是法国的文化杰作，确保他们对我国文化遗产的兴趣，促进文化艺术创作，繁荣艺术园地。"法国重视文化产业的公共性和特殊性，始终强调国家和政府的主导作用，以政府行政力量大力扶持本国文化事业与文化产业。之后这一指导原则贯穿于历届政府的施政纲领里。

法国对于文化产业及相关产业给予不同形式的财政支持或赞助，主要形式有三种：一是中央政府直接提供赞助、补助和奖金等。法国文化机构的资金都是由政府财政直接拨款，而非自负盈亏。法国政府对于文化设施与文化活动给予高额补贴，资助各类文化活动，扶持新闻、文学、艺术、音乐、舞蹈、电视和电影等行业的发展。二是地方财政的支持，主要体现在各级地方财政预算和项目营运收入。三是政府通过制定税收优惠政策鼓励企业为文化发展提供各类帮助，参与支持文化事业的企业可享受税收优惠。①

此外，法国政府坚持文化民主原则和文化特殊原则。"文化民主化"即对国内把文化作为每个公民都应享受的基本权利来保障，让全体民众参与和享受文化，把文化作为公民福利的一部分来推广。法国大多文化场所及设施都有免费开放活动。"文化特殊"表现在对外坚决反对把文化列入一般性服务贸易，是"文化例外"原则和"文化多样性"原则的结合。法国政府联合欧盟其他成员国，对美国在文化产品和服务方面的自由贸易要求持续进行抵制。

（二）文化中心模式

文化是社会发展的中心，是社会进步和发展的必要条件，是提升国家实力和国际地位的重要动力。法国政府在推行文化中心模式时首先确保文化自由。他们认为国家软实力的根基是文化繁荣，文化繁荣的前提是文化自由，文化自由源于法国人民的意志自由、思想自由和创作自由。法国文化产业百年来蓬勃发展的根本原因之一是历届法国政府坚持通过法律等手

① 程立茹：《文化产业金融创新问题研究：国别经验与典型案例》，64页，北京，中央民族大学出版社，2014。

段来保证文学家、演员、艺术家等文化人士的创作自由和精神自由。法国建立了临时演员制度，规定临时演员比一般临时工享有更加优越的失业保险。文化界认为这一制度保障了经济状况不稳定的艺术工作者的权益，可以促进国家艺术繁荣。

其次是加大文化投入，推动文化事业发展。

再次则是维护文化安全。在全球化背景下，法国的民族文化遭遇前所未有的冲击与挑战，政府把维护文化安全提升到增强民族凝聚力和确保法国文化软实力的高度，并且采取立法以及其他各种强有力的行政手段来加以应对。从20世纪80年代以来，法国政府通过立法保护历史文物遗产和确保法语的固有地位，同时为了防止民族文化被边缘化，采取严厉措施限制外来文化产品充斥本国市场。法国政府一方面对外国文化商品进口设置关税壁垒，另一方面采取政府补贴的方式资助本国文化企业的发展，以维护本国文化安全。①

20世纪90年代以来，为缓解国内经济发展变缓、失业率居高不下的压力，政府决定以文化促进经济的发展。希拉克当选总统后，宣布国家今后每年拨出的文化经费将不少于国家经费总预算的1%，同时文化和艺术教育作为重要事业被提上日程。在此政策的指导下，法国政府在巴黎和外省兴建了一批大型文化设施。这些工程投资大、工期长，施工过程需要大量劳动力；工程竣工之后，设施的管理维护以及配套设施如餐饮、娱乐、服务等，可以解决很多人的就业问题。法国这一举措既缓解了国内经济下行的压力，又很大程度上促进了文化产业的发展。

1993年，法国文化部新任部长雅克·杜朋在推动国内文化发展的同时，把目光集中在国际对话上，提出了“文化例外”观点。在同年10月举行的法语国家共同体首脑会议上，“文化例外”作为法国国内奉行的原则正式为国际社会所认可，在会上通过了一项有关“文化例外”的决议。该决议指出：文化产品不能等同于其他工业产品和服务产品，所有属于精神文化的产品应当置于世界贸易谈判的范围之外。在文化对外方面，法国总统希拉克于2001年在联合国教科文组织第31次大会开幕式上正式提出“文化多样性”的概念，为维护国家的文化安全、保持和弘扬法兰西民族历史悠久的文化特性构筑了良好的环境。

① 程立茹：《文化产业金融创新问题研究：国别经验与典型案例》，62页，北京，中央民族大学出版社，2014。

21世纪以来，文化政策集中在鼓励文化的多元化、鼓励文化对于公众的可进入性、加深文化的地方分权。自2012年起，巴黎每年10月的第一个星期六举行“不眠之夜”文化活动，鼓励市民免费参观各类展出；一些公立服务性、娱乐性机构，如图书馆、游泳馆、各类博物馆等，也都向游客彻夜开放。

二、法国文化产业均衡发展

2013年11月上旬，《法国创意论坛》公布了《文化创意产业经济观察》研究报告，这是法国首次对文化创意产业进行全面系统的统计、评估和研究。此项研究由《法国创意论坛》提出，委托安永公司具体实施，在法国13家主要文化创意行业协会的支持和协助下得以完成。研究报告以2011年法国文化产业统计数据为基础，综合多项相关研究成果，对法国文化创意产业涉及的绘画与造型艺术、音乐、表演、电影、电视、广播、电子游戏、图书、报刊9个领域进行了全面调研分析。报告显示，法国文化创意产业营业额总量已达到746亿欧元（其中直接营业额614亿欧元，间接收益132亿欧元），总营业额的80%来源于文化产业的核心环节如创意、生产、发行等，20%来自与上述9个领域有着紧密关系的服务性收入。报告用详尽的经济数据表明：文化创意产业是法国国民经济的重要支柱产业之一，对提升法国的国际竞争力和影响力起到重要作用。①

（一）报刊产业

法国的报刊产业源远流长。《公报》于1631年创刊，主要内容为新闻、奇闻和问讯处专版等，由“法国新闻之父”勒诺多创刊。《学者报》于1655年创刊，该刊旨在介绍法国国内外出版的新书以及发表科学、文学报告等。《文雅信使》于1672年创刊，属于文学类月刊。

1789年8月，在法国大革命中国民会议通过了《人权宣言》，其中第11条明确规定：“自由传达思想和意见是人类最宝贵的权利之一，因此，各个公民都有言论、著述和出版的自由；但在法律规定的情况下，应对滥用此项自由负担责任。”这是人类历史上第一个明确出版自由的正式文件，标志着新闻自由原则的确立。1791年法兰西共和国的第一部宪法正式将出版自由写入法典。19世纪中期，以廉价报纸为标志，法国具有现代意义的报刊诞生，报刊业走向繁荣。1881年，法国颁布了第一部出版法，奠定了

① 梁建生：《文化创意产业跃居法国经济支柱》，《中国文化报》，2013年12月3日。

现代法国报刊出版制度的基础。

20世纪50年代中期到60年代，由于竞争激烈、成本上涨，法国报刊种类和发行量大幅下跌。至1962年，巴黎日报只剩下14家，外省日报仅存117家，全国报纸发行量降至960万份。为了寻找生机，一些中小报纸逐渐依附于大报，进而成为其地方版，全国出现了20多个区域性报团。其中最大的四个是：以《法兰西晚报》为中心的阿歇特报团、以《费加罗报》为中心的普鲁沃斯特报团、以《解放了的巴黎人报》为中心的阿莫里报团、以《震旦报》为中心的布萨克报团。60年代末，20家报团已控制全国报业的73%，形成了垄断格局。

法国现有各种报刊4000余种，日报100多种。其中，发行量最大的全国性报纸是《费加罗报》，约为32万份，其他发行量为20万份以上的全国性报纸主要有《世界报》《回声报》《队报》等。发行量最大的地方报纸是《西部法兰西报》。

在国际上有影响力的新闻周刊首推《快报》，该刊创立于1953年5月，与美国《时代周刊》风格相似，注重调查性报道和新闻分析，是法国最早也是最大的时事政治性新闻周刊。《巴黎竞赛画报》是法国著名的时政类新闻周刊，以数量众多、质量上乘的图片报道和巨大的发行量闻名。《鸭鸣报》是一份政治讽刺类周报，不登广告，独立办报，态度严谨，以讽刺性和揭露丑闻著称，有很好的声誉。

法国杂志主要被阿歇特、伊马普、普瑞斯马和达索四家集团所垄断，这四家集团占据杂志市场60%的份额。主要杂志有《观点》《新观察家》《费加罗杂志》等。

（二）图书出版产业

法国图书出版业在长期发展中沉淀出了浓郁的文学色彩，在大多数国家实体书出版、发行每况愈下之时，法国图书出版业的发展态势相对乐观。法国出版商协会主席、法国达高动漫集团CEO孟泰屹表示，据统计，2015年出版商销售增长在1.5%—2.0%，小说增长5.5%、漫画增长2.5%、平装书增长1%。而且法国书业前景也很不错，独立书店的表现超过平均水平，2015年总营业额增长2.7%。法国书商协会主席马蒂厄·蒙查隆表示，2015年漫画书增长12.6%，应用型书籍增长5.2%，文学类和儿童书籍增长3.6%。2015年12月，150家各种规模的独立销售网点数据表明，图书销售同比增长5%，年销售额约2亿欧元。

图书出版已成为法国重要的文化产业。席卷全球的金融危机尽管对法国图书业有所影响，但出版业一直积极应对危机，并取得了较好的成绩。法国约有 3000 多家出版社，其中规模最大的十家出版集团占法国图书出版总量的 41%。

在西方发达国家中，法国是少有的设有政府出版管理机构的国家。法国文化部设有图书与阅读司，专管出版工作。早在路易十四时代，法国就规定所有正式出版物必须由国家收藏至少一本，1949 年更强制规定为必须送国家保存 5 本。1981 年的《雅克·朗法》和 2011 年通过的一项法令对法国的图书实行国家统一定价制度，规定图书零售折扣上下浮动不得超过 5%。2012 年，奥朗德政府将图书增值税从 7%下调至 5.5%。2014 年，国家图书中心和出版界联合出资 1800 万欧元，帮助实体书店渡过“数字化转型”危机。2014 年初，政府立法禁止网络书商“包邮”，以免读者从实体书店流失。为了确保图书出版的品位，法国政府为书店引入冷门图书提供国家补贴，这让纯文学作品得以在法国生存发展，每年都有大量新诗集出版，这在世界出版界堪称一枝独秀。[①]

（三）电影产业

1895 年 12 月 28 日，里昂照相器材商卢米埃尔兄弟在巴黎用他们发明设计的“活动电影机”向公众放映了一部电影，这在法国电影史上是首次，也意味着法国电影业的诞生。梅里埃是法国电影的另一位先驱者，1897 年，他在巴黎近郊建造了法国第一个摄影棚，陆续拍摄了《灰姑娘》和《小可爱》等影片，制作虽然粗糙，但其摄影技巧为后来电影的发展奠定了基础。1908 年，法国电影的制作从纪录片过渡到故事片，电影不再是纯粹的商业产品，业界呼吁把电影视为一门真正的艺术。1937 年法兰西学院正式承认电影是一门艺术。

1939 年 6 月，路易·卢米埃尔担任第一届“国际电影节”主席，计划在当年 9 月 1 日在戛纳召开电影节，但因二战爆发壮志未酬。直到二战结束后 1946 年，由法国外交部、教育部和电影联合会联合支持，首届国际电影节才得以举办。后来电影节由工业部和商业部共同组织，2002 年正式改名为戛纳电影节。经过法国电影人的苦心经营，戛纳电影节成为欧洲三

① 尹丽：《法国文学出版业春光格外明媚》，《中国文化报》，2016 年 1 月 4 日。

大国际电影节之一。①

21 世纪以来法国电影产业稳定发展，略有增长。2005 年，法国电影业成为国民经济中发展最快的部门之一，电影从业人员比 20 世纪 90 年代翻了一番。根据法国国家电影中心发布的年度报告，2014 年共有 7035 部电影在法国电影院放映，观影人次达到 2.0843 亿，比上一年度增长近 7.9%，票房收入达 13.3 亿欧元。其中，法国本土电影在法国国内院线取得了 9126 万观影人次，占市场总份额的 41.2%。值得一提的是，有 10 部法国影片的观影人次超过 200 万，上座率最高的 3 部影片均为法国电影；其中反映法国社会不同信仰的族群和谐相处的喜剧片《岳父岳母真难当》创下当年 1235 万人次的票房纪录，居 2014 年票房排行榜之首。排在其后的是《臆想成病》（530 万人次）和中国基美影业与法国欧罗巴影业联合出品的影片《超体》（520 万人次）。

（四）电视产业

法国是世界上电视业最发达的国家之一，其电视市场的竞争激烈程度和技术水平都较高。法国电视业肇始于 20 世纪 30 年代。1935 年，法国第一家电视台创办于巴黎埃菲尔铁塔附近。1937 年，法国第二家电视台在巴黎塞纳河边建成，同年直播了巴黎世界博览会。1945 年法国政府投资开办了电视一台，1964 年法国电视二台开播，1975 年法国电视三台开播。20 世纪 80 年代，法国开始出现私营电视台。1984 年 11 月，私营的法国加频道电视台开播。1986 年 2 月，电视五台和音乐六台开播。1987 年法国电视一台被私营化。

目前，法国国家级电视台一共 7 个，其中国有 4 个、民营 3 个。公共电视播出机构是法国电视集团公司，它旗下的国家级电视台包括法国电视二台、法国电视三台、法国电视五台，此外它还拥有法国和德国合办的文化台的股权。法国电视集团称 2015 年获得 20 万欧元（合 22.6 万美元）的盈利，之前据预测本会亏损 980 万欧元。相较于 2014 年创纪录的亏损 3840 万欧元来说，这无疑是个巨大的进步。3 个私营电视台是法国电视一台、法国电视四台和法国电视六台。法国主要的私营付费电视台是法国加

---

① 欧洲三大国际电影节，亦称世界三大国际电影节，它们分别为：意大利的威尼斯国际电影节、法国的戛纳国际电影节和德国的柏林国际电影节。这三大电影节特色各异，其中威尼斯电影节是世界第一个国际电影节，偏重艺术与先锋电影；戛纳电影节有欧洲交易量最大的市场，偏重商业与艺术结合电影；柏林电影节最为关注政治性和社会性。至今，三大电影节坚持以艺术性作为最高指标，被誉为“艺术家的避难所”。

频道电视台。此外，法国共有250多个有线电视台和卫星电视台。

据法国观众数据调查公司Mediametrie 2015年的统计数据，在众多频道中，法国电视一台是最受欢迎的频道，其直接持股8个专业频道、间接持股12个专业频道。法国电视一台旗下的各频道的整体收视份额约占全国整体份额的21.4%，收视份额稳居全国第一。法国电视二台是最具影响力的公共电视台，它是综合性的公共电视台，资金来源主要是收视费，市场份额达到14.3%，在所有频道中位居第二。法国电视三台以播出地区新闻、欧洲新闻和娱乐节目为主，收视份额为9.2%。兼顾儿童和成年观众的法国电视四台，收视份额为1.7%。法国电视五台为公共教育电视台，以文化类节目为主，收视份额约为3.4%。法国电视六台以年轻观众为目标受众，收视份额约为9.9%。加频道电视台是法国第一家有线电视台，该台主要播出娱乐节目，同时拥有体育比赛和电影的独家首播权，是付费电视频道，以加密方式播出，收视份额为3.4%。①

（五）演艺产业

演艺业即舞台表演艺术业，是指表演的创作、生产、销售、消费以及经纪代理、表演场地等配套服务构成的产业体系。法国的演艺业主要包括戏剧歌剧、舞蹈、音乐、马戏、街头表演等。目前约有3300个演出团体、1500个演出场所、8000个乐队，平均每年制作5000台演出，从业人员达到21万人。

法国演艺业主要包括三大制作领域。首先是公共领域，由直属文化部的大型国有机构和接受国家资助的商业性公共机构组成，前者包括巴黎歌剧院、里昂国家歌剧院、法国喜剧院和五大国家戏剧院，后者包括在文化部的指示下由国家和地方出资成立的75家商业性公共机构。其次是领取资助的非公共制作领域。法国有近600个私人演出制作团体接受公共资助，获取资助需要每年向地区文化事务局下的资助委员会递交申请材料，由委员会审核后决定是否进行资助以及资助额度。第三是私人演出制作领域，由40多家巴黎私人剧院（指在私人剧院工会注册的机构）和1家里昂私人剧院组成，国家不对该领域进行直接资助，私人剧院唯一能获取的资助来自演出资助基金会。②

戏剧是法国政府重点扶持的文化领域。法国的国家剧院、国家戏剧中

① C21Media 2016年1月14日消息，http://www.contentchina.net。

② 侯聿瑶：《法国文化产业》，224页，北京，外语教学与研究出版社，2007。

心、国家舞台和其他私营剧场每年总计演出5万多场节目，吸引800多万定期观众。除了巴黎市及其郊区和外省城市的戏院外，还有诸如阿维侬戏剧节等著名戏剧节，全国各种规模的独立剧团有1000多家。法国的大城市都有一个歌剧院，用于演出舞蹈、音乐会、古典和现代歌剧。戏剧演出的票价因剧目和场内座位的不同而差异极大，可以从10至60欧元不等。

法国约有16200名音乐和歌唱艺术家，11300名戏剧艺术家和舞蹈家，250个音乐、抒情艺术与舞蹈节以及8700名综合文艺艺术家。① 除那些最著名的艺术家在大型演出场所和知名俱乐部演出外，各种音乐艺术节、小型俱乐部乃至咖啡馆则安排接待各类乐队轮流演出。每年的6月21日是法国的全民音乐节，从1981年起，各类专业、业余乐队以及音乐爱好者在这一天都会纷纷走上各大城市的街头，用各种风格的音乐和歌声迎接夏季的到来。

20世纪70年代末，法国公共机构正式承认马戏为表演艺术，标志着现代马戏的出现。现代马戏是融合马戏艺术、视觉艺术、诗歌艺术、高科技等为一体的新兴艺术表演门类，与传统马戏相比，情节性和故事性更强。

街头表演在近30多年得以大规模发展，以创意、快乐、幽默和互动来吸引观众眼球。法国有8个国立的“街头剧场中心”，其最大的外在特征就是“流动”——无需固定式、高出地面的舞台。一年一度的“欧利克亚艺术节”和“街头沙隆艺术节”均创立于20世纪80年代，发展至今，不仅给法国表演艺术带来新鲜的国际气息，也给寻找法国市场进行巡演的外国团队提供机遇。

（六）文化遗产业

文化遗产在法国立法中被定义为专指历史建筑、博物馆、档案、考古、普查物品、书籍以及人种等七个遗产领域。广义范围的文化遗产不单单局限于以上七个领域，所有人类生产过的有形或无形的文化或非文化的产品，在经历了历史的考验幸存下来以后，均可以被看作文化遗产。② 作为一个有着悠久历史文化传统的国家，法国文化遗产极为丰富，拥有4.4万座列入国家遗产保护名单的建筑物和26万件列入该名单的文物，共有38处列入联合国教科文组织《世界遗产名录》的历史文化遗产、104个国

① 熊澄宇：《世界文化产业研究》，201页，北京，清华大学出版社，2012。

② 侯聿瑶：《法国文化产业》，263页，北京，外语教学与研究出版社，2007。

家文化遗产保护区域以及678个建筑及景观领域的国家级保护区域。法国在文化遗产领域的从业人员约为50万人，经济规模达到210亿欧元；每年法国约1200座博物馆就吸引了数千万参观者，比如卢浮宫、凡尔赛宫和奥赛博物馆每年接待游客约1500万人，埃菲尔铁塔每年接待游客约600万人。

在法国，历史文化遗产的概念产生于18世纪末，当时法国大革命使得整个法国的历史文化遗产遭到了空前的破坏。大量的文物建筑被破坏，众多有识之士意识到历史文化遗产的重要性，纷纷站出来通过各种方式呼吁保护文化遗产。1840年，法国颁布《历史性建筑法案》，这是世界上第一部关于文物保护方面的法案。此后，1887年又颁布了保护历史文物建筑的《纪念物保护法》。这部法律明确重申了作为法国文化遗产的传统建筑的保护范围与标准，并组建了一个由建筑师组成的古建管理委员会，负责法国文化遗产的选定及保护工作。1913年的《历史古迹法》成为法国历史文化遗产保护法律制定的依据和标杆。在这部法律的基础上，法国陆续出台了一系列法律法规作为补充。

1984年，法国文化部部长雅克·朗发起一项名为“历史建筑开放日”的活动，即在该年9月的第三个周日向公众免费或低价开放大量历史建筑，所有的博物馆都向公众敞开大门，公立博物馆免费开放，私立博物馆门票减价，它们可以得到税收优惠。1991年，欧洲理事会正式将这一天确立为“欧洲文化遗产日”。从1992开始，“欧洲文化遗产日”延长为周六和周日两天，法国文化部和各省的文化机构会提前向公众推荐参观名录，鼓励公众参观文化遗产，增强法国民众保护历史文化遗产的意识。

法国文化部2007年底公布的报告显示，每年保护和管理列级、登记在册的历史文化古迹需要约100亿欧元。这个数目虽然不小，但对于历史文化古迹的保护更像是一种投资。因为据统计，在法国，古迹的修复及开放每年带来的收益大约为200亿欧元，创造直接和间接工作岗位达50万个。①

（七）艺术品交易

20世纪50年代之前，法国巴黎一直是世界艺术品交易中心。此后，被美国纽约和英国伦敦超越，与日内瓦交替占据全球第三交易市场的位

① 薇冉、王眉：《法国文化遗产的立法保护之路》，《中国文化报》，2013年12月26日。

置。法国艺术品交易主要是通过拍卖行和画廊完成的，目前法国约有360家拍卖行。中国产业信息网发布的《2015—2020年中国艺术品市场需求预测及战略咨询报告》显示，尽管处在经济不景气的背景中，巴黎仍然占据着拍卖行业的欧洲大陆第一、全球第五的位置。2014年37300件拍卖品总共产生了4.25亿美元的销售收入，最高成交纪录为1600万美元，与全球第三大拍卖市场北京的最高价持平。

（八）旅游产业

法国是世界上最早发展旅游业的国家之一。1857年“法兰西阿尔卑斯俱乐部”诞生，1873年阿尔封斯·卢宾在里昂创立了法国第一家旅行社，1875年法国建立“伦敦野营俱乐部”，1889年格勒诺布尔市创建法国第一个地方性旅游同业联合会。法国政府历来重视旅游业，1910年法国政府决定设立国家旅游局，旅游业成为法国政府最早干预的私人经营的行业。1993年起该局归属于公共工程、住房和交通部内，主要职责是制定关于旅游企业的法规条例。1997年国家旅游局由副部级的国家秘书专职负责。2008年3月成立“旅游战略委员会”，旨在寻找对策提高法国旅游产品的吸引力。2009年，“法兰西之家”① 与法国旅游署合并，负责旅游市场推广、工程项目策划和产品设计。②

法国旅游业已进入成熟的高度发达阶段。凭借着世界时尚之都巴黎、地中海蔚蓝的海岸线以及被称为人类艺术明珠的凡尔赛宫等世界一流的观光资源，平均每年接待外国游客8000多万人次，超过该国6500多万的人口，旅游年收入超过1000亿美元，多年以来法国一直保持着世界第一大旅游接待国的地位。首都巴黎一直是世界上接待游客最多的城市之一，也是世界上举办各种展览会最多的城市之一。法国旅游业实现的总产出约相当于该国GDP的12.9%，每10名就业人员中就有1人在旅游部门工作，全国的旅游从业人员超过300万。

（九）体育产业

法国是一个崇尚体育运动休闲的国家，体育产业主要分为健身娱乐业、体育用品业、体育彩票业、体育赞助业和体育会展业等。其中健身娱乐业和体育用品业是法国体育产业的重要组成部分，近些年来体育会展业

---

① 法兰西之家建立于1986年，由国家旅游局宣传司牵头，吸纳95个省的旅游委员会和2823个咨询中心参加，统一负责法国对外旅游推销活动，是一个半官方的旅游推广组织。

② 王兴斌：《中国旅游客源国/地区概况》，158页，北京，旅游教育出版社，2013。

也得到了迅猛发展，体育产业年产值总量大概为400亿美元，占国内GDP的1.5%。

法国具有运动休闲的传统，拥有庞大的体育人口和较为完整的体育产业体系。以历史悠久的环法自行车赛为例，自从1903年开始以来，每年夏季举行，是世界著名的年度多阶段公路自行车运动赛事，每年的赛期都成为一场体育狂欢盛事。据法国青年与体育部的统计，法国体育人口占到了总人口的近七成。骑自行车和游泳是法国人参与最多的两项运动，其次是滚球游戏（一种在欧洲其他国家并不太流行的保龄球运动）。巨大的体育人口消费和投资促使体育产业成为法国文化产业中的重要部分。

随着参与体育活动人员的增长，法国的体育用品市场已经发展成为欧洲大陆第二大的体育用品市场。根据调查，法国体育用品零售市场规模在2009年达到了91亿欧元，并一直保持着每年4%以上的增长率。从法国户外品牌的市场来看，迪卡侬、乐飞叶和艾高是目前比较活跃的品牌，其中艾高是法国近几年发展最快的户外装品牌。无论是在城市街头，还是在郊外运动场合，到处可见人们穿着艾高的户外装和它的橡胶靴。而迪卡侬则是欧洲最大、全球第二大的运动用品连锁集团，在法国本土和国际体育休闲市场都有极高的占有率。超过3400万名法国人经常做运动，其中1800万人喜欢骑自行车、1400万人喜欢游泳、1260万人远足、800万人慢跑步，另外有700万人滑雪。年龄在25岁以下的人士是最大的户外运动消费群，法国人每年在运动方面的花费超过270亿欧元。

此外，法国的体育彩票业也相当发达。法国从20世纪80年代初开始发行体育彩票，多年来为体育事业提供了大量的经费。国家体育基金会70%的资金也来源于体育彩票。法国彩票种类较多，有赛马彩票、足球彩票、六合彩等。全国大约有70%—80%的居民经常购买各种彩票。①

三、法国文化产业发展趋势

纵观世界文化产业的发展态势，一方面在以互联网为代表的新技术的推动和融合下，文化产业在内容、表现形式以及经营管理、运作模式上都将发生大的变革，以创意、创新为特征的新技术、新内容、新业态将层出不穷；另一方面在金融资本的推动和融合下，文化产业的兼并和重组都将

① 华奥星空：《2500亿，法国体育产业蓬勃发展原因是什么?》，http://industry.sports.cn/news/others/2015/0602/105026.html。

发生大的变化，集约化程度将会进一步提高，集团化和规模化经营将成为文化产业的主要运作模式。在这样的大背景下，法国文化产业政策也在做调整，其发展出现以下趋势：

（一）权力适当下放。文化权力由中央向地方下放、由政府向民间下放。适当分权后，政府行政主管部门只管文化不办文化，角色转变为文化政策制定者和监督者，对文化事业的发展发挥领导和调控作用，而不对艺术团体和文化机构进行直接的行政干预，实现公共文化资源的合理配置和公共文化权力的必要分散。

（二）文化市场化强化。政府把主要注意力放到营造有效率、有秩序的文化市场环境上来，让市场发挥在文化资源配置中的主导性作用。通过宏观的文化管理和文化法治行为系统建构的进一步完善，对文化产业的管理走向规范化和合理化。①

（三）产业跨界融合。随着资源环境日趋紧张和成本日益上升，经济增长的动力已受到一定程度的抑制。文化产业作为新兴服务产业，其高附加值、强渗透力以及跨界融合能力，正在成为推进经济增长和转型的重要引擎。从目前法国文化产业的发展状况看，文化产业与旅游业、生产制造业、建筑业等产业的融合已经产生了较好的收益。在今后文化产业的发展中，创意开发和设计将变得越来越重要，而创意能力也逐渐决定产品的市场感召力和影响力。产业之间的跨界融合，尤其是金融资本与文化产业的深度融合与对接，都将在法国文化产业的发展中展现出来，构建文化产业新的产业框架。

（四）产业数字化。互联网时代深刻地影响着文化产业的生态环境，新媒体技术带来新的文化产业群，这将对法国媒介产业以及文化产业的发展产生关键性的影响。以数字化的资源服务社会，既能体现文化的多样性和丰富性，又能使传播快捷化、高效化，对于树立国家形象、促进区域文化的保存等都能发挥重要的作用。

（五）国际化步伐加快。虽然法国政府历来奉行“文化例外”原则，坚持文化产品不能等同于其他工业产品和服务产品、所有属于精神文化的产品应当置于世界贸易谈判的范围之外，但是，面对经济全球化以及世界文化产业的规模化、集团化竞争，法国文化产业领域必然不能故步自封，将逐步地进行宽范围和多领域的开放。文化产业市场的有序开放，将为法

---

① 熊澄宇：《世界文化产业研究》，230页，北京，清华大学出版社，2012。

国文化产品、文化企业走向世界市场、参与国际文化市场竞争提供机遇。

第二节　法国文化产业政策

一、法国的文化产业管理机构

在法国，涉及文化产业管理的政府机构，分为全国性文化管理机构和地方性文化管理机构两个层级。

全国性文化管理机构主要是文化与交流部（以下简称文化部），由1959年成立的文化事务部发展而来，1987年更名为文化与交流部。其主要职能是：制定国家文化政策与法规，编制年度文化预算并上报议会审批，管理和使用文化经费，领导和管理国家重点文化设施、文艺团体和艺术院校，保护文化遗产，促进艺术创作和文化普及，与其他国家进行文化交流和合作。

2010年1月13日，法国文化部正式改革，开始实施新的机构设置。新的文化部中央机构设置为遗产总司、艺术创新总司、媒体和文化产业总司3个总司以及1个专门处理日常事务的办公厅（总秘书处）。

在文化部中，统管大局的是部长，有一个提供建议的顾问委员会为其提供辅助。文化部的组织结构如下：直属部长办公厅的有行政总检察署、国家事务司、新闻通讯司三个机构。文化部下设10个司（局/中心），即行政总司、发展与地方文化司、档案司、博物馆司、建筑和文化遗产司、图书阅览司、造型艺术局、音乐舞蹈戏剧和演出司、法语总局和国家电影中心。

法国文化部直接领导部分法国重点文化设施、文艺团体和艺术院校。这些机构主要的行政领导由国家任命，理事会成员由政府官员组成，运营经费来自政府拨款，重要决定和措施需报备文化部审批。

直属文化部的国家重点文化设施有：卢浮宫博物馆、凡尔赛宫博物馆、罗丹博物馆、莫洛博物馆、厄内博物馆、国家图书中心、国家图书馆、公共信息图书馆、蓬皮杜国家文化艺术中心、维莱特工业科学城和全景电影厅。

受文化部直接领导的文艺团体有：巴黎国家歌剧院、法兰西戏剧院、夏乐宫国家剧院、奥德翁国家剧院、高丽纳国家剧院、斯特拉斯堡国家剧院、国家舞蹈中心、音乐城。

文化部直属的艺术院校有：建筑学院、国家文化遗产学院、巴黎国家高等音乐舞蹈学院、里昂国家高等音乐舞蹈学院、国家高等戏剧艺术学院、国家高等装饰艺术学院、国家高等美术学院、国家高等工业创作学院、国家高等音像工艺学院。①

除文化部之外，中央政府中还有其他一些机构也涉及文化事务的管理。直接或间接为文化提供资金的部委有青年教育与研究部；对外文化交流由外交部的两个分部管理，即国家运作与发展总局和法国艺术行动协会。法国总理办公厅还与法国文化部共同管辖媒体发展司。

法国文化产业的地方管理机构是地区文化事务局，是法国文化部设在区域中的分部，于1977年开始设立，至今已有28个，负责分配国家拨款到博物馆、文化遗产、文献、书籍、音乐舞蹈、戏剧演出、造型艺术、电影视听艺术等行业中，并提出建议和评估报告，同时负责在当地协调大型文化活动。

法国通过中央和地方联手建立文化事业投入保障机制，调动地方政府兴办文化事业的积极性，推动公共文化事业发展，体现了法国政府在文化领域的施政方针，其思路与做法值得借鉴。

二、法国文化产业政策体系

2002年，法国文化部提出，制定一种政策，支持和发展所有方面的文化艺术，鼓励文化作品和其他作品的创造性，培育和推荐文化艺术培训和活动。法国文化产业管理政策的目标是：培养创造性，保护国家文化遗产，拓宽文化活动的渠道，促进文化多样性。其最终的目的是实现国家文化利益。法国对文化产业的管理政策主要以政府扶持和保护为主，采取国家财政拨款方式，辅以立法和行政手段。

法国文化部推出了一份长达302页的报告《2020年法国文化和传媒——新时代的文化部》。这份报告由文化部总秘书处的研究规划和统计局负责撰写，得到了文化部三大业务总司以及地方文化局、各公共文化机构、外交部和教育部等单位的大力协助。报告由“法国文化部的工作重点”“应对挑战的措施”以及“需要研究的三大关键领域”三部分组成，对法国文化政策面临的挑战进行了分析和思考，勾画出当时至2020年法国文化政策的战略蓝图。报告针对21世纪初世界政治、经济、社会格局

① 熊澄宇：《世界文化产业研究》，204页，北京，清华大学出版社，2012。

发生的深刻变化，以及数字技术日新月异、欧洲一体化困境、文化交流国际化趋势日益明显等种种复杂的国际形势，提出了法国文化部工作的7个重点，即创建“数字文化”政策、逐渐形成各地区文化资源平等的格局、建立一种协调公共文化机构系统的机制、促进建立一种欧洲模式的文化政策、建立部际协调机制、促进与私有领域的互动、建立一个文化政策行动的创新实验室。[①]

（一）周密完善的文化立法

法律法规在文化产业的管理中起到了至关重要的作用，为改善文化环境、促进文化发展，法国相继出台了多项保障文化产业发展的法律法规。

近几十年来，法国在保护文化遗产以及促进文化发展方面先后出台或修订多项重要法令，如《历史保护街区和不动产修护法》（又称《马尔罗法》，1962、1967）、《古迹保护法》（1967）、《建筑法》（1977）、《法国博物馆法》（2002）等；在图书出版方面出台了《图书国家统一定价法》（又称《雅克·朗法》，1981）；在视听方面出台了《电台电视台法》（1974、1982、1986）；在鼓励企业和私人赞助文化方面的法律除了《预算法》（1951、2001）、《企业参与文化赞助税收法》（1979）、《文化赞助税制》、《赞助法》（2003）等系列法规外，近30年来更是一直在完善“梅塞纳斯政策体系”和《艾尔贡法》。

为抵制英语的侵袭，保护法语的地位，法国于1992年6月25日通过宪法修正案，对1958年制定的《第五共和国宪法》做了修改，在第二条的内容里补充了“共和国的语言是法语”的文字。1994年8月4日，法国议会通过新的《法语使用法》，是对1975年所颁布的《法语使用法》的修订和补充，增加了有关劳动、教学、广播、电视等方面的语言使用内容，规定教学语言必须是法语，禁止在公告、广告中以及在电视台、电台播放的节目中（外语节目除外）使用外语，要求在法国境内出版的出版物必须有法语的概述、在法国境内举行的各种研讨会上法国人必须使用本国语言发言等等。对违反此项规定的将处以罚款，违反多少次罚多少次。

（二）大力度的文化资助政策

法国的文化预算比例之高举世罕见。自1959年起，文化部的预算比重逐渐增加，文化投资的绝对数额在逐年增加，从1995年开始，文化部的财政预算多数年份都保持在国家财政预算的1%左右。由于欧债危机持

---

① 王眉：《法国文化部：全面迎接数字时代》，《中国文化报》，2012年8月2日。

续蔓延，欧洲各国普遍削减文化预算和投入，但法国的文化预算并没有受到太大影响。从2008年到2011年间，国家文化投入从59.77亿欧元逐年增加到75亿欧元，增长了20%；2012年的文化预算比2011增加0.9%，占国家总预算的0.76%。[①] 这些资金被用于兴建基础文化设施、资助各类文化活动，取得了良好的社会效益和经济效益。

近年来，法国经济形势较严峻，财政赤字巨大，失业率居高不下，法国政府选择通过增加文化投资的方式来带动经济的复苏。2016年1月20日，法国文化与交流部部长佩勒兰公布了2016年法国文化领域工作的三大关键词以及相应的三大优先政策，她表示，期待2016年的文化能像以往一样充满活力，让更多的人接触到文化。为了达到这一目标，法国中央政府在经费上给予了实质性的支持——文化预算较上年增长2.9%，达79亿欧元，再次超过了占国家预算1%的象征额度。经费将主要侧重于促进文化民主化、促进年轻群体走近文化以及促进新媒体的多元化发展。

法国文化部直接管理着一个庞大的文化产业体系，控制着众多国有文化部门，参与各类文化机构的运作，而只有充足的文化预算才能保证文化机构的运作、文化活动的开展和文化政策的实施，所以法国文化预算一直如此之高。文化投资的增加不仅促进经济的复苏、创造就业岗位，更重要的是增强民族凝聚力和自信心，维护了社会的稳定。

（三）针对性扶持政策

法国政府针对文化产业出台了一系列保护性政策，主要包括：

（1）设立文化产业信贷。将一些文化行业如电影业等列为重要的产业门类，在增加政府贷款和拨款资助之外，运用信贷方式，鼓励银行和财政机构对文化产业投资。

（2）实施文化分权制，把职责和经费分散到大区中的地方部门。加强与各级地方政府之间的合作，为国家文化机构、团体提供固定的经济补贴，调动地方文化机构和文化组织的积极性；指导其建立文化活动中心、文化发展中心等，希望实现巴黎与外省、城市与农村、市区与郊区的平衡。

（3）通过合同制调动地方及民间文化机构的积极性。对与国家有合同关系的文化团体，按合同对其拨款，同时也通过合同制对财政经费的投入

① 管宁：《时尚创意铸就的朝阳产业——法国文化产业的经验与启示》，《东岳论丛》，2012（12），133—138页。

绩效进行监督。

（4）成立专门的基金会。对属于重要文化遗产又在文化市场中难以立足生存的文化团体，成立相应的基金会来进行挽救和扶持。

（5）以“文化例外”原则将电影及数字媒体等文化项目纳入保护范畴，拒绝美国文化商品输入，捍卫本土文化繁荣。法国政府对电影电视实行配额制，对外商投资文化产业进行限制，在一定程度上保证了法国文化在本土的主体地位。

（6）开展各种国际合作，积极推广法国文化。从1992年起，法国每年选择一两个国家作为重点，由法国外交部、文化部、法国艺术活动协会及在法国的外国文化中心一起，集中举办介绍外国文化艺术的活动，展示多样文化，加强与这些国家的文化交流。除此之外，在世界各地设立法国文化协会，为各国的法语教师提供赴法进修的奖学金，并积极组织法语国家首脑会议、开通法语卫星电视等。每年3月20日的世界法语日，作为法国对外推广的重要文化活动，已被世界上70多个国家接受和参与，成为每年展示法兰西语言形象的超强时段。

第三节　法国文化产业优势领域

一、图书出版产业

根据法国出版贸易集团的报告，2014年法国共出版图书98306本，与2013年相比增长3%；其中，翻译版权市场得到强势发展，与2013年相比增长6%。

（一）管理机构

法国管理图书出版事业的政府机构是文化部图书阅览司，图书的出版、发行和销售均由私人企业经营，文化部通过国家图书中心对图书出版业给予扶持和资助。图书阅览司负责制订促进出版业发展的政策，统一管理政府用于促进图书出口和资助翻译法国图书事业的“图书文化基金”。

法国出版社拥有自己的行业组织——全国出版联合会，成立于1891年，已有100多年的历史。全国最主要的290家出版社均为联合会成员，出版联合会的法定机构是全体大会、办公室、主席团会议、委员会和小组。办公室是联合会的执行机构，大中小出版社都有相应的代表，以示公正。委员会负责讨论和处理会员普遍关心的业务问题，下设7个常务分会，各分会会员每3年登记一次。委员会接受办公室的领导，可以在职权范围内处理专业事务，办公室有权成立临时委员会，处理不属于7个分委员会管理范围的业务。但临时委员会有时间限制，不能长时间存在。小组是更专业的执行机构，负责提供信息、提出建议，并具体组织管理和落实专业范围内的事情。

（二）法国图书出版基本法

二战以来，法国政府重视文化领域的立法工作，关于知识产权保护方面的法律和规范性文件比较完备和丰富。这些法律文件构成了法国出版和印刷领域的法律体系。自法国大革命以来，法国相关的法律主要有：《人权和公民权宣言》（1789）、《出版自由法》（1881）、《保护文学和艺术作品所有权法》（即《法国著作权基本法》，1957）、《图书国家统一定价法》（1981）、《知识产权法典》（1992）、《文学和艺术产权刑事保护法》（2009）等。[①]

（三）相关领域

1. 图书出版

法国出版社数量众多，其中规模较大的有300多家，每年出版图书在200种以上的有51家，出版150—200种图书的有12家，100—150种的有9家，50—100种的有37家，其余出版社每年出书不足50种。[②] 尽管受到金融危机和电子书市场的冲击，但法国的图书出版业形势却相对表现良好，从2003年至2011年，法国书籍销售额增长了6.5%。

2. 图书发行

法国图书的发行分为直接销售和间接销售两种。直接销售是指出版商以公开价将图书销售给经纪人、读者、团体、政府部门，和以非公开价销售给图书俱乐部和零售商（包括书商、超级市场、百货商店）。间接销售是指出版商以非公开价，通过代理商、发行商、批发商中转后，销售给零售商。

法国的图书发行渠道主要包括大型书店或者卖场、中小型书店和便利店、小型卖场三类。法国销售图书的商业机构共有2万余个，其中专门经销图书的书店有2200余家，书报亭约有1.2万个，大型超市内设有6000余个自取书店，还有数百处个体经营的小型民间书店。年营业额超

① 王晴川、陆地：《媒介法规教程》，133页，上海，上海交通大学出版社，2013。

② 熊澄宇：《世界文化产业研究》，212页，北京，清华大学出版社，2012。

过100万欧元的书店大多是连锁书店，它们的连锁形式有分店经营和特许权经营两种。法国最大的书报亭连锁店是由阿歇特公司经营的勒莱连锁店，在全国共有900余个，分布在机场、火车站、码头、地铁站等公共区域。

3. 图书馆

二战以后，法国图书馆迅速发展，公共图书馆面积每10年翻一番。法国已在全国范围内建立起比较完善的图书馆网络，并免费向公众开放。目前法国共有大约7100座图书馆和9200个阅览室，每年接待读者1500万人次，在提高法国民众的文化素养方面发挥着重要作用。

4. 文学奖项

10月，是法国文学界收获的季节：法兰西学院小说奖、龚古尔奖、雷诺多奖、费米娜奖、美第奇奖、联盟奖等法国著名文学奖项纷纷揭晓获奖名单。这些声名赫赫的文学大奖每年吸引着全世界的目光，极大地推动着法国的文学图书和文学出版在世界上的知名度和影响力。

5. 读书活动

法国大大小小的城市，都有与读书节相关的活动。在丰富多彩的读书节活动中，有专门设计的"漫步文学之路"、开放出版社让社会大众参观等文化活动。法国行之有年的读书节活动，是世界上少见的倾国家之力推动的文化节庆。法国也是一个文学批评盛行的国度，几乎每个电视频道都有书评专栏，还有数千家网站围绕图书开通了以文学批评或纯文学爱好为支撑的线上杂志、博客，报纸杂志上的书评更是铺天盖地。这些文学评论的热烈互动，进一步扩大了文学图书的影响力和购买力。此外，每年国家出版协会、书店及其他机构举办的各种图书沙龙、读者见面会等活动是对图书、作者和出版社的最好宣传。①

二、电影产业

（一）管理机构

法国是电影的发源地，是欧洲最大的和最重要的电影生产国。法国没有国营的电影制片厂和电影公司，电影的生产、发行和放映均由私人经营，国家通过行政手段和财政政策对电影进行扶持和管理。1946年，正式成立国家电影中心（CNC），负责对电影产业进行调控管理和经济支持、

① 尹丽：《法国文学出版业春光格外明媚》，《中国文化报》，2016年1月4日。

促进法国电影在国内外的放映、发展电影教育、颁布各种许可证，以及保护电影文化遗产等。

CNC影视基金目前由电影门票附加税、录像带和DVD销售税、网络视频点播营业税和电视营业税4种税款构成。近年来，税收总额呈递增趋势。2012年，CNC掌管的影视资助基金总额由2005年的4.9096亿欧元增加到7亿欧元。CNC一直拥有对全部税款的独立支配权。它主要通过两种方式对影视作品进行资助，即通常所说的自动性资助[①]和选择性资助[②]。

（二）电影的投融资

电影作为法国最重要的文化产业之一，近年来一直保持着强劲的发展势头。法国电影产业的蓬勃发展得益于政府的扶持，更与多元化的投融资渠道和完善的投融资体制息息相关。良好的投融资环境使法国电影产业能生财有道，摆脱对票房的完全依赖，获得可持续发展。目前法国电影主要通过制片公司投资、国家影视基金调控分配、民间资本投资、融资局的贷款担保、电视台投资、国际合拍等渠道进行融资。

法国设有投资合同联网查询系统，影院全部实行电脑售票。投资人借助这些手段，可以对电影票房、电影的电视播放分成等硬指标进行严格监控。这种公开、透明的投资机制无疑大大保护了投资人的利益，鼓励了投资者的热情。[③]

（三）电影发行

法国电影发行在数目上一直呈现稳定上升的状态。2014年，法国本土电影的国内市场占有率从2013年的33.8%提高到44%，法国电影的发行量和所占市场比例明显提高；同时期美国电影的法国市场份额为45%，其他地区电影所占份额为11%。法国电影在发行方面逐步与美国势均力敌，与此同时保持了对其他国家电影的开放，显得十分可贵。

电影发行时间影响电影票房的高低。在法国电影发行通常是在几个固

① 自动性资助指制片人在电影发行后自动获得的资助。CNC把电影票税款单独分离出来，划入为制片人设立的自动资金账户，电影制片人在拍摄下一部电影或偿还债务时就可以直接使用该账户里的资金。这种资助方式构成了法国电影可持续的良性循环机制。

② 选择性资助实际上就是一种贷款机制。每年CNC在全国范围内接受500个候选剧本，由其下属的委员会审阅后从中挑出几十个，给予资金支持，获得资助的影片用以后的票房收益偿还资助金。但如果影片失败，则无须偿还。这种资助大多针对处女作和艺术电影，目的是鼓励新人新作和促进电影的多样性。

③ 梁建生：《谁为法国电影买单》，《中国文化报》，2013年9月3日。

定季节，例如发行电影的黄金月是12月和1月，7月和8月因为法国人出门度假而被看作是淡季。

法国电影市场上约有100多家发行商，但排在前十名的发行商占据着三分之一的市场。近年来由于竞争愈发激烈，法国电影发行商通常采取与其他电影机构联合经营的方式来缓解经济困境。一是与国际发行集团签订合同，二是与制片商或电影放映商签订合同。发行商与制片商联合，其收入不再局限于票房，由于持有制片商的股票，可以在电影开发的各个领域里提成；与放映商联合，则会拥有其发行影片放映条件（时间、场次等）的保证。①

（四）法国电影业的其他成功经验

1. 国际合作模式。法国的合作电影数量众多，和德国、英国、比利时等合作频繁，合作的影片类型众多，无论故事片还是纪录片乃至动画片都囊括其中。近年来与中国也多有合作，《狼图腾》《超体》等片口碑与票房双赢。法国国家电影中心公布的数据显示，法国每年通过合作拍片引进的外资数额约占电影总投资的17.5%。由于合拍片由多国制片公司共同参与，实现了资源共享，发挥了各国的优势，使电影的发行市场更开阔，从而分散了投资风险，潜在的购票观众基数增大，实现投资效益最大化。

2. 艺术电影院线制度。艺术电影是相对于商业电影而言，大多为独立电影，也有部分是大制片厂制作。艺术电影一般以有一定电影欣赏素养的特定群体为观影对象，而非面向普通观众。设置专门影院主要放映艺术电影，是欧美一些电影发达国家保护电影多样性和艺术性的普遍做法。法国的艺术电影院线制度尤为完善。根据法国国家电影院联盟的资料，法国总共有2149家电影院，其中1065家电影院被官方认定为艺术院线。这些艺术影院每年可以产出近5000万的观影人次，其中四分之一的收入来自国产片，一半以上的收入来自其他欧洲电影。法国官方设立了严格的标准来认定艺术影院。法国“艺术影片推荐评审会”负责艺术影片目录推荐，评审会由约100名成员组成，包括发行商、制片商、影院业者、导演、官方代表、影评人以及文艺界知名人士。入围的电影被要求具备一定的标准，如：拥有无可非议的质量但未能获得其该有的上座率的影片；反映在法国鲜为人知的国家的影片；具有艺术或历史价值，特别是被列为“银幕经典”的重播影片；属于电影领域探索型或新发现型的影片；等等。

---

① 侯聿瑶：《法国文化产业》，126页，北京，外语教学与研究出版社，2007。

3. 举办有影响力的国际电影节。戛纳电影节是目前在全球范围内影响力最大的国际A类电影节之一，在世界电影中占有重要的地位。这除了与它在专业领域内长期累积下的权威性有重要关系之外，法国电影市场的活跃和繁荣也起到了功不可没的作用。电影节本身的交流和交易平台能给电影人带来不少的收获。每年一度的戛纳电影节是强大的发动机，推动全世界各国的影片进入发行放映系统，让那些经得起时间考验的优秀电影永驻观众心中。同时，戛纳市政府始终围绕电影节营造城市文化环境，推进城市文化建设。经过半个多世纪的不懈努力，戛纳电影节业已成为国际知名文化品牌，戛纳也具有了独特的文化魅力，大大提升了城市竞争力。

三、时尚产业

法国的时尚产业涉及服装、皮具、香水、化妆品、珠宝等，基本涵盖了人们穿衣打扮和身体护理的所有相关产业。法国在三个领域是世界领先的：香水和化妆品、高级时装（奢侈品成衣）、高级珠宝。这三个部分即使在经济困难时期增长也很强劲。在法国，有近8%的公司涉及时尚与奢侈品领域。法国每年有近四成的时尚产品被出口到国外。法国时尚产品拥有良好的销售渠道，包括专卖店、连锁店、百货公司、多品牌销售店、电子商务等。据统计，法国时尚产业的就业人口为16万多，创造的价值占法国制造业的5%，是法国文化产业的重要组成部分。

在法国，珠宝和香水业的兴盛和时装业的发展密不可分。珠宝是时装的最好搭档，设计精美的高档珠宝品牌更是各大时装展的配饰宠儿。法国的珠宝品牌处于奢侈品金字塔的顶端：卡地亚，从1847年便开始专注于珠宝首饰和精密腕表的制作，几百年来一直与各国的皇室贵族和社会名流保持着紧密的交往；梵克雅宝，有着百年历史，以其独树一帜的设计理念和其精湛的工艺赢得世界赞誉；还有宝诗龙、尚美等，都是世界珠宝界的顶级品牌。后来时装设计公司又发现在时装上撒些香水会为时装表演带来极好的效果，于是，便纷纷兼售香水。最早承做时装和销售香水的是布瓦雷公司，随后又有香奈儿（CHANEL）公司等。1925年，香奈儿公司推出了“香奈儿5号”香水，获得了世界性的成功，被视为法国香水发展史上的里程碑。珠宝和香水为时装锦上添花，珠宝、香水、时装相辅相成，共同成就了法国的时尚魅力。至今各顶级品牌时尚公司几乎都兼做自己品牌的时装、香水和珠宝，有的还兼营皮包和腕表。

法国时尚业经久不衰的秘诀有：

1. 对质量的追求持之以恒

法国时尚起源于宫廷贵族，“法国制造”将殿堂级精工细作的品质放在第一位。高级定制服装业在形成规模的初期，就制定了一套严格的准入标准。也因为这一标准，法国时尚产业一直稳定发展。即使供不应求，部分大品牌也不进行批量生产，而是坚持手工制作。在巴黎，各类别高级手工作坊众多，有刺绣工作坊、羽毛工作坊、纽扣工作坊等。这些工作坊基本都是家族传承式的，一是确保始终如一的质量，再者也是让技术后继有人。

2. 设计师中心制

设计师是时尚行业的真正灵魂，法国时尚行业投资人和各大公司都给予设计师充分的自主权，并且注重发掘年轻设计师。

法国时尚产业一路领跑世界，它一直吸引着来自世界各地的最优秀的人才，对本国和外国人才的一视同仁使得法国时尚业保持了持久的吸引力，外国设计师在巴黎时装周秀场上占了三分之一。

政府的扶持和时尚教育的推进，为其时尚产业提供了一批又一批优秀的人才。法国的艺术院校主要分为三类：一是直属文化部的国家重点艺术院校，主要任务是培养高级专业艺术人才；二是地方级艺术院校，接受文化部和地方政府的双重领导，主要由地方政府拨款；三是私立艺术学校，大部分是业余性质的。

3. 行业组织严密

法国时尚产业细分公会相当多，其职责范围极为广泛，其中最具影响力的当属法国高级时装公会。法国高级时装公会成立于 1973 年，其历史可追溯至 1868 年。公会由以下三个联合会组成：高级时装协会、高级成衣设计师协会、高级男装协会。其拥有的 100 多名成员，涵盖了世界各地几乎所有的时尚奢侈品牌，以及众多服装设计大师，是世界时尚业界的权威组织。

时装公会旗下的巴黎高级时装公会学院，1928 年创立，是国际时尚界知名学府，为各国时尚从业者提供相关培训与课程，培养了如伊夫·圣罗朗、三宅一生等众多时尚大师。除此之外，公会还涉及推动国际时尚新兴品牌发展、利用高新技术在时尚产业各个环节间建立协作优势、维护产业内知识产权等众多工作。

法国的其他时尚业行会组织也积极推动法国时尚业的发展，通过谈判、公关、咨询等多种形式的帮助，积极争取成员的合法权益。

4. 品牌管理能力

法国时尚产业格外看重品牌形象，不断整合优势资源，将现代管理技巧和法国传统的时尚文化巧妙结合，形成了明显的市场竞争优势。卡地亚、香奈儿、路易·威登这些著名时尚品牌和无数独具特色的街头咖啡馆将法国塑造成了全世界最懂得生活艺术的国家。

"高级定制时装大师"是一个依法注册并受法律保护的名称，只有"法国高级时装联盟"的成员才可以使用。目前，联盟有11个全权成员，包括纪梵希等一些较老的品牌和斯蒂芬·罗兰、安妮·瓦莱丽·哈什等一些较新的品牌；5个副席成员，包括阿拉亚、阿玛尼和华伦天奴；以及8个邀请成员，包括一些年轻有为的设计师，如亚历山大·沃舍尔。"高级定制时装大师"必须符合一些定性和定量的标准，并且在巴黎设有店面展示其非外包、全手工制作的作品系列。[①]

5. 举办有影响力的国际展会

法国每年举办各种时尚行业的展会，其中影响力最大的是巴黎时装周。巴黎时装周起源于1910年，由法国高级时装公会主办，历史悠久、影响巨大，是和米兰时装周、伦敦时装周鼎立的国际性服装节。巴黎时装周充分体现了法国文化的多元化、包容性以及先锋性，吸引了全世界的时装精英。很多来自日本、英国和比利时的殿堂级时装设计师们，都是通过巴黎走向世界。

第四节　法国文化产业经典案例

一、格拉斯——全球最香的小城

法国是世界第一香水出口大国，占全世界香水出口量的38%，为法国赢得了"香水之国"的美誉。位居蔚蓝海岸的美丽小镇格拉斯，是法国香水的第一产地。这个不到4万人的地方，有着超过30家的香水工厂，全法国80%的香水都出自此地，风靡于世的香奈儿5号香水就诞生于此。

这座城市与香水的渊源要追溯到17世纪。当时，格拉斯的传统手工业是使用橄榄油熟皮技术制作手套，然而经过橄榄油熟皮后的气味显然不

① 史蒂芬·基罗：《当中国龙遇见太阳王：法国时尚产业给中国的五堂课》，财新网专题报道，http://special.caixin.com/2011-12-02/100333909_all.html。

太好闻，恰好这里的自然环境特别适合蔷薇、茉莉等香水原材料的栽培，因此不少熟皮匠人开始制造香精加入其中，以降低难闻的气味。没有想到的是带香味的手套竟然风靡一时，尤其赢得了当时上层社会名媛淑女们的欢迎。于是一些皮匠们看到了商机，转而专门为那些追赶时髦的贵妇们制作香精。随着王室大量使用香水，香水业日渐兴隆，1730 年，法国第一家香精香料生产公司诞生于格拉斯小镇。从此，香水业逐渐在格拉斯落地生根。如今，这里已成为名副其实的“香水之都”，每年香水业为格拉斯创造超过 6 亿欧元的财富。

（一）芳香全球的秘诀

格拉斯凭借花的精髓成了世界的香水之都，如今旅游业又成了小镇的主导产业，形成了以绿色农业（鲜花）为基础、新型工业（香水）为主导、现代服务业（旅游）为支撑的经济发展模式，并始终保持着活力，对于城镇的文化产业发展具有现实的参考意义。

1. 精细工艺，追求卓越。从鲜花中提炼香精需要繁杂的工艺，为了保证香精的质量，制作的过程也十分考究。所有作为原材料的鲜花，一律都是人工采摘，时间要求非常严格。这种苛刻的传统方法被一代又一代沿袭下来，保证了格拉斯香水的高品质。手工采摘的原材料和精细的提炼工艺，决不盲目追求功效而添加有任何刺激性的化学物质，不仅让格拉斯的香水散发着纯正的芳香，更使法国南部的这座小城以香闻名世界，被赋予“全球最美的小城”的美誉。

2. 开设学校，培养专业人才。在格拉斯，有培养调香师的专业学校，面向任何年龄群体招生，不要求有从业经验，唯一条件是嗅觉要足够灵敏，每个学生必须学会分辨 500 种不同的气味才予以毕业。在毕业后也只能晋升为初级专业香水师，要想得到业界的承认，至少要能分辨出 4000 种香味，另外还需要 5 年的学徒训练。香水调香师是技术员，同时也是艺术工作者，他们的工作是要弄清楚不同气味混合后的不同效果、如何混合可以使香味更突出、如何保持最长久的香味等。香水学校更多传授制作香水的技巧，特别集中在比较难调配的天然香水材料，而非现在越来越普遍的化学合成香水。教育支持不仅为香水行业输送了一批又一批从业人员，也在一定程度上缓解了就业压力。

（二）鲜花产业链的延伸

鲜花与香水为格拉斯吸引了大批来自世界各地的游客，从而起到了扩大就业、提高居民收入的作用。格拉斯小镇把香水产业的历史与现状通通展现在游客眼前，不仅可以观赏，而且可以触摸这古老的技艺，对游客来说无疑是一场绝佳的旅行体验。

1. 国际香水博物馆。著名的格拉斯国际香水博物馆于1983年正式向公众开放，这里收藏了近4000年以来有关化妆品的物件，游客可以了解到从古埃及到现代的所有香水制造技术。在博物馆的玻璃橱窗中，游客还可以见到各个时代用来盛香水的容器。

2. 香水企业观光。在格拉斯共有弗拉戈纳、加里玛以及莫利纳尔三家香水制造企业向游客开放，介绍制造香水的一些“秘密”。加里玛推出的游览服务包括讲解香水制造的基础知识、提供各语种的免费导游，游客还有机会进入香味工作室去配制自己创制的香水。出于同样的想法莫利纳尔香水制造厂推出了名为“香水大师”的旅游项目，向游客介绍提炼香精的“秘密”方法。弗拉戈纳还向游客展示香味可以给人的身体带来的好处，游客可以享受免费的香薰理疗。

3. 浪漫花田漫步。格拉斯的土壤含有丰富的微量元素，适宜鲜花种植。花田位于背山面海的有利生长环境，园艺师们运用几何布局设计典型的法式花园，保留着20世纪的建造特色。这些花田或隐藏于城市中心的高墙之后，或散落在郊外，等待游客的探寻，使格拉斯成为著名的度假胜地。

4. 鲜花节庆狂欢。格拉斯人十分喜爱美丽迷人的鲜花，每年都要举行几次与花有关的节日庆典活动：玫瑰花节在5月举行，为期4天，在展期中，格拉斯因玫瑰而变成花的世界，来自法国、意大利、荷兰和肯尼亚等国的近5万枝玫瑰竞相绽放。7月16日是薰衣草的节日，这一天，花农们很早就齐聚种植地，摆上地摊，推销自家生产的香料、香皂和薰衣草蜂蜜制品。紧接着8月的茉莉花节期间，保留着普罗旺斯特色的传统活动一一上演：鲜花装饰的彩车、动感的乐队表演、茉莉花小姐的评选等。鲜花节吸引世界各地的游客纷至沓来，大大推动了格拉斯的旅游经济。

5. 美食文化。美食也是格拉斯的生活艺术。格拉斯地区借助鲜花的天然优势出产玫瑰、茉莉花和紫罗兰的糖果蜜饯，出产水晶花瓣糖、果酱、咖啡和冰淇淋等特色产品。这里拥有四星级豪华酒店和饭店，游客可以品尝来自普罗旺斯的特色菜肴，例如南瓜花馅饼、橙香包等。

6. 高尔夫运动。格拉斯地区拥有多样化的地形，众多的天然优势使此地的高尔夫球场成为高尔夫球爱好者的首选。这里设备齐全，在橡木树丛的树荫和鲜花的芳香下，度过打球的美好时刻，使得格拉斯地区的高尔夫球旅游项目成为最受瞩目的旅游项目之一。格拉斯拥有四家各具特色的高尔夫球场，无论是业余爱好者还是职业运动员，在此都能享受到体育运动带来的乐趣。

每年全球有数十万游客来此探寻香水的历史，香水旅游成为时尚，旅游业也成为格拉斯的支柱产业。①

二、戛纳电影节——艺术和商业的饕餮盛宴

法国人喜欢也善于举办各种文化活动。几乎每个星期，法国都在举办电影节。据统计，法国每年举办的各类电影节有160多个。其中，创办于1939年的戛纳国际电影节，是当今世界最具影响力、顶尖的国际电影节之一，与威尼斯国际电影节、柏林国际电影节并称为欧洲三大国际电影节，最高奖是“金棕榈奖”。广义的戛纳电影节包括电影节和电影市场两部分，戛纳的电影市场是全球最重要的交易市场之一，其营销意义不容小觑。

（一）历史沿革

20世纪30年代末，法国为宣传本国文化决定在戛纳创办新的国际电影节，第一届电影节全名为“国际电影节”，选择戛纳是因为其气候舒适。1939年9月德国入侵波兰，电影节随即宣布取消。

二战之后，法国外交部、教育部、电影联合会支持法国艺术行动协会再办戛纳电影节，1946年9月20日第一届戛纳电影节在戛纳的一家旧赌场举办。后由法国工业部和商业部共同组织，每年5月在法国海滨小城戛纳举行，为期两周左右。1948年和1950年曾因财政困难停止举办。1969年后的影展活动日渐稳定，且增设了“导演双周”。1971年后，戛纳影展愈来愈成为世界关注的焦点，最终成长为国际上最具影响力的影展之一。2002年，电影节把官方名称定名为“戛纳电影节”。

（二）艺术与商业共揽

戛纳电影节堪称艺术与商业完美结合的典范，大师崇拜与艺术气质并不妨碍戛纳对商业化孜孜不倦的追求。

1. 开放自由的艺术气息

戛纳电影节一直以来都是一场浪漫的艺术之梦，几乎所有的获奖影片日后都成了经典。戛纳电影节的成功不是偶然的，除了数十年如一日对于参赛影片质量的苛刻要求，还在于电影文化精髓的一贯传承。

---

① 三农纵横：《世界香水之都格拉斯的极致魅力》，搜狐网，http://mt.sohu.com/20150910/n420853454.shtml。

（1）电影至上的理念。戛纳影展上唯一重要的，是电影本身。戛纳选片的类型和来源非常多样，话题性与影片水准被熔为一炉；在艺术的前瞻性与类型片的挖掘之间，也有着恰到好处的搭配。戛纳通过卓有成效的工作发现全球电影界的新生力量，选择各种各样来自不同国家、不同风格的电影，推动不同电影的交流。

（2）“关注未来”的选片原则。商业电影的崛起，所带来的并不是电影艺术空间的扩大，反而是艺术传统的终结和对艺术电影空间的挤压。在这个几乎完全娱乐化的时代，严肃的东西由于过久地与“虚伪”挂钩而失去了信用。尽管在世界电影的商业化过程中，戛纳电影节也不能免俗，但戛纳还是会带来很多值得关注的影片。对未来的关注、对人性的剖析、对现代社会的解读，戛纳以高超的专业水准、独到的艺术品位和舒适的休闲氛围取得了骄人的成就。

（3）不拒绝争议的包容态度。戛纳从来不拒绝争议的存在，戛纳这个开放的平台允许百家争鸣，对导演的观点或评论家的争论都照单全收。公开、公正、透明，不拒绝争议的戛纳就像一个万花筒，拥有容忍异端的能力。

（4）专业人士的专业选择。戛纳的职能一向异常清晰。评委们的选择保持了国家、种类、新老导演的平衡，以便呈现一个日新月异的电影世界。经验丰富的导演和演员，不断地开拓电影节的空间和奖项，使得戛纳在规模上和丰富性上不断扩大，为电影人提供了更多的机会。

2. 成功的商业化典范

戛纳在为电影艺术交流搭建平台的同时，也为全球影视产品提供交易市场。戛纳电影节是目前世界上最大的影片交易市场，电影节期间举办的各类交易会是全球各电视台及电影公司推销或选购影片的重要渠道。近年来戛纳一直努力拓展的“非竞赛单元”，目的就在于向世界展示最新的主流电影和商业电影。戛纳的特殊之处在于它将电影节和电影市场合二为一，实现了艺术与商业的完美结合。市场、明星、电影和媒体是组成戛纳电影节的四个支柱。

（1）推动城市发展。戛纳电影节举办近 70 年来，促进了包括旅游、酒店、餐饮、会展、传媒、博彩在内的电影衍生行业的快速发展。据戛纳市政府介绍，每年戛纳电影节吸引的外来人口高达 20 万之多，是戛纳当地人口的 3 倍。人口增加带来了巨大的消费、就业和服务机会。电影节期间，戛纳需要增加 3000 多个就业岗位；电影节平时常设 30 个服务团队，而举办期间将新增 850 个服务团体，另外约 300 个团队为电影交易市场提供服务。旅游业实现了全年营业额的15%。

戛纳电影节还极大地刺激了媒体经济。2014年，各大企业的广告投放预算总额可达4000万欧元，每届电影节注册记者人数达4000多人、电视制作团体达300多个。在电影节举办的两周内，电影节所创造的直接经济价值达2亿欧元，间接经济价值达7.8亿欧元。

（2）拉升产业张力。戛纳电影交易市场创办于1959年，经过50多年的发展，市场面积达1.3万平方米，拥有34个展厅，加上2000年建成的国际村，其交易规模之大、服务功能之完备在全球可谓首屈一指。目前已是全球最大的电影“生意场”，每年600多个展位被来自100多个国家的近万个参展商租用一空，展商来自电影创作、制作、发行、经纪、营销、宣传等电影产业链的诸多领域。虽然市场内的展台租金昂贵——每个展位每天约300欧元，但是仍有不少片商不惜重金前来参展。据统计，每年有多达4000部电影在这里进行交易，涉及剧本创作、电影拍摄、后期制作、影片发行、版权交易、项目签约，每年的营业额达10亿美元。①

（3）提供融资平台。在电影节期间，参赛往往已经不是重要的目的，起码不是唯一的目的，出售成片、为新片融资也是很重要的内容。对于一些入围电影节各种单元的影片来说，相当于获得一次免费宣传的机会，无论最终是否得奖，通过全球几百家媒体半个月的宣传报道，换来国外发行商的关注则是显而易见的结果。所以，每年5月的戛纳电影节除了名导、明星云集，同样也是制片人、发行商的盛大聚会。很多大投资的影片，最初的创意、投资想法往往都会在此期间酝酿。

（4）与企业合作获得双赢。戛纳电影节每年的运营资金约为2000万欧元，其中一半由法国文化部、当地大区政府和戛纳市政府财政拨款负担，另一半来自企业赞助。企业赞助的渠道主要是与电影节合作，在众多合作伙伴中，与电影节签有长期合作协议的知名企业达20多家，包括法国航空、兴业银行、萧邦钟表及珠宝集团、雷诺公司、法国电信、香奈儿、欧莱雅集团等。电影节最大的合作伙伴Canal Plus电视台15年来一直独家转播电影节的开幕式和颁奖典礼，为此每年向电影节举办方支付至少600万欧元费用。而对于企业来说，戛纳电影节的高曝光率是宣传其产品的绝佳机会。

面积不到20平方公里、人口仅为7.4万的戛纳小城，目前的城市知名度在法国仅次于首都巴黎，是电影节成就了其今日的辉煌。

---

① 梁建生：《戛纳电影节：文化张力的法国样本》，《中国文化报》，2015年6月1日。

第五章 日本文化产业

在日文中，“文化”“产业”这两个词都有，除“产业”沿用繁体字外，其含义和写法与汉语大同小异。“内容产业”，则是引进英语“content”作为外来语和“产业”合成的。两种表述都有应用，但是一般说来“内容产业”“创意产业”“酷日本”等这类词汇的使用概率多于“文化产业”；“文化产业”则同中国一样，外延非常大，包括内容产业、时尚产业和休闲产业等，其中内容产业是核心或者说是狭义的日本文化产业。

日本政府相关部门对“内容”的定义为“在各种各样媒体上流通的影像、音乐、游戏、图书等以动画、静止画、声音、文字、程序等表现要素构成的信息产物”，对“内容产业”的定义是“承担影像、音乐、游戏、书籍等制作、流通产业的总称”“利用信息的内容产出价值的产业”。日本内容产业由从事销售、出版、发行、播放、信息传输等流通业务的传媒企业以及负责制作创意内容的制作公司、创作者组成。[①] 总务省的相关部门分为三类：文本类、声音类和影像类。经济产业省的相关部门分为四类：影像类，音乐和声音类，游戏类，图书、报纸、画像和教材类。[②]

在2007年出台的纲领性文件《日本文化产业战略》中，日本政府将日本定位为“文化资源大国”，认为日本的生活方式、风俗习惯、传统文化、艺术和工艺等，都是培养文化产品的土壤。但是，日本并不因此是文化产业大国。必须将文化资源与产业相联系，与最新的科技发展和社会发展相联系，才有可能维持文化产业的活力。“如果培育得当，文化资源就是永不枯竭的资源。”[③] 从这个纲领的角度来看，只要文化资源能转化成产

① 日本贸易振兴机构北京代表处对外业务部：《日本文化产业介绍报告》，2007。

② 人民网驻日本记者余青：《日本聚合多方力量打造流行文化（关注国外文化管理体制之三）》，人民网，2012年3月21日，http://world.people.com.cn/GB/17445707.html。

③ 刘华：《日本文化产业国家战略解读》，新华网，http://news.xinhuanet.com/world/2011-10/13/c_122152653_2.htm。

业又能产出经济价值，就都可以归属文化产业，如体育比赛售票、文化旅游、汽车导航、鉴赏休闲、建筑设计、时尚设计、化妆等等。

目前，“酷日本”这个无所不包的词汇更能代表日本的文化产业版图和日本在世界文化产业竞争中的野心。美国国际问题专家道格拉斯·麦克雷在其专著 *Japan's Gross National Cool*（《日本国民“酷”总值》）中指出：“日本的超能量再次爆发，在全球经济发展的逆境中，日本的文化影响力却在全球范围内悄然成长。日本的全球文化影响力，从流行音乐到电子产品，从建筑设计到时装服饰，从饮食到艺术，比 20 世纪 80 年代日本经济巅峰时期还要强大。”①

虽然主打词汇不断变化，但日本文化产业战略的内涵逐步清晰，领域逐步增加，意图更加明确，目标更加细化：一是为增强“硬实力”，文化联手产业，扩大海外出口，获取经济利益；二是为提高“软实力”，文化影响世界，配合外交战略，提升国家形象。

第一节　日本文化产业概况

20 世纪 90 年代，日本经济发展速度开始减缓，然而日本文化产业却继续保持着快速增长的态势，蓬勃发展成仅次于美国的世界第二文化产业大国。以雄厚的文化资源和强有力的政府支持、注重培养文化产业的优秀人才、注重文化产品衍生市场的开发等机制做后盾，日本文化产品的海外市场份额不断扩大，日本文化产业的国际竞争力也不断提升。②

一、日本文化产业发展成熟

从 20 世纪 80 年代开始，日本经济迎来了高速增长，创造了世界瞩目的经济奇迹。由于经济的迅速发展，经济实力增强，国际化意识日益凸显。日本国内许多学者和政治家认为，日本经济发展之所以如此迅速，与日本所具有的传统文化紧密相关。这让二战后日本的民族自豪感和民族自信心重新被激发出来。

经济实力的增强和物质生活的富裕使得日本国民对生活方式、环境质

① 程立茹：《文化产业金融创新问题研究：国别经验与典型案例》，73 页，北京，中央民族大学出版社，2014。

② 唐向红、李冰：《日本文化产业的国际竞争力及其前景》，《现代日本经济》，2012(4)，47 页。

量以及精神生活不断地提出新标准，这促使日本政府把目光转向文化方面。日本政府、企业和民众参与文化产业建设的热情高涨，各种具有鲜明特色的文化产业形式逐渐走向成熟。这一时期，是日本文化产业真正大发展的时期。1995 年，“日本文化政策推进会议”发表了《新文化立国：关于振兴文化的几个重要策略》报告，该报告明确提出日本在 21 世纪的文化立国方略。以此为基础，日本政府不断加强文化产业的政策制订。

（一）动漫产业

漫画（comic）、动画（animation）是在国际上比较统一的称呼。日本的动画和漫画影响巨大、市场覆盖面广，所以美国和欧洲的部分国家往往直接使用 Manga 指代日本漫画，Anime 则专指日式动画或者说有明显日本风格的动画。后来因为日本的漫画产业和动画产业结合密切，交互性极强，所以中文媒体就使用动漫这样的合体简称。日本的漫画和动画、电玩游戏从某种角度上讲近乎一体，20 世纪 90 年代此三项产业已紧密结合，业界又称 ACG 模式（英文 animation、comic、game 的缩写），许多作品企划都是跨三项平台以期达到最大收益，现在这一模式又有追加改编真人电影的趋势，产业链越开发越长。

日本作为全球最大的动漫产品和制作者输出国，其动漫产业与电器、汽车并列为其国民经济的三大支柱，日本也因此享有“动漫王国”的美誉。日本动漫在商业设计上面向全民，广泛的覆盖面成为产业成功的基础。日本漫画按读者群可分为儿童漫画、少女漫画、少年漫画、女性漫画、青年漫画和成人漫画；日本动画可分为电视动画、录像带动画、动画电影和非主流动画；而且面向不同人群的动画播出时间也各不相同。在日本，动漫杂志多达 350 种，其电视台每周播放动漫节目 80 多集，一年播放的动漫作品节目接近 4000 集。

日本的漫画市场是一个竞争很强的市场。目前，在该市场中处于领先地位的是三大少年漫画周刊——讲谈社的《少年杂志》、小学馆的《少年星期天》以及集英社的《少年 JUMP》。这三本杂志均创刊于 20 世纪中叶，其制胜的法宝就是不断贴近市场、贴近读者的需求与偏好，由此使得日本漫画业保持了 30 年的高增长。

日本动漫的商业化程度已经达到极致，形成了一套完整的产业链。大致分为四步：第一，漫画原作在杂志连载；第二，将内容整合成单行本出版；第三，将作品动画化；第四，如果作品受欢迎，在动画化的同时，继续生产玩具等周边产品，而这些动漫周边产品几乎覆盖了生活的各个领域。如此完备的产业链使动漫生产得以程序化，迅速满足了市场受众需要，达到了利润最大化的目的。

日本动漫市场规模在 2014 年为 16296 亿日元，相比于上一年增长了 10.4％。这一年，日本产出 322 部动画作品，其中 232 部是当年新作，90 部是历年延续作品，超越了 2006 年全年 279 部的纪录。目前，日本共有 430 多家动漫制作公司以及一批世界一流的动漫工作者，每年 230 万亿日元的产业营业额使动漫产业成为日本的第三大支柱产业。

（二）电子游戏

在日本的休闲产业中，电子游戏业是重要的组成部分。日本已成为世界游戏软件第一大生产国，家用游戏软件一度占全球的 50％以上；电子产品制造在近 20 年来一直处于全球的领先地位，为电子游戏产业发展提供了基础和支撑。根据日本计算机娱乐协会发布的《2012CESA 游戏白皮书》中的数据，2011 年日本家用游戏业的海内外销售总额为 14575 亿日元，其中软件的销售额为 5310 亿日元，硬件为 9265 亿日元。[①] 近几年随着智能手机的普及和手机互联网的不断发展，日本企业也越来越重视手机游戏市场。

对于日本来说，电子游戏产业已是国家经济的重要支柱之一，在国民生产总值（GNP）中占有 1/5 的份额。日本游戏业在最辉煌的 1998 年，曾经占领全球电子游戏市场硬件 90％以上、软件 50％以上，主导着世界游戏市场的潮流。在 1998 年，日本最著名的游戏公司任天堂曾占据美国游戏市场 25％的份额，在世界前十位游戏生产商中销售额排在第五位。

但是近年来，随着网络游戏产业的风生水起，电视游戏与掌机游戏市场逐渐萎缩，日本的游戏产业也开始走向没落。2002 年日本的游戏产业占世界游戏市场 50％的份额，而现在这个数字已经跌落到了 10％。根据日本《FAMI 通》杂志出版商和游戏市场调研机构 Enterbrain 每年发布的报告，日本传统电子游戏市场规模已连续萎缩 5 年（2007—2011 年）。与此同时，另一家调研机构 Yano 的报告显示，日本社交游戏市场自 2009 年至今一直在迅速增长。[②] 2015—2016 年，日本的游戏产业境况不佳。日本三大巨型银行之一的瑞穗银行 2016 年发布了一份针对日本文化产业的调查报告，在报告中称曾经如日中天的日本游戏业如今已陷入不断萎缩的恶性

---

① http://www.inside-games.jp/article/2012/07/30/58558.html。

② 李怀亮：《国际文化市场报告》，199 页，北京，首都经济贸易大学出版社，2014。

循环。①

日本游戏份额下降的原因很多，硬件结构奇特、游戏内容固化、赢利模式单一、业界专业人才流失、国内玩家消费能力下降、国际市场竞争加剧等，都影响到了日本游戏的竞争力和市场份额。日本游戏产业的优势在于主机游戏，最受欢迎的游戏类型有两大类：一是以“超级马里奥”系列为代表的动作游戏，二是以“勇者斗恶龙”系列为代表的日式角色扮演游戏（RPG）。而在西方市场，PC游戏市场发达，再配合互联网的普及，更是发展出了“本体免费”“DLC（可下载内容 downloadable content）”等全新游戏赢利模式。世界游戏市场正在经历着变革，诸如FPS（第一人称射击）、动作及沙盒式（类似《侠盗飞车》）等游戏类型逐渐成为主流，在世界市场不断创造销售纪录。加之现在游戏开发经费不断上升，厂商们不满足于只在单一平台推出作品，横跨主机、PC、掌机以及手机的多平台战略开始大行其道。无论从哪个角度讲，日本的游戏产业渐渐有些故步自封，若不尽快找到新的创意点以及综合解决方案，可能会持续低迷。

（三）音乐产业

经过20世纪50—60年代的引进欧美音乐潮之后，日本音乐产业已经完全进入本土化时期，日本歌手和流行音乐已经牢牢占据了本土市场，并对周边国家和地区产生了影响。自20世纪70年代以来，日本基本上走在了音像载体研发和市场应用的世界前端。无论CD、录像带还是DVD，日本都拥有相当多的专利，这对音像产业的发展也起到了巨大的推动作用。

根据国际唱片业协会公布的一项数据，2012年日本国内音乐市场规模达到了44.2亿美元，仅次于美国（44.8亿美元），并且远远高于排在第三位的英国（13.3亿美元）。2015年，由于定期配送音乐等服务的普及，日本国内音乐市场规模与上一年相比增长了1个百分点，约为3015亿日元，时隔3年再次实现增长。这个成就的取得主要是和日本国内的庞大市场需要有关联。AKB48等美少女组合的持续人气，以及一些成名多年的艺人再发新碟，使日本音乐市场一下子火热了起来。另外，日本音乐产业也已经加速了进军海外的步伐，不少日本艺人纷纷奔赴海外举办各种形式的演唱会、见面会等。为了扩大日本音乐在海外市场的规模，日本音乐事业者协会、日本音乐出版社协会、日本音乐制作者联盟三大机构联合打造了海外音乐推进项目。2012年，在海外举行公演的日本J-POP系音乐艺人达

① 综合参考了新浪游戏、腾讯科技、游迅网等的相关资料。

到了73组，如果加上参与世界各地的音乐活动的，海外出演的日本艺人累计达到了177组。

在日本音乐产业的发展历程中，民间组织和行业协会发挥了重要作用。日本音乐产业主管部门文部科学省文化厅，主要负责音乐产业发展规划和著作权保护政策的制定，并不直接介入音乐市场的经营管理和著作权的保护等具体事务，对音乐产业的指导和管理主要通过委托民间组织或行业协会来实现，目前主要授权日本唱片协会和日本音乐著作权协会管理音乐著作权和音乐产业的指导与振兴工作。

日本音乐著作权协会主要对音乐作品的著作权进行管理，业务包括普及著作权保护知识、振兴发展音乐产业、协助唱片公司研究开发音乐作品新的利用模式等。作为日本音乐词曲作者及出版者的著作权委托管理者，日本音乐著作权协会代为征收音乐作品的使用费，并分配给音乐作品的权利人。同时，日本音乐著作权协会还负责调查是否存在未经许可的音乐作品使用，如发现则征收相应的使用费或采取法律手段维护权利人的利益。

日本唱片协会是日本国内对CD唱片二次使用费、唱片出租使用费、私人录音录像补偿费进行征收的单位，该协会业务主要包括：促进唱片及音乐CD等的普及，扩大唱片市场的占有率，保护唱片权利人的权益，完善著作权法律环境和开展著作权意识教育，维护唱片出租市场的秩序，开展正当使用唱片的新技术的研究并制定相应标准，开展日本唱片业的国际合作、交流，以及开拓国际市场。

日本唱片协会在唱片行业自律、行业发展、维护行业合法权益、为行业决策提供数据和信息支持等方面都做出了重要贡献。日本音乐作品的内容是由日本唱片协会下设的唱片伦理审查会进行审查。审查委员会由唱片协会会员公司代表和专家学者组成，每月对日本国内当月的最新歌曲进行一次内容审查。日本唱片协会制定了《唱片伦理纲领》，对音乐产业的文化意义、巨大的社会影响力以及音乐产业从业者肩负的社会伦理责任进行了定位。同时该协会还制定了《唱片制作标准》，对音乐作品内容审查标准进行了详细的规定。[①]

（四）电视业

1. 电视台

日本放送协会（简称NHK），也称日本广播协会，是日本第一家根据

---

① 李经：《日本音乐产业的考察与思考》，转引自浙江在线，http://culture.zjol.com.cn/05culture/system/2007/12/21/009074228.shtml。

《放送法》而成立的大众传播机构。二战以后，NHK 成为特殊法人，是公共广播机构。本部位于东京都涩谷区，也在各道府县设立有具备相当节目制作能力的电视台。NHK 在日本地位超然，影响力巨大，担负着日本广播领域先驱者的任务。其业务与服务涵盖电视和无线电广播，并同时为日本以外地区提供服务，每日有多种语言的节目播出，为目前世界上规模最大的公共媒体机构之一。

其余的日本电视台都是民营机构，东京广播台（TBS）和日本电视台（NTV）、朝日广播台（ANB）、富士电视台（FTV）、东京电视台（IZ）被称为日本五大民营无线电视台。

2. 电视剧

电视连续剧是普通百姓最喜闻乐见的艺术形式，也是最接地气的文化产业形式。日本电视剧（简称日剧）产业非常发达，电视剧种类丰富，数量众多。

日剧拍摄之前首先是规划期，往往需要提前一两个季度甚至一年来筹备。电视台首先接纳诸多作家的脚本竞标，在电视台内部的电视制作部门中通过竞标之后最终定夺制作哪些题材的作品。这些作品大多是迎合季节、社会情况以及观众需求；也有电视剧制作人一直很青睐的某些原著，经过长久的努力终于拿下了翻拍权。

日剧早在 20 世纪 70 年代就进入了十分规矩的“四季档”模式，为了方便业内的规划、预算以及分类颁奖等，日剧一直以季节为档期。每年 1 月起是冬季档，为期 3 个月，从 4 月开始进入春季档、7 月开始夏季档、10 月开始秋季档，这样使人们对日剧留下深刻的季节印象。

日本的电视剧观众市场细分非常明确。根据不同的观众特点和需要，电视台会提供不同内容、不同风格的剧集在特定的时段播放，大致可以划分为晨间剧、午间剧、夕方（傍晚）剧、黄金档和深夜剧五个时段。

日剧的主要形式是周播剧，其中最有代表性的就是日本的大河剧。大河剧是日本放送协会（NHK）电视台自 1963 年起每年制作一档的连续剧系列名称，也是日本的一种非常独特的文化产业模式。大河剧于每周日晚间七点播出 45 分钟，一年制作约 50 集。大河剧主要是以历史人物或是一个时代为主题，来反映其所处时代的变迁，并且有所考证，属于较严谨的戏剧。NHK 到现在已经有 50 多部大河剧作品问世，主要题材多是大家爱看的日本战国时代的故事，其次则是幕府故事，改编自历史小说的也不在少数。

3. 综艺节目

日本的综艺节目制作水平非常高，节目类型极其丰富，而且优质的综艺节目往往生命力长久，并且很少更换主持人。主流的日剧和日本综艺节目一般都是精良之作，制作阵容强大，大多由当红明星主持。像日本男子偶像团队SMAP、岚（ARASHI）等，都是既有合体综艺节目又分头主持多档综艺节目，享有极高的人气。大多数综艺节目的话题设置和游戏互动都比较有趣，风格轻松自然，以前韩国的综艺节目很多也是模仿借鉴日本的综艺形态。

红白歌会，日文全称“红白歌合战”，由日本广播协会（NHK）在每年的最后一天举办，是代表日本最高水准的歌唱晚会。按照性别将歌手分为两队，其中女歌手组成红队，男歌手组成白队。1951年，日本广播协会开始举办红白歌会，电台转播。1953年，日本广播协会开播了电视节目，并决定从这一年起将红白歌会作为一项辞旧迎新的重要活动。开播初期，该节目的收视率非常高。1963年曾创下81.3%的历史最高收视率。后因形式比较单一，红白歌会的人气渐低，收视率不断下降，从1984年的78%滑落到2004年的39.3%。2000年以来，红白歌会的收视率一直徘徊在50%左右。正如中国的春节晚会结束时会唱《难忘今宵》一样，红白歌会结束时唱的歌曲是《友谊地久天长》的日文版《萤火虫之光》，已经成为一种惯例。[①]

再比如一档译名《超级变变变》的创意综艺节目，是日本NTV电视台的知名综艺节目。该节目是结合创意的现场竞赛节目，风格积极向上，不分老少全民参与，非常刺激国民想象力和创造力。首播于1979年12月31日，这个节目至今仍在制作且很受欢迎，是日本电视台的长寿节目之一。

（五）设计产业

现在的日本，传统工艺已然复兴。去过日本的人总是为日本独具匠心的包装艺术叹赏不已，随处可见设计精美的生活物品，礼物包装的美学更是深入人心。日本人做包装几乎达到极致，其用心之处在于能传递一份考究的心意。无论是盛装蛋糕的软绵绵的盒子，还是便当盒般的食物包装，每一条绳子，每一个造型，都让人感觉是经由双手精心准备的，而不是工业化的产品。这里面有一种亲切感，包含着日本独特的传统文化。

---

① 《萤火虫之光》在诞生之后，一直被定为学校教唱的“唱歌”。在日本学校的毕业典礼上，经常唱《萤火虫之光》。另外，还用于宴会、圣诞节等场合。1964年东京奥运会的闭幕式上，大合唱齐唱《萤火虫之光》结束了奥运盛典。

日本的现代设计自20世纪50年代起开始发展。日本设计家也曾试图将反映西方生活方式的观念照搬到自己的设计当中，却使其显得笨拙、生硬和肤浅。随着现代设计走向成熟，他们发现融合了日本民族艺术传统的作品反而能引起世界的关注。在现代高科技工业的冲击下，传统并没有消亡，反而与现代设计融为一体，作为精神支柱植根于日本现代设计理念中，使日本设计表现出独特的气质，成为别国无法取代的重大特征，这是日本跻身设计强国的制胜法宝。

日本人独特的审美情绪和美学观念，自始至终渗透在创作设计之中。日本人喜爱汉字，并根据汉字创造出本民族的文字。日本的包装设计师把这一传统文化优势发扬光大，他们通过反复探索和实践形成了具有日本特色的书法艺术形式，设计出许多优秀的作品。设计师们强调在借鉴和吸收西方先进的设计理念的同时，注重发掘和弘扬传统书法艺术形式，努力达到国际性和民族性的结合与协调。除了文字设计，日本包装还在造型、色彩、插图、材料等创意方面充分发掘传统文化，对日本民间艺术和设计进行深入的学习研究和创新，不断融入传统文化因素，设计出许多优秀的作品，并且使日本的文化借助包装这一媒介传播于世。包装设计也由此进入更高的艺术层次。

此外，日本的服装设计、建筑设计、广告设计、卡通造型设计、珠宝设计、艺术品设计、舞台布景、人物造型设计等设计相关领域都是处在世界前列，实用而不失日本风韵。日本在文化产业很多领域的成功经验，都来源于对本国传统文化的传承和发掘。

二、日本文化产业发展的成功经验

（一）产官学相结合的典范

“产、官、学”相结合的发展模式是日本发展文化产业的成熟经验。政府高度重视文化产业发展，但并没有采取强制手段推行，而是主要通过相关立法、制定政策、加大投资力度、鼓励社会资金注入等方式为文化产业的发展创造条件，营造环境。也就是说，更多地通过具有灵活性的行政指导方式，增强与民间和企业的沟通，为企业提供指导意见，使政府的发展战略为企业所理解，进而变成企业的自觉行动。[①]

与此同时，日本政府还建立了官方的文化产业咨询机构，影响着文化

① 李海霞：《日本文化产业的主要特点探析》，《天府新论》，2010(6)，114—119页。

产业和各大企业的发展。在政府营造的社会大背景之下，鼓励扶持各社会主体参与，充分发挥市场调节机制，发挥企业在文化产业发展中的积极促进作用。学术和研究机构主要负责提供市场预测、前景分析等信息支持。为了推动文化产业发展，日本政府还制定专门方案，委托学界进行文化产业专业人才培养。为了培养文化产业方面的高级人才，日本除了挖掘原有教育体系中的潜力，还新建了很多教育机构。比如，文部科学省在东京都杉并区新设了动画专业研究生院，名为“WAO大学”，毕业生可以取得数码动画硕士学位。

日本的市场经济机制较为成熟，其文化企业在与政府及研究机构合作时，拥有完全的主动权和自主性，可以借助政府和学界的力量谋求自身的发展。①

（二）多行业联动实现经济效益最大化

任何一项产业的发展都不是一蹴而就的，而是需要各个行业的支持，文化产业的发展亦是如此。日本文化产业很大程度上是与其他产业相互推动、协调发展起来的。

日本从上到下非常重视各类产业之间的借力互助，充分挖掘文化资源的潜力，借助于创意的力量，赋予其新的表现形式和展现方式，将文化产品的产业链不断延伸，组成相互支撑的网络结构。文化产品被创造出来后，经过市场的检测，继续进行二次开发，开辟文化产品的衍生市场，提升文化产品的附加价值，最终形成植根于日本传统文化的日本内容产业，形成由漫画、动画等衍生的人物、文具、玩具、游戏、服装、电影等构成的产业链。

口袋怪兽皮卡丘在这一方面是一个典范，皮卡丘创造了日本动漫产业的奇迹。它的形象最初来自掌上游戏《宠物小精灵》，通过不断的开发和利用，皮卡丘创造了万亿日元的经济奇迹，它的衍生品横跨一百多个行业，由全世界上千家公司和企业生产和制造。动画电视剧《机动战士高达》也是一个例子。日本最大的玩具制造商万代公司在每年的销售额中，约有15%到17%的份额是以《机动战士高达》为原型的机器人玩具的销售收入。由于重视衍生品市场的开发，日本具有优势的动漫产业进一步带动了音乐、出版、广告、主题公园、旅游等相关行业的发展，不断地创造

① 张胜冰、徐向昱、马树华：《世界文化产业导论》，194页，北京，北京大学出版社，2014。

出新的商机。

（三）完备的文化中介组织

在日本，几乎每个行业都有自己的行业协会，其主要职能包括对本行业进行制度制定、产品审查、利益维护、权益申诉等。例如：日本唱片协会是代表日本唱片制作者的业界团体，旨在通过全面促进唱片产业的协调与发展，推广优秀作品（音乐CD等），保护制作者的合法权益，同时，竭尽所能为确保作品的合理利用提供支持与帮助，从而促进日本的音乐文化得到良性发展。日本旅行业协会如今已成为推动日本旅游业持续快速发展的重要保障，日本的《旅行业法》规定了旅行业协会的法定义务，对协会性质、设立资格、管理人员的选任和解任等都做了详细的规定，使日本旅行业协会对全行业的管理有了可靠的法律依据。

第二节　日本文化产业政策

一、主要管理机构

日本与文化产业相关的管理部门主要有知识产权战略总部、文部科学省、经济产业省等，他们通过制定有关法律法规，对文化产业进行管理和强化。

知识产权战略总部级别较高，直接由日本首相担任部长。其主要职责是每年制定一次“知识产权战略推进计划”，从而在整体上保护和发展日本的各种文化产品。

文部科学省是日本中央政府行政机关之一，负责统筹日本国内教育、科学技术、学术、文化及体育等事务。2001年起由原文部省及科学技术厅合并而成。文部科学省内设有文化厅，直接主管文化政策以及文学、艺术、文物、出版、宗教、体育、文化交流等事项。根据《文化艺术振兴基本法》的授权，文部科学省负责制定日本文化政策的基本方针。

经济产业省是日本文化产业的主要推动部门，设有许多与文化产业相关的研究会，如“文化产业成长战略研究会”（2010）、“文化产业全球战略研究会”（2006）、“文化产业交易与法律制度状况研究会”（2008）、“文化产业商务亚洲联携研究会”（2005）、“游戏产业战略研究会”（2006）等。经济产业省从2011年开始正式实施“酷日本”政策。该政策的主要目标就是将动漫、电视剧、音乐等文化创意以及以衣食住为代表的日本文化与生活方式的魅力变成附加价值，与汽车、家电和电子产品等传统优势产业结合，以开发海外市场，创造就业机会，帮助日本企业成长。

二、文化产业国家战略的确立

20世纪80年代之后，随着日本经济发展进入平稳期，文化产业的广阔空间和重要价值逐步凸显，日本政府将文化产业置于越来越重要的地位。

1990年，日本成立了“文化政策促进会议”作为文化厅长官的咨询机构。

1995年7月，文化政策促进会议提交了《新的文化立国目标——当前振兴文化的重点和对策》报告，初步提出了“文化立国”的战略构想。

1996年7月，文化厅正式提出了《21世纪文化立国方案》，标志着日本“文化立国”战略的正式确立。

2001年，日本确立了知识产权立国战略，志在十年内成为世界第一知识产权国，并于次年制定了《知识产权战略大纲》。此外，内阁政府还成立了“知识产权战略总部”，提出了《有关知识产权创造、保护及其利用的推进计划》(《知识产权战略推进计划》)，将音乐、电影、名牌、技术、工艺等列为国民经济的基础产业。

2004年，日本政府出台“文化产业振兴政策”，以构建知识产权为主干，以文化艺术振兴为枝叶，再透过同年颁布的《文化产业促进法》催生文创果实，使得文创产业于日本得以蓬勃发展。

2006年11月，日本政府组织了名为“亚洲前景战略会议”的委员会，讨论日本未来经济和社会发展的综合政策，其中将文化产业发展作为重心题目。委员会成员既有商界成员，也有学界人士。在此后的半年里，该委员会举行了9次全体会议，并为文化产业战略举行了专题“恳谈会”。2007年5月委员会正式通过的《日本文化产业战略》(下称《战略》)，成为日本文化产业的纲领性文件。这一文件的特点是，从国家战略高度看待文化产业发展，将文化产业的重要性放在了前所未有的高度上。[①] 这份报告提出了日本文化产业未来发展的方向，具体来看包括4个方面：内容产业自身的全球化；人才、技术、资金等资源的进一步积累；将日本文化产

---

① 刘华：《日本文化产业国家战略》，新华网，http://news.xinhuanet.com/world/2011-10/13/c_122152653.htm。

业市场打造成国际中心；通过多种业态的共同参与，构建新的价值链和商业模式。此外，《战略》提出了大量有针对性和操作性的政策，例如以海外年轻人为争取重心，加强在海外建设宣传平台。该文件将文化产业人才的培育起始时间设定为儿童时期，将儿童时期的整体养成教育视为培育一国文化产业发展的土壤。《战略》强调，在发展文化产业特别是参与国际竞争时，应重视文化发展中的“日本标准”，加强“日本标准”的建设。

2010年，日本政府提出文化产业大国战略，也就是“酷日本”战略。战略中提出主要抓好几方面的建设，包括要尽力拓宽融资渠道、加大国际业务分量、提高技术革新和合作的效益、广纳贤才等，同时提出要促进海外扩张，在投融资、税制、保险等方面加大支持力度。①

三、文化产业相关法律法规

为推动文化产业的发展，日本制定了一系列的法律，基本法的重心为著作权、文化内容的监管与控制、文化振兴三个领域。

日本特别强调在实施文化产业相关法律过程中，结合《著作权管理法》《IT基本法》《文化艺术振兴基本法》《知识产权基本法》等此前颁布的法律来配套执行，综合发挥对文化产业的保护、促进和管理作用。事实证明，20世纪90年代以来日本文化产业的飞跃发展，很大程度上受益于完善的法律制度保障和制度创新所释放的“红利”。②

日本对于包括流行文化在内的内容产业的政策，主要有电影、音乐和出版等产业的支持政策，也有一些文化艺术振兴方面的支持政策。另外，作为内容的生产、流通和消费之间接口条件的版权政策也是很重要的一个方面。

二战结束后不久的1950年，日本在经济尚未高速增长的情况下制定了首部《文化财保护法》，为挖掘、保护和传承文化遗产起到了不可估量的作用。

1970年，日本颁布了《著作权法》，该法经过20多次反复修改，最终于2001年变更为《著作权管理法》。该法的目的在于确定关于文字作品、表演、录制品和广播的作者的权利及与此相关的权利，主要是对这些文化产品的正当利用为文化产业的发展做出贡献。

2000年批准通过《形成高度信息通信网络社会基本法》（通称《IT基

① 魏晓阳、黄宇骁：《日本文化产业透析》，《中国社会科学报》，2016年1月4日。

② 庄严：《日本文化产业制度安排及其创新》，《经济纵横》，2013（11），102页。

本法》或《信息技术基本法》)。2001年通过了规范文化市场中介组织、经纪人和公司的《文化艺术振兴基本法》，该法规定了振兴构成文化核心的艺术、媒体艺术、传统技能、生活文化、大众娱乐、出版物、唱片、文化遗产等文化艺术的基本目标，明确了国家及地方公共团体的责任与义务，通过规定文化艺术振兴政策的基本事项，以促进文化艺术相关活动者之自主活动为宗旨，努力推进文化艺术振兴。

2002年制定了《知识产权基本法》，该法对有关知识产权的创造、保护和应用的基本理念以及与该理念的实现相关的基本事项做出规定，明确国家、地方公共团体、大学和企业的责任，并制定有关知识产权创造、保护及应用的推进计划。同时，通过设置“知识产权战略总部”，集中、有计划地实施有关知识产权创造、保护及应用的措施。

2004年，日本正式公布《关于促进创造、保护及应用文化产业的法律案》(通称《文化产业促进法》)，这是一部既包括《信息技术基本法》和《文化艺术振兴基本法》的内容，又包括发展振兴电影、音乐、戏剧、诗歌、小说、戏曲、漫画、游戏产业等内容的一个集大成的法律文献。该法已被广泛使用并初见成效，文化产业正以带动日本经济增长的新型产业身份受到高度重视。

2007年，修改并实施《观光立国推进基本法》，对实现观光立国的基本方针和各具体目标，资源、文物的保护、利用和开发，人才培养和国际交流，中央政府各部门、地方政府、民间团体、居民分工参与，加快旅游基础设施建设、推进带薪休假等制度建设、确保旅游者利益和安全等方面都提出了具体可行的计划和实施意见。

四、多元化的财政扶持政策

一方面，日本政府直接从财政上对文化产业的发展提供支持，涵盖财政补贴、财政投资、政府采购、财政基金等多种方式。例如：对于重点发展数字内容产业的外向型企业等，中央和地方政府要给予不同程度的财政补贴；对于具有地方特色的文化保护和振兴活动，中央和地方政府要统筹运用财政、税收等方式给予综合援助；文化产业中的文化设施新建、改建、扩建等情况享有与公益性文化基础设施和文化项目同等的待遇，政府财政可以直接进行投资；对于一些具有地域特色的民间文化产品和文化服务，政府可以直接出资购买并免费提供给边远地区和海岛地区的居民，此举既扶持了中小文化企业的发展，又促进了民族文化的保护与传承。[①]

另一方面，来自社会的民间资本是日本文化产业发展壮大的又一资金来源。为了解决文化产业振兴和发展中的资金筹措问题，日本政府特意修改了《信托业法》，允许电影、动画等文化产品的知识产权持有人通过资产证券化的手段和途径进行社会融资活动。

日本政府还鼓励建立文化产业投资基金，投资于文化产业的基金已经大量产生，基金的投资领域包括动画、音乐、电影、游戏等各个方面。由于基金管理公司的出面，行业以外的资金开始流入文化产业，给文化产品的制作和开发增添了原动力。

另外，日本政府制定了一系列促进文化产业投融资的税收减免政策。凡是对文化产业进行投融资以及对文化事业给予赞助捐款的企业，可以享受一定比例的税收优惠，特殊情况下甚至可以获得企业和个人所得税抵免。当前在日本，大型文化活动的举办多依赖于企业的投资或赞助，大小企业参与热情都较高。日本几乎所有的大型公司都以不同的形式支持、参与文化活动，参与的方式多样，如举办大型文化交流活动、成立不同级别和不同功能的文化艺术协会等。

五、文化产业海外推广政策

在文化产业方面，国际市场始终是国家层面关注的战略重点。日本在文化产业的国际市场中，非常注重增强自身的整体竞争力，将拓宽海外市场作为日本发展文化产业的重要战略目标。

《日本文化产业战略》强调，“在全球化加速的情况下，要解决安全、环境等国际问题，必须向世界宣传我国‘尊重多样性’‘与自然共生’等价值观”，“（文化产业）不仅有助于经济利益和‘日本品牌’价值的增加，还可以加强日本与其他国家民众之间的相互了解，因此必须超越单纯的产业振兴层面，制订文化交流和对外宣传战略”。

近年，日本以国家品牌战略推动文化产业的思路越发明晰。“酷日本”是日本针对海外受众打造的一个国家形象和品牌战略。“酷日本”通过树立日本国家品牌和宣传日本软实力的方式，提升日本各种产品的“品牌和文化”含量，创造出每年高达上万亿日元的品牌附加值。

① 李彬、于振冲：《日本文化产业投融资模式与市场战略分析》，《现代日本经济》，2013（4），60页。

2010年6月8日，日本宣布在经济产业省制造产业局设立“酷日本室”。6月18日，日本出台的《新增长战略》又把“酷日本”在海外的展开业务作为重点增长领域，强调通过节目交易、数字传输的强化、放宽海外内容流通规定、防止盗版等措施，以民间企业为中心在海外拓展与“酷日本”相关的业务，提出到2020年文化产业在亚洲实现收益1万亿日元的目标。2010年11月至2011年5月，约30人组成的“酷日本官民有识之士会议”举行8次会议，发表了题为《新日本的创造——为了连接“文化与产业”“日本与海外”》的建议书，明确提出发展文化产业六大重点领域，即时装、美食、内容、地域产品、住宅、观光。日本把文化产业定为新增长战略的重点领域，是产业转型的重要体现之一。[①]

此外，十分重视培育有利于日本文化产业发展的国际社会基础也是日本文化产业迅速向海外市场拓展并逐渐被海外公众接受的一个重要原因。文化交流主要由外务省文化交流部负责，其他政府部门的对外文化交流都要服从该部门。该部门除制定相关的文化交流政策外，还与其管辖的独立行政法人——日本国际交流基金合作，大力开展对外文化交流工作。日本政府实施并积极普及针对外国人的日语教育，将本国的优秀文学作品翻译成外语（英语、法语、德语、俄语等语种），并在国外出版，传播日本文化。加强与国际文物保护机构的合作，通过举办国际研讨会和学术交流会等形式，加强世界遗产等文物保护方面的国际合作。以海外年轻人为争取重心，在海外开设更多日语教育机构，派遣日本教师，争取让日本的对外展示尽可能跨越语言障碍；促使日本大学招收更多的外国留学生，并培养这些留学生成为日本与各国交流的纽带；将日本的传统文化数字化，使各国年轻人能够通过互联网和手机更为方便地了解日本。

第三节　日本文化产业优势领域

一、风靡世界的动漫产业

动画片和漫画在日本文化产业中占有中心地位，也是日本“软实力”的象征。对许多国家的年轻人而言，说起日本首先会想到铁臂阿童木、机器猫哆啦A梦、蜡笔小新、名侦探柯南等动画片人物形象。

---

① 于青：《日本聚合多方面力量打造流行文化》，《人民日报》，2012年3月21日。

（一）发展历程

在日本动漫发展阶段划分上，主流的观点大致是分为六个时期。

1. 二战前草创期（1917—1945）：该时期日本动漫主要以战争为题材，不离宣传、夸耀军国主义的路线。当时的名作是1942年的《海之神兵》。这一阶段的日本动画，总体来说还处于不成熟阶段，其间又受到政治和战争的干扰，可谓步履维艰。这一阶段，特别是从20世纪30年代起，日本动画人已意识到唯有超越迪士尼才有日本动画生存的空间。①

2. 二战后探索期（1946—1974）：这一时期的题材从很有意义到很低级应有尽有。1945年日本战败后，反战题材的动画影片颇受欢迎且影响深远，代表人物是被日本动画界誉为“怪人”的动画家大藤信郎，他于1927年拍摄了黑白版的《鲸鱼》，并于1952年摄制完成了彩色版的《鲸鱼》。动漫鼻祖手冢治虫（代表作《铁臂阿童木》）是二战后日本动漫探索期的代表人物，他所创作的动漫注重剧情发展和人物塑造，多是娱乐故事。其中，《新宝岛》是第一部以电影镜头语言进行创作的作品，《铁臂阿童木》彻底扭转了日本和世界对于动画作品的成见，《蓝宝石之谜》成为少女漫画的起点，《火鸟》《怪医秦博士》将动画推向了一个新的艺术高度。

3. 题材成熟期（1974—1982）：70年代初期，日本涌现出大批科幻机械类动画（即Science Fiction动画，简称SF动画），代表人物有松本零士、富野由悠季、和森正治、美树本晴彦等。这是第一次动画热爆发之时，这个时期的日本动画界经过探索期确定了动画和卡通的分野。1974年松本零士的《宇宙战舰》系列以及《银河铁道999》是当时的卖座片。《银河铁道999》的出现，标志着现代日本动画艺术已完全成熟，日本动画开始进入了一个新的发展阶段。

4. 画技突破期（1982—1987）：人们对视觉享受的追求成为风潮，这一时期更加崇尚画技的突破。1982年的《超时空要塞》、1984年的《风之谷》以及1986年的《机动战士高达》都是当时的名作。

5. 路线分化期（1987—1993）：在这个时期，日本动画进入了成熟期，此时期是日本动画界最具创造力的一个阶段，诞生了无数的名家名作。然而1989年手冢治虫因病逝世，又因政府加强了对漫画产业内容的管控，动漫界进入了二战后最漫长的冰河期。在这之后，涌现了众多的漫画学家。此时，日本动画史上第二个国宝级别的动漫大师宫崎骏开始显露锋芒。

① 陈奇佳：《日本动漫艺术概论》，28页，上海，上海交通大学出版社，2006。

6. 风格创新期（1993至今）：在画技、制作手法、构思设计方面都日趋成熟的日本动画，开始追求风格上的创新，试图突破原有的模式，以完善的技巧，加上超越时空的构思，带给观众全新的感官冲击。

（二）成熟经验

1. 合作机制明确。由于开发和运作模式的有效和成熟，日本动漫界才可以开发出大量高品质的产品。在以产品形象为基础、版权管理为核心、各得利益为动力的前提下，产业链各环节间有明确的分工合作模式。漫画工作室、动画工作室、版权代理事务所、印刷出版企业、图书发行企业、电视台、杂志社、动漫衍生品生产、销售渠道等机构界限清楚，有各自范围内的工作目标，也有完善的合作机制。

2. 注重消费者体验。日本动漫产品的创作者和消费者之间有良好的互动，一部新的动漫作品多数会经过漫画试刊的检验过程，如果市场反应不好，就会修改甚至最终放弃。因此，创作者很清楚产品推出和市场认可二者间的风险关系，形象可爱、贴近人性、成为偶像、深入人心是多数动漫创作者追求的目标。

3. 动漫市场细分明确。日本动漫面向青少年的作品内容分类很细，如科幻、侦探、童话、校园、励志、运动、幽默、探险、女生等主题；面向成年人的作品主要是搞笑、幽默、调侃、惊险、家庭等内容，其中色情类有扩大蔓延趋势，路边的书店都可以买到，但印有18岁以下禁读的标志。日本动漫的市场细分也是无人能及，如竞技体育、侦探推理、少女恋爱、娱乐搞笑、热血冒险、惊悚灵异、魔幻科幻、战争打斗、历史架空、“耽美百合”、“后宫养成”、神奇生物等，品种之多，涉及面之广，让人叹为观止。无论消费者是属于哪一个层面上的，都能在日本动漫中找到属于自己的那一款。① 不仅动漫创作体现出明确的市场细分，动漫衍生品的制作也有明确的设计追求，但有一条原则不变——时尚性，这是日本动漫及衍生品始终追逐并引领的方向。

4. 动漫销售渠道通畅。日本的动漫销售渠道非常广泛，除了随处可见的动漫书店、衍生品专卖店之外，日本的商场和超市也都销售漫画书、动漫游戏光盘、玩具、模型等，有些大型商场里与动漫相关的产品占据了很大面积。尤其值得称道的是，日本各类衍生品的销售渠道十分正规，或是专卖，

---

① 栾黎荔：《人文关怀视野下的动漫衍生产品》，34页，武汉，武汉大学出版社，2013。

或是在连锁企业捆绑销售，有利于品牌培养和知识产权保护。动漫衍生品的开发还带动了相关广告业的巨大发展，两个行业相互促进，谋求共赢。

5. 注重版权贸易和衍生品开发授权。日本动画还在版权国际贸易方面获得巨大的商机。通常情况下，文化产业的海外交易除了 DVD、CD 等有形的打包产品形态，更多采用的是授权使用、在当地进行生产和销售的形态。除此之外，还有联合制片以及允许使用部分创意内容的授权销售等形式。目前，好莱坞的许多电影制片公司，竞相购买日本动画片的改编权进行电影化工作，如 20 世纪福克斯购买《龙珠》的版权、华纳兄弟购买大友克洋的《光明战士》版权进行电影拍摄等，都是日本动画版权销售的杰出的成功例子。

日本动漫备受赞誉的同时，也面临着国内外的各种压力。本国的压力主要是动漫市场消费能力趋于饱和，而外部的压力主要来自两方面：周边中印韩等国动漫产业加速发展带来的激烈竞争和以美国为首的欧美大制作趋势形成的市场挤压等。

二、魅力无穷的旅游观光业

日本“旅游观光立国报告”指出，在全世界大发展、大交流时代的人们愈来愈重视文化交流，世界正从重视经济的时代向重视人的文化交流的时代转变，旅游观光立国是未来区域发展的有力手段。报告还指出，观光不仅仅是单纯的名胜古迹和风景等的游览欣赏，更是对当地人们居住环境和风土人情的一种感知，观光的概念和内涵是在不断丰富和扩大的。

目前，日本的旅游观光以自然资源、神秘东方文化、日常生活、创造力为主打，吸引了全世界的游客前往体验。

（一）发展进程

第二次世界大战之前日本旅游业的发展总体还是很有限的。在进入二战后的复兴期之后，日本在交通部下设立旅游局，这标志着现代旅游业的发展正式得到政府的认可与支持，日本现代旅游业进入了大发展时期。

1. 起步阶段（20 世纪 50—60 年代）

40 年代末 50 年代初，日本整体处于二战后恢复发展的状态，日本旅游业发展速度相对较快，但由于全民支付能力较差、旅游消费水平较低、旅游资源开发不完善等原因，旅游经济在整个社会经济中的地位和影响有限。为了促进日本入境旅游的发展，日本政府制定了多项法律法规，如 1948 年颁布了《旅游业法》、1949 年颁布了《国际旅游宾馆整备法》、

1952年颁布了《旅游中介业法》及《涉外翻译导游法》、1959年颁布了《国际旅游振兴法》等。经过上述努力，海外入境游客的数量由1950年的2万人增加到1955年的10万人。[①] 从1955年开始，日本社会经济水平飞速增长，良好的经济形势强有力地改变了国民生活方式，人们出行能力和出行欲望的增强大大推动了旅游业的发展。1963年，日本出台了旅游领域的根本大法《旅游基本法》，该法确定了发展旅游业的宗旨，对促进国际旅游事业、旅游者保护及旅游设备的配备、旅游经营管理、旅游政策审议等方面都做出了详细的规定。

2. 大发展时期（20世纪70—80年代）

1970年，日本以大阪世博会为契机，开始采取每周五天工作制，日本国民开始有充裕的时间和金钱投入休闲消遣，以团队为主的大众化旅游得到了迅速发展，旅游业也确立了产业发展基础，这可以说是日本现代旅游产业的真正开始。这一时期，日本国内旅游出现了新的形式，青少年开始倾向于“体育旅游”，其中又以冬季滑雪运动为最。1972年2月，札幌举办冬季奥运会，促进了体育旅游形成一定的规模。1973年4月，日本开始建设“观光娱乐消遣地区”。1977年11月，第一届“日本·国际观光会议”在东京召开。1978年7月，日本加入世界旅游组织，吸引了大量的海外旅游客源。

3. 迅猛发展时期（20世纪80—90年代）

70年代开始，日本经济基本上保持稳中有升的状态，始终保持了资本主义世界第二经济大国的地位。1980年，日本的人均国民收入达到7868美元，上升到资本主义世界的第13位。到1988年，随着日元的大幅增值，日本的人均国民收入已超过美国。1987年6月，日本公布并实施了《综合疗养地整备法》，即《度假村法》。制定此法律的背景是日本在制造业领域获得成功、国民生活已经相当富裕；政府推行旅游政策的目的在于让广大国民享受旅游所带来的乐趣，将旅游政策的重点放在高尔夫球场、温泉设施及建设主题公园等特定事业领域。[②]

4. 曲折发展时期（20世纪90年代末至今）

1990年日本出境旅游人数为1099.7万人，入境旅游人数为322.6万人，出入境人数差距较大，造成了日本国际旅游的赤字。为此，日本政府在随后

① 张建民：《日本旅游产业发展研究》，吉林大学博士学位论文，2012。

② 张建民：《日本旅游产业发展研究》，吉林大学博士学位论文，2012。

的几年相继颁布了《节庆法》《国际会议振兴法》《国际旅游振兴法》。

进入21世纪以后，日本政府开始积极推出促进海外游客到访的政策，小泉纯一郎在其施政方针演说中提出“促进旅游”，并以此为契机将旅游定位为重要产业。2003年4月，小泉内阁观光立国相关阁僚会议制定了观光立国行动计划，2008年10月观光厅成立，2009年12月观光立国推进总部成立。但这一时期日本旅游业的发展并非一帆风顺。日本出国游客数量2001年受美国“9·11”恐怖事件的影响大幅下降9%，2003年受伊拉克战争和SARS病毒的影响下降19.5%，2008年受美国金融海啸的影响下降7.6%，2009年受甲型H1N1流感病毒的影响下降3.4%。2011年受“3·11”大地震和核电事故的影响，入境游客数量大幅下降了27.8%。“3·11”大地震之后直到2011年12月入境游客数量与上年同期相比均呈现显著下降。

日本政府观光局发表的统计数据显示，2014年的访日外国人数达到了1341万3600人次，创下了历史纪录，比2013年增幅达到了29.4%，增幅同样创下了历史纪录。访日外国游客人数按照国家和地区划分，排在第一位的是中国台湾，同比增加28%，达282万9800人次；第二位是韩国，同比增加12%，达275万5300人次；第三位是中国大陆，同比增加83%，达240万9200人次，增幅居第一。另外，经济成长显著的菲律宾、越南等东南亚国家的访日游客人数也急速增加。与此同时，访日外国游客的旅行消费总额也刷新了历史纪录，达到了2.305万亿日元，比上一年增加43%，并且是首次突破2万亿日元大关，一个原因是免税商品的种类扩增极大地刺激了外国游客的购买欲望。

（二）日本旅游观光业的成熟经验

1. 完善政策法规

20世纪下半叶以来，日本大力推动旅游产业的发展，主要体现在三个方面：一是制定并实施包括基本法在内的一系列法律，从《旅游基本法》《观光立国推进基本法》《涉外翻译导游法》《国际旅游振兴法》《国际旅游宾馆整备法》《旅游业法》等一系列振兴旅游产业的法律中可看出日本政府对旅游产业的重视程度，体现出旅游在搞活地方经济、增加就业机会等国民经济的各个领域具有的重要作用；二是将促进旅游作为重要政策并实施了国家层面的相关计划，包括“推进观光立国基本计划”和“新的推进观光立国基本计划”等；三是设置了专门的推动机构，包括观光立国推进总部、观光厅和日本政府观光局。

2. 服务无微不至

19 世纪以后，旅游不再是以少数富有者和商务人员为主的活动，而是一种面向大众的综合性社会文化与经济活动。为广大旅游者提供更为方便的旅游条件和服务是对世界各国游客的核心吸引力。日本旅游业从业人员在服务领域精益求精，为游客们创造了美好的体验。

在日本，从事技能工作的人统称“职人”，例如厨师、美容师、工匠等，清扫工也是“职人”。职人未必社会地位高，但日本各行业都是“金字塔”体制，顶端是名利、是自豪，受社会尊敬，出类拔萃者还可能被日本政府指定为“国宝”，天皇也可能授勋。日本东京的羽田机场连续四年被评为“世界最干净的机场”，负责培训机场 700 名清扫工队伍的新春津子，就是从普通的清洁工做起，凭借自己努力取得了“日本国家建筑物清洁技能士”的资格证书。她说：“我只是把这里当成是自己的家，所以要好好招待客人，用尽心思，为了让这里的人感受到理所当然的日常环境，拼尽全力。”新春津子是日本千千万万从事服务业职人的缩影，这样精益求精的敬业精神，铸就了日本服务业的美誉。

3. 挖掘传统文化资源

日本的“祭”原来主要是指向神灵祈祷和祭拜祖先的仪式，现在已经演变成类似中国庙会的节庆活动。日本最著名的“三大祭”，祇园祭、天神祭、神田祭，各地都有举行，最隆重的分别是在京都、大阪和东京这三个重要城市举行。祇园祭是在京都八坂神社举行的祭祀仪式，与大阪的天神祭以及东京的神田祭并称。“三大祭”在 5 月至 8 月期间举行。平日忙于工作的日本人都趁此机会，尽情与家人朋友共享佳节之乐，感受传统文化的魅力。

各县、市、町、村举办的传统民间艺术表演也是种类繁多，长年不断。在日本京都，每年春季都会举办名为“都舞”的传统公演，在依次变换四季风景的舞台上，专业的舞伎和艺伎们展示优美的舞姿。公演规模盛大，吸引了国内外众多游客。

三、底蕴深厚的电影产业

（一）发展历史

1. 起步阶段（1896—1931）

1896 年，爱迪生发明的“电影镜”传入日本，两年后，日本开始自主摄制影片，主要以纪实短片为主。《闪电强盗》将当时社会流传广泛的新闻话题搬上银幕，被认为是最早迎合时尚的故事片，主要演员横山运平遂成为日本第一个电影演员。日本最早的正式影院是1903年建立的东京浅草的“电气馆”。随着电影事业的发展，日本第一家电影制片厂于1908年由吉泽商行在东京目黑区创建。

1912年横田商会等四家电影公司合并，成立了日本活动写真株式会社，简称日活，从此结束了家庭作坊式的生产。它分别在东京向岛和京都二条城建立了摄影基地进行规模经营。1918年，由归山教正主持的电影艺术协会发起纯电影剧运动。归山在1919年摄制的《生之光辉》《深山少女》，为纯电影剧运动的试验性作品。1920年日本又成立了大正活动照相放映公司和松竹公司。松竹公司在蒲田建立了制片厂，并且用了美国好莱坞式的经营管理方式建立了以导演为中心的拍片制度，极大地促进了日本电影事业的发展。该厂陆续拍了《路上灵魂》《虞美人草》等影片。1923年9月1日，以东京为中心的关东地区发生强烈大地震，在东京的拍片基地濒于崩溃，不得不转移到京都。日本震后出现了社会动荡和经济萧条等情况，出现了一种逃避现实的所谓“剑戟虚无主义”的影片。

2. 发展初期（20世纪30—50年代）

1931年，五所平之助摄制了《老板娘与我妻子》，该片被认为是日本真正意义上的第一部有声电影。电影的有声化，大约在1935年才正式完成。此后，被认为是有声电影初期代表作的影片是田具隆的《春天和少女》、稻垣浩的《青空旅行》、岛津保次郎的《暴风雨中的处女》和衣笠贞之助的《忠臣谱》。由于有声电影的出现，日本电影界出现了东宝、松竹和1942年根据“电影新体制”而创办的大映公司之间的竞争，三者形成鼎立局面。1937年，日本忙于侵华战争，日本统治者禁止拍摄具有批判社会倾向的影片，号召电影工作者拍摄“国策电影”。为了扼制不同声音的出现，日本政府还出台了电影拍摄许可制、导演演员登记制、电影审查制等行政命令。随着战争的持续，日本政府把电影胶片定为军需物资，美国等国又禁止胶片出口日本，因此市场上电影胶片奇缺。随之日本电影事业跌入了低谷。[1]

3. 巅峰与跌落（20世纪50—60年代）

二战后，日本独立制片运动蓬勃兴起，50年代中期为鼎盛时期。1950

---

① 铁晨光：《日本电影的沿革与现状》，《电影文学》，2011（6），19页。

年威尼斯国际电影节期间，由黑泽明执导的日本新现实主义的代表作《罗生门》获得了威尼斯影展赞助商斯特拉米·乔丽的推荐，先后斩获了诸多重要奖项。随后沟口健二1952年拍摄的《西鹤一代女》、1953年拍摄的《雨月物语》、1954年拍摄的《山椒大夫》连续获得该电影节的奖项。1954年黑泽明的《七武士》又获得了威尼斯国际电影节的银狮奖。同年衣笠贞之助的《地狱之门》在法国戛纳国际电影节上荣获大奖。日本电影在世界接连获奖引起了世人的关注，从而确立了日本电影大国的地位。①

到60年代中期，日本故事片的生产、发行和上映几乎完全由大公司所控制。独立制片虽一度很活跃，但毕竟为数甚微。各公司之间竞争激烈，出现了以量制胜的局面，最高年产量达到过547部（1960年），1958年的观众人次高达11.27亿。1960年以后情况急转直下，整个电影事业处于动荡、混乱和低落状态。原来的六个大公司中，新东宝和大映两家公司分别于1961年及1971年濒临倒闭，产量大为缩小，转为经营发行、经营影院或扩大其他附带事业。尽管大映后来又重整旗鼓恢复经营，但重点已不放在影片的制作方面。60年代，观众人次一度仅有1.6亿，不及1958年的1/7，影片产量维持在300部左右，其中独立制片的作品占2/3。

4. 衰退与复苏（20世纪70—90年代）

进入70年代后日本经济高速增长，但电影不仅没有得到发展，反而走向了衰退，压力主要来自两方面：其一是法国“新浪潮”及“左岸派”制作的具有新观念、现代感的法国电影的冲击，其二是受电视这种新的媒介形式的影响。在日本国内，一些年轻人不满旧观念与旧体制的束缚，开始了日本电影史上的第二次独立制片运动。国内及国外影响的共同作用，使日本电影发生了深刻的变化，国内外电影理论界称之为日本电影“新浪潮”的出现。进入80年代后，日本的电影事业逐渐回暖。1985年日本首次成功地举办了第一届东京国际电影节，有42个国家派出代表团参加了这次电影节，参映影片137部，观众多达10余万人。在80年代还出现多部非常优秀的电影，比如降旗康男导演的《车站》（1981）、《兆治酒馆》（1983），市川昆的《细雪》（1983）等。

进入90年代以后，日本电影走向复苏，老一代导演今村昌平、熊井启等人宝刀不老，北野武、岩井俊二、周防正行等中青年导演也崭露头角，在日本乃至世界范围内掀起了一场声势浩大的日本新电影运动。

---

① 铁晨光：《日本电影的沿革与现状》，《电影文学》，2011（6），20页。

（二）发展现状

从日本电影的发展历史来看，可以发现其经历了从传入到黄金时期、又于黄金时期跌入谷底、继而又再次走向巅峰的曲折发展历程。近年来，日本电影产业持续稳步发展，下面根据从网络上获取的数据资料对2000年至2015年间日本电影产业的发展做简要分析。

在日本，电影称“映画”，本土电影被称为“邦画”。从2000年到2009年，日本“邦画”占领的市场份额逐渐提高。2010年，日本国内公映的本土片电影数量为408部，海外片为308部。日本国内本土片总票房为1182.17亿日元，占国内总票房的53.6%。全年日本全国观影总人次为17435.8万，创十年来新高。达到10亿日元以上电影票房的本土片29部、海外片19部。2011年国内公映电影虽然总数量增长至799部，但国内总票房却只有1811.97亿日元，而且国内观影总人次有所降低，只有14472.6万。

2012年日本国内电影票房收入比上年增加了7.7%，达到1951.9亿日元。观众人数增加了7.2%，达到15515万人次。使得日本电影市场票房收入回升的正是日本本土电影。2012年全年日本国内票房收入排在第一位的是《海猿》，总票房收入73.3亿日元；排在第二位的是《罗马浴场》，总票房收入59.8亿日元；排在第三位的是《跳跃大搜查线 THE FINAL 新的希望》，总票房收入59.7亿日元：前三位票房宝座均被日本电影占领，日本电影的票房占到总票房收入的65.7%。相比起本土电影市场的复苏，海外电影2012年在日本市场一片惨淡，好莱坞大片在日本纷纷遭遇票房滑铁卢，年轻观众对电影的选择也越来越倾向于本土。种种迹象表明，日本电影正在走向复苏，尤其在日本国内，呈现出一种亲本土疏洋化的倾向。

2013年，日本的电影票房收入为1942亿日元，比2012年减少0.5%。其中，著名导演宫崎骏执导的封山之作《起风了》大受欢迎，以120亿日元的绝对优势登顶2013年度日本电影市场票房冠军。日本国产影片票房收入约1176亿日元，市场份额为60.6%。国产动画《海贼王剧场版Z》拿下68.5亿日元的高票房。横扫全球的《钢铁侠3》等好莱坞大片相对来说票房不佳。

2014年，日本电影市场仍然保持了约1.6亿观影人次、2000亿日元的票房，这是连续三四年以来的稳定成绩。日本国产片占约六成市场，这属于一种健康状态。不过，有专业人士评论说日本是一个严重偏食的市场，当年票房榜前12名电影中，10部国产片，其中6部是动画片，3部根据漫画改编，还有一部改编自畅销小说。一个健康的市场应该是各种类型等量繁荣，日本电影面临一种走不出传统供销模式的窘境。

2015年《侏罗纪世界》《超能陆战队》《妖怪手表》三部影片冲进了日本电影院线史上最卖座的100部影片榜单中，海外电影中前五强全部超过50亿日元，而本土电影仅有两部超过50亿日元，以此来看，海外电影一改过往连续几年不敌日本本土电影的局面。本土电影十强中，动画片及漫改电影仍然占据绝对优势，其中出现的两部科幻片显示出日本电影的新突破。

（三）发展特点

1. 内容以民族文化为魂。在电影传入日本的最初时期，无声电影的放映方法融合了日本人熟悉的传统文化，即在观看无声电影的同时，由活动辩士来解说电影的内容。而日本在第一次制作影片时，也采用了日本观众熟悉的传统剧作为影片的题材。作为日本大众文化的动画，在发展过程中受到了以美国迪士尼动画电影为主的冲击，使日本电影领域深刻认识到在技术上与美国电影的差距，所以更加注重对内容和题材的选择，多以融合本土传统的民族文化为重点，借助本土文化的魅力赢得国内观众的青睐。

2. 动画电影占据绝对优势。纵观日本历年单片票房排行榜前100位，动画电影排名靠前者比比皆是。日本在动画产业上的产出额，在整个内容产业上都占有显著位置。宫崎骏是当今日本动画界的中流砥柱，他的动画电影使得日本动画在国际上占有一席之地，甚至成为一种知名品牌。2001年上映的《千与千寻》以304亿日元的票房至今仍稳居日本电影史上第一名。

如前文所述，2014年日本票房榜前12名电影中，10部国产片中6部是动画片。2015年本土电影票房十强中，日本动画电影依然占据绝对优势，另外两部卖座的科幻片也属于漫改电影。2015年度日本上映的动画电影票房前十名，每部票房都突破了10亿日元，排名第一的《妖怪手表：诞生的秘密喵》拿下了78亿日元的票房。由此我们可以感受到动画电影在日本国内受欢迎的程度。

3. 系列作品见长。日本电影尤其擅长拍摄系列作品，这是各大电影公司的票房法宝。在日本影坛中，最早受欢迎的系列片是1969年由社会派著名导演山田洋次推出的《寅次郎的故事》，从1969年到1995年共放映48集。随着放映时间和集数的增长，观众的热情和票房收入有增无减，这种现象不仅在一个国家的电影史上，即使在世界电影史中也属空前。而《跳跃大搜查线》《机器猫》《新世纪福音战士》《海猿》等系列也是拍了一集又一集，主要是招揽30岁左右的资深影迷。这些作品有一部分是漫画改编，一部分是漫画先改编成动画电视或实拍电视然后再改编成电影，已经拥有非常坚实的受众基础，因此很容易就取得成功。

四、风光独好的日本报业

日本是世界上报纸发行量和个人订报最多的国家，发行量在100万份以上的报纸约有10种，平均每2.35人一份报纸、每1.12户一份报纸。在2013年全球日报发行量排行榜上，前5名均为日本报纸，其中《读卖新闻》以1440万份的发行量高居世界榜首，《朝日新闻》的发行量为1300万份，《每日新闻》的发行数也接近500万份，皆远非美英报纸所能及。其中《读卖新闻》和《朝日新闻》位列全球十大最有影响力的报纸名单。

相比于其他国家传统报业受到的新媒体冲击，日本的报纸产业似乎日子要好过许多。究其原因主要有：

（一）民众的受教育程度高并注重养成良好的读报习惯。日本有新闻辅导员来启蒙孩子的传媒兴趣，各种彩图版儿童版报纸层出不穷。日本人普遍关注时事新闻，对即时性资讯的消费能力非常强。日本工薪阶层中许多人习惯在早饭时读报，或带一份报纸在上班路上阅读。

（二）报纸内容的多样化。除了日常新闻以外，常见连载小说，不乏名人佳作，而且日本侦探文化、悬疑文化尤为盛行，侦探小说也恰好是最适合连载的类别之一。报纸非常注重读者的需求以及与读者的互动，报上经常刊登读者来信、读者评论等，也会有读报周之类的活动。

（三）日本人对报纸的信赖度远高于新媒体。根据2015年3月日本通信调查协会发布的《2014年关于大众媒体的民意调查》，在信息源上（百分制），日本人对报纸的信赖度为69.2，仅次于公共电视台NHK（71.1），但远高于互联网（54.0）。尽管互联网已成为生活的一部分，但日本人依然更加信赖经过编辑、审核、校对的纸媒信息。

（四）周到完善的报纸专卖制度。通过邮局邮寄的报纸只占发行总量的1%，零售报纸也只占8.3%，其余90%以上的报纸都是由两万多家报纸专卖店、50万专门送报员送报到户。报纸专卖店的收益与报纸的发行量直接挂钩，所以报社专卖店想方设法提高报纸的发行量，除了上门征订、随时可订可停、前两年免费订阅、“讨价让利”以及投送有误时及时补送或补偿等周到服务外，还采取实物奖励的方式吸引订户。

（五）日本报企的版权保护意识和未雨绸缪的战略规划：

1. 20世纪末，当互联网和智能手机还远未普及的时候，日本新闻界就已经意识到未来新媒体将对传统媒体造成的冲击。因此，1997年，由报社、电视台和通讯社组成的日本新闻协会发表了《关于网络著作权的声明》。在声明中，明确要求互联网企业、电子媒体在转载新闻信息前必须取得报社、电视台或通讯社的同意，并注明转载来源，否则将视为侵权。这项声明在当时看起来十分超前，却为保护日本报业的利益奠定了坚实的基础。

2.《读卖新闻》《朝日新闻》等日本传统大报也从那时起积极推动各自新闻网站、手机客户端的建设。虽然这点看上去与当下中国差不多，但新闻网站和手机客户端上的消息却均非完全免费，如果想要阅读完整的内容需要注册付费；而不是像中国这样，下载一个新闻客户端就可以浏览一份报纸的所有版面。因此，尽管日本新闻界也在积极推动信息的数字化，但实际上还是以保护传统报业发展为前提。

3. 最重要的原因就是日本的传媒产业体系是以报企为中心扩展的。在日本，《读卖新闻》《朝日新闻》《每日新闻》《日本经济新闻》《产经新闻》这五大报几乎垄断了日本的信息资源，它们在日本全国发行并拥有各自的驻外记者，拥有自己的电视台和广播电视网。比如，《读卖新闻》和《朝日新闻》旗下分别拥有可在日本全国收看的日本电视台和朝日电视台，而二者分别拥有的电视网则为各地方电视台提供新闻资源。在这样的新闻传播体系下，日本的新媒体在受新闻版权制约的同时，还受困于新闻资源的分配——因为不论怎样都跳不出这个体系。所以日本的新媒体发展并不显著，能够让人记住名字的并不多，也就更不用说打败纸媒了。[①]

第四节　日本文化产业经典案例

一、吉卜力工作室

吉卜力工作室成立于1985年，起源可以追溯到1982年由德间书店出版的*Animage*杂志连载的漫画改编制作的电影《风之谷》。当时动画导演

---

① 陈洋：《日本的报纸为什么没被新媒体打败?》，《杭州日报》，2016年3月21日。

宫崎骏在《风之谷》发行后虽获得不差的成绩，但原先的动画制作团队却面临解散。铃木敏夫为了让宫崎骏及宫崎骏的动画搭档高畑勋能有一个专用的动画制作场所，便在德间书店出资帮助下，以《风之谷》的团队为班底，成立了吉卜力工作室株式会社（类似于股份有限公司），社长由德间书店的社长德间康快出任。2005年初，吉卜力正式从德间书店拆分出来，成为独立的公司"株式会社吉卜力工作室"。"吉卜力"（Ghibli）是由宫崎骏命名，意思是在撒哈拉沙漠上吹着的热风。

吉卜力工作室以高品质著称，作品风格细腻并且充满想象力，在国际上获得极高的评价。宫崎骏、高畑勋主要负责创作，铃木敏夫负责销售，作曲家久石让为吉卜力工作室的多部作品配乐。工作室的标志是《龙猫》中那只胖胖的可爱的"龙猫"。

吉卜力工作室代表作品有《龙猫》《千与千寻》《幽灵公主》《哈尔的移动城堡》《天空之城》等，电视动画2部，短篇动画18部，工作室还辅助出品了《攻壳机动队2》《新世纪福音战士》《蜡笔小新》等动画作品。

第一部为吉卜力创下极佳票房的电影，是1989年由宫崎骏导演的《魔女宅急便》，也是首部由吉卜力工作室与华特迪士尼公司合作发行的动画电影。《魔女宅急便》吸引了大约264万名的观众，成为日本当年最卖座的电影。这部电影所带来的收益及票房，超过了吉卜力工作室之前所作的动画电影。

由宫崎骏执导的《幽灵公主》是吉卜力的第11部影片，需要应用非常多的电脑科技，这是对吉卜力的一大挑战。为了应付这个新的挑战，吉卜力设立了一个专门的CG（电脑制图）小组，也购置了CG所需的一切设备，他们还邀请了一位CG导演加入《幽灵公主》制作小组。1997年影片上映后，因过于操劳，宫崎骏一度宣布退休。1998年迪士尼买断了吉卜力在海外的版权，《幽灵公主》在全美及欧洲市场公映。

1999年高畑勋的作品《我的邻居山田君》，舍弃了吉卜力惯用的透明画材动画，尝试着使用铅笔线与水彩色调的颜色画出了素描般的作品。为了达到这种效果，他们用数字技术代替了传统手法，这是吉卜力第一部完全在电脑上完成绘图和动画制作的作品。

2001年7月20日上映的《千与千寻》是宫崎骏的复出之作，也是宫崎骏最成功的作品，当年创下日本有史以来最高电影票房，并荣获多项国际大奖。这一票房纪录保持十多年，至今仍未被打破。

与一般动画工作室不同的是，铃木敏夫在成立吉卜力工作室时的目的是“纯粹建立一个为高畑勋、宫崎骏他们两人专用的创作平台”，吉卜力一开始的运作方式为“要制作作品的时候便集合制作团队，作品完成后随即解散”，在制作动画时也是抱着“若这次作品不卖座而亏损，就直接解散”的想法。动画师的酬劳是依照票房等收入采取比例分配制。在1989年的《魔女宅急便》创下佳绩后，工作室才增加了培养动画制作人才的制度及固定的给薪制。但是直到2005年吉卜力成为独立公司时，铃木敏夫依旧提及“吉卜力是为了创作精彩作品成立的系统，而非永续经营的企业”以及“原则上当高畑勋与宫崎骏引退时便是吉卜力结束的时候”。

吉卜力工作室每年都承担着巨额制作费用，仅仅运转工作室本身的人事费用就十分庞大，这让工作室有些喘不过气来。尽管《起风了》票房收入120亿日元，但在人事费上就耗费了近20亿日元，对于公司来说没有挣到100亿是很难维持的。如此看来，吉卜力工作室最大的问题仍是资金运转不周，再加上做动画成本太高，近几年赤字很成问题。

吉卜力另外一个致命的问题实际上就是后继无人的尴尬。最有接班人潜质的近藤喜文积劳成疾、英年早逝；《借东西的小人阿莉埃蒂》导演米林宏昌及宫崎骏长子宫崎吾朗虽皆刻苦努力，但作品总是反响平平，很难带来突破性的惊喜；高畑勋导演的《辉夜姬物语》耗费成本巨大，但票房仅收入51亿日元，这对吉卜力来说就是一部不够成功的作品。

2013年8月3日，在TBS电视台的一档节目中，吉卜力工作室董事长铃木敏夫宣称“吉卜力工作室将暂时解散其制作部门，并考虑重组”。节目一经播出，这则消息立刻就扩散到了包括中国、韩国在内的众多地区。吉卜力的解散消息再次成为一场风波，自然让众多漫迷为之心痛。日本媒体怀疑这只是铃木敏夫的又一次悲情宣传手段。[①]

果不其然，2016年5月的戛纳电影节，吉卜力新作《红海龟》横空出世，并入围了“一种关注”单元首映。这是宫崎骏宣布他决定退休之后，吉卜力工作室推出的第一部真正没有宫崎骏参与的新片。吉卜力进行了一次突破性尝试：大胆邀请欧洲著名导演迈克尔·度德威特执导，高畑勋也老将出马担任艺术指导，《红海龟》变成了日本与欧洲动画风格的“混血儿”，没有抛弃吉卜力和导演本人以往的风格特色，带来了新的惊喜。

---

① 李子峘：《吉卜力解散风波：日本人不关心中国粉丝伤透心》，凤凰网，http://ent.ifeng.com/a/20140811/40232429_0.shtml。

二、AKB48

AKB48是一个青春少女歌唱组合，是日本当下最著名的偶像团体。有138名现役成员，其中136名为正式成员。在日本，AKB48及其姐妹乐团的唱片年销售额占到整个唱片市场的1/10。

该组合由日本作词家秋元康于2005年创立，他塑造的都是平民偶像。2007年，AKB48崭露头角，成为日本新兴偶像团体。2010年，年度四部作品连续三周进入日本公信榜前十名。2012年，AKB48担任中日邦交正常化40周年亲善大使。2014年，AKB48总选举收视率高达28.7%。单曲CD《真夏的sounds good!》发售首日就创下117万张的单曲首日销量纪录，这是AKB48连续七张单曲销量突破100万张，在CD销售因互联网冲击而呈现全球性下滑趋势的今日，简直就是奇迹。

在不景气的日本经济氛围中创造了销售奇迹，这一现象甚至引起了很多专业人士的关注。主要研究领域为经济思想史的日本上武大学商业资讯系教授田中秀臣专门写了一本书《AKB48的格子裙经济学》，研究AKB48现象，目前这本书中国已经引进版权并出版了中文版本。

打造AKB48的秋元康在日本歌坛功勋卓著，集编剧、导演、小说家、作词家、漫画家及电视电影制作人于一身。他作词的作品在日本歌坛达数千首，影响很大；另外也有很丰富的偶像管理运作经验，上至美空云雀，下至早年女子偶像团体小猫俱乐部，再到现在的AKB48，都是出自他之手。

AKB48的成员是通过选秀选出。连团队的创始人都说，与“少女时代”相比，AKB48“高矮不一、脸蛋造型各异、演艺才华参差不齐……是一个‘未完成’（incomplete）的组合”。一个个原本普通的小姑娘，努力练习积极进取，一步步绽放光芒。在她们的身上，女孩子们能看到自己的影子，幻想着自己从丑小鸭到白天鹅的转变；男孩子则感受到了可以接触的偶像的魅力，那么多风格各异的女孩，总有自己喜欢甚至暗恋的类型。

AKB48将她们的核心粉丝锁定为日本宅男。宅男收入微薄，但影响力尤其是网络影响力巨大。一个宅男粉丝利用他的网络传播优势，能够带动众多AKB48商品——唱片、演出门票、电影票、代言产品、写真集、DVD等产品的购买者。AKB48锁定低收入、低消费人群为基本客户，市场基础极其坚强，完全不被经济景气程度左右，并且随着其他国家经济水平的增长、宅族出现，潜在的国际市场空间巨大。

秋元康又创造性地为 AKB48 量身设计了全新的运营模式：其一，改变偶像组合人数，诉求人多势众提高竞争力。其二，改变偶像产生流程，让粉丝同步目击成长经过，并且让粉丝能够决定偶像的命运。其三，改变偶像行销手法，舍弃大众传播而选择现场表演的路径。AKB48 以标榜“可以和偶像天天见面”的理念起家，以小剧场低票价天天开秀曝光，虽然这样的固定成本极高，而且可能在单场次赔钱，但一路累积女孩们的人气与表演的经验，且诚意十足，足以感动消费者，让他们愿意全心跟随。

AKB48 的女孩子们，抱着绝对的“顾客就是上帝”的理念。成员们都深知粉丝对自己的重要性，对待粉丝友好亲切，不遗余力献上自己最美的微笑，经常更新推特等社交媒体，还会到粉丝的推特访问，以及刻意做一些取悦粉丝的事情。成员人气总选举、猜拳大会，这两个年度大型活动也刺激好玩，成功俘获了粉丝们的关注。

秋元康对 AKB48 采取职员式的管理。AKB48 有一条铁的纪律：所有团员不准恋爱。可以暗恋，严禁交往。2013 年 2 月份，有 AKB48 成员被拍到恋情，不得不录视频向公众道歉，结果仍然被经纪公司降格处理。AKB48 成名后，开枝散叶飞快，时不时就冒出姐妹女子团体。为了带动人气，分享经验，秋元康经常会将 AKB48 几位人气团员调往其他地方工作，有如上班族要被公司派遣到海外工作。除了 AKB48 本体，秋元康在日本各地创立姐妹团，名古屋 SKE48、大阪 NMB48、福冈 HKT48 等都人气爆棚，远在印尼的 JKT48、中国上海的 SNH48 都是他扩大这块女子偶像王国蓝图的重要步骤。

第六章　韩国文化产业

韩国文化产业也称“内容产业”，根据韩国《文化产业振兴基本法》第二条，文化产业是指“与文化产品开发、制作、生产、流通、消费等有关的服务产业”，具体包括：电影相关产业；音乐唱片、录影带、游戏产品相关产业；出版、印刷物、定期刊行物相关产业；放送影像产品相关产业；文化财产相关产业；体现艺术性、创意性、娱乐性、休闲性，创造经济附加价值的人物造型（Character）、动画、设计（工业设计除外）、广告、演出、美术品、工艺品相关产业；从事数字化文化内容收集、加工、开发、制作、生产、储存、检索、流通等相关服务产业；其他由总统令确定的传统服装、食品等产业。《文化产业振兴基本法施行令》对“其他由总统令确定的产业”进行了具体的阐释，即“运用传统素材、技法、形象的服装、食品、住宅、造型物、装饰用品、小商品、生活用品相关产业，文化商品展示会、博览会、商品交易会、节庆活动策划运营相关产业，以及其他文化商品相关策划活动”。

第一节　韩国文化产业概况

一、韩国文化产业的兴起

文化产业的迅速发展，带动了韩国文化的传播，一股“韩流”席卷世界，提升了韩国的文化地位和影响力。可以说，目前韩国已经是世界文化产业大国。韩国政府对文化产业发展高度重视，2013年初，新任总统朴槿惠提出了“经济复兴、国民幸福、文化隆盛”的施政纲领，文化的地位得到进一步提升。朴槿惠表示韩国政府将出资继续扶持文化产业，扩大“韩流”的世界影响力。

（一）韩国文化产业发展的背景

韩国是一个地域狭窄的半岛国家，国土面积约 10 万平方千米。根据 2015 年的人口数据统计，人口也只有 5060 万人。狭窄的地域、有限的人口、匮乏的资源决定了韩国的发展必须依赖于对外经济贸易，因此韩国一直以来都有“贸易立国”的说法。可以说，对外贸易是韩国经济发展的生命线，对韩国经济的活跃、就业市场稳定和外汇收入增加有着不可估量的作用。在发展初期，韩国一直都是传统农业国，一直到 20 世纪 60 年代都是亚洲经济落后的缩影，1962 年韩国的人均国民生产总值（GNP）仅为 87 美元，大宗民生物资还要依赖美国救助。具有浓郁独裁特色的领导人朴正熙上台后，开始大力推进韩国现代化。到 20 世纪 80 年代已经基本实现工业化，由于其举世瞩目的经济成就，韩国得以与新加坡、中国香港、中国台湾并称“亚洲四小龙”。

1997 年一场突如其来的金融风暴席卷亚洲，韩国经济受到重挫，一夜之间货币贬值、外汇储备降到谷底、众多银行倒闭、企业破产、失业人数急剧攀升。韩国政府意识到只有实现经济转型才能走出困境。1998 年，金大中政府将视线转向了文化产业。金大中上任之初就提出：“文化产业是 21 世纪的基干产业，是旅游产业、影视产业、文化特产等具有无限发展可能性的产业的集合，是财富的宝库。”同年，韩国政府正式确立了“文化立国”的方针，开始大力扶持文化产业的发展。之后的卢武铉政府（2003—2007）、李明博政府（2008—2012）、朴槿惠政府（2013 至今）都秉承这一思想，不断出台新政策，促进韩国文化产业的发展。

（二）韩国文化产业加速发展

根据韩国文化产业振兴院的数据，2010 年韩国文化产业规模达到 72.58 万亿韩元，约占当年 GDP 总量的 6.2%。这个规模与 1999 年的 7.058 万亿韩元相比，增长了 10 倍多。[①] 尽管近些年来，受世界金融危机影响，全球经济都处于不景气的状态，但是韩国文化产业依旧保持良好的发展态势。仅 2015 年第三季度，韩国文化产业销售额就达到 25.3549 万亿韩元，同比增长 8.1%；出口额达到 16.6361 亿美元，同比增长高达 21.4%。

2016 年初，韩国文化体育观光部发布“2015 年文化内容产业统计”，详细统计了出版、漫画等多方面的信息。报告指出，2014 年韩国文化产业

① 陈大为：《确立“文化立国战略”，扶持企业主攻海外》，《中国文化报》，2012 年 8 月 29 日。

的从业企业达到10万5442家，比2013年下降了2.9%。从2010到2014年的5年间，文化产业的从业企业以年平均2.3%的速度减少。从各行业的从业企业比重来看，音乐产业占比最高，达到34.6%。从文化产业的销售额上来看，2014年文化产业销售额达到94.9472万亿韩元，比2013增加了4.1%。相比2013年，除了出版行业、电影行业呈现负增长外，其余行业都呈现增长态势，其中文化产业解决方案增长13.3%、知识信息业增长9.2%、角色形象业增长9%，是增长势头最强劲的三个领域。

在文化产品出口方面，1997年只取得了500万美元的出口额。此后，随着“韩流”在海外盛行，韩国文化产品的出口也水涨船高。2014年文化产业的出口额为52亿7352万美元，比2013年增加了7.1%。其中，游戏行业的出口额占总出口额的56.4%。从2010年到2014年，游戏行业的出口以年平均16.7%的速度飞速增长。2014年，文化产品进口额达到12亿9423万美元，同比下降了10.8%，文化产业的贸易态势良好。

文化产品的出口不仅本身创造经济效益，而且还能带来相关商品的销售。韩国某研究所的一项研究表明，韩国文化商品出口每增加100美元，相关消费品的出口就会增加461美元。特别是韩国企业主要出口产品——手机等信息技术产品的出口平均会随之增加395美元；除此以外，服装的出口会增加35美元，加工食品的出口额会增加31美元。据韩国《中央日报》报道，从2009到2011年，韩国化妆品对中国、日本、东南亚的出口翻了一番。以中国为例，2009年中国从韩国进口的化妆品总额为1.19亿美元，到2011年增加到2.2868亿美元。“韩流”热潮对其产品在世界各国的销售起到了重要的作用。韩国力争到2020年将文化内容出口额提高到224亿美元，将文化内容产业的出口全球排名从2010年的第9位（2.2%的市场份额）提高到第5位（5%的市场份额），以此使韩国跻身世界五大文化强国。

在就业方面，2014年韩国文化产业从业人数为61万6459名，到2015年第三季度时这一数目增加至62万8252名，相比韩国5000多万的人口总数而言已经是不小的比重。据韩国媒体报道，每10亿韩元的销售额在制造业中只能带来7到8人的就业，而在文化产业领域能带来14到15人的就业。正是因为对经济发展和社会就业强有力的推动作用，大力发展文化产业对于韩国来说是一种必然的选择。①

---

① 数据来源：韩国文化产业振兴院官网 http://www.kocca.kr。

二、韩国文化产业成熟经验

（一）建立集约化生产经营机构

韩国《文化产业振兴基本法》提出，文化产业园区是产、学、研联姻，对文化产业进行开发研究、技术训练、信息交流、生产制作的“集合体”。以地方政府为主，中央支持，动员民间力量参与园区的建设。根据韩国政府的规划，国家对每个文化产业园区支持200亿韩元（2—3年内以分期付款的方式拨款），对每个传统文化产业园区支持50亿韩元，对每个综合性文化产业园区支持300亿韩元。现已建成且比较具有代表性的文化产业园区有坡州出版文化产业信息园区、首尔数字媒体城（DMC）、Heyri艺术村、韩国民俗村、韩流世界、富川影视文化园区、春川动画基地以及以制造工业为主题的韩纸村等。其中坡州出版产业信息园区以推动出版产业发展、促进流通结构优化为目标；首尔数字媒体城（DMC）是以数字内容产业为主的制作基地，集中了韩国广播、游戏、电影、动漫、音乐和网上教育等基于信息技术的产业；Heyri艺术村则由数百名艺术工作者建造的工作室、美术室、博物馆组成，集文化艺术产业生产、加工、展示、传播、交易和销售于一体。

除了文化产业园区，韩国政府还规划建设了一些“共同制作室”，如2002年由文化产业振兴院投资32亿韩元建设的“共同制作室”（约1100平方米，设15个制作室、1个影像编辑室、1个装备室、1个试运转室）正式挂牌投入使用，其目的就是为热心文化产业且具有一定技术、深受资金短缺困扰的中小企业提供长期系统的扶持。文化观光部注资450亿元建成面积约1.7万平方米，集制作、流通、培训功能于一体的自给自足型的数字化广播产业生产中心“数字化广播共同制作室”。

韩国文化产业孵化器的主要功能有四个方面：一是通过政府出资购置资金、技术密集型的文化产业生产资料（包括高新技术、大型仪器和办公用房等），经过孵化器全面运作后以优惠的价格向企业出租，从而减轻中小企业的创业负担，也避免了大企业的盲目重复性投资带来的产业过热及经济泡沫；二是进行国内外市场调研，定期向企业提供海外市场动向，组织企业参加海外相关的销售和技术交流活动，并有偿提供市场开发咨询；三是利用政府出资，进行文化产业领域内生产和市场营销国际化人才的培养和再教育；四是向企业提供融资方面的优惠。2001年至2005年间，韩国政府拨出500亿—1000亿韩元的政府预置金，交由中标银行和产业孵化机构完全按照市场运作的方式向文化产业相关企业提供低息贷款，利息按协商利率（每年由政府与银行、孵化机构协商确定，大致为贷款利率的1/3）每年交还给政府，利息的剩余部分作为银行和孵化机构的资金运作收益，呆账、坏账造成的贷款损失由银行和孵化机构承担。

（二）建立人才培养机制

韩国文化产业飞速发展过程，长期伴随着创作、企业、市场开拓等方面人才的短缺问题。根据统计，在2000—2005年间，整个韩国需要文化产业专门人才9.8万人，但是国内供给仅有5.8万人，缺口达到4万人。为此，韩国政府投入2000亿韩元，抓紧培养复合型人才和电影、卡通、游戏、广播等产业的高级人才。同时在学科建设中突出艺术学科的实用性教育，扩大文化产业和纯艺术人员之间的交流合作，达到文化艺术与文化产业双赢。具体来看，有以下几个方面：

一是实行系统化管理，使文化产业人才的培养和使用获得制度保障。由产、学、研三方联合成立“CT（即文化科技）产业人才培养委员会”，负责制定、协调文化产业人才培养计划；成立“教育机构认证委员会”，对文化教育机构实行认证工作，并对其中优秀者给予奖励和提供资金支持；成立文化产业专门人才数据库，学界、机关、企业的专家可以申请登录入库。

二是设立专业院校或在大学开设相关专业，培养文化产业专门人才。近年来，新建汉城（现首尔）游戏学院、全州文化产业大学、清州文化产业大学、大邱文化开发中心、网络信息学院、传统文化学校等。在100多所大学开设了文化产业本科专业，在81所研究生院开设与文化产业相关的硕士博士课程。

三是利用网络和其他教育机构培养。韩国从2003年开始开展文化产业网络教学，培养了行业发展急需的大量专业人才。由文化产业研究开发中心牵头，以产、学、研联合办法，培养特殊专业的尖端人才。

四是加强文化产业人才的专业资格培训。委托院校和企业开展文化产业从业人员资格培训，并逐步规范化。

五是加强国际人才交流合作，培养具有世界先进水平的人才。韩国非常重视与美国、日本、中国等国家的人才交流合作，仅在2002年就派出两批共计180人赴海外研修，培养CEO、中层管理人员、业务人员各60名，国家为每人补贴6100美元。

六是重金奖励优秀人才。韩国在文化产业各相关领域基本上都有一套奖励措施，近几年来尤其加大了对影像、游戏、动画、音乐等重点文化产业的奖励力度。

（三）充分挖掘历史文化资源

近年来，韩国对于非物质文化遗产和传统节日文化方面的政策方针从“保护”与“传承”更进一步走向“振兴”与“活用”，制定和推行了一系列新的政策和法规，并发展与之相关的事业。不论是韩剧、韩星等流行文化的扩散，还是“申遗”、环保等文化建设工作的推进，“韩流”在世界范围内广泛传播的秘诀之一，便是用现代和时尚的元素对传统文化加以包装，达到传统和现代的巧妙融合。

韩国对世界文化遗产的关注不断升温，并有许多项目申报成功。从“江陵端午祭”成功申遗至今，韩国给世人留下了热衷申遗的印象。目前韩国有17项世界非物质文化遗产项目。除了2014年入选的农乐之外，还有宗庙祭礼及宗庙祭礼乐（2001）、板索里（2003）、江陵端午祭（2005）、圆圈舞、男寺党表演、灵山斋、济州Chilmeori堂灵登巫术、处容舞（2009）、传统歌曲、大木匠、鹰猎（2010）、传统武术跆根、传统技艺走绳、韩山苎麻纺织工艺（2011）、传统民谣《阿里郎》（2012）、越冬泡菜文化（2013）；2015年12月2日，韩国、越南、柬埔寨、菲律宾一起申请的拔河项目成功被列入世界非物质文化遗产名录，拔河成了韩国第18件世界非物质文化遗产。

韩国申遗，一举多得，意在“把自己的文化推出去”，除了贴上文化软实力提升的标签，申遗成功也确实给韩国带来了经济利益，在“泡菜”的高端营销上、在提升旅游业上起到了举足轻重的作用。另外，通过多国合作申遗，加强了与他国的沟通交流，带动了政治经济文化多层面的国际合作，有力扩大了韩国的国际影响。

（四）行之有效的海外市场开拓战略

韩国的地域面积和人口数量决定了其市场规模的限度，要想做大做强文化产业，就必须大力开拓国际市场，加强国际贸易。为此，韩国政府制定了将以中国和日本为重点的东亚地区作为登陆世界的台阶、逐步拓展欧美国家市场、利用国内市场收回制作成本、通过海外市场获得盈利的基本战略。具体措施如下：

1. 通过调研不同国家和地区的不同需要，推出适销对路的产品。

通过驻外文化院、一些机构和企业的办事处以及网络等多种途径，加强调研，针对地区特点开发不同产品。例如对亚洲地区以影视、音乐为主，逐步推出游戏、动画等；对欧美地区则计划先将游戏、动画产品打入主要市场，再集中力量开发名牌产品。具体来看，2013年，韩国文化体育观光部与企划财政部联合推出韩国海外文化院“分区域巡回打包项目”，即政府投入28亿韩元组织专家评审团，对韩国国内的各项舞台演出及展览进行严格筛选，通过甄选的韩国文化艺术产品将会被打包，按照亚洲、欧洲不同区域，进行巡回演出及展出，展现韩国文化艺术的多样性，推动韩国文化艺术的海外传播。①

韩国对相关机构和企业建立的据点提供资金和政策上的支持，韩国文化产业振兴院目前已经在北京、东京、伦敦、洛杉矶设立了办事处。通过这些前沿据点，加强市场调研和开发，开展市场宣传，组织和支持一些相关活动，从而拓展韩国文化产业的海外市场。近些年来，韩国与其他国家“共同制作”的文化产品逐渐增多，从而解决韩国本身资金和技术的制约，打入国际市场。

2. 创建国际知名品牌，加强韩国文化产业国际竞争力。

充分发挥李敏镐等影视明星、EXO等歌星、流氓兔等名牌产品的影响力来提升国家形象和传播韩国文化。同时，为了支持本国影视音像产品占领国际市场，韩国政府在2000年成立了影音分轨公司，对翻译和制作费用几乎给予全额补助。2002年，文化产业振兴院选定10个出口唱片项目，各支持3000万韩元制作费和2500万韩元外文版制作费，签约时先提供80%，制作完成并检验合格后再提供20%。

3. 充分利用新媒体营销。

继用韩剧和流行音乐为国家形象搭台之后，韩国人又与时俱进地寻找更加新颖和时尚的海外文化推广方式，把博客、平板电脑、手机都打造成为文化传播的有效平台。

韩国A&T Holdings公司联手韩国文化产业振兴院、韩国著名钢琴家林东昌共同推出的免费软件，将木雕、传统乐器“大笒”、传统武艺“托肩”、传统工艺柳器及染色等5项韩国的重要非物质文化遗产，以文字、图片、影像、声音的方式记录并展现出来。这一程序不仅可以帮助韩国年轻人进一步认识传统文化遗产的魅力，也可以借着“韩流”的热风让世界各地对韩国感兴趣的人们更直观地了解到：韩国除了流行文化之外，也有许多优秀的非物质文化遗产。

① 宋佳烜：《韩国：文化输出将细分目标市场》，《中国文化报》，2013年12月19日。

韩国是手机二维码应用最为普及的国家之一，手机二维码已经渗透到该国各个领域，尤其将二维码技术运用到对外文化宣传中是一个比较新颖的尝试。韩国多家广告公司利用二维码策划的宣传方案成功后，韩国的一些地方政府开始尝试利用二维码对当地的企业以及地方文化风光进行宣传。韩国清州率先推出了名为“清州观光地二维码服务”的项目，将清州古印刷博物馆、上党山城、城安路、中央公园、无心川、五花肉路等十大著名景点的图片配上解说词制成影像，再把这些影像的网络链接地址与二维码相关联，智能手机用户只要安装二维码扫描程序，扫描相应的二维码，就可以观看到这些宣传影像。①

网络社交媒体的充分应用推动了韩国音乐产业的海外推广，扩大了“鸟叔”“BIGBANG”等一众韩国音乐人的国际影响。

4. 多渠道推动本国文化产品出口。

支持或举办国际性展销洽谈活动，推动本国企业走出去。2002年，韩国政府出资17.1亿韩元支持企业参加在中、日、美、法、德、芬兰等国家举办的12项有关音乐、动画、漫画、游戏、数字化文化产品的展销活动；同时多次举办文化产业投资洽谈会，积极招商引资。另外，政府提供资金支持重点出口项目，并对优秀的出口项目提供奖励。

构建营销网络，推动国际文化贸易。2003年，韩国成立了专门扶持国际文化产业交流的亚洲文化产业交流团；2006年，这一组织更名为国际文化产业交流团，以适应韩国文化出口从亚洲走向欧美的新形势。通过利用韩国先进的网络、外国代理商、开发直销、合作经营等多种手段，逐步构建国际营销网络，加强市场运作。

2002年，韩国政府设立了“出口奖”，由文化观光部和文化产业振兴院从上一年度的出口产品和单位中评选出10个奖项。游戏《天堂》获得“第一届大韩民国文化产业出口大奖”，电视剧、电影、音乐、漫画、动画、卡通形象、移动网络各一项产品获得“出口优秀奖”，两项“出口特别奖”分别授予生产电视剧《蓝色生死恋》的韩国广播公司和出口游戏业绩突出的NCsoft公司。除了奖金外，国家还为获奖单位提供国内外经营的多种优惠。

① 宋佳烜：《韩国：新媒体助力对外文化推广》，《中国文化报》，2012年9月28日。

第二节　韩国文化产业政策

一、文化立国政策的确定

韩国政府在支持发展文化产业方面的作用主要表现在两个方面：一是“放宽”，即政府放宽对文化产业的规制，有助于韩国文化产业的发展，其典型例证之一是韩国电影业的发展。二是扶持，即政府出台大量推动文化产业发展的政策措施，以及积极帮助企业开拓国际市场。

朴正熙政府（1963—1979）强调，文化是第二经济，文化与经济发展有着密切的联系，随着经济发展的现代化步伐加快，亟须更新国民观念，因此高度重视文化、教育和传媒的作用，这种观念一直持续到80年代。1983年，韩国政府制定的《第五次经济社会发展五年修改计划》中就包含着对文化部分的阐述，文化政策成为国家的发展战略之一。1986年，新制定的《第六次经济社会发展五年计划（1987—1991）》文化部分中“国家发展动力文化化”被定为国家政策目标。

卢泰愚政府（1988—1993）1990年制定并发表了《文化发展十年计划》，树立了“面向全国民的文化普及”这一政策理念，提出“扩大国民的文化享受”“推广文化的媒介功能”“提高文化的创造力”“增进国际文化交流”等政策措施。1993年，总统金泳三上任，韩国结束了军部政权，正式进入“文民政府（1993—1997）”时期。金泳三政府致力于推进韩国世界化，将文化与旅游、文化产业发展、国民文化艺术生活化、建设世界村等作为目标。

1993年，金泳三政府将体育与文化功能融合，把文化部更名为文化体育部。同年制定的《文化畅达五年规划》中强调文化产业发展是重要的政策目标。

1998年金大中当选总统后，先后出台《文化产业发展五年计划》《文化产业前景21》《文化产业发展推进计划》，修订了《电影振兴法》，制定了《音像制品及游戏相关法律》，并成立游戏产业开发院及文化产业振兴院，通过这一系列的政策法规推动文化产业的发展。

卢武铉政府于2004年和2005年分别发布《创意韩国》和文化产业发

展战略《文化强国 C-Korea 2010》，提出“成为世界五大文化产业强国”“成为东北亚旅游中心”“进入世界十大休闲体育先进国行列”三大政策目标，同时制定了四大核心战略即培育国际水平的文化产业市场、革新文化产业流通环节、建立活跃著作权的产业基础、通过“韩流”世界化加强国家品牌的推广力度。

李明博政府则在 2008 年和 2011 年分别发表了《文化产业蓝图 2012》和《内容产业振兴基本计划》。

2013 年，总统朴槿惠上任之初就提出了“创意经济”的增长思路，将韩国两个强项——“韩流”与信息技术（IT）结合起来，打造文化内容产业。朴槿惠表示要将销售额超过 1 亿美元的文化内容企业从 2010 年的 16 个增加至 2020 年的 100 个。

可以说，从金大中开始，韩国历任总统均继承了“文化立国”的理念，在其国策的不同层面体现对文化产业的重视。韩国政府结合总统施政理念，出台了一系列政策措施。①

二、完善周密的管理机构

（一）内部机构

1994 年，韩国文化体育部下设文化产业局，标志着韩国文化产业的开端。1998 年，韩国文化产业管理部门文化体育部更名为文化观光部。1999 年，文化观光部、产业资源部、信息通信部合作，建立了各自旗下的“游戏综合支援中心”（主管政策、规划）、“游戏技术开发支援中心”（主管游戏产业园区建设和管理）、“游戏技术开发中心”（主管游戏产业技术开发），重点扶持游戏产业。文化观光部和产业资源部还分别设立了“韩国卡通形象文化产业协会”（负责创作）、“韩国卡通形象产业协会”（负责市场开发）。

2000 年，韩国成立了“韩国文化产业振兴委员会”，文化观光部长官（部长）任委员长，委员由 15—20 人组成；由国会常任委员会推荐 2 名次官，财政经济部、外交通商部、行政自治部、文化观光部、产业资源部、

① 综合参阅：张胜冰、徐向昱、马树华《世界文化产业导论》，221—222 页，北京，北京大学出版社，2014；［韩］姜锡一、赵五星《韩国文化产业》，北京，外语教学与研究出版社，2009；熊澄宇《世界文化产业研究》，北京，清华大学出版社，2013；等等。

信息通信部、企划预算处各委派1名次官（副部长）；广播、电影、出版、音像、游戏委员会等有关部门各有1位负责人参加，委员任期3年，可以连任；其职责是制定国家文化政策方向、发展计划及文化产业振兴基金运营方案、检查监督执行情况、开展有关调查研究及其他工作。

2000年，文化观光部先后设立了“韩国工艺艺术振兴院”和“文化产业支援中心”。2001年，韩国文化观光部在原有“文化产业支援中心”的基础上扩建新的文化产业振兴院，由其全面负责文化产业的具体扶持工作；同时将项目领域扩大到动漫、音乐、人物、漫画、广播、娱乐、网络、移动内容等文化产业的各个行业，在政策、资金、技术、信息、人才、销售等各方面为文化产业提供全方位的综合支援，持续推进文化产业发展。2002年，为有效整合资源，避免业务重复，将原来分散组织的活动大型化、集中化，提高工作效率。文化观光部将下属的文化产业振兴院、广播影像产业振兴院、电影振兴委员会、游戏产业开发院、国际广播交流财团5个部门组建为“文化产业支援机构协议会”。

2008年，文化观光部更名为文化体育观光部，国政宣教处和信息通信部的数字内容产业被一并移交文化体育观光部管理。2009年，文化体育观光部新设文化艺术局、媒体政策局，以加强对文化艺术的管理和媒体政策的研究。同年，韩国游戏产业振兴院、文化产业中心、软件振兴院及其他文化产业扶持性机构合并为新的韩国文化产业振兴院，主要职责是：人才培养，产品开发、制作、流通，市场营销，吸引投资和促进出口，等等。

韩国政府还于2000年在釜山、光州、大田投资60亿韩元，2001年在大邱、春川、富川、清州、全州投资100亿韩元建设文化产业园区；2002年在木浦、庆州和济州分别建立了“文化产业支援中心”，形成中央与地方的文化产业管理机制，加强相互间协作、技术交流、信息沟通等，推动文化产业的全国发展。

（二）卓有成效的行业协会

除了政府的管理机构外，韩国几乎每一个重要的文化行业都有自己的行业协会，其中最重要的包括大韩出版协会、韩国音乐产业协会、韩国影视产业协会、韩国漫画出版协会、韩国游戏产业协会等。除此之外，韩国还有研究文化产业营销战略的“文化产业市场营销协会”和支持地方文化产业发展的“地区文化产业协会”。详见下表。

表 6.1 韩国的主要文化产业协会①

协会名称	成立时间	监管部门	主要职责
大韩出版协会	1947 年		每年颁发韩国出版文化大奖；韩国图书海外宣传、推广等
韩国音乐产业协会	1972 年		对音乐制作者、发行人权利的管理及维护，促进音乐产业发展
韩国影视产业协会	1999 年	文化观光部	影视知识产权的委托管理、打击盗版、分级审批、研究交流以及知识产权使用费收取与分配
韩国漫画出版协会	2002 年	文化观光部	漫画出版和漫画艺术的发展与合作；制定漫画产业伦理标准；漫画出版的现代化和数字化；漫画对青少年的影响与引导
韩国游戏产业协会	2004 年	文化观光部	促进文化产业的发展及健康的游戏文化的发展；海外游戏市场开拓与推广；强化游戏产业的国际竞争力
文化产业市场营销协会	2004 年	文化观光部	国内文化产业市场营销战略；文化产业行业间的联系与调整；文化产业政策、趋向与对策研究
地区文化产业协会	2006 年	产业资源部	文化产业相关的教育培训、人才培养、展览交流；设计、开发、宣传地区文化内容；发放文化产业相关的各类资格证

（三）强有力的对外文化推广机构

1. 韩国国际交流财团，1991 年 12 月依据《韩国国际交流财团法》设立，隶属韩国外交部，旨在通过与各国的交流活动增进世界对韩国的了解和认知。主要从事三项工作：与国外教育学术机构合作，研究推广“韩国学”，涉及韩国的历史、文化、语言乃至政治、经济、社会；文化艺术交流实验，把韩国的传统艺术、大众艺术传播到海外；与他国分享韩国经济社会发展经验。这个财团每年都会邀请 1000—1200 名国外人士到韩国访问交流。

2. 韩国访问委员会，前身为韩国访问年委员会。2010 年至 2012 年期间，韩国访问委员会通过“韩国访问年”这一全球性的旅游促销活动，为使韩国成为更具魅力的旅游胜地做出了最大的努力。2012 年，来韩旅游的外国游客数超过了 1000 万，委员会成功地完成了“韩国访问年”活动；同时，面对更加长远的未来，重新树立了“韩国旅游质的成长”这一远景

---

① 本章表格及数据来源：韩国文化产业振兴院官网 http://www.kocca.kr。

目标。目前，韩国访问委员会的目标是通过向访问韩国的游客提供更加满意的旅行体验，塑造一个“愿意再次访问韩国”的印象。

3. 韩国旅游发展局，一个非常活跃的政府机构，经常开展各种面向海外游客的推广活动。据 2015 年 11 月新闻报道，韩国旅游发展局宣布，为吸引外国游客，以及为 2018 年平昌冬季奥运会的开幕营造良好的氛围，将开展“微笑传向世界”活动。“微笑传向世界”活动是以“让游客想要再次访问韩国”为目的，由韩国民众共同参与的文化传播活动。

三、文化产业相关立法

韩国政府非常重视文化立法工作，围绕着文化产业的各个领域都专门制定了详尽的法律保障制度。

韩国向来注重知识产权保护，1957 年韩国就制定了《著作权法》，经过多次修订后该法已经成为适用于现代社会的完善的法律。

为建立文化产业发展的基础，强化其竞争力，制定支持和振兴文化产业的基本事项，韩国政府于 1999 年制定实施了《文化产业振兴基本法》并于 2000 年、2002 年、2003 年不断修改完善；为促进电影产业的发展，制定了与电影的制作、进口、分级分类、上映等有关的《电影振兴法》；制定了与唱片、录像制品及游戏光盘的制作、供给、销售、提供视听、进口、分级分类等有关的《唱片、录像带暨游戏制品法》；为了影像产品的顺畅流通和影像产业的振兴，出台了《影像振兴基本法》；为了保障报纸等定期刊物的功能并建立其健全发展的基础、追求舆论多样化而制定了《关于保障新闻等的自由和职能的法律》；为促进出版印刷行业的有序发展，制定了与对出版印刷产业的支持和培育、出版物的审查、建立健全流通秩序相关的《出版及印刷振兴法》；为保障新闻通讯的自由和独立、在提升其公共责任的同时健全培育新闻通讯社而制定了《新闻通讯振兴法》；为维护因新闻报道而被侵害的国民权利、形成公正的言论并实现言论的公共责任而制定《关于媒体仲裁和受害救济的法律》（简称《媒体仲裁法》）；为地域新闻有健全的发展基础以及舆论的多元化和各地区社会的均衡发展而制定《地区报业发展支持特别法》；制定了与韩国广播电视广告公社的设置和广播电视广告的销售事项有关的《广播电视广告公社法》，以及规定了无线广播电视、有线广播电视及韩国广播电视公社等有关事项的《广播电视法》。

制定之后还要及时修订，确保法律条款不落后于产业发展。在实际实施过程中，根据数字化信息时代的发展需要，对相关法律进行了修订，其中有的法规被改动的内容达70%。

四、多元化资金保障机制

韩国政府多方面筹措资金，促进文化产业发展。首先是增加财政预算对文化事业的投入。1997年，金大中在竞选总统时就把文化经费提升到1%作为目标；执政后，正值亚洲金融风暴后经济不景气，政府裁减各部门人员，只有文化部门的人员不减反增。2000年，韩国文化事业的财政预算首次超过国家预算的1%，成为当时少有的对文化拨款达到国家预算的1%的国家之一。随着对文化事业投入的增加，对文化产业的财政预算也开始逐渐增加。1998年文化产业的预算总额为168亿韩元，到了2003年已经达到1878亿韩元，文化产业占文化事业的比例也由3.5%增长到17.9%。2011年，韩国文化部门全年预算达到3.3709万亿韩元，为历年最高。2013年，新任总统朴槿惠表示新一届政府在财政方面会加大对文化产业的支持力度，承诺到2017年，把文化财政预算占国家预算的比重由1.39%提高到2%左右，并将投入更多资金扶持“韩流”及相关文化产业发展。

其次，设立专项基金。这些基金包括文艺振兴基金、文化产业振兴基金、信息化促进基金、广播发展基金、电影振兴基金、出版基金等。除了中央政府设立的基金，韩国地方政府以及企业也组成不同形式的基金组织支持文化产业发展。

文艺振兴基金：为专门扶持文化艺术发展、提高国民文化生活水平和质量，依据1972年通过的《文化艺术振兴法》，由政府出资，且包括个人、法人等的捐款以及韩国国家电视广告公司的部分收入等组建成立文艺振兴基金。该基金由韩国文化产业振兴院管理，主要用于支持文学、美术、摄影、建筑、传统音乐、舞蹈、戏剧、电影、出版、娱乐等领域。

文化产业振兴基金：为了促进文化产业竞争力的强化，根据1999年《文化产业振兴基本法》，中央政府、地方政府按照法律规定提供资金，设立文化产业振兴基金。目前该基金的主管部门是文化体育观光部，需每年给国会提供预算及决算报告。

首尔文化财团：为了支持首尔市民文化艺术活动，支持年轻艺术家，强化首尔城市文化竞争力，2004年，由首尔市市政府出资300亿韩元设立了首尔文化财团。

仁川文化财团：为了支持仁川市文化艺术发展，以及实现仁川市国际化城市的目标，2004年仁川市市政府出资400亿韩元设立了仁川文化财团。

CJ文化财团：为了支持文化艺术研究、调查、开发等工作，2006年CJ集团出资并设立CJ文化财团。目前该财团是由文化体育观光部直接监管的财团法人，主要事业包括支持文化艺术演出、电影电视制作、新闻传播研究等。

NHN文化财团：为了给年轻人提供一个实现梦想的平台，2010年NHN网络集团出资设立NHN文化财团。该财团是由文化体育观光部直接监管的财团法人。

再次是实施官方和民间的“投资组合”，以政府与社会共同融资的方式支持文化产业。2001年和2002年，韩国文化产业振兴院成功运作17项投资组合，共计融资2073亿韩元，其中政府350亿韩元、民间1723亿韩元。2010年，韩国文化产业振兴院计划完成200个项目，预算已达到2000亿韩元。

除此以外，韩国政府还利用税收减免补偿等经济杠杆的调节作用，对文化产业进行间接的资金支持。2004年修订的《税收特例限制法》中规定可减免电影产业、公演产业和广播电视业中小企业纳税额中所得税和法人税的5%—10%。对于电影产业、公演产业、唱片及游戏产业可将不超过30%的所得金额作为日后事业损失和投资的准备金。这些减免措施可以看成是一种间接的投入资金的方式。

第三节　韩国文化产业优势领域

韩国文化产业以娱乐业为主，主要的优势产业有游戏产业、影视产业、音乐产业以及动漫产业，正是这些产业的飞速发展带动了韩国服饰、玩具、化妆品等行业的迅猛发展。

一、异军突起的游戏行业

韩国从20世纪70年代进入游戏产业启蒙阶段，到20世纪90年代后期，韩国迅速推进电脑网络游戏和手机游戏，在“大型多人在线角色扮演类游戏”领域异军突起，继日本游戏机产业、美国个人电脑游戏产业之后，在世纪之交成为新的世界游戏中心，自诩为“网络游戏宗主国”。

（一）发展概况

1. 硬件基础好。韩国在IT基础设施建设以及IT技术普及方面一直处于世界先进水平。从1995年到2005年间，韩国政府投资201.7亿美元打造全球领先的IT基础设施。2002年，韩国在所有地区开通了高速光纤构筑的主干网，整个国家的互联网信息传输平均速率达到20Mbps，这让韩国拥有了世界最高水平的网络带宽。除此以外，2008年，韩国宽带用户占全国人口比例达到79%，宽带普及率名列世界前茅。正是这些对基础设施的大力投入为韩国游戏产业的飞速发展打下了深厚的物质基础。

2. 总体上来看，从2005年开始，韩国游戏产业陷入低迷，一直到2008年才扭转这一态势，其后保持增长态势，一直到2011年才基本超过2005年的销售额。尽管中间有低迷阶段，但是总体还是呈现着一个上升的趋势。在2010年到2014年的5年间，韩国游戏产业保持着年平均7.6%的增速飞速发展。据《2015年韩国游戏产业白皮书》披露，2014年韩国游戏产业国内销售额达到9.7197万亿韩元，比2013年增加了2.3%，花了一年的时间扭转了2013年下降的态势。

3. 从具体领域上来看，2014年韩国游戏产业主要集中于网络游戏和手机游戏。其中网游以5.5425万亿韩元的销售额占据游戏产业总销售额的54.6%，居第一位；手机游戏以2.9136万亿韩元的销售额，占比29.2%，排行第二。相比2013年，手机游戏、网游、主机游戏都有所增长。手机游戏增长率非常高，达25.2%；网游增长率是三者中最低的，为1.7%，但2013年网游遭受了19.6%的巨大降幅，能在一年内逆转成涨幅已属不易；主机游戏虽然占比小，但是增长率最高，达70.7%。其他游戏产业均呈现较大幅度的下降趋势。

4. 从出口上看，自2005年以来，韩国游戏产业出口一直处于增长态势，从2005年的5亿6466万美元，增长至2014年的29亿7383万美元，10年间以年平均20.3%的增速快速增长。从具体细分领域上来看，2014年网游出口额为18亿5740万美元，占整个游戏出口的62.5%；其次是手机游戏，2014年出口额达10亿9920万美元，占整个游戏出口的37%。从出口的国家方面来看，2014年韩国游戏出口主要集中于中国、日本和东南亚，其中中国占总出口的32.2%，日本占总出口的30.6%，东南亚占总出口的18.2%。具体来看，韩国游戏最主要出口产品网游和手机游戏分别主要出口日本和中国，其中日本占据网游出口的19.4%，中国占据手机游戏出口的25.6%。

5. 从世界市场的占比上来看，2014 年韩国游戏市场销售额为 83 亿 100 万美元，全球游戏市场销售额为 1234 亿 4500 万美元，一举扭转了 2013 年下降的颓势（2013 年韩国游戏销售额占世界游戏市场 6.3%）。具体来看，2014 年韩国网游占全球网游的 19.1%，排在中国之后，位居全球第二位，相比 2013 年，占比下降了 2.2%；韩国手机游戏呈现增长的态势，2014 年的全球手机游戏占比为 14.3%，相比 2013 年提高了 2.7%，排位上同 2013 年一样，排在日本之后，位列全球第二。

（二）成功经验

韩国游戏产业能够取得如此巨大的成就，除了依托于坚实的 IT 基础设施之外，还有一些其他的因素不容忽视。

1. 韩国政府对游戏产业的高度重视和扶持。

韩国前总统金大中曾经提出过“全民玩游戏”的主张，可见韩国政府对游戏产业的重视程度。在管理机构方面，1999 年，文化观光部、产业资源部、信息通信部通力合作，分别建立了各自旗下的“游戏综合支援中心”“游戏技术开发支援中心”“游戏技术开发中心”。同年，文化观光部还建立了半官方性质的“韩国游戏产业开发院”（KGDL），其职能是振兴韩国游戏产业，使游戏产业成为韩国未来经济中的高附加值的支柱性产业和具有国际竞争力的产业，并使韩国成为世界三大游戏强国之一。在法律方面，2004 年韩国政府专门制定了《关于振兴游戏相关产业的法律》并于 2006 年经过国会批准施行，为振兴游戏产业提供法律基础。在资金方面，文化观光部成立了游戏投资联盟，每年向游戏产业投资 500 亿韩元；同时设立专门投资组合，对规模较小但有市场发展潜力的企业提供融资；并对品质较高的游戏在宣传和营销等方面给予政策优惠；2008 年韩国政府还发表了一项投资游戏产业的计划：3 年投资 3500 亿韩元用于支持韩国游戏产业的发展。此外，为更好地满足游戏产业界的需求，韩国政府牵头成立了由产业界和学术界 15 名专家组成的游戏产业政策咨询会（非常设机构），专门研究振兴游戏产业的政策，构筑包括市场动向、供求分析、技术动向、法律研究、海外市场在内的综合信息体系。

韩国政府制定一系列的优惠政策用于鼓励优秀人才投身于游戏业，避免后劲不足，比如在高档次游戏比赛中得奖可免服兵役等。韩国政府还制定了“教授、专家海外研修计划”，定期组派韩国游戏业界精英赴海外著名院校、研究机构研修以弥补韩国游戏产业比较薄弱的企划、营销等环节。韩国游戏产业开发院牵头设立了游戏学院和游戏研究学会，举办关于游戏制作、发行的补习班，从 2003 年起新增游戏专家资格培训，取得高级游戏专家资格证的上岗人员可享受优惠。除此以外，截至 2013 年韩国有 84 所学校开设了游戏软件专业，以首尔游戏学院为代表的专业性高等院校培养的毕业生已经成为韩国游戏开发的重要力量。

2. 打造品牌，开拓国际市场。

韩国政府努力开拓国际市场，在国内外市场同步扩张，打造国际知名游戏品牌，实现游戏产业的规模效益。例如韩国的网络游戏产品《天堂》《泡泡堂》《奇迹》《血色城堡》《传奇》《千年》《A3》《坦克大战》等均在韩、中、日、美、欧产生了巨大影响。韩国政府将海外市场划分为“大中华圈”（包括中国内地、中国香港和中国台湾）、日本和东南亚、欧美等三大主要区域并分别在硅谷、波士顿、北京、上海、东京、大阪、伦敦、新加坡等地设立海外 IT 服务中心，进而覆盖全球的主要网络游戏市场。同时，从 2004 年起韩国政府开始运行韩国国际游戏会议（KGC），2005 年开始每年 11 月举办韩国国际游戏展示会（G-Star 或 G★）。韩国国际游戏展示会已经成为仅次于美国 E3 游戏展的国际著名游戏展。在 2008 年制定的游戏产业长期规划中，韩国政府将加强战略性出口全球市场、强化出口全球化支持放到游戏产业战略的第一条，并于 2009 年 6 月组建了全球游戏综合中心，进行游戏解决方案的全球支持。①

3. 塑造网络游戏正面产业形象。

20 世纪 90 年代初期，韩国舆论大都强调游戏的负面意义，并没有把游戏当作一个主流产业来看待，负面看法颇多。亚洲金融风暴之后，韩国政府开始重点发展游戏产业。为了降低游戏的不良影响，让公众了解和接受游戏产业，韩国政府采取了一系列措施。

游戏实施分级制度。2001 年 9 月韩国“影像等级（评审）委员会”开始负责审议游戏制品，划分适宜观看和参与的人群。在细化到“有无身体伤害、流血、人与人格斗”等细节的规则下将游戏划分为 12 岁以上、15 岁以上、18 岁以上、全体适用 4 个等级。

防止沉迷上瘾。政府针对网络成瘾、网络现金交易等问题加强调研，形成合理的对策。2002 年提出“教育娱乐产品”计划，将游戏与娱乐引入教育，帮助青少年树立正确的游戏观念；同时对于沉迷于网络世界的少年

---

① 张淼：《韩国游戏产业的经验及其对中国的启示》，《中国商论》，2013（11），159—160 页。

开展“诊疗”计划，给予心理辅导和帮助。

除此之外，韩国政府还通过举办游戏大赛来提升游戏在世人心目中和社会舆论中的地位。2000年，韩国创办了世界电子竞赛大赛（WCG），以推动电子竞技的全球发展为目标，被誉为“电子竞技奥运会”，每年都吸引着50多个国家的专业战队参与竞赛。这一赛事成功连续举办十四届，极大增强了韩国游戏的国际影响力，但是迫于各种压力最终在2013年落下帷幕，也算是功成身退。

经过这一系列的措施，韩国游戏已经成为韩国时尚文化的标志，网络游戏的顶级玩家也成了名副其实的超级明星。

二、崭露头角的电影产业

（一）发展概况

1. 早期阶段

1903年，电影第一次进入朝鲜半岛。1919年第一部由朝鲜半岛人朴珍石拍摄的电影《正义的复仇》公映。1949年由洪盛基导演的韩国电影史上第一部彩色电影《女人的日记》上映。50年代初期，由于受到朝鲜战争的影响，电影发展停滞不前。到了50年代中后期，韩国政府开始扶持电影产业，电影进入了黄金发展时期。从1960年到1969年韩国共拍摄了1500多部影片，这是韩国电影的第一个黄金时期。到80年代中后期，随着韩国不断开放电影市场，好莱坞等海外电影进入韩国市场。随着外国电影的长驱直入，韩国国产电影奄奄一息，到1993年，韩国国产电影在韩国电影市场上只占15.9%的份额。

2. 分水岭——1999年

这一年，为了抗议韩国加入WTO世贸组织、开放外国电影配额，韩国电影人发起了大规模示威活动，很多电影人剃了光头以示抗议，即著名的“光头运动”。这一运动不仅在韩国国内造成重大影响，也引起了世界舆论的关注。最终韩国政府迫于压力，恢复了电影配额制度，即规定韩国每家电影院的每个放映厅一年必须放映不少于146天的本国电影；同时，韩国政府还承诺只有当韩国电影的市场占有率达到40%时才会考虑取消电影配额制。这一措施刺激了韩国电影市场的进一步发展。

同年，由姜帝圭导演的《生死谍变》上映。刚刚上映22天，就打破了韩国电影有史以来的票房纪录，上映55天就打破了《泰坦尼克号》在韩国的票房纪录，创造了660万观影人次的纪录，使观看韩国国产电影的观众从原来的15%增加到了37%，并且创造了3500万美元的票房纪录，相当于制作费用的7倍。同年还在日本和香港取得票房巨大成功。由于这是“光头行动”后完成的第一部大型本土电影，因此被认为是韩国电影史上具有里程碑意义的影片。

《生死谍变》的成功刺激了韩国本土电影产业，此后的3年，韩国本土电影连续占据最卖座电影榜榜首。在海外市场，韩国电影也不断创造商业神话。继《生死谍变》后，《共同警备区》在日本上映9天后总票房就超过500万美元，刷新日本的韩国影片票房纪录；《我的野蛮女友》在亚洲各国掀起一股“全智贤”风潮；韩国电影还打入了美国好莱坞，例如，梦工厂以75万美元和未来票房收益4%的代价买下了《我的野蛮女友》翻拍权、派拉蒙以95万美元买下《我的老婆是大佬》翻拍权等等。

这期间，韩国电影不仅在商业上取得了成功，在艺术上也取得了不菲的成就，在各大国际电影节崭露头角。2002年，林权泽执导的电影《醉画仙》获戛纳电影节最佳导演奖，李昌东执导的《绿洲》获威尼斯电影节金狮奖提名。2004年，韩国电影再创佳绩，金基德执导的《撒玛利亚女孩》和《空房间》分别获得柏林电影节“最佳导演银熊奖”和威尼斯电影节“最佳导演银狮奖”，朴赞郁执导的《老男孩》获得了戛纳电影节评委会大奖。

3. 低谷期

2006年韩国电影产量达到108部，是20世纪60年代以来产量最高的一年；电影票房也首次超过10亿美元，位列世界第五；本土电影票房首次超过60%，是电影大国中为数不多的本土电影超过好莱坞电影份额的国家之一。但是，2006年的盛况之下却隐藏着重重危机，相比2005年，2006年的观众入座率大幅下降6.7%，银幕数增加了8.9%，但是观众数却只增加了4.9%；电影的收益率由2005年的7.9%下滑至－24.5%，仅有1/5不到的电影收回了成本；在海外收益方面，2006年也出现了大滑坡，从2005年的7599万美元猛然下跌了68%，仅有2451万美元。此后，韩国电影市场进入萧条期，观影人数及票房收入都大幅下降。国内市场占有率从2006年的63.8%一路下滑至2008年的42.1%；在出口方面，更是不断萎缩，到了2009年，海外收益仅有1412万美元。

4. 2010年后开始复苏

经过几年的低潮期后，在韩国政府和电影界多方努力下，2010年后韩国电影开始复苏。到2012年，韩国本土电影观众人数达到1亿1461万，是新世纪以来首次突破 1 亿大关。同时本土电影份额重新占据领先优势，重新回到 50%以上的高位。在制作领域，2012 年上映本土电影 175 部，平均收益率达到 13%，实现了 2005 年以来第一次正增长。在海外出口领域，2012 年出口总额达到 3782 万美元，比 2011 年增加了 295 万美元，增长率为 8.5%。2013 年，韩国观影人数再创新高，观影人次首次超过 2 亿。英国视频研究机构银幕摘要（Screen Digest）研究显示，2013 年韩国人均观影次数达到 4.12 次，居全球榜首。2014 年，韩国本土电影份额略有降低，但是上映了韩国电影史上观影人数空前的电影——由金韩民导演的《鸣梁海战》。之后的《国际市场》（2014）、《老手》（2015）等不断刷新韩国单部电影观影人数纪录。

2012 年由金基德执导的《圣殇》获得威尼斯电影节金狮奖，实现了韩国在三大国际电影节上金奖的突破。

（二）主管机构

电影振兴委员会是韩国非官方性质的最高电影主管机构，设立于 1973 年，1999 年进行了重组，现由文化体育观光部长官委任的 9 名委员（常任委员长 1 名，非常任委员 8 名）组成，致力于审议并拟订有关韩国电影发展的重要政策，从而保护和支持韩国电影发展。振兴委员会下设有秘书处、汉城（现首尔）综合影城和电影学院 3 个主要机构，其下再分成 9 个委员会，主要负责拟订政策、振兴产业、人才培养、教育研究、电影行销推广和电影辅助金使用审核等业务。2007 年，电影振兴委员会组建了 4.3 亿美元的电影发展基金，用于支持韩国电影的发展。电影振兴委员会在协调政府和电影界的关系方面做出了许多卓有成效的工作。在国内，电影振兴委员会组建了一个网上剧本市场，并制定了一系列支持计划。从 2002 年到 2014 年，电影振兴委员会总计为 602 家企业投入了 4310 万美元的资金。在海外市场，电影振兴委员会专门设立了“海外进出口战略中心”，进行海外市场情报收集，强化电影输出战略。从 2011 年开始，电影振兴委员会为海外剧组到韩国外景地拍摄提供资金支持。2012 年电影振兴委员会还在北京成立韩国电影中心，鼓励中韩电影合作，支持韩国电影开拓中国市场。

（三）成功经验

韩国电影能够在短时间内取得如此巨大的商业成就，原因如下：

1. 国产电影保护制度

“光头运动”后，韩国政府恢复了 1996 年《电影振兴法》所制定的电影放映配额制度。该制度规定每家影院一年内放映本国电影天数不得少于146天；多厅电影院每张银幕放映本国电影也不能少于146天，如果需要可在认证后缩短40天。实际上韩国影院每年至少106天必须义务上映国产电影。韩国前总统金大中在其施政纲领中表示："会通过强制手段来保证韩国国产电影在上映档期上的配额，并给予专门发行韩国国产电影的发行公司和专映韩国国产电影的影院以税收上的优惠政策，这些政策将持续到韩国国产电影的市场占有率达到40%。"正是这项制度的保驾护航，让韩国电影越发生机勃勃。

2. 实施电影分级制度

1998年韩国政府取消了电影审查制度，建立了电影分级制度，由非官方的"影像等级（评审）委员会"进行等级评定，将韩国的电影分为5个等级：全民可以观看；12岁以上可以观看；15岁以上可以观看；18岁以上可以观看；限制观看。电影分级制度打破了电影创作在题材和手法方面的诸多禁区，给予导演更多创作自由，促进了电影题材的多元化。

3. 流畅的融资渠道

多元投融资渠道为影视行业带来充足的资金，促进影视行业的发展。一方面是韩国政府每年出资重点支持20部影片的拍摄；另一方面是韩国的大企业如三星、现代等也投入资金支持国产电影，此外，这些大企业还参与影院建设、录像带发行等。除了这些之外，韩国影视企业还可以通过传统的银行贷款、新的融资方式如网络融资及证券融资等获取发展资金。

网络融资起源于1999年的网民基金，企业在网上公布剧本和发行计划，经过网民的风险判断后从他们手中筹集资金，并根据影片的盈利情况来回报投资者。例如《我的老婆是大佬》就通过这一方式筹集了280万美元的拍摄资金。证券融资是指电影制作公司通过首尔的高斯达克市场上市以获取资金。

4. 电影界的自我奋斗

目前活跃于韩国电影市场的导演大多曾在国外留过学，他们吸收和借鉴了世界先进的电影制作经验。正是他们带来的先进的电影理念和拍摄技术手段激活了韩国市场。通过海外交流学习，韩国电影在吸收本民族文化的同时能够采用好莱坞式运作模式来进行拍摄，极大增强了韩国电影的竞争力。

同时，韩国在全民推行电影教育，小学就开设了电影赏析课，在全社会形成了一个浓厚的电影文化氛围，为电影人才成长创造了良好的环境。

电影振兴委员会还专门设立了电影辅助金，发放给电影学院学生和进行独立电影创作的导演，用于进行纪录片、实验短片、艺术独立电影等的制作。辅助金申请者最高可申请4亿韩元或制作费的30%。辅助金无须归还，也不附带其他条件。辅助金帮助了更多的年轻电影人成长，为韩国电影培养后备力量。

5. 举办国际电影节

1996年釜山市政府协同电影界人士开始举办釜山电影节，进一步巩固和扩大了韩国电影的影响。目前，釜山电影节已经成为亚洲最重要的电影节之一。釜山电影节不仅是一个电影节，更是一个交易盛会，全世界各大制片公司都会与韩国制片公司洽谈版权、出口、投资拍摄等事宜。它已经成为韩国电影走向世界的舞台。

此外，韩国人强烈的爱国心和巨大的民族凝聚力让他们对于国货有一种非理性的热爱。例如《生死谍变》和《共同警备区》这类影片上映时媒体不能有批评的声音，如果普通民众不去看就被指责为“不够爱国”。正是这种非理性的热爱促成了一部部“国民影片”的出现，这在其他国家是较为罕见的。

三、制作精良的电视产业

（一）风靡亚洲的韩剧

1. 发展概况

与电影相似，在20世纪末以后，韩国的电视产业也是异军突起，基本上每年都会有收视率超过40%的“国民剧”，例如《初恋》在韩国国内收视率曾经达到65.8%。

韩剧不仅在国内市场火爆，在海外市场也快速增长。在中国，1997年央视首播韩剧《爱情是什么》就创造了4.2%的收视率，随后《蓝色生死恋》《大长今》《我叫金三顺》等剧创造了一个个高收视率的神话。从2005年开始，在日剧和美剧的双重夹击下，韩剧在中国市场热度逐渐消退。近几年，《继承者们》《来自星星的你》《太阳的后裔》的热播，重新点燃了韩剧收视热潮。在中国台湾，2000年播放的《蓝色生死恋》创造了八大电视台播放韩剧的最高收视率，此后很长一段时间《大长今》等韩剧几乎垄断了台湾的黄金时段。在中国香港，无线电视台播出《大长今》在大结局时平均收视率达到47%，全剧最高收视率50%，收看观众多达321万，差不多达到香港人数的一半。

裴勇俊与崔智友主演的《冬日恋歌》在NHK（日本放送协会）播出时取得了20%收视率的惊人成绩，直接带动的经济效益超过23亿美元，吸引前往韩国的日本游客数量增加了40%，各种各样的衍生品也非常畅销。裴勇俊一举成为当时亚洲最具有商业价值的演员。①

除了中国大陆和港台地区以及日本外，韩剧在世界其他国家和地区也产生了广泛的影响，例如《星梦奇缘》已经播放到了蒙古、乌兹别克斯坦、墨西哥等国家。近几年，韩剧开始在拉美国家走红，2013年韩剧风靡古巴，《拜托小姐》《星梦高飞》《贤内助女王》及《秘密花园》等一系列韩剧在当地电视台热播。

2. 成功经验

（1）来自韩国政府的全力支持

韩国政府规定电视台必须把每年40%以上的电视广告收入用来投资电视剧，从电视台获得资金的电视剧拍摄公司只能留下10%—15%的利润，其余的必须全部用于拍摄电视剧，以保证有充足资金。此外，由于韩国电视制作播放平台基本由KBS、MBS、SBS垄断，电视的制作播放关系比较稳定，韩国电视剧演员处于相对弱势地位，片酬普遍不高，这从侧面压制了电视剧的制作费用。韩国政府制定了严格的文化保护政策，以保证韩国电视剧在国内市场的垄断，例如2002年SBS引进中国电视剧《还珠格格》，结果这部在晚上11时才播放的中国电视剧收视率超过三大电视台黄金时段收视率，韩国政府就规定KBS、MBS、SBS三大电视台不能播放中国电视剧。

在出口政策方面，韩国政府规定电视剧的海外收益可以按照电视台和能够把电视剧推销到海外的制作者以4∶6至6∶4的分成比例进行分成，从而鼓励制作者将电视剧批量销往海外。销售业绩好的电视剧还可以在文化产业振兴院的帮助下申请免税。这些措施极大地提高了韩国制作公司对于将电视剧销往海外的积极性。除了提供政策和法律援助，韩国政府也直接参与韩剧的海外推介。例如韩国政府购买了《情定大饭店》等韩剧版权，免费向十家阿拉伯电视台提供播放。正是这些电视剧在阿拉伯地区的热映，吸引了阿拉伯地区观众对韩国明星的喜爱，韩国国际广播电台阿拉伯语广播组收到来自埃及、阿尔及利亚、也门、叙利亚、摩洛哥、伊朗、土耳其等国家观众的电子邮件也与日俱增。

---

① 王丛：《韩娱经济学》，3页，北京，中信出版社，2015。

（2）灵活多变的生产机制和播出方式

韩剧制作已经形成了基本固定的流程，当然这一流程也可以进行灵活的修改。在韩剧的制作过程中，编剧的位置非常重要。在制片人选定编剧后，编剧的工作就贯穿整个电视剧制作过程中。从电视剧的主题选择到剧本编写、演员选择、联系剧本等各个环节，编剧无处不在。正是由于编剧处于如此重要的位置，因此他们的报酬非常可观，著名编剧的收入甚至能够超过著名影星。在韩剧的每个细分领域如古装剧、现代剧、家庭剧等等都有专门的导演和编剧。

韩剧的市场化表现在重视观众的体验。韩国的电视剧除了家庭剧外基本选择周播制，伴随着这种周播制的是边播边制的制作方式。通常编剧只完成故事的1/3时，电视剧就开始拍摄，后面的内容则根据观众的意见进行创作、更改。通常电视台会为热播的电视剧设定专门的论坛，电视台及制作方则根据论坛收集到的观众意见，随时调整电视剧的情节。例如《来自星星的你》播放过程中，观众觉得剧中教授穿的高领毛衣不好看，很快他就换成了低领的打扮。

一方面，韩剧细腻的风格、缓慢的节奏、平凡的题材、类型化的人物、模式化的情节及道德化的诉求都与传统文化深入交融，让观众在现代都市生活的繁忙中找到一种心灵的安慰和情感上的释放；另一方面，韩剧普遍道具精致、演员养眼，注重采用各种先进技术提升音画质量，后期制作也不惜高投入以确保电视剧的观看体验。对作品内在灵魂与外在呈现方式的双重追求，使韩剧既好看又贴心，这正是韩剧高收视率、高口碑的秘诀所在。

（二）从借鉴到创新的韩国综艺节目

从最初引进日本综艺模仿学习到不断地摸索创新，韩国综艺节目发展一步步走向成熟。特别是近年来不断涌现的高收视率优质节目，在互联网和社交网络传播方式的助力下，迅速在亚洲乃至全球大受追捧，着实让国外同行们对韩国综艺的制作和内容刮目相看，于是韩国综艺的海外输出便顺理成章，广受关注。这也使得综艺节目在继电视剧、K-POP（韩国流行音乐）之后，成为掀起新一波“韩流”的一大主力，“韩流”由此进入3.0时代。据《日本产经新闻》透露，韩国电视节目除去广告收益之外的主要盈利，已经从之前的海外播放版权销售收入，变成了如今的海外版权合作收入。

2003年，LG广告公司将KBS的《挑战金话筒》销售给中国中央电视台，开启了韩国综艺节目征战中国之旅。起初几年，韩国综艺节目版权出口要价并不高，后期服务也好，可谓是物美价廉。近几年，随着中国综艺节目市场火爆，引进韩国节目模式需求旺盛，仅 2013 年中国便引进了其十余档节目模式。

2013 年，韩国电视综艺节目《我是歌手》被湖南卫视引进，总共 13 期节目的网络视频总播放量累计接近 7 亿次，不少老牌歌手也因此焕发第二春。随即湖南卫视又引进综艺节目《爸爸去哪儿》，萌娃、星爸引发观众热议。

2014 年，随着 *Running Man* 落户浙江卫视，韩国三大综艺节目《爸爸我们去哪儿》《两天一夜》和 *Running Man* 齐聚中国市场。中国版 *Running Man* 首播就引发收视狂潮，创造收视率奇迹。[①]

在来自中国的需求刺激下，韩国综艺节目的版权出口费用水涨船高，原本起步较晚的韩国综艺节目一举成为出口创汇大户。2013 年，韩国三大电视台节目（含电视剧、综艺类等）进出口数量和金额均创新高，其中出口额累计高达 1.9 亿美元。而在 2014 年，上述内容的总出口额增加至 2.4 亿美元，其中销售给中国电视台的综艺节目版权收入和合作收入成为最主要的增长驱动因素。[②]

四、火爆全球的音乐产业

（一）发展概况

1998 年以后，韩国政府将目光投向了流行音乐产业，明确提出要借鉴美、日流行音乐产业模式，打造韩国版“格莱美奖”。

韩国流行音乐以本土文化为基础，吸收了欧美、日本流行音乐的特点，在整体上走以说唱为主的 Hip-Hop 音乐风格，节奏明快，在年轻人群体中传唱度较高，在国际市场产生了一定的影响。但是随着 2002 年韩国检察机关针对演艺界“公关费”的调查日趋常态化，韩国唱片市场几乎陷于瘫痪状态。2003 年的韩国音乐市场也不景气，韩国音乐产业开始转战海外。另外，随着新媒体技术的发展，韩国音乐产业的结构也发生了变化，手机铃声、音乐下载、音乐电子邮件等相关业务市场飞速发展，已经超过了传统的唱片业。

① 许思鉴：《沾星光，身价涨，韩国节目中国捞金》，《法制日报》，2014 年 3 月 13 日。

② 王丛：《韩娱经济学》，396 页，北京，中信出版社，2015。

针对韩国音乐市场的疲软，2004年韩国政府出台了《音乐产业振兴五年规划》，主要内容包括：积极开展反盗版活动，同时开展保护音乐著作权的活动；定期举办音乐产业论坛，构筑专家参与的有效的政策开发系统，确定全国20余家剧场为大众音乐专用剧场；尽力培养独立乐队及创作者；扩大对音乐出口的支持。同时，面对音乐产业结构转变带来的盗版猖獗问题，韩国政府加快了法律的修改进程。2006年，韩国政府正式将“ISP（网络服务提供商）安全港”条款引入版权法，成为世界上第一个在法律中明确“P2P运营商必须应版权人之要求，采取必要措施，阻止版权作品非法传播”的国家。

韩国音乐产业营业额从2005年的1.7899万亿韩元增加到2014年的4.6069万亿韩元，10年间年平均增长率为11%。从出口方面来看2005年音乐出口额为2228万美元，到2007年达到最低点，仅有1389万美元；但是从2008年开始就止减反增，到2011年首次突破1亿韩元大关，到2014年时已经高达3亿3565万韩元。为振兴音乐产业，2009年韩国政府制定了《音乐产业振兴中期计划》，计划在5年内由政府注资1275亿韩元推动韩国音乐国际化和专业化。在计划刚刚提出的2009年，韩国音乐出口额就从1647万美元增加到3127万美元。在2005—2009年的5年间韩国音乐产业营业额年平均增长11.2%，出口额年平均增长8.8%；而在计划实施后的5年，即2010—2014年，韩国音乐产业营业额年平均增长11.7%，出口额年平均增长41.7%。可见，自从韩国政府实施《音乐产业振兴中期计划》后，音乐产业增速明显，计划成效显著。

从总体上来看，各种音乐销售模式都在增长。从2008年到2013年，唱片刻录发行业保持年平均2.6%的增长速度缓慢增长。从2005年到2013年的9年间唱片批发零售业销售额从914亿韩元增长到1533亿韩元，年平均增长率6.9%；在线音乐发行业销售额从2672亿韩元增长到1.591万亿韩元，年平均增长率为18.8%。到2013年，在线音乐销售额已经占音乐总销售额的24.8%，而传统的唱片刻录发行业仅占2.5%，唱片批发零售业占3.2%，可见在线音乐已经成为韩国流行音乐产业的增长点。

（二）成功经验

1. 偶像培养制度：韩国音乐产业的杀手锏

韩国音乐产业的壮大除了政府各项支持之外，离不开韩国特有的练习生制度。不同于其他国家的偶像歌手，韩国偶像歌手在成名之前都是经纪公司的练习生，经过数年严格的封闭训练，通过残酷的竞争才能够脱颖而出。

韩国的偶像培养模式尽管残酷，但是经过严苛的淘汰胜出的往往都是形象好、有天赋、有毅力的歌手，颇具综合实力。当下，中国的很过当红艺人有过韩国练习生经历，如韩庚、鹿晗、吴亦凡、黄子韬、张艺兴、宋茜、张碧晨、陈梓童等，从一定角度体现了韩国娱乐公司的造星实力。

韩国的练习生是从小培养的，通常还在就读初高中时，这些少年就进入经纪公司成为练习生。在成为练习生后，一方面他们不能够放弃学业，另一方面要接受公司从舞蹈、声乐、表情、体态到皮肤护理等各方面的训练。经纪公司要求每一位艺人定期接受镜头测试，以此判断其出道前是否需要整容。在这些严格的训练后，这些艺人在出道后才能够360度没有死角。通常经纪公司培养一个新人至少需要花费400万人民币，像韩国S.M、JYP、YG这样的大公司会以巨星式造星流程对待新晋练习生，对于具有市场潜力的偶像团体会加大投入。正是这样的练习生制度，使得韩国拥有源源不断的偶像歌手，推动韩国的流行音乐发展。

2.网络社交媒体：韩国音乐产业的翅膀

2008年，伴随YouTube进入韩国市场，K-POP才开始通过网络真正向西方市场进行全面渗透。在同一年，韩国女子组合Wonder Girls的*Nobody*在美国市场崭露头角；紧接着，从2009年少女时代的*Gee*到2010年女子组合2NE1的*Clap Your Hands*，K-POP在美国市场的影响力越来越大。韩国文化产业振兴院（KOCCA）数据显示，2009年K-POP全球产值达到3亿美元，较YouTube正式进入韩国的2008年翻了一番。鸟叔的《江南Style》风靡全世界，也受益于新媒体的推广。2012年下半年，出道12年、曾被经纪公司建议整容的34岁韩国中年大叔"鸟叔"凭借一曲《江南Style》，突然蹿红互联网。短短5个月内，《江南style》在YouTube上的点击率已高达9亿多次，随着每天约700万次的增加量，很快突破10亿次大关——要知道，此前还没有哪支单曲能冲破10亿点击率的纪录。鸟叔是第一位俘获全球观众的韩国艺人，联合国前秘书长潘基文称他是"比自己还出名的韩国人"。仅凭这曲《江南Style》，鸟叔就通过YouTube广告、iTunes下载和商业广告等赚了790多万美元。可以说，如果没有YouTube，就没有"鸟叔"朴载相今天的地位。通过网络，"韩流"开始超越亚洲地区，成为全球性的文化现象。

第四节　韩国文化产业经典案例

一、《来自星星的你》

由于很多韩剧情节俗套，不是车祸就是癌症，节奏拖沓，看多了会引起厌倦，再加上互联网的发展，很多年轻人转而追更新鲜刺激的美剧和英剧，加上泰国电视剧引进中国市场带来的冲击，所以在2005年后，韩剧在中国市场逐渐式微。2013年的韩剧《来自星星的你》横空出世，重新点燃“韩流”的焰火，让看韩剧再次成为一种时尚。

《来自星星的你》是韩国SBS电视台的水木特别企划剧，由张太侑导演与朴智恩编剧共同打造，金秀贤、全智贤主演。讲述从外星来到朝鲜时代的神秘男人都敏俊就此生活至400年后的现代，在和身为顶级明星的女演员千颂伊陷入爱情的过程中，不同星球的两人消除彼此之间的误解，克服危险追寻真爱的浪漫爱情故事。

《来自星星的你》2013年12月18日在SBS一经播出就创造了韩国2013年迷你剧的最高收视率，为28.1%，网络最高收视率为73.4%，双双位居韩国2013年首位。截至2014年3月1日，在韩国最大的网络搜索引擎Naver的十大人气搜索词综合排行榜中，“来自星星的你”以17.4%的搜索率高居第一名。2015年10月20日，韩国文化产业振兴院发布“韩流20年代表”名单，《来自星星的你》成为“韩流”代表电视剧。

在中国，《来自星星的你》在爱奇艺、PPS上线首周播放量就破千万，前4集内容在两周内拿下2300万的播放量，上线12集后播放量冲击4亿，最终首轮播放量破13亿。不仅普通观众喜欢这部韩剧，中韩政要互访交流时也提起过《来自星星的你》和“都教授”。

随着剧集热播，其相关周边产品也受到追捧。剧中的“啤酒炸鸡套餐”让冷冻鸡翅供不应求，原本因为H7N9型禽流感打击之后陷入低谷的家禽业重获生机。在亚马逊网站，剧中男主角阅读的《爱德华的奇妙之旅》中英文版本出现脱销；剧中全智贤的服饰装扮成为时尚热点，同款唇膏卖到断货。在淘宝网，剧中服装、首饰、家居用品的仿制品开始大量出现并热销。甚至连剧中男女主角使用的即时通信软件Line（连我）也迅速出现在中国年轻人的手机界面上。

《来自星星的你》之所以能够取得如此巨大的成功，首先是因为选题上的突破。这部电视剧打破了以往韩剧的情节设定，使用了“外星人”这一角色设置，开创性地“重新发明了一种男人”，从而达到了言情剧的最高境界——满足女性对男性伴侣的幻想；同时对于女主角的角色定位打破了以往灰姑娘式的设置，在性格上浮夸张扬，增强了故事的戏剧性。其次在演员的选定上，选择金秀贤与全智贤双贤组合，俊男美女，人气十足。再次也是因为导演在韩国有一定号召力，曾经执导过不少电影，在电视中插入了不少致敬情节，引起观众共鸣。最后就是保持韩剧一贯的精良制作，同时将传统的积极向上的价值观与现代时尚生活结合，让人能够在快节奏的社会生活中得到精神的放松。

二、网络游戏《穿越火线》

提起网络游戏，大家一定会想到网络游戏三大国家：韩国、日本、美国。可以说，韩国是对中国网络游戏影响最深的一个国家。2001 年，由盛大代理的韩国网络游戏《热血传奇》正式上线，立刻在玩家间引起了轰动。之后，还有许多韩国网络游戏在中国广受欢迎，例如《劲舞团》《跑跑卡丁车》《冒险岛》《穿越火线》等等。尽管后来美国《英雄联盟》成为中国最受欢迎的网络游戏，但是《穿越火线》依旧占据着很大的市场。

《穿越火线》是由韩国 Smile Gate 公司开发的一款 FPS（第一人称射击类）网络游戏，吸取了经典单机游戏《反恐精英》等多款人气 FPS 游戏的优点，并吸取了玩家所喜爱的各项枪战游戏内容后开发而成。Smile Gate 可以说是韩国游戏界的初生婴儿，全公司一共只有一间办公室，33 个人。其中 15 个画原画，7 个配置，10 个制作，1 个宣传，至今只制作出了《穿越火线》一款游戏。但是随着《穿越火线》在中国成为游戏大作，Smile Gate 公司在韩国也开始传出名来。

2008 年，该游戏在中国上线后，国内注册游戏人数就激增。2010 年《穿越火线》最高同时在线达到 200 万人，成为国内 FPS 游戏领军者。据媒体报道，到 2015 年 8 月 7 日，《穿越火线》同时在线人数已突破 500 万。

《穿越火线》之所以能够如此成功，与其开发团队和韩国网络游戏的开发模式密切相关。

首先，该游戏采用了由韩国网络游戏创制的道具收费模式（又称免费模式）。在这一模式下，玩家无论花不花钱都能体验游戏的快乐。但是游戏提供的许多增值服务是收费的，而这些服务往往让玩家欲罢不能。

其次是简单的操作方式和荣誉对战系统。荣誉对战系统紧紧抓住了普通玩家之间互相比较的心理，对玩家的吸引力很大。同时，简单的操作方法让人可以轻松上手，体验游戏的乐趣。《穿越火线》的玩家群体中既有年纪很小的小学生，也有中年人的存在，可见，这种简单的操作方式是其大受欢迎的原因之一。

再次是对经典 FPS 游戏的优点的吸收。作为一款第一人称射击类游戏，《穿越火线》吸收了《求生之路》《反恐精英》的优点，尤其是对战的方式跟《反恐精英》非常类似，吸引了大批聚集于传统 FPS 游戏的玩家进入这一网游。

最后则是合作共赢的开发模式。该游戏的开发商只专注于游戏的开发，其他工作则由合作伙伴来完成，来保证游戏质量的提高。在中国《穿越火线》选择腾讯作为代理商，腾讯拥有中国最大的即时通信软件客户群，这些客户能够在很短时间内转换为该游戏的玩家，进而通过社交网络的扩散效应吸引更多的人关注。

第七章　印度文化产业

目前印度官方认可的文化产业及相关产业被称为“娱乐与媒介产业”，涵盖报刊产业、图书产业、电影产业、电视产业、唱片产业等方面。近些年随着技术的发展，媒介的范围不断得到扩展，网络数字内容产业等新兴产业也被划为文化产业。

第一节　印度文化产业概况

一、厚积薄发的印度文化产业

（一）出版业

狭义的出版物只包括图书和杂志，不包括报纸。广义的出版物，根据联合国教科文组织的定义，包括定期出版物和不定期出版物两大类。定期出版物又分为报纸和杂志（也称期刊）两类；不定期出版物以图书为主。鉴于印度纸质媒体发达，图书与报纸的相似性较多，本书采取广义概念。

1. 报纸出版

在印度文化传媒产业中，报刊产业的历史最为悠久，早在2008年底，就共有报刊69323种，是世界上报纸种类最多的国家。据统计，印度报纸杂志使用的语言有90多种，堪称世界之最，其中印地语、英语、孟加拉语、泰米尔语为主要语言。

印度最大的三家日报依次为《印度时报》《马拉雅拉姆娱乐报》《古吉特拉新闻》，主要印地文报纸有《旁遮普狮报》《今天日报》《印度斯坦报》等，主要英文报纸有《印度斯坦时报》《政治家报》《印度教徒报》《印度快报》等。

主要新闻机构和通讯社有：（1）新闻发布署，相当于政府中央通讯社，拥有1100多名国内记者和180多名国外特派记者，通讯网覆盖全国各地，向8000余家新闻单位供稿，设有8个地区总分社和27个分社。(2) 印度报业托拉斯，印度最大通讯社，半官方性质。成立于1947年8月，后兼并印度联合通讯社和路透社印度分社，于1949年元旦开业。现设136个国内分社和11个海外分社，员工1000多名，海外记者30多名。英文日发稿量超过10万字。(3) 印度联合新闻社，印度第二大通讯社，于1959年登记成立，现有分社100多个。目前向四个海湾国家及新加坡、毛里求斯提供新闻服务，在迪拜、华盛顿和新加坡设有分社，向22个国家派驻记者。(4) 印度斯坦新闻社，私营，主要编发印地文、马拉地文、古吉拉特文和尼泊尔文的新闻。①

2. 杂志出版

印度市场上的杂志主要分为两大类：一类是面向广大读者的综合性杂志，除了刊登时事新闻外，主要刊登艺术、文化、环境、电影、评论、商业类文章，如《今日印度》《观点》等。另一类是专业杂志，主要满足专业人士的需求，如《印度商业》《商务世界》等。印度的各个领域都有专业信息交流杂志，涉及宗教和哲学、工商业、医药健康、劳动、机械技术、科学、运动等。各类杂志一般都能在报亭、书店和书摊上买到。

3. 图书出版

根据印度图书出版研究所统计，印度目前有1.9万家出版社，其中1万余家为小型出版社，2000余家为中型出版社，大型出版社只有25家左右。这些出版社中，有1.24万家使用国际标准书号，官方和半官方出版社仅450家左右，其余为家族私有或为外资控制。就图书年出版总量而言，印度排在中国、美国、英国、俄罗斯之后，居世界第五位。②

印度的出版社大多属私人所有。为满足这个多语言国家的阅读需求，全国每年用24种语言出版图书。与报刊的出版不同，印度图书出版以英语图书为主体，英语图书出版商的发展也更稳定。在印度每年出版的8万多种图书中，英语图书约1.6万种，占20%左右（印度的印地文和英文报刊分别占其报刊总数的37%和16%）。

印度全国的批发和零售书商有50多万家。除了兼营零售和批发的出版商外，图书发行行业由发行商、批发商、零售商、图书供应商、超级市场售书点、图书俱乐部和网络书商等构成。

---

① 中华人民共和国外交部：《印度国家概况》，2016年2月更新，http://www.fmprc.gov.cn/web/gjhdq_676201/gj_676203/yz_676205/1206_677220/1206x0_677222。

② 刘彦青：《印度图书出版业概览》，《文化学刊》，2015(10)，164页。

印度拥有约3万家书店，规模都较小。有三家主要的连锁书店，分别是牛津、Crossword和Landmark。不少边远城市尚无书店，只有流动书摊巡回出售图书。网络图书销售在印度还处于萌芽时期，在线销售发展缓慢。

（二）电影产业

1913年，黑白电影《哈里什昌德拉国王》上映，这部影片为印度电影事业奠定了基础，同时为以后印度影片的形式、内容和表现手法提供了具体的模式，因此，导演巴尔吉赢得了“印度电影之父”的赞誉。2013年，印度电影业迎来100周年诞辰。如今，印度已发展成为世界上产量最高的电影生产国，孟买、加尔各答和马德拉斯三大电影中心构成了印度庞大的电影业。

印度每年的电影产量在1000部以上，居世界第一；每天1400万的观影人次雄冠全球。从票房收入上看，根据2015年美国电影协会发布的报告，2015年印度的国内票房达到了16亿美元，全球排行第四位。①

在印度，不论国有公司、私营公司还是外国公司，只要拿到进口许可都能进口影片，并且国家对进口外国片没有指标限制。然而除了《泰坦尼克号》和《阿凡达》外，能在印度引起轰动的好莱坞大片可谓凤毛麟角。在全球电影市场形成席卷之势的好莱坞，平均每年在印度所取得的票房成绩大概只占印度总票房收入的5%左右。

21世纪以来，印度也积极改变了以国内观众为主的策略，开始积极探索向海外发行之路。电影产业不仅在国内市场蓬勃发展，并且走向国际舞台，以其独特的风格在世界电影中取得一席之地。现在印度的电影出口已仅次于美国排在世界第二位，英国和北美是印度最大的海外市场。2009年在印度打破多项票房纪录的《三傻大闹宝莱坞》，其总票房中海外票房占到一半。② 2010年，《风筝》在北美票房周末排行中冲入前十名，再一次证明了“宝莱坞”电影在北美开拓市场的勇气和实力。

（三）电视产业

印度电视业起步时间较晚，但发展迅速。1959年9月15日，印度电视节目首次成功播出。20世纪90年代以前，印度电视业基本以国营电视机构即杜达山电视台（印度电视公司）为主。1990年，印度出台《印度

---

① 数据来源：美国电影协会：《2015全球电影市场报告》，http://www.mpaa.org。

② 李怀亮：《国际文化市场报告》，103页，北京，首都经济贸易大学出版社，2014。

广播电视公司法》，明确规定私人和国外资本可以在印度兴建广播电视公司，从此电视业格局发生了较大的改变。到20世纪90年代末期，印度电视业逐渐形成国家电视台、本土商业电视台和外国卫星电视三足鼎立的局面。

印度有线电视和卫星电视市场兴起于20世纪90年代。电视用户数量从1992年的41万户增长到2013年1.61亿户。印度信息与广播部2014、2015年年度报告显示，印度拥有数量庞大的广播和营销部门，包括近790个电视频道、6000多家系统运营商、60000多家当地有线电视运营商、7家直接到户的卫星电视运营商，以及多家网络电视服务商。①

从数量上来看，印度已成为世界上第三大电视市场，仅次于美国和中国。在电视节目数量方面，目前有33个频道提供了全高清节目。值得一提的是，近年随着IPTV业务②的发展，一些运营商开始向民众提供IPTV电视业务，尽管目前用户数量不多，但是也可以看出印度在促进三网融合方面的决心。

（四）唱片产业

印度唱片产业中，电影音乐、宗教音乐等本土音乐占据主导地位。从20世纪80年代起，以宝莱坞为代表的电影音乐开始占据垄断地位。由于销售电影音乐可以获得高额回报，所以许多唱片公司都把销售电影音乐作为重点。在电影放映前的6—8个星期，唱片公司会发行电影音乐唱片。唱片公司通过向电影公司缴纳特许权使用费或采取最低保证金与版税相结合的方式，来获得电影音乐的发行和销售的权利。由于唱片公司需独立承担购买版权、广告宣传、发行、销售等环节的费用，如果电影音乐在市场上的反响平平，或电影票房较差，会给唱片公司带来较大的资金压力。所以，一些有实力的唱片公司会参与到电影的投资与拍摄中来，通过电影收入和音乐销售来降低风险。

印度唱片产业早期完全处于电影音乐的统治下。当时的音乐是印度电影的构成部分之一，音乐版权收入约占一部电影收入的15%。随着音乐电视、电台和网络对唱片的介绍宣传，非电影唱片的成功使得人们开始关注

① 中华人民共和国外交部：《印度国家概况》，2016年2月更新，http://www.fmprc.gov.cn/web/gjhdq_676201/gj_676203/yz_676205/1206_677220/1206x0_677222。

② IPTV即交互式网络电视，是一种利用宽带网，集互联网、多媒体、通信等技术于一体，向家庭用户提供包括数字电视在内的多种交互式服务的崭新技术。它能够很好地适应当今网络飞速发展的趋势，充分有效地利用网络资源。

电影音乐以外的唱片。大部分唱片公司的盈利势头向好，但盗版在某种程度上制约着唱片业的发展。盗版行为猖獗是印度唱片产业的一大问题，极大地冲击了唱片市场。

近年来，印度唱片市场持续增长，收入主要来源于音乐磁带和CD的销售。2012年印度唱片业收入为1.476亿美元，居世界第14位。随着科技的进步，数字音乐销售逐渐上升，这也是印度音乐产业所呈现的新的发展趋势。

随着数字音乐和互联网的发展，新的传播形式在影响着唱片业的发展。根据国际唱片协会公布的《数字音乐报告（2014）》，当年印度数字音乐市场收入增长率居全球第二位，高达112%，显示出强劲的发展势头。印度数字音乐流行的销售方式主要有在线销售、铃声下载等。

（五）广播产业

印度地域辽阔、人口众多，在差异较大的文化氛围里，广播作为大众传播的重要形式，有着天然的优势，再加上收音机的价格十分低廉，电台消息可以传播到印度的每个角落。

印度广播业在印度独立后得到了较快发展。1947年全国只有6个电台，70年代末增至84个，80年代又有新的发展。1981年通信卫星上天，借助于卫星，广播得以基本覆盖这个幅员辽阔的国家。进入90年代，印度又大力发展调频广播，在各地兴建了100多座调频电台。同时，广播业出现商业化趋势，1993年下半年起，全印广播电台将调频广播的某些时段出租给私营企业经营，出现了局部的私营广播。2000年，印度政府正式开放私营广播，向40多个城市的私营商发放了100多个调频广播的经营许可证，从而完全打破了全印广播电台长期以来对广播事业的垄断。

印度的广播业务主要由全印广播电台经营，它属于印度政府的信息与广播部，前身是1927年成立的私营印度广播公司，1947年印度独立后被收归国有，垄断国内广播事业，并负责对外广播，确立了国营电台的地位。目前全印广播电台已发展为庞大的广播网络，下设124个电台，广播网覆盖全国人口99.1%，形成国家、地区、地方三级办广播的格局。全印广播电台办有四套节目，使用印地语、英语等24种语言和146种方言，向全国播出。国内划分为东、南、西、北、东北五个广播区，分别由五个地区电台负责。地区台、地方台除了转播全国性节目外，还自办本地的节目。在国际广播方面，全印广播电台成立了对外服务处，国际频道覆盖近百个国家，用印地语、英语、法语、俄语、缅甸语等多种语言播音，主要内容包括新闻、报刊评述和音乐节目。

（六）文化旅游产业

印度悠久的历史文化以及多样化的自然地理环境，积淀形成了丰富的旅游资源。以文化旅游为主导的旅游业已经成为印度重要的产业之一。

印度文化旅游的项目繁多，种类丰富。商务旅游、休闲旅游、宗教旅游、医疗休养旅游、电影旅游等都是非常有特色的旅游项目。许多西方游客对印度文化和电影非常着迷，外国游客在印度的平均停留时间比在亚洲许多国家长得多，平均停留 26 天的官方统计数字是新加坡 4.2 天的 6 倍有余；而外国游客在印度人均消费达到了 1470 美元，几乎是全球平均水准 844 美元的两倍。[①]

印度政府 2002 年颁布的《国家旅游政策》，确定旅游业为经济增长的主要引擎，国家第十二个五年计划（2012—2017）确定旅游业是优先投资的产业。2002 年启动海外市场推广计划，以“不可思议的印度”作为国家整体宣传口号，中央邦旅游部则推出“不可思议的印度之心”等口号。印度还推出以“梦幻之国—印度”为主题的宣传计划，重点突出沙滩、山地、国家公园、宗教朝圣和乡村度假地等内容，建成四季皆宜的旅游目的地。从 2011 年开始，印度把“实现梦想”作为“不可思议的印度”宣传推广活动的第二阶段，推广目标直指旅游者，而不再是目的地。据世界经济论坛《旅游竞争力报告》，2011 年印度排名第 68 位，2013 年排名第 65 位。[②] 2014 年印度入境旅游人数约为 770 万人次，同比增长 6.6%，增速超过同期国际平均水平；创造外汇收入 196.57 亿美元，同比增长 11.5%。2015 年印度入境旅游人数约为 800 万人次，同比增长 3.8%，创造外汇收入 197 亿美元，同比增长 0.2%。

（七）文化信息服务产业

虽然印度经济基础薄弱，资源也十分有限，但印度独立后，制定了积极的信息产业政策，将计算机软件作为国家的战略产业，加之在人才和技术方面有着独到的优势，其软件设计和编写发展水平位居世界前列，信息技术一直都是印度经济的增长引擎。目前，印度信息产业呈现出高速增长，每年新增 15 万个直接岗位和 45 万个间接岗位机会。其中，文化信息

① 周戎：《印度：文化产业在应对危机中扮演重要角色》，《光明日报》，2009 年 4 月 20 日。

② 李燕：《印度旅游业对经济发展的影响》，《南亚研究季刊》，2014（4），45—49 页。

服务产业是一个重要领域。

印度信息产业起步很早。1991年，印度在班加罗尔建立了首个计算机软件技术园区，此后该城市以惊人的速度发展，到20世纪90年代中期，它成为“印度的硅谷”，令世界瞩目，并一跃成为全球第五大信息科技中心和世界十大硅谷之一。在班加罗尔取得初步成功后，印度政府由南至北建立了17个计算机软件园区，有1400多家公司在此注册。

1992年，印度政府开始实施“IT技术园区计划”和“电信港建设计划”，通过免除出口税和免除5年销售税以及建造通信卫星网络等措施进一步加快IT业发展。这一阶段印度软件迅猛发展，软件年总产值由1993年的5.58亿美元增长至1999年的55.39亿美元，软件年出口额由1993年的3.3亿美元增长至1999年的39.62亿美元。

1998年，印度政府将信息软件产业确定为优先发展的支柱产业，印度内阁通过了“信息技术超级大国计划”，明确提出在十年内使印度成为国际信息技术产业大国。印度人在数据处理以及业务系统整合方面的能力获得了以美国为主的发达国家的企业的认可，从而确立了印度在商业流程外包①市场上的地位。当前，印度的软件外包行业在全球占有领先地位，印度软件外包公司在国际外包市场具有很强竞争力。在国际外包专业协会发布的全球外包百强榜中，印度软件外包公司Wipro、Infosys、HCL位列前十，印度在全球外包市场中的份额呈逐年上升的态势。

印度廉价、优质、高效的软件人力资源，在全球范围内的影响力越来越大，国外许多著名的IT公司和软件公司争先恐后来印度设厂。经过二三十年的发展，印度很快发展成为全球软件开发中心，为全球各国提供优质的文化信息服务。

二、印度发展文化产业的优势

在过去的20年间，印度经济已进入高速增长期，以年平均5.6%的速度稳定增长。作为一个传统文明古国，印度在发展文化产业方面有着众多的优势。

（一）历史文化资源丰富

印度是世界四大文明古国之一，公元前2500年至前1500年之间创造

① 所谓外包，是指通过购买第三方提供的服务或产品来完成本该由组织内部完成的工作。服务外包是指企业将信息服务、应用管理和商业流程等业务外包给第三方服务提供者，以降低成本。

了印度河文明。公元前6世纪至前5世纪是印度文化史上灿烂的阶段，形形色色的哲学流派和社会理论蓬勃涌现，产生了世界三大宗教之一的佛教。

印度是个宗教国家，在长达数千年的历史进程中曾先后产生并流行多种宗教，其他主要的世界宗教如伊斯兰教、基督教、犹太教等在印度也拥有广泛的信徒。多种宗教在印度长期共存，使印度人民对宗教信仰愈发虔诚，形成了印度文化浓郁的宗教性。宗教渗透于社会生活的各个方面，影响国家政策法律的制定、道德观念的形成以及各民族传统的风俗习惯，宗教也融入印度的文化之中，其民族语言、文学、艺术、音乐、舞蹈、雕刻等等更是以宗教为中心。

印度的文明成果也异常丰硕，先后产生了印度河文明、吠陀文明、婆罗门教文明、佛教文明和印度教文明，外来的伊斯兰文明以及西方文明也在这里立足并创造出优异的成果，丰富多样的文化交融于此，使印度文明呈现出极大的包容性和多元性。悠久的历史决定了其深厚的文化根基，几千年的文化进程中产生的史诗、传说、音乐和雕塑等文化遗产数量惊人，为文化产品提供了创意源泉和创作素材。

（二）多民族文化交融

印度是仅次于中国的第二人口大国，被称为世界上保存最完好的“人种、宗教、语言的博物馆”。世界上存在的几个主要人种都曾迁徙至此并定居下来。由于印度各地自然环境存在着巨大差异，历史上很少出现强大的统一的中央政权。这些历史因素造成了各地区人们都较完整地保留了自身的文化传统和地域性文化的特点。

印度的民族主要由印度斯坦、泰卢固、孟加拉、泰米尔等十大民族和几十个小民族构成，印度斯坦族占全国人口46.3%，泰卢固族占8.6%，孟加拉族占7.7%，马拉地族占7.6%，泰米尔族占7.4%，古吉拉特族占4.6%，加拿达族占3.87%，马拉雅拉姆族占3.59%，旁遮普族占2.3%，其他民族约占8%。印度的主要民族各有各的语言、文化和风俗习惯，各具特色的多民族文化创造出了丰富的宗教、深奥的哲学、辉煌的艺术和精彩的文学作品，为文化产品的创造提供了广阔的空间。[①]

（三）文化消费潜力巨大

① 赵伯乐：《浅析印度现代化进程中的文化产业》，《南亚研究季刊》，2002（3），52页。

文化娱乐消费在很大程度上取决于一个国家的社会经济环境和国民性格。自1999年以来，印度国民生产总值一直保持高速增长。2014年，印度的经济增长率达到7.4%，2015年增长率高达7.5%，首次成为世界经济增长最快的国家。

印度的文化消费群体以中产阶级为主导，他们对信息和娱乐有着较大的需求，每天有上千万人上网查询信息、聊天、下载音乐、观看影片、收发邮件等，这些都极大地改变了印度人信息传递和交流的形式。目前，印度年龄在25岁以下的人口占全国总人口的54%，到2020年预计印度国内人口的平均年龄将降到29岁。① 这些年轻人需要多元化的文化产品，他们不仅是文化产品的主要消费者，也是文化产品生产的决定者。② 经济发展水平的提高刺激了文化消费需求，人们收入水平的提高带动消费能力的增长，加上社会福利的相应改善，为印度文化产业的增长提供了基本的市场需求条件。

第二节　印度文化产业政策

印度宪法中有保护民族文化、促进文化发展的专门规定，从中央到地方的政府文化部门每年都有专门的经费来支持文化产业的发展。在政府方面主要由文化部和信息与广播部对文化产业进行管理，另外还有一些国有媒介组织对文化产业的发展享有自治权。

一、主要管理机构

（一）文化部

印度文化部的职责是保护、促进和传播印度各种文化艺术，具体包括：(1) 保护和维护文化历史遗产和古迹；(2) 促进文学、视觉艺术和表演艺术的发展；(3) 管理图书馆；(4) 举行重大人物及事件的纪念和庆典；(5) 促进佛教机构及组织的发展；(6) 促进文化艺术领域非官方活动；(7) 与世界各国签订文化合作协定和执行计划。

该部在文化部部长领导下进行宏观政策的制定，主要致力于对有形和

---

① 李忠林：《印度崛起的优势与劣势及其辩证关系》，《和平与发展》，2013 (2)，77页。

② 梁君、杨霞：《印度发展文化产业的经验及其借鉴》，《特区经济》，2011 (12)，125页。

无形文化遗产的管理和保护。下属机构包括印度考古局（新德里）、国家档案馆（新德里）和中央政府秘书处图书馆（新德里）、印度人类学调查局（加尔各答）、中央参考图书馆（加尔各答）、国家图书馆（加尔各答）、国家现代美术馆（新德里）、国家博物馆（新德里）、国家保护文化财产研究实验室（勒克瑙）等9个直属机构以及全国各地由政府全额拨款的36个自治文化机构。

在实施某一项措施时，首先需要组成全国委员会，为组织全国性的庆祝项目和活动提供建议，然后给予项目赞助；具体执行由自治机构来完成，这类组织主要包括人类学和文化学研究机构、佛教研究机构、学术团体、国家戏剧学院等等。

印度文化部通过规划和赞助，对促进某种艺术形式或开展并坚持文化活动的非政府文化机构或组织提供资金补助。这些经济协助包括：对资源文化组织的建筑和设备的资助；对艺术等方面的杰出个人的资助；对佛教和佛教文学艺术发展的资助；对特定表演艺术项目的职业团体和个人的资助；对推动和传播部落与民间文化艺术的资助；对地方博物馆的资助；对进行文化研究活动的自愿组织的资助；对建立复合目的的文化联合体的资助；对维护国家文物的资助；授予创造性领域的杰出人物的奖项和奖金；对重要人物纪念活动的资助。①

（二）信息与广播部

印度信息与广播部包括四个司：信息司、广播司、电影司和经济整合司，它所管辖的领域包括广播、电视、电影、出版以及传统印度舞蹈和戏剧，它不仅是印度传媒的管理机构，也是面向公众的服务机构。

信息司作为印度政府的代理，对印刷与出版媒体进行管理，并处理政府的宣传需要，相当于政府和媒介之间的桥梁。信息司管理的机构有：出版机构，包括出版信息署、影像署等；宣传机构，包括广告与视觉宣传署、歌曲与戏剧署等；新闻法律工作机构，包括印度报刊注册处和印度报刊委员会；人力发展与培训机构，包括印度大众传媒研究所。

广播司负责处理电子媒体的相关事宜，包括公共广播服务、有线电视网络的建设、私有电视频道的开播以及调频广播频道的开播等。广播司直接管辖印度广播公司，下设三个独立的国有公司。

电影司参与印度电影的每个环节，包括电影的分级、保管、宣传、进

① 熊澄宇：《世界文化产业研究》，297页，北京，清华大学出版社，2012。

出口与纪录片的制作等。其下设有多个机构：电影署，负责纪录片和新闻杂志的制作，向影剧院和其他机构、组织提供纪录片和新闻杂志，并向国内外出售印刷品、摄影带、纪录片和电影短片的发行权；中央电影认证委员会，主要负责电影的认证；印度国家电影档案馆，负责追踪、获取并保存印度电影遗产，分类、归档数据并进行电影相关的研究；电影节办公室，负责组织国内和国外电影节，安排印度国内的外国电影项目和印度电影在国外的项目，举办国家电影评奖；电影审查委员会，负责实施电影分级管理，认证电影是否适合公开放映。

（三）印度文化关系委员会

印度文化关系委员会隶属印度外交部，主管印度对外文化交流，成立于1950年。总部设在新德里，在孟买、班加罗尔、加尔各答、金奈等地设有分支机构。该委员会的主要职责是负责实施印度政府与外国的文化交流计划项目，在海外举办或与外国互办文化年和文化艺术节，负责与外国的学者和留学生交流，设立和管理印度海外文化中心。该委员会主席一般由印度较有影响、资深的人物担任，日常事务由主任和副主任管理。

（四）国有媒介组织

印度国内几个最大的媒介组织设在信息与广播部下，但都享有自治的权利。（1）印度广播电视公司，印度垄断传媒机构，成立于1997年，旗下拥有全印电视台以及全印广播电台，拥有管制其他商业电视台的特权。（2）印度媒体委员会，旨在维护媒体自由、保持并提高印度报纸和新闻通讯社的水平。在收到媒体的投诉后，该委员会有权调查包括政府在内的任何官方行为。（3）印度国家电影发展公司，印度鼓励生产高品质电影的中央机构，成立于1975年，总部位于孟买。该公司负责电影融资、制作和发行领域，首要目标是策划、推广及举办印度电影业活动，并高效地开发和发展优秀电影。

二、相关立法及主要政策

（一）新闻传媒

印度宪法以国家根本大法的形式确立了私有制，同时规定公民的平等权、自由权、文化教育权等。印度宪法指出，印度公民有“言论和表达的自由”。由于这些条款的存在，通常任何机构都难以强迫媒体发表它不想报道的新闻言论，也难以强迫媒体不去报道某一新闻。印度政府可以通过公关方式争取媒体的配合，例如印度外交部设有专门的公关机构负责媒体对外交政策的报道。因此，印度新闻界常以“世界上最自由的新闻媒体”自居。

印度新闻咨询与仲裁机构分别为新闻委员会和新闻理事会，它们在媒体和政府间构建了一个缓冲地带，对于平衡二者的关系发挥着重要的作用，有利于促进媒体的自我管理和社会化管理。1952年，印度政府组建第一届新闻委员会，该委员会于1954年向政府递交了工作报告，最主要的内容是建议成立印度新闻业的自律机构。印度议会于1965年通过《新闻理事会法案》，以维护新闻自由、维护报纸和新闻通讯社的独立性、提升报业水准和为报业记者制定行业规则为宗旨。根据该法案，新闻理事会于1966年正式成立，它的主要职权是处理新闻机构关于新闻自由遭到侵犯的投诉，监督包括政府在内的权力机构，通过受理投诉、制定与修改新闻法律和展开新闻理论研究等途径维护新闻自由与媒体独立。

1876年颁布的《新闻与图书注册法案》是印度现行传播法规中最早的一部，适用于管理包括报社和出版社在内的任何在印度注册成立的出版机构，至今已经历20多次修订，在1955年颁布修订案后，印度报业逐渐走上了正轨。1978年施行的《报业理事会法案》作为《新闻与图书注册法案》的第22部修订案，标志着新闻自由的回归，同时促进了近几十年印度报业的稳定发展。

当然新闻自由不是绝对的，国家可以以法律对其进行合理的限制，但是，仅能根据宪法第19条第2款至第6款规定之理由为之；对不同的权利进行限制的理由亦不相同，有为印度之主权完整者、为国家安全者、为公共秩序与公共道德者。司法机关对于某一限制是否有相关之根据、是否合理享有最后的发言权，国家对于限制之合理性承担举证责任。[①] 这表明了印度宪法并不赋予新闻记者任何特殊权利，政府有权制止违反国家法律法规的报道。

印度纸质媒体的外资持股比例被限制为26%以内。为了确保印方在企业决策中的控制权，该政策还规定企业首席执行官和所有新闻编辑必须是在国内长期居住的印度人；任何新闻公司成立或更换股东时，都必须得到相关部门的批准并进行备案。同时，《新闻与图书注册法案》列举了每一份在印度发行的出版物所不能出现的语句或段落，报纸注册办公室会以六

① ［印度］Mahendra P. Singh、Surya Deva 著，柳建龙译：《印度宪法：于多样性中统一的典范》，《河南省政法干部管理学院学报》，2009（5），1—22页。

周为周期对每份报纸进行审查，以确定报纸的合法性。

（二）广播电视

印度的广播电视起步较晚。1991年印度经济改革放松了对媒体的许多限制，废除了限制私人办电视台、禁止外资参与传媒领域等规定，给电子媒体的发展带来了新的活力。伴随着行业调整，立法部门制定了众多关于广播与电视的法律，成为印度广播电视业发展的重要保证。

1990年颁布的《广播电视公司法》规定了印度广播电视公司的成立方式，包括机构组成、注册办法、管理人员构成以及财产储备等多个方面。根据其规定，信息与广播部不再管理两个国营媒体，二者合并为全印广播公司，以公司的形式运营，标志着国营媒体走向了自治和法制化的管理道路。

1995年颁布的《有线电视网规范法规》对相关概念如"有线电视运营商""有线电视网络"等做出了详细的解释，规定了印度民众申请收看有线付费电视的流程和细节，对有线电视转播公司的运营方式做出了规定。同时，随着有线电视网迅速扩张，为了保护全印电视台不受国外卫星电视和本国私营电视的冲击，规定了诸多保护措施：有线电视网中必须为全印电视台保留两个全国性频道和一个方言频道，有线电视运营商的税率为35％。2000年的修正案规定，每个有线电视运营商应至少转播两套印度国家电视台的节目和一套地方语言频道的节目。

1997年施行的《印度广播法》中写道："在我们这个辽阔的国度里，公共广播机构本身就难以在节目的丰富性和多样性方面满足不同地区和不同社会层次的需求。我们有了不起的民主传统，我们的公民必须获得全方位的信息，并且在信息、教育娱乐方面有更宽泛的选择，这些在我们国家可以通过开放私营广播来获得。"这说明政府进一步加大广播电视业开放力度的决心。同时，该法对外国卫星广播做出了特殊规定，广播委员会在下列情况下允许接收未经授权的外国卫星广播节目：节目是免费的；节目中不含广告或含有广播委员会允许播出的广告；节目内容仅限于体育或国际新闻与时事报道。

（三）文化信息服务

印度是世界上最早为信息技术立法的国家之一。2000年6月通过并颁布《信息技术法》，该法涉及刑事诉讼和行政管理等内容。2008年对《信息技术法》进行修订，规定对在网上散布欺诈信息的个人处以罚金或最高判处有期徒刑3年的处罚，对利用计算机技术破坏印度领土完整、国家安全或对人民实施恐怖行为的个人和团体判处有期徒刑甚至终身监禁。为了使监管措施法律化，2011年，印度政府再次修订《信息技术法》，进一步规范网站，规定印度通信与技术部有权查封网站和删除内容，并对网吧经营活动做出具体规定：网吧业主需要要求客户在上网前出示身份证等。

（四）电影产业

1999年印度政府解除了以前有关外国人不能投资印度电影工业的禁令，实行优惠的税收和金融政策，大大促进了国外资金的流入。

印度是电影生产大国。在国家独立后于1952年重新制定的《电影法》，不仅包括公映影片的准入制度，也涵盖了公映影片的各种规范条例，对电影分级许可进行管理。该法的核心内容为以许可证为标志的电影分级审查制度，规定了电影分级的申诉渠道：如果审查委员会出现意见分歧，或者制片人与委员会意见不统一，可以提交复审委员会重新审核。同时还规定了政府对影片的撤销、终止和修改权力，以及处罚措施。

（五）综合版权保护

1994年，印度制定了《版权法》，内容包括：表演权的保护范围涵盖所有视觉或艺术表演；组建版权协会以对作者、作曲者及其他创作艺术家的权利进行集体管理；在版权的转让中既保护转让人的利益也保护受让人的利益；版权保护期限扩展至作者死后6年；等等。1999年，印度进一步对《版权法》进行了修订，实现了与TRIPS[①]的完全接轨。此外，印度在1999年还颁布了《国际版权规则》，将版权的保护扩展至WTO所有成员。《版权法》最新修订法案于2012年完成，目的是与《世界知识产权组织版权条约》等国际准则进一步接轨，并解决在数字技术的背景下权利主体之间不同的利益诉求。新法案规定电影作品的著作权由作词、作曲和其他创作艺术家分别享有，同时要求电台、电视台在向著作权所有者支付版税后才能播放作品；进一步维护了残疾人分享、学习文化知识的权利，规定只要是非营利性的“残疾人可获取格式”（如盲文）的著作权资料，残疾人均可自由使用；并对著作权侵权行为规定了更严格的处罚方式，包括最高两年的监禁。

① TRIPS为Agreement On Trade-Related Aspects of Intellectual Property Rights的缩写，意为与贸易有关的知识产权协定，简称《知识产权协定》，是世界贸易组织体系下的多边贸易协定。

第三节　印度文化产业优势领域

一、载歌载舞的电影产业

电影是印度文化产业最重要的组成部分之一，它以艺术的方式向世界展示印度历史、文化、宗教、社会等各个层面的内涵。在印度每人一年平均要看50—100场电影。从1913年第一部印度故事片诞生至今，印度电影业已形成了一个年营业额约15亿美元、拥有近200万工作人员、年产1000多部影片的庞大行业。印度电影的高产量与高票房现象主要与印度电影工业独特的市场特征与大众化的审美品味、发行与放映机制、宽松的文化政策以及票价低廉有关。

（一）发展概况

1. 市场特征与审美品味

印度电影市场的典型特征是本土电影占据院线主导地位，电影在印度占有重要的社会地位。也许是宗教信仰的原因，相对于物质生活来说，印度人更崇尚精神生活，幻想虚无缥缈的浪漫，电影恰恰给印度人提供了这样的条件，成了大部分印度人逃避困顿的现实生活、寻求精神释放的一种手段。同时，印度在世界各地有大量移民，加上南亚各国的观众，他们几乎占去印度电影观众的半数之多，使印度电影拥有广阔国内市场的同时，也打下了进军国际市场的良好基础。

印度主流电影以爱情、伦理、复仇、荣誉等为主线，以激烈的矛盾来构建戏剧化冲突，用煽情的场面作为故事高潮，最后在大团圆的结局中结束故事。情节剧模式、情节剧思维几乎内化在所有印度商业电影之中，这种建基于人类共同审美经验基础上的稳定叙事模式使印度电影在文化根基上具有了大众化、普遍性的审美品味，为印度电影在全球范围内奠定了广泛的观众基础。①

2. 发行与放映

（1）发行渠道

印度现行的电影发行方式基本是陆地传送，发行商依据地理位置和语

---

① 付筱茵、董潇伊、曾艳霓：《印度电影产业经验——大众定位、集群运营、制度支持》，《北京电影学院学报》，2012（5），2—6页。

言文化的不同将印度市场划分为六大发行区，境外市场为独立发行区。发行区的规模主要由该区的观众人数和电影市场大小决定，其中孟买发行区的观众人数最多。电影制作人把发行权出售给一级发行商，一级发行商再把发行权卖给分发行商。全国有 8—10 家一级发行商，每个发行区都有 50—75 家地方发行商。发行商没有电影院，他们一般要提前 6—8 个星期向放映商预订电影院。发行商的主要职责是在负责区域发行电影、向制片人提供最低资金担保和投资回报三项。

2002 年以来，所有电影都采取委托代理制，只有当电影制作完成后，发行商和放映商才开始商谈电影的发行价格。一部电影的盈利由发行链条中的制片人、发行商和放映商按不同比例共享。新的发行方式增加了制片人的危机感和电影制作公司的竞争意识。此外，贷款方成立了影片质量审查委员会，此委员会介入电影生产的整个过程，从构思、选角到拍摄，所有的制作都有专业人士监督和审查，以保证电影获得高票房收入。

（2）印度的电影院

在放映方面，电影放映业正在急速扩张规模。由于观众的审美不同和群体众多，市场上出现了多厅影院，2004 年印度最大的 11 厅影院投入使用。多厅影院和周围的书店、服装店、快餐店等设施，组合成了电影娱乐中心，满足不同层次观众的观影需求。

同时，数字化变革在不断加快，2013 年已有 77％的银幕实现数字化，大制作电影能够同时在 3500 家电影院放映，有助于广泛的观众参与和大幅的票房增长。新影院现在大多提供网上购票服务。印度多数新影院的椅子可以半躺下，中场休息的广告时间还可以去购买各种快餐。买高端小厅的票，还有免费饮料、毯子和服务生送餐服务等。

印度电影院通常被分为 A、B 和 C 三类，A 代表城市，B 代表市镇而 C 代表乡村。此外，印度的电影票价非常便宜，A 类电影院通常不超过 40 卢比，C 类电影院一般不超过 10 卢比，平均票价约 15 卢比，是一般人都能承受得起的。

（二）电影文化政策

1. 放松对电影产业的管控

21 世纪以来印度政府将电影业列为正式产业，并且允许外国资金进入投资、生产、发行和公开放映影片当中，充分的制度开放为电影业的繁荣铺平道路。印度电影可以合法地从正规渠道得到制片资金，从而根本解决 20 世纪 80 年代以来印度电影业向黑社会寻求资金支持的状况。另外，印度政府还出台了一些政策，如取消娱乐税、下调数码影院建设的相关设备的进口关税、鼓励电影公司和电影院更新设备、鼓励电影出口等等。

2. 审查机构

中央电影审查委员会是印度信息与广播部旗下负责电影审查和分级的法定机构，其任务是“在 1952 年《电影放映法案》规定下规范公开上映的电影”。总部设在孟买，在加尔各答、班加罗尔、新德里、海德巴拉等多地设有办事处。它主要审核印度电影、电视节目、电视广告和出版物的展览、出售及出租等事项。任何影片在制作完成后，必须首先向委员会或其地方办事处领取电影公映许可证才能发行放映。近年来愈加宽松的电影审查制度，让印度电影的题材更加宽泛，拍摄手法更加多样。

3. 电影分级制度

印度电影公映许可证分为 U、UA、A、S 四种，影片也相应分为四个等级。

U 级：主题及其相关叙述适合家长带孩子前往观看，除了日常口语没有侮辱性及粗俗的语言；短暂的打斗场面，极少的暴力；不含血腥场面，但少许对故事情节发展起必要推动作用的镜头可例外；没有过于暧昧的恋爱场景。

UA 级：在情节或视觉上有必要提醒家长慎重考虑是否允许其 12 岁以下的儿童观看；情节或对话需要家长解释；与 U 级影片相比，侮辱性及粗俗用语进一步加重，恋爱场面相对暧昧，打斗场面持续时间相对较长；有较明显的谋杀及血腥场面。

A 级：以成人角度定位，禁止儿童观看；有较长时间伴有血腥的打斗场面；含有一些成人话语；与 UA 级相比，有进一步加重的侮辱性和粗俗用语；有恋爱亲密镜头，包括接吻；抒情歌曲或舞蹈含有性暗示。

S 级：影片仅供特定专业、特定阶层的人观看。①

电影许可证由审查委员会主席或地区主管签发，有效期为 10 年，全国通行。电影许可证包括许可证类别、影片名称、胶片规格、胶片长度、胶片卷数、许可证号、签发日期、有效期限、申请人姓名、制片人姓名等。许可证制成书面和胶片两种，许可证胶片需作为影片的一部分随影片一起发行，时长不得少于 15 秒。其中，S 级需注明观众范围。

---

① 胡楠：《论印度审查制度的变迁及内在根源》，《连云港师范高等专科学校学报》，2009 (1)，75—78 页。

二、“不可思议”的文化旅游产业

根据中国国家统计局发布的《金砖国家联合统计手册（2015）》，印度入境旅游人数呈逐年上升趋势，2013年达到696万人次，成为亚太地区入境人数快速增长的国家之一。

（一）旅游资源

由于辉煌灿烂的古文化和广袤的国土，印度名胜古迹和名山胜水甚多，玩赏不尽的印度文化旅游项目大致分为三大部分：首先是古堡陵园。著名的有阿格拉红堡、泰姬陵、胡马雍陵，代表了印度建筑艺术的最高水准；甘地陵是印度国父“圣雄”甘地的陵墓。其次是各种宗教圣迹。印度是佛教的发源地，有许多独特的佛教圣迹。那里有许多色彩斑斓、多姿多彩的佛教塑像、雕刻和绘画，是研究印度古代文化艺术的绝佳之地。印度教、锡克教以及伊斯兰教等在印度也均有宏大的宗教艺术建筑。三是依托印度传统文化的禅修、灵修、瑜伽之旅等精神之旅项目。

2016年印度已有35处世界自然遗产与世界文化遗产，旅游以社会人文与文化遗产为主题，以热带自然风光为生态环境，以“神奇印度·梦幻之国”为旅游宣传口号，在世界旅坛中独具特色。

（二）发展经验

1. 政府引领，旅游是国家重要支柱产业

印度将旅游业作为重要外汇来源。为了进一步扩大入境旅游市场，吸引入境旅游者，增加旅游外汇收入，印度旅游部提出开发东盟、中东和非洲市场，增加海外代表公司。

在基础设施建设方面，针对不同旅游者的消费需求，对酒店进行星级分类；对18个国家实行五年长期签证，以鼓励旅游者多次到访印度，并延长每次逗留时间；另外针对一些国家的游客实行“落地签”[①]。

在对外宣传方面，印度政府每年都派出旅游促进团赴海外宣传促销，并协助相关企业参加国际展会。除此之外，印度旅游部还组织主要客源国的媒体和商务代表前往印度主要旅游城市考察，在国外杂志上刊登印度旅游广告，全面推广丰富多彩的印度旅游。同时，互联网已成为印度政府在线推广“不可思议的印度”的主要渠道。2010年印度启动“中央财政辅助

① 落地签证是指申请人不直接从所在国家取得前往其他国家的签证，而是持护照和到达国有关机关发给的入境许可证明等抵达该国口岸后，再签发签证。落地签证通常是单边的。

计划”，旅游部向邦、区政府提供资金支持，帮助各地开发建设当地语言的门户网站。

2. 旅游产品多样化

为了克服印度旅游的季节性，让印度成为 365 天的旅游目的地，印度旅游部提出了通过一些特定旅游产品来满足旅游者的需求。

一是文化遗产之旅。2009 年全印电视台与印度旅游部共同评选出印度七大历史奇迹：泰姬陵、太阳神庙、米纳克希神庙、卡久拉霍雕塑群、德里红堡建筑群、贾沙梅尔堡、那烂陀大学和朵拉维腊遗址。印度的世界文化遗产中，山区铁路、贾特拉帕蒂·希瓦吉车站和西姆拉窄轨铁路是珍贵的近代工业文化遗产。依托这些文化遗产，游客们可以体验印度古老而现代的文化魅力。其中“皇宫号”列车是最能展现这个国家奢华气息的交通工具，曾被评为世界最豪华火车之一，内部拥有 12 间十分豪华的套房，套房内的家具和设施一应俱全，而且都奢华到了极致。

二是社会人文之旅。印度的民间节庆活动多种多样、异彩纷呈。印度教节日有湿婆神节、洒红节、罗摩诞辰节、十胜节、灯节，佛教节日有佛陀诞辰节，耆那教节日有马哈维那节，还有锡克教、基督教的节日。文化艺术有印度舞、宝莱坞影城等。

三是世界自然遗产之旅。印度的世界自然遗产景区有加济兰加国家公园、马纳斯野生生物保护区、凯奥拉德奥国家公园、孙德尔本斯国家公园、楠达德维山国家公园与花谷国家公园等。

3. 旅游形象定位明确

2002 年印度旅游局正式提出“不可思议的印度”作为官方宣传口号，并将所有的旅游产品都统一到这一主题下，宣传印度是一个 365 天都全面适宜旅游的国家。多年来，“不可思议的印度”已经成为印度向世界展示自己的一张名片，在发展过程中不断充实和创新，用印度丰富多彩和神秘莫测的东方文化做宣传亮点，吸引了世界各地的大批游客。

4. 重视旅游教育

为指导和规范饭店管理，印度于 1982 年成立了全国饭店管理与餐饮技术理事会，通过其下属院校、学术机构协调和推动饭店管理教育的发展。理事会的附属单位包括由政府部门支持的 33 个饭店管理院校和 6 个食品工艺学院。这些学院是以饭店从业技能教育与培训为目的的自治性社团组织。其中最著名的旅游院校是 1983 年创办的印度旅游与旅行管理学院，是一所旅游旅行教育和培训的高端院校，提供专业化的教育和培训。

除一般全日制学位教育项目之外，还有特色“边赚边学”培训项目，为大学生提供 21 天的集中培训。这些教育措施为旅游产业的发展输送了大量人才，带动了旅游业的发展。

三、缤纷多彩的演艺产业

印度歌舞与戏剧表演艺术有着悠久的历史，音乐和歌舞是窥视印度文化的最佳窗口。20 世纪 80 年代以来，随着经济的发展和社会的进步，部分文艺演出特别是现代流行表演逐步走上了商业化的发展道路。

（一）演艺团体

印度政府虽然为艺术表演提供场地，但并没有属于自己的政府艺术团，更没有国家交响乐团和芭蕾舞团，对于外国文化的态度也相对保守。如果政府有演出需要，就要到社会上去挑选相关团体，并支付活动的全部费用。

1. 民间表演艺术团体。主要演出纯粹的民族表演艺术，包括古典舞蹈、音乐、传统戏剧、民间歌舞、马戏等。这类表演团体大多由数名演员或者一个家庭组成，人数一般在 10 人左右，他们散布在印度的各个乡村城镇，主要接受来自政府、学校、社会团体、企业等给予的表演机会。印度德里贫民窟里有个艺人街，里面住着的 2800 多户家庭都靠街头卖艺为生，包括木偶艺人、音乐家、杂技演员、民间歌手、魔术师等。德里艺人街已经成为世界上最大的街头艺术家聚集地之一。

2. 现代流行表演艺术团体。演出形式以印度宝莱坞的流行歌舞为主，主要集中在孟买、班加罗尔、加尔各答等大城市。这类表演团体商业与产业化特点较明显，规模也相对较大，演出机会主要是为故事片配歌舞、为商业公司演出、为富人阶层做庆祝活动、在大型国际文化活动上演出以及国外商业演出。在当前全球化趋势的影响下，越来越多的艺术团体走出印度国门，为推动与国外的贸易、文化交流合作而努力。从事现代流行表演艺术的演员身价较高，相比民间表演艺人专业度高，有的甚至当选过世界小姐和环球小姐。

（二）演艺活动

目前印度的演艺活动主要分为五类：商业推介活动、文化娱乐活动、体育竞技活动、节日庆典活动以及旅游娱乐活动。

1. 商业推介活动。商业公司把文化娱乐活动作为其市场营销战略的重要部分，借助娱乐活动进行宣传，不但可以迎合印度民众的文化娱乐习惯，而且可以把产品直接展示给观众，有助于节约成本。一些有实力的公司如房地产公司、IT 公司等举办活动时都要邀请现代流行表演艺术团体。除此之外，随着跨国公司纷纷进入印度市场，来印度举办文化活动的商业机构越来越多。跨国公司一般都是委托当地的广告制作公司来策划产品宣传、展览、交易会、名人活动等，原因是本地公司更熟悉印度文化和国家政策，他们在使用形象符号和语言时更得心应手，从而可以使汽车展销会、时装周之类的推介活动取得最佳效果和广泛认知度。

2. 文化娱乐活动。印度文化资源十分丰富，在音乐、戏剧、舞蹈等方面都有广泛的爱好者。文化娱乐活动大多跟明星相关，活动形式多为国际或国内电影节、颁奖典礼、选美大赛、音乐会、舞蹈节、戏剧节等。这类活动演出的节目以传统艺术为主，如古典舞蹈、民间歌舞、传统戏剧。在所有的文化娱乐活动中，最吸引民众视线的活动为颁奖典礼，电影、电视、时装、戏剧、广告等各行各业都可以举行颁奖活动。

3. 体育竞技活动。随着经济水平的提高，印度民众对体育活动的兴趣也逐渐高涨，各类体育赛事逐渐增多。印度民众酷爱板球、曲棍球运动，这些比赛通常由印度体育委员会委托经纪公司负责组织和运作，大型企业或个人给予赞助。在比赛的开幕式与闭幕式上常常有大型文艺演出，有时会邀请明星出席。

4. 节日庆典活动。庆典活动在印度十分普遍，根据赞助方不同可以分为政府庆典活动、公司庆典活动和个人庆典活动。政府庆典活动是由中央政府、各地方政府为某一国际或国内重大节日而出资举办的庆祝活动。印度的宗教节日多到几乎每周都有。遇到比较重要的节日，印度政府会组织庆典活动。公司庆典活动一般都是为了吸引游客资源，如喀拉拉邦的娱乐经纪公司挖掘当地的民俗资源，组织民间艺人进行传统艺术表演，成功举办了喀拉拉邦旅游文化节。在商业化的推动下，具有民族风情的旅游文化节和歌舞演出越来越多。个人庆典活动主要是生日宴会、婚礼和相关活动、社交宴会、纪念日等庆典活动。

5. 旅游娱乐活动。印度有着丰富的文化资源，历史遗迹遍布全国，是亚洲地区的旅游大国。为吸引国外游客来印旅游，印度各地纷纷举办传统民俗活动，以其独特的民族文化来吸引国内外游客。如由北方邦旅游部主办的“热气球节”，来自全球各地的大型热气球向游客付费开放，游客可以乘坐热气球游览泰姬陵、阿格拉红堡以及其他一些有关莫卧尔王朝的重要景点，并可以参加夜光演唱会。

（三）演艺经营

印度商业性文化艺术演出的经营一般有三种模式：一是由文化经纪人组织，直接向市场发行销售，这类演出活动的版权归经纪人所有。二是由商业公司或电视广播机构委托办理，在负担全部演出费用的前提下，获得全部版权，策划人和实施者获取劳动报酬。三是由电视台组织，电视台在拿到版权的同时向策划机构支付报酬和制片费。

随着文化市场的逐渐成熟，从事文化经纪业务的公司越来越多，有的专门从事艺人统筹，有的经营摄像、音响、舞美器材，加剧了演艺行业的竞争，也使得经营透明度越来越高。演艺公司在保证消费者利益的同时，需要通过创新观念和设计、严格控制预算内支出等方式来保持自己的利润增长。在印度，文化艺术演出的收入主要来源于活动资金、门票收入、电视与广播转播费、音乐和录像版权费以及互联网版权费等。

第四节　印度文化产业经典案例

一、宝莱坞——电影业的璀璨明珠

宝莱坞（Bollywood），其名称是由孟买（Bombay）和好莱坞（Hollywood）两个词组合而成，是印度最早的电影区域集群，最早可追溯到1910年，现已发展成世界上最大的电影生产基地之一，拥有数亿观众。宝莱坞电影城由数家国有或私营的拍摄基地组成，占地1600多公顷，是全球最大的电影产业集群之一。

（一）发展概况

20世纪40年代，印度国内政治动荡，导致孟买市中心的土地价格和电影成本不断上升，在客观上促使印度电影生产开始向位于孟买西郊山谷中的宝莱坞聚集。战争使大批独立电影制作人、企业家流入印度，为宝莱坞带来了大量先进的技术和人才，宝莱坞得到了快速发展，影响力不断提高。

1952年，印度电影节诞生，宝莱坞走上了国际化的进程。随着周边地区对电影需求的不断增长，宝莱坞电影在世界范围内的吸引力和影响力不断提升。20世纪80年代，卫星电视的出现对电影票房产生了一定的冲击，印地语电影市场的需求开始下降；与此同时，明星的地位日益提高，带来制作成本的上涨。宝莱坞的市场运作模式随之发生转变，精简和优化生产制作程序，以提高生产效率。但在整个 90 年代，印度政府将电影业置于次要地位，严重影响宝莱坞电影质量的提升和国际化的步伐。

直到 2000 年，电影业成为印度政府认可的正式产业。此后，宝莱坞的国际化进程不断加快，通过借鉴好莱坞的叙事风格、类型元素和剪辑方式，将传统的歌舞段落逐渐 MTV 化，增加摇滚、说唱等新鲜元素，宝莱坞电影开始进入北美主流商业院线。在 2011 年度北美上映的亚洲电影票房榜前 20 名中，印度电影独占 17 部，并包揽前 5 名，比较著名的有《季风婚宴》《三傻大闹宝莱坞》等。

宝莱坞由数百家独立的中小型影视制片厂及影视相关产业生产制作企业组成，形成了以电影作品的生产和展销为中心，以原创音乐的创作、电影的发行推广、电影周边产品的销售及消费市场的信息反馈为辅助环节的电影产业链。众多的中小企业正在形成一种集群效应，不仅拥有抵抗全球化潮流的能力，也一直通过自身的努力在全球市场上影响更多的观众以及日益庞大的印度移民。

（二）产业特色

虽然经常被视为“第二个好莱坞”，但宝莱坞并没有完全照搬好莱坞的模式，而是在学习与借鉴中保持民族特色。宝莱坞的本土化风格十分明显，表现在灵活的运作机制、独特的宣传与发行、鲜明的电影叙事风格等方面。

1. 松散的运作机制

宝莱坞电影制作过程高度分散，独立的制作商、发行商、放映商和视频制作公司构成了宝莱坞的社会网络。

一般来说，宝莱坞的制片厂只负责拍摄影片，并不管发行与放映环节的事宜。在制作领域，任何人和任何公司都可以制作电影，电影摄制的工序类似于流水作业。首先是故事编撰人将故事提纲交给制片人，制片人审核后，把修订后的故事提纲交给脚本编写者，脚本编写者把故事提纲转化为电影分镜头脚本。有了电影脚本之后，制片人根据故事情节物色导演、演员等，再分别与其签订合作协议。签完合同后，制片人拿着电影脚本、导演和演员合作协议去银行和发行商处申请贷款。

发行和放映领域的情况也与此类似。全印度有上千家发行商，电影院的数量更是不胜枚举。独立发行商的灵活发展和小银幕影院的大量兴建，为印度观众提供了丰富的观影选择，同时也使发行与放映领域一直处于分散的状况。

2. 独特的发行方式

宝莱坞的电影主要依靠独立的发行商在印度和全球发行，发行网络较为分散。宝莱坞的电影制作公司主要通过电影的票房收入来回收投资成本和获取利润，制片人与发行商有以下合作方式：

最低保证金。这是宝莱坞最常见的发行管理方式，指发行商支付一定数额的资金给制作商，用于获得影片的放映权。保证金价格是依据电影成本计算出来的。发行商一般预付 30%—40%，余下款项在得到电影拷贝后支付。在这种发行方式中，发行商承担着较大的风险。

预付款。如果发行商不愿意承担太大的风险，那么只需要交纳预付款，发行商需要负责印制拷贝和本地区的电影宣传活动。如果票房收入达到了双方预先协定的数字，发行商拿走 20%的佣金，否则，电影制片人要返还发行商的预付款额。

佣金制。发行商负责在某地区发行电影而不承担任何风险，通常拿到票房的 25%—50%作为佣金。

完全出售。指发行商向电影制作人支付一笔放映费，获得某一段时间内电影的放映权，其间所有的费用和所获收益都归发行商。此种发行方式主要用于影片在海外市场的发行。

（三）成功经验

宝莱坞的成功归因于多种因素：

1. 注重传统文化资源的开发和利用。重视对民族文化资源的开发和利用是宝莱坞文化产业园区发展的重要根基。电影的故事情节、表达形式、表演方式，无一例外地植根于印度古老的神话故事、历史剧和地方剧中。宝莱坞把宗教文化、哲学思想和浓郁的民族风情相融合，将传统的民族歌舞作为表现载体，并通过演员高超的演技和本土化的表演方式，较通俗地表达电影主旨，迎合了广大观影群众的喜好。

2. 积极开拓海外市场。宝莱坞成为全球电影产业最具活力的集群，与其抓住全球化浪潮、积极拓展海外市场密不可分。随着全球化进程的加快，欧美主流电视频道和电影节对印度电影的认可度提升，为宝莱坞提供了庞大的海外市场和通畅的发行渠道。在应对全球化的过程中，印度政府为了推动宝莱坞电影走向国际市场，截止到 2014 年，已先后与英国、法国、德国、意大利、加拿大等十多个国家签订了《电影联合制作协议》，以鼓励本国电影公司与外国电影公司进行合作。

3. 宝莱坞非常注重产业链的延伸，电影周边产品的开发、制作与销售在电影产业链中占据重要地位，电影音乐原声带的制作发行、相关舞蹈剧目的宣传推广等在影视产业中都占有相当大的比重。近年来，宝莱坞通过歌舞团出访的形式推广音乐舞蹈，在世界上广受好评，也极大地扩大了宝莱坞的国际影响力。

二、InMobi 成功之道

InMobi 是印度最大的移动广告公司，现在总部在班加罗尔，目前已经跻身全球前三大移动广告公司，另外两家是大名鼎鼎的谷歌和 Facebook。其创始人纳文·蒂瓦里（Naveen Tewari）在印度赫赫有名，即使在中国业界也享有很高的声誉，经常被中国媒体誉为“印度的马云”。该公司业务模式是原创的，它并不是某一个国际互联网巨头的印度版；另外，InMobi 虽然在印度，但是其 95%以上收入来自印度之外的市场。

2007 年，InMobi 成立，最初公司希望做搜索引擎，总部设在孟买，但谷歌的竞争使得公司陷入困境。后来转向移动广告，并搬到班加罗尔。作为一面接洽广告主、一面与媒体方协作的移动广告平台，InMobi 可以提供从移动互联网广告创意、设计、开发、制作到发布的一站式服务。公司业务持续高速发展，目前全球月活跃用户已超过 10 亿。

（一）业务特色

1. 原生广告平台。InMobi 有全球最先进的原生广告平台，可以为 APP（软件应用）独家定制优化的广告，设计最贴合 APP 的广告布局，为广告主定制广告的布局和交互，避免为广告变现而牺牲用户体验，因此广告可以得到更多次的点击，获得更丰厚的收益。

2. APP 推广平台。InMobi 拥有强大的定向功能，先进的大数据定向解决方案可以使广告主洞察每一位匿名用户对于 APP 的兴趣和偏好，从而进行精准投放，获取更多忠实的活跃用户；借助 InMobi 的第三方移动监测合作伙伴，广告主可以实现更中立的 APP 推广评估和更先进的广告效果追踪。

3. InMobi 工作室。广告主通过 InMobi 云架构的 HTML5（第五代超文本标记语言）可视化创作平台来构建、运行和监测移动富媒体广告，从各个分发渠道里集中评估推广效果和衡量用户参与度，同时跟踪安装用户参与度，并支持所有领先的广告平台和上千家高端发行商，可以实现一次性完成 iOS、安卓等智能手机和平板电脑上的配置和部署。

（二）创新模式

1. 内生式广告：创新性的广告投放

很多用户在使用手机APP时，非常不喜欢横幅、标语之类的广告形式出现，打广告的出版商、游戏开发商也不喜欢这些广告标语。为了同时满足用户和广告商的需求，InMobi做了一些创新，希望能够从系统当中把广告标语“杀死”。但在这个过程中出现了一个难题，创始人Naveen于2014年全球移动互联网大会上发表的名为《打破Banner，InMobi原生广告》的主题演讲分析了这一难题：“人们所选择的这些解决方案实际上扩展性并不是很大，他们往往在一些小的情景上可以运作，并不是在所有的情景上可以运作。我们有很多非常漂亮的东西，但是他们的可扩展性不强。因此我们所面临的挑战就是，当我们要去解决这些问题的时候，要使这些广告变得更漂亮的时候，我们必须要去增强可扩展性。也就是说这些广告不仅仅是一两个广告主、一两个发布商可以用，实际上我们可以让每一个广告主、出版商、发布商去用，要具有很高的扩展性。”

因此InMobi推出了“内生式广告”这一产品，广告不再是在内容的屏幕上额外出现的，实际上是内生、自有的。比如在游戏类APP中，把广告带来的用户体验和整个游戏嵌套在一起，在打游戏的同时创建内生的嵌入式的体验，每一种体验都基于游戏的背景，在打游戏的同时完成了广告的投放，同时也不干扰用户打游戏的体验。

2. Miip发现平台

随着互联网技术的发展，移动电商自2014年起呈现爆发式增长。移动设备的特性使消费者不断缩短决策路径，希望在日常使用APP时可以迅速完成一站式购物而不需要反复切换多个APP，并希望APP广告中推荐的商品更加精准。在此背景下，2015年8月18日，InMobi在北京召开新品发布会，Naveen宣布将传统移动广告变革为Miip发现平台，将广告推广改造为用户的惊喜发现时刻，通过感知、取悦、满足用户在移动购物体验中的分分秒秒，重新定义移动广告。

Miip发现平台背后依托的是InMobi在全球200余个国家和地区近10亿用户的数据积累。通过海量APP用户的历史数据，结合4万个以上APP中Miip发现平台用户的真实记录、反馈和点赞，Miip能更准确地学习和理解用户的喜好、深入分析用户的实际需求，找出大多数同类用户喜爱的爆款商品。同时，Miip以原生广告的形式无缝融入APP，呈现不同的卡通人物形象，用户点击即可进入详情页面，通过文字、图片、音频、视频等手段了解完整产品信息，还可查看其他用户的评论，真正实现一站式、可视化、互动化的便捷消费。

如果你经常浏览科技类产品的站点，很可能系统会推送消费电子的广告给你，最终让每个不同的个体看到个性化的广告。这种根据情景、上下文来推送广告的模式，将大大提升广告的精准度。而这还并不是Miip的全部，甚至不是最重要的部分。Miip的核心之处是将广告和支付紧密联系在一起，在广告页面上嵌入了Paytm①。用户直接在广告上下单、支付，用户甚至无须跳出正在浏览的APP，即可完成商品的购买。这一模式将大大改变广告行业以及电子商务领域。人们基于浏览内容页面、视频等应用场景获得精准的广告投放，进而直接在广告基础上下单购买，这一模式将购物场景化，精准实现广告到达以及消费目的。

对于广告主来说，移动端的广告投放不再是单纯的商品展示，广告全程充满着互动、匹配、再互动、再匹配，高用户需求匹配度让用户产生“看了就想买”的消费冲动，点击率提升、消费决策时间更短，好的购物体验又能提高重复购买率，形成消费的良性循环。

（三）成功经验

1. 重视人才。互联网公司的技术实力很大程度上要依赖顶级人才。2008年InMobi只有8个员工，在发展过程中逐渐将重心转向增加技术人员配备，选择最好的人才加入以保证公司的下一步发展。团队最初也走过弯路，他们选择员工时侧重工作经验，却发现自身作为小创业公司很难留得住人，随后将选择员工的目标调整为选择对这个行业有激情和共同目标的人。以股票期权等条件，InMobi找到当时印度一流的工程师，随后还邀请谷歌、雅虎、微软等大公司的技术人员加入。创始人Naveen称，目前公司在全球有900多名员工，其中在美国、印度、日本就拥有超过500个工程师和数据分析师。②

2. 高瞻远瞩的战略布局。在2008年，公司成立不久，Naveen就在公司提出移动互联网是未来，要立足全球市场。2009年，InMobi开始向全球扩张，与其他企业的海外扩张首选北美等成熟市场不同的是，InMobi选择从印度周边市场试水，很快就进入了印度尼西亚、马来西亚、沙特阿拉伯、南非等市场。2010年1月，InMobi进军美国市场，并于6月在美国全面开展业务，同时开始计划进军日本市场，迅速在全球建起了17家

---

① 印度最大移动支付和商务平台。2015年9月29日，阿里巴巴和Paytm发布联合声明，宣布阿里巴巴集团及其旗下金融子公司蚂蚁金服将向Paytm注入新资金。

② 唐晚霞：《InMobi：挑战谷歌的小公司》，《第一财经周刊》，2013年11月21日。

以上的分支机构，业务遍及全球200个国家和地区。

3. 坚持以技术为核心。InMobi将自己定位为一家技术公司，不打算自己做电子商务，而是与电商企业进行紧密合作。该公司在产品和技术方面花了很多精力，全球共有接近1000名员工，约500名都是在做产品。同时，InMobi用兼并的手段来提升技术。2011年底收购了一家提供基于HTML5的广告易用平台的公司Sprout，借助其富媒体创作平台来增加内容创意。2012年7月收购移动应用管理与发布公司Metaflow Solutions和专注于移动应用发布的公司MMTG Labs，提升APP应用发行和分发技术，意在将自己的移动广告分销业务扩展到智能手机和功能手机领域。2013年1月收购核心业务为情景感知运算技术的科技公司Overlay，以提高广告的个性化与投放的精确度。

第八章　澳大利亚文化产业

澳大利亚通信与艺术部在2008年的《打造创意创新经济》报告中将“创意产业”的范畴定义为如下几方面：音乐与表演艺术；电影、电视与广播；广告与营销；软件开发与互动内容；写作；出版与平面媒体；建筑、设计与视觉艺术。现在，澳大利亚学界和业界对文化产业的概念也理解得十分宽泛，文化产业被广义地理解为文化娱乐产业。

第一节　澳大利亚文化产业概况

一、“创意国度”理念的兴起

澳大利亚国土辽阔，而且物产丰富，是南半球经济最为发达的国家。农牧业、采矿业为澳大利亚的传统产业。澳大利亚是世界上最重要的羊毛生产国和输出国，被称为“骑在羊背上的国家”；是全球第四大农产品出口国，盛产小麦、大麦、油菜籽、棉花、蔗糖和水果，被称为“手持麦穗的国家”；澳大利亚的矿产资源也十分丰富，许多矿产的储量位居世界前列，又被称为“坐在矿车上的国家”。20世纪80年代以来，澳大利亚的产业结构逐渐转型升级，制造业和高科技产业发展迅速，服务业成为国民经济的主导产业。2014财年，服务业产值达11838.51亿澳元，占GDP的75%。[①] 文化产业凭借诸多有利条件，已经成为澳大利亚的重要产业和新的经济增长点。

被社会学家喻为“民族的拼盘”的澳大利亚是一个典型的移民国家。最早的居民为土著，他们早在上万年前就生活在这里。得益于独立大陆的

① 中华人民共和国外交部：《澳大利亚国家概况》，2015年12月更新，http://www.fmprc.gov.cn/web/gjhdq_676201/gj_676203/dyz_681240/1206_681242/1206x0_681244。

地理特性以及20世纪60年代澳洲土著文化复兴以来对土著文化的承认与保护，他们固有的生活方式、文化传统、宗教信仰等都得以较为完整地保存。尤其是北部的土著民族，由于远离大都市及欧洲移民，受现代化的直接影响更小，其古老神秘、独具特色的土著文化得以很好地延续。反映土著生活的"岩石画""红岩石""土著药物"等成为澳大利亚吸引海外游客和发展各类文化产业的重要文化资源。1775年英国探险家詹姆斯·库克发现这片宛如世外桃源般的大陆。此后，来自120个国家、140个民族的移民先后来到澳大利亚谋生和发展，由此形成了澳大利亚多元化这一显著文化特征，构成了澳大利亚丰富多样的年轻文化资源。得益于此，澳大利亚当代文化产业兼具世界最古老、连续的文化传统发祥地的古老风貌和各式各样表现力丰富的移民文化传统，并在不断追求创新的基础上焕发勃勃生机，凸显出现代性的特征。

澳大利亚将文化作为一种产业的历史可以追溯至20世纪70年代。1968年澳大利亚政府成立澳大利亚艺术理事会，1973年更名为澳大利亚理事会。1994年，联邦政府出台了文化政策《创意之国度》。作为澳大利亚的第一份文化政策报告和第一个国家文化发展战略，《创意之国度》力推创意创新概念，力图将澳大利亚建设成为创造型国家，明确提出要使文化产业与创意人才结盟，通过创意作品和文化机构来表现澳大利亚特色，文化产业得到高度重视。

澳大利亚国家统计局认为，文化和休闲活动包括：娱乐、放松和消遣活动，视觉、音乐、写作、戏剧等形式的艺术表现，体育运动技能的应用、训练和开发，文化内容和精神价值的创造、发展、保存和传播，以及为促进和推动上述各项活动而开展的相关活动。以从事文化和休闲活动为目的的行业、产品和服务归为文化和休闲产业。①

澳大利亚通信与艺术部于2001年8月颁布的《全国文化娱乐产业统计分类》中充分肯定了文化与休闲之间的紧密联系，将文化产业分为遗产类、艺术类、体育和健身娱乐类、其他文化娱乐类四大类。具体如下：

（1）遗产类

博物馆、古物和收藏品：艺术博物馆、其他博物馆，古物、收藏品的零售和修复；

---

① 国家统计局国际统计信息中心课题组：《国外关于文化产业统计的界定》，《中国统计》，2004（1），53页。

环境遗产：自然公园和保护区、动物园和水族馆、植物园；

图书馆、档案馆。

（2）艺术类

文学和印刷：文学创作、报纸出版印刷、期刊出版、图书出版、其他印刷、图书资料批发、图书资料零售；

表演艺术：音乐演奏、戏剧、舞蹈、音乐剧和歌剧、其他表演艺术、艺术表演场地；

音乐创作和出版：音乐创作、音乐作品出版、唱片公司和唱片分销商、音乐唱片零售；

可视艺术作品和手工艺品：可视艺术作品和手工艺品的创作和零售、商业摄影业；

设计：建筑设计、广告设计和制作、图形设计、其他设计；

广播、电子媒体和电影：广播服务、电视服务、电影和影像产品制作、电影和影像产品分销、电影放映、影像产品出租、人机对话类创作、电子信息服务；

其他艺术：乐器零售、艺术教育、版权受理机构、录音录像媒体制作、其他艺术。

（3）体育和健身娱乐类

赛马和赛狗；

体育和健身场地：健身和健美中心、其他体育和健身场所及设施；

体育和健身服务：体育和健身管理机构，体育和健身俱乐部、小组及体育专业人员，户外健身指导、体育和健身辅助服务；

体育和健身器材的制造、批发和零售。

（4）其他文化娱乐类

博彩：赌场、其他博彩服务；

娱乐业：娱乐和主题公园、娱乐中心；

餐饮业：酒馆、酒吧、咖啡馆、餐馆、餐饮性质的俱乐部；

户外娱乐：露营场地、风景观光旅游；

社区组织：兴趣俱乐部和小组、宗教组织；

其他文化娱乐服务：票务代理机构和代理服务、文化项目管理、专业人员协会、其他文化娱乐服务业；

文化娱乐设施建设；

其他文化娱乐产品的制造、批发和零售。

二、“创意国度”的产业实践

自20世纪80年代以来，澳大利亚的文化产业发展速度迅猛、文化市场日益繁荣，文化产业日益成为国民经济的重要组成部分，现在文化产业已成为支柱性产业和主要出口行业。

澳大利亚的表演艺术充满活力和独创性。土著文化是澳大利亚表演艺术的一个重要的灵感来源。澳大利亚土著在澳洲大陆这块土地上已经繁衍生息了几万年，在这漫长的历史中，他们创造出独特的文化和艺术，表现了他们对祖先的敬仰崇拜、对土地和大自然的深厚情感，同时也体现了他们对生产、生活的憧憬。此外大量移民的涌入也使澳大利亚表演艺术具有广泛的表达内容和表现形式。热情奔放、题材广泛的舞蹈和大胆想象、充满张力的音乐与戏剧享誉全球。澳大利亚芭蕾舞团、澳大利亚歌剧院、悉尼交响乐团、墨尔本交响乐团、澳大利亚室内管弦乐团、黑天鹅剧院等表演艺术团体在国内、国际舞台上都相当活跃，具有重大影响。这些表演团体创新剧目多且更新快，与国外合作频繁，演出频率高。澳大利亚多才多艺、富有创意和个性的艺术家也层出不穷，如舞蹈编导史迪文·佩基、演员黛博拉·梅尔曼、音乐及舞蹈家克里斯汀·阿努、小提琴家里查德·托格内提、钢琴家罗哲尔·伍德华德和杰佛瑞·托泽以及指挥家赛门·杨格等。澳大利亚政府十分重视文化设施的建设，建设了许多地标性的建筑艺术杰作，如拥有象征风帆的壳式建筑形式的悉尼歌剧院等。表演艺术产业是澳大利亚2010年以来发展最迅猛的一个行业。2013年的门票总收入达14.8亿美元，比2012年增长22.7%。[①]

会展业在中国主要指大型会议及展览行业，而在大多数海外国家，会展业是酒店及旅游管理行业的一个分支，包含会议管理及活动管理两个主要方向，英文名称为Convention and Event Management。澳大利亚的会展业包含的范围也是比较大的，与旅游业和体育赛事活动结合紧密、互动频繁。澳大利亚目前至少有107个展览馆、106家展览会主办机构、120家展览会服务机构。该国每年大约举办300个大型展览会，吸引超过5万家参展商和660万参观者。据估算，该国展览行业近年的年收入大约为25亿澳元，会展业在其国民经济中的比重日益突出。值得指出的是，澳洲举

① 联合国教科文组织、国际作者作曲者协会联合会、安永会计师事务所：《文化时代——首张文化创意产业全球地图》，39页，http://www.199it.com/archives/481333.html。

办的专业性会展具有很强的国际竞争力。每年高水平的专业性会展都可以吸引大批高素质且购买力强的专业买家为该国带来丰厚的经济效益。[①] 悉尼、墨尔本和布里斯班是澳大利亚的主要会展中心城市，其中悉尼为澳大利亚最大的会展中心。1999 年，悉尼举办了 39 个国际性会议，与会代表人数多达 4.3 万人，收入 1.8 亿澳元；此外，各类专业会议的收入达 7 亿澳元。2000 年悉尼奥运会发挥巨大的辐射效应，给澳大利亚会展业提供了一个重要的发展机会。墨尔本是南半球第一个主办夏季奥运会的城市，一年一度的澳大利亚网球公开赛、一级方程式赛车澳大利亚分站、墨尔本杯赛马等国际著名赛事都在墨尔本举行。布里斯班是 1982 年英联邦运动会、1988 年世界博览会、2001 年世界友谊运动会以及多个年份的亚太城市高峰会的主办城市，2014 年在这里成功举办了 G20 峰会，2015 年初举办了亚洲杯足球赛，一次又一次吸引了全世界的关注。

版权产业也是澳大利亚的重要产业之一。澳大利亚版权委员会联合“版权研究中心”于 2001 年发表的《澳大利亚版权产业的经济贡献》报告指出，按照“澳大利亚与新西兰标准产业分类”体系，版权产业可以分为核心版权产业、部分版权产业、版权分销产业三类。其中核心版权产业是指将版权作品的创作作为其原始产业的产业，包括报纸印刷或出版、广播服务、电视服务等 16 个产业；部分版权产业是指只有部分活动与版权作品的创作相关的产业，包括印刷、计算机咨询服务、测量服务、广告服务等 8 个产业；版权分销产业是指与版权产品的分销相关的产业，包括摄影设备批发、书籍杂志批发、报纸书籍文具零售、图书馆、博物馆等 18 个产业。可见版权产业与文化产业分类的交叉重叠之处。近几年澳大利亚版权产业的经济价值在音乐、电影、游戏、软件、图书、报纸、电视等部门受到数字化、盗版、激烈的海外竞争等因素的冲击而呈下滑之势，也反映了全球版权产业遭遇的共同挑战。

至于澳大利亚的传统媒体，则具有产权高度集中、高度垄断经营的特点。澳大利亚的传媒业主要由四家垄断集团控制，它们是先驱和时代周刊公司、新闻集团、费尔法克斯公司和帕克新闻联合控股公司，其中新闻集团已成为控制世界传媒业的跨国传媒巨头。据不完全统计，这些垄断集团控制了澳大利亚 219 家报纸、20 家电台、11 家电视台、76 家杂志和 111 家印刷出版公司。澳大利亚主要通讯社有澳大利亚联合新闻社，曾经是英

---

① 徐静：《会展概论》，39 页，北京，北京大学出版社，2013。

国路透社的一个分支机构，后来由先驱和时代周刊公司、费尔法克斯公司等集团控股。澳大利亚重要的报刊有《澳大利亚人报》《悉尼先驱晨报》《时代报》《先驱报》《每日电讯报》《每日镜报》《金融评论》《太阳报》《堪培拉时报》等。澳大利亚的出版业也很发达，有大大小小的出版社2000多家，有许多都是国际化的，或是国外出版社在澳大利亚的分公司，另外还有很多非营利性的出版机构。①

澳大利亚的文化产业在1999年就已占到GDP的3.3%，就业人数34.5万，占就业人口总数的3.7%。而到2004年，有250万人认为自己从事着文化行业工作，占全部人口的12.8%。澳大利亚文化产业年产值达250亿澳元，数字内容和应用等高增长领域增长速度是经济整体增长速度的两倍。② 澳大利亚国家统计局数据显示，2003—2004年度，澳大利亚平均每周文化产品和服务的家庭消费支出达36.4澳元（详见表8.1）；2007年底，澳大利亚文化产业就业人数达350万人，85%的澳大利亚人一年至少参加一次文化活动；2010年，澳大利亚居民的休闲与文化消费支出占整个消费支出的10.71%，达到西方发达国家水平，是除了住房、水、电、煤之外最大的支出。澳大利亚文化娱乐业现有2万多个企业，其中电影、广播、电视服务业共有3600多个单位，图书馆、博物馆、艺术单位有4600多个，体育和娱乐业单位近1.3万个。澳大利亚文化企业的职工人数都不多，绝大部分都属于小型企业。如果按职工人数来划分，19人以内的小型文化企业有1.9万多个，20—99人的中等文化企业有1500多个，100人以上的大型文化企业只有200多个。③

表8.1　2003—2004年度澳大利亚平均每周文化产品与服务家庭消费支出（澳元）

类别	文学	音乐	表演艺术	视觉艺术与工艺产品	广播、电子媒介和电影	其他艺术	文化遗产	其他文化	总计
金额	8.43	1.65	1.59	1.66	7.87	1.86	0.39	12.94	36.4

数据来源：澳大利亚国家统计局（2008）。

2009年，澳大利亚创意产业企业交流中心发布的《创意产业经济分析

① 张胜冰、徐向昱、马树华：《世界文化产业导论》，286页，北京，北京大学出版社，2014。

② ［澳］金迈克（Michael Keane）：《澳大利亚和中国数字内容产业比较》，《第二届中国文化产业（国际）论坛文集》上册，260页。

③ 张英保：《澳大利亚文化产业的发展概况及其商业赞助》，载于江蓝生等主编《2001—2002年中国文化产业发展报告》，278—283页，北京，社会科学文献出版社，2002。

报告》显示：2008 年至 2009 年，澳大利亚创意产业年平均增长率为 3.9%，高于澳总体经济增长水平；创造 43.8 万个就业机会，占总就业机会的 4.8%；创造的工业生产总值为 311 亿澳元。创意产业对 GDP 的贡献已超过农业、林业、渔业等传统产业以及煤气、水、电、住宿与食品等服务行业。

从文化产品进出口贸易的角度来看，虽然文化产品已经成为澳大利亚重要的出口产品，文化贸易成为澳大利亚重要的对外贸易活动，但表 8.2 中数据显示澳大利亚在国际文化贸易中仍然存在贸易逆差，处于相对劣势地位。

表 8.2　2008—2013 年澳大利亚文化产品贸易情况（百万美元）

年份	2008	2009	2010	2011	2012	2013
出口	696.12	585.71	668.9	1078.81	941.62	807.34
进口	3274.99	2988.81	3080.75	3229.85	2988.17	2746.17
差额	−2578.87	−2403.1	−2411.85	−2151.04	−2046.55	−1938.83

数据来源：UNESCO. *The Globalisation of Cultural Trade: A Shift in Consumption*. p100—110，http://un.org.au/2016/03/16/the-globalisation-of-cultural-trade-a-shift-in-consumption/.

第二节　澳大利亚文化产业政策

澳大利亚属于英联邦国家，因此在对文化产业的理解上与英国有许多相似之处。多年来，澳大利亚政府制定和通过了诸多有利于本国文化产业发展的优惠政策。其中以多元文化政策、税收政策和文化外交政策最为典型，充分体现了澳大利亚文化政策对本国多民族文化、本国文化企业和其他国家民族文化的高宽容度，体现了澳大利亚文化政策宽松务实、鼓励创新、重视文化多元价值、鼓励社会赞助等特点。

澳大利亚特别强调创意活动在文化产业中的重要性，从文化政策上扶持文化创意工作，并在机构、资金、政策、人才等方面给予保障。一些具有产学研性质的创意特区如昆士兰州著名的凯尔文创意产业园区（位于昆士兰科技大学凯尔文校区内）得到鼓励，对创意产业的投入与扶持得以加大，对创意产业的研究逐渐展开、逐渐深入。

一、主要文化产业管理机构

澳大利亚主要采取三级文化管理体制：（1）政府，包括中央政府和地方政府及各级文化行政管理部门。(2) 与各级政府对应的、作为准自治非政府公共组织的艺术理事会。(3) 各种行业性的文化联合组织，如电影协会、旅游委员会、广播标准理事会等机构。①

除了联邦政府之外，各州政府也设置了专门的机构来管理地方文化事务的发展。以维多利亚州为例，维多利亚州的文化事务由州政府艺术部负责。根据维多利亚州政府 1972 年颁布的《维多利亚州文化法案》，维多利亚州政府艺术部是该州文化事业的主管部门，其职能主要是：负责制定、落实、解释文化法律政策，筹措文化事业单位基础建设资金，参与并监督各公共文化单位董事会工作，组织州内大型、多边文化活动，发展文化产业，促进大众对文化的理解和参与，鼓励艺术家的自发性创作活动，负责向州政府及议会报告任何新兴的群众文化活动，等等。各州政府尤其重视电影业的发展，设置了电影办公室、影视委员会等支持电影产业，如维多利亚州的墨尔本电影工作室、新南威尔士州的新南威尔士影视办公室、昆士兰州的太平洋影视委员会等。

澳大利亚艺术理事会 (Australia Council for the Arts)，是澳联邦政府的艺术资助和咨询机构，1968 年成立，1973 年更名为澳大利亚理事会 (Australia Council)，直属内阁管理。其宗旨是鼓励澳大利亚艺术家积极创造，改善文化发展环境，应对国际文化竞争，为国民提供更多参与艺术和文化活动的机会。其职责主要是执行联邦政府文化艺术政策，为政府政策提供咨询，资助艺术家和艺术机构开展的项目，负责制定艺术政策和预算框架并监督其执行，通过通信与艺术部部长向政府负责。按照不同的艺术形式，理事会设立了 7 个部门和 2 个委员会来具体行使其艺术资助的职责，分别是原住民和托雷斯海峡群岛居民艺术部、舞蹈艺术部、文学部、主流表演艺术部、音乐部、戏剧部、视觉艺术部以及跨艺术办公室和公共关系委员会。② 澳大利亚理事会是澳政府与具体文化单位之间的专业性中介组织，它体现了澳大利亚“一臂间距”的国家文化管理体制，为艺术家们创造了良好的发展环境、充足的发展空间、大量的发展机会。

澳大利亚有 3 个广播电视管理机构。(1) 澳大利亚广播公司：有 4 个电台网，通过州和地区首府的制作传送设备向全国播放非商业性广播和电

① 耿识博：《澳大利亚文化保护管理体制及对我国的启示》，《行政管理改革》，2011 (1)，67 页。

② 澳大利亚理事会，http://www.australiacouncil.gov.au。

视节目，并为边远地区提供卫星服务；澳大利亚广播电台和澳大利亚国际电视台向海外播放。节目内容不受政府控制。年度预算大部分由联邦议会拨款。（2）澳大利亚通信和媒体局：管理电信、互联网、商业性电台和社区广播，收费并发放许可。全国共有商业电台 274 家，商业电视台 55 家。（3）澳大利亚特别节目广播事业局（SBS）：主管 SBS 电视台和 SBS 广播电台，由联邦政府资助。SBS 电视台是一个多元文化电视台，于 1980 年 10 月 24 日联合国日开始工作，除新闻、体育和部分纪录片用英语播送外，其余节目均用澳各移民族裔的语言配英文字幕播送，为非英语背景人士提供了解世界的媒体渠道。[①]

澳大利亚国际文化理事会是澳大利亚负责文化外交的主要组织，于 1998 年由时任外交部部长亚历山大·唐纳建立，主要负责全国的文化外交事务。组建之初，其预算十分有限，但经过多年的发展，该组织逐步扩大业务范围，具备了促进澳大利亚旅游和教育、增强澳大利亚文化出口等多项功能。如今，理事会每年都会为该年度重点区域的文化外交项目以及关注国际文化活动的项目提供经费资助。理事会还组织针对特定国家的文化项目，以加深和加强澳大利亚同其他国家的合作关系。第一期特定国家合作项目于 2001 年在美国启动，随后该项目陆续在德国、中国、日本、英国、法国、印度尼西亚、马来西亚、印度等国举办，活动内容丰富多彩，包括在大使馆举办各类艺术展览、策划澳大利亚电影展播、推动艺术家和艺术组织的交流互访等。

二、多元文化政策与积极的产业政策

澳大利亚多元文化源远流长。从宗教信仰上来看，约 63.9%的居民信仰基督教，5.9%的居民信仰佛教、伊斯兰教、印度教等其他宗教，无宗教信仰或宗教信仰不明人口占 30.2%。

第二次世界大战后澳大利亚开始逐步强调多元文化主义政策在国家经济、社会发展中的作用。1999 年，联邦多元文化委员会的一份报告给澳大利亚的多元文化主义做了明确界定，即："澳大利亚多元文化主义是确认并颂扬澳大利亚文化多元性的一个术语。在首先忠于澳大利亚及其民主价

---

① 中华人民共和国外交部：《澳大利亚国家概况》，2015 年 12 月更新，http://www.fmprc.gov.cn/web/gjhdq_676201/gj_676203/dyz_681240/1206_681242/1206x0_681244。

值和基本框架的前提下，它承认并尊重澳大利亚人表达和分享他们特殊的文化遗产。多元文化主义也是国家的战略、政策和议程，包括：推动政府、社会和经济机构为我们文化多样的人民的权利、义务和需求负起更大的责任；促进不同文化群体间的社会和谐；利用文化多样性给澳大利亚人民创造尽可能多的福祉。”①

多元文化政策是澳大利亚政府处理民族文化多样性的基本策略。澳大利亚的历史是一部复杂多变的移民史，外来移民支撑着国家的经济建设与社会发展。选择多元文化主义政策具有深刻的历史必然性。

澳大利亚多元文化政策是一个关于在澳大利亚社会里不同文化和不同民族背景的人们如何平等相待、和睦共处的庞大体系。在文化上，主张保护和发展各民族的传统文化；在政治上，要求各民族群体的平等权利；在经济上，强调各民族人民的机会均等和开发文化多样性的经济价值；在社会生活上，促进各民族人民的平等参与。②

1996 年，联邦政府出台了《艺术面前人人平等》的文化政策，继续鼓励社会各方对文化产业的投入和文化创新。同时澳大利亚理事会成立“观众与市场发展部”，负责为澳大利亚文化产品的出口提供资助，澳大利亚开始重视海外市场的开拓和国际文化形象。

进入 21 世纪后，澳大利亚不断出台各种新政策，以推动文化产业在新世纪的发展，《创意产业与群聚策略研究》（2001）、《澳大利亚数字内容产业行动纲领》（2005）、《国家创新系统回顾》（2008）、《推动创意——21 世纪创新发展日程》（2009）、《澳大利亚数字经济的未来》（2009）、《澳大利亚创意产业 21 世纪发展战略》（2011）等相关发展战略相继出台。由此也可见近年来创意产业和数字经济在澳大利亚的重要地位。

《澳大利亚创意产业 21 世纪发展战略》第一次从国家层面肯定了创意产业在国家经济发展中做出的显著贡献以及在经济与文化持续发展中的重要地位。正如通信与艺术部部长西蒙·克里恩在前言中所说：“一个富有竞争力的创意产业对澳大利亚的繁荣发展至关重要，因为一个有创新力的国家才是有生产力的国家。”该战略将推动创新、加强基础设施建设、培

① 任珺：《跨域视角下的文化政策研究》，19 页，北京，社会科学文献出版社，2014。

② 杨洪贵：《1989 年以来澳大利亚多元文化政策的发展评析》，《重庆文理学院学报（社会科学版）》，2006（5），19 页。

育人才和加强产业研究成果利用等四个方面确定为战略发展重点，通过完善政府机制、加大政府投入等措施保证创意产业的持续发展。[①]

三、注资与优惠相结合的财政政策

澳大利亚国家统计局调查结果表明，20世纪90年代，澳联邦及各州政府的文化拨款是澳大利亚文化产业发展的主要资金来源。政府不断追加资金用于提高澳大利亚的创新能力、生产力、竞争力，扶助新兴产业的发展。随着产业化、市场化进程的加快，政府出台了更多财政方面的优惠政策，多方面刺激了文化产业资本的投入，澳大利亚文化产业的资金来源日趋多样。

（一）财政资助

1. 澳大利亚理事会提供的资助项目。每年理事会都会向全国的艺术专业毕业生、艺术家个人及专业机构提供总数超过1.6亿澳元的资助。这些拨款通常通过“初期艺术家和制作者计划”和“创意澳大利亚艺术家津贴”予以实施，主要给予社区艺术和文化发展、舞蹈、新兴和实验艺术、文学、音乐、戏剧和视觉艺术等各个艺术门类的理事会，由其向艺术家和艺术机构提供。[②] 其中，2009－2010年度，该理事会共向1800多个项目提供了总计1.64亿澳元的资助，惠及752名艺术人才和1121个文化艺术机构。

2. 资助中小文化企业。针对创意产业以中小企业为主的特点，在给予研发投入较大的企业更多优惠的同时，2010年澳大利亚政府对创意产业创新中心还特别提供了1700万澳元资助。该中心提供的一个重点服务就是通过全面的商业评估，为企业的发展提供建议，通过这种方式帮助创意产业的中小企业提高生产力，提高开发创新内容与创新服务的能力。针对位于偏远地区的创意企业，政府提供额外的1000万澳元资助。

3. 资助本土化产品创作。为充分发挥广播影视在帮助公众了解和应用新媒体方面的巨大影响力，澳大利亚政府对广播公司、地方电视台和电影业均推出了新的资助计划，推动其运用数字技术为公众提供更多的新媒体内容、创作更多本土节目。在注资1.364亿澳元的基础上，澳大利亚政府

---

① 赵立、袁媛：《澳大利亚创意产业发展战略亮点解读》，《中国文化报》，2012年2月10日。

② 王学思：《“创意”澳大利亚研究》，《山东图书馆学刊》，2014（2），51页。

决定于2011年至2021年对澳大利亚广播公司（ABC）再追加总计2.231亿澳元的拨款，用于帮助ABC制作新的电视剧以及建立新的数字儿童电视频道。澳大利亚SBS电台也获得了2000万澳元的拨款，用于鼓励创意企业制作澳大利亚本土内容节目。政府对地方电视台也给予相应的资助，鼓励其从事本土节目制作并加入公共、商业电视台的数字广播网。为鼓励商业电视台在制作澳大利亚本土内容节目上的投资，政府于2010年将许可费降低33%，2011年再降低50%。

4. 资助成果转化和数据统计。澳大利亚政府将促进研究成果的利用列为创意产业发展的重点。2005年9月，澳政府设立了澳大利亚研究委员会创意产业创新研究中心。这是世界上最早设立的有关创意产业研究与成果利用的机构之一，在澳大利亚国家创意产业发展规划中发挥着重要作用。该中心在2009年至2013年获得政府总计600万澳元资助，以加大对创意产业的研究力度。该中心依据研究成果制定“创意企业标准”，帮助从事创意产业的企业从中了解全澳同类企业的经营情况，了解行业发展动态与趋势，以促进自身的发展。有关创意产业数据的收集也被视为发展创意产业的重点之一。澳大利亚通信与艺术部对澳大利亚国家统计局的国家文化娱乐数据统计中心提供资助，推动其对相关文化产业数据的收集。[①]

5. 对艺术教育设施的投资。澳大利亚的国家中学电脑基金投入24亿澳元用于在2011年底前为9至12岁的学生每人配备一台上网电脑，为老师和家长使用信息通信技术与学生沟通提供技术支持；此后4年还继续注资2720万澳元用于发展在线教育。澳大利亚政府还对澳大利亚芭蕾舞学院、澳大利亚电影电视广播学院、澳大利亚国家音乐学院、澳大利亚国家戏剧艺术学院等8家全国性专业艺术培训机构提供支持，力争为澳创意产业培养更多优秀人才。

（二）税收杠杆的调控

随着对政府财政拨款的局限性的认识不断加深，政府和文化机构开始寻求企业赞助。

1. 从业人员税收优惠

在个人所得税法中，针对从事文化产业的纳税人如作家、发明家、运动员和艺术家等收入波动大的问题，对其纳税方式给予特殊处理。因为从

① 财政类数据来源于：赵立、袁媛《澳大利亚创意产业发展战略亮点解读》，《中国文化报》，2012年2月10日；王曦《澳大利亚文化创意产业发展对我国的启示》，《中央财经大学学报》，2013（1），71页。

长期的角度平均计算，高收入年份的收入并不能反映他们真实的收入水平，所以在他们取得较高收入的年份适用较高的边际所得税率被认为是不合理的。文化产业从业人员的职业特殊性得到充分的考虑和理解，其利益得到有效的保障，积极性也因此得到提高。

2. 文化企业税收优惠

投资文化产业可享受税收优惠。以电影行业为例，2001 年 9 月，澳大利亚政府宣布，对在本国拍摄大型电影及电视剧的制片商实行税收优惠：凡是在澳拍摄费用超过 5000 万澳元，或在澳拍摄费用在 1500 万至 5000 万澳元之间但该费用占全部拍摄费用 70％以上的，制片商可获得在澳拍摄费用的 12.5％的税收抵免额度，纳税额不足抵免的可获退税。①

小型文化企业享受税收起征点提高的优惠，并可按照年度分期支付其工薪税。澳大利亚文化企业的职工人数普遍偏少，绝大部分属于小型企业。2007 年 7 月 1 日起，澳大利亚政府提高小型文化企业税的起征点：凡属年毛收入不足 7.5 万澳元的小型文化企业，不再要求进行商品与服务税的注册；非营利文化机构商品与服务税注册的起点提高到 15 万澳元。从 2008 年 7 月 1 日起，政府允许这些小型文化企业按照年度分期支付其工薪税，为小型文化企业的纳税提供了巨大的便利。

创意研发可享税收优惠。澳大利亚政府对企业尤其是中小企业居多的创意企业的研发投入给予大力度的税收优惠。其中，营业额在 2000 万澳元以下的企业在研发上的投入总额的 45％可用于抵消企业应缴税款，超出应缴税部分还可获现金返还；2000 万澳元以上企业的研发总额的 40％可用于抵消企业应缴税款，超出应缴税部分无现金返还，但可用于下一年抵税。

3. 赞助文化产业税收优惠

为进一步鼓励企业和个人对文化产业的赞助，澳大利亚政府成立了隶属于澳通信与艺术部的文化团体注册局，专门审批各类文化团体是否可享受捐赠减免税待遇。1991 年 3 月，澳大利亚政府出台文化组织登记制度，任何单位和个人向已登记的文化组织提供赞助即可免纳相应数额的收入所得税。同时，澳大利亚人文基金使得企业和文化机构之间的联系更为密切，商业艺术基金的设立也使得企业和个人向文化机构提供无偿捐赠或商

① 贾康、马衍伟：《世界各国文化产业税收政策面面观》，《中国文化报》，2012 年 4 月 14 日。

业赞助的积极性大大提高。通过赞助形式表现出来的商业参与文化活动，正成为一个重要的筹集资金的方式。

四、创意人才培养政策

澳大利亚对国民教育十分重视，为文化产业的发展提供、储备了大量的创新型、高素质的人才。

在普通教育中，学生的艺术创新实践能力得到了充分的重视和培养。《创意之国度》中首先提出了“澳大利亚的所有居民都具有接受提高自身创造力和提升欣赏他人创造能力水平的艺术教育的权利”。随后，诸多将艺术教育融入普通教育的研究、探讨逐渐展开，相关文化和教育部门也出台了诸多政策、拨付了大量资金以提升普通教育中的艺术培养。相关的政策有1995年由澳大利亚国家参议院提出的《艺术教育》、2003年由西澳大利亚州政府提出的咨询文件《艺术与教育的创意关系》等。2008年，澳大利亚政府还实施了一项为期4年、投入520万澳元的“艺术家住校”项目，以促进澳大利亚学生通过更多艺术培养机会来提高其创新实践的能力。该项目的实施不仅有利于艺术家们分享、推广他们的卓越技艺，同时也为有效的艺术教育方法和实践模式的形成提供了良好的平台。至2010年，这一项目已被各州、领地政府列为一项常设项目。

澳大利亚还专门针对艺术家的培养发展正规的职业教育，并十分注重对文化艺术精英的培养。据统计，大约有87%的澳大利亚艺术家接受过较高级别的职业教育。2010年，在高等教育机构，进修创意艺术课程的学生达8.3万余名，有5.3万余名学生接受了职业培训机构的培训。[①] 精英培训是使得澳大利亚在艺术领域取得国际性成功的温床，对于培养高水平的创意实践者起到了重要的作用。

取得卓越艺术成绩以及对澳大利亚社会文化生活和创意经济做出重要贡献的专业艺术培训机构还可以获得相应的经费支持。例如政府为澳大利亚影视和广播学校、澳大利亚初级电视艺术及广播培训机构等拨款2400余万澳元，力争为澳大利亚的文化创意产业培养、储备更多的人才。

五、文化外交政策

从国际文化贸易的角度来看，澳大利亚的文化产品与服务贸易仍存在

① 王学思：《“创意”澳大利亚研究》，《山东图书馆学刊》，2014（2），51页。

贸易逆差，而良好的国际文化形象对于国家经济社会发展的重要意义又日益凸显。因此，澳大利亚政府努力采取各种措施与其他国家和地区建立文化外交，推进文化交流与合作。

澳大利亚政府主要通过制定鼓励政策、提供扶持资金、有关政府机构开拓路径等方式来促进本国文化产品“走出去”，同时促进对外文化宣传。为了更好地开展对外文化工作，澳大利亚政府制定了“在国际上推广澳大利亚文化”的对外文化宣传战略计划。这一战略计划以提升澳大利亚的国际形象、促进外交和外贸发展以及推动澳大利亚文化产品出口为目标，以三年为期滚动推进，不断在执行现有计划的同时弥补缺陷制定新计划。

澳大利亚国际文化理事会每年会拨款约800万澳元，用于支持澳大利亚的艺术家和表演者出国表演和与其他国家的国立艺术委员会建立互惠合作安排等，积极拓展海外市场。此外还向部分承担国际旅游服务的主要表演艺术公司提供年度拨款，以支持其国际业务的发展。外交贸易部负责组织大批澳大利亚文化团体如悉尼舞蹈剧团、澳大利亚青年交响乐团、澳大利亚歌舞剧团等到亚洲各地巡回演出。

从《创意之国度》的文本中可以发现，澳大利亚政府还将继续致力于加强与区域合作伙伴的文化交流合作，创意文化的输出也将是其未来文化外交和文化出口的重点。比如，澳大利亚将进一步完善相关法律以保障澳大利亚主要文化机构用于当代公共展览的文化产品的海外借贷；继续加强澳大利亚网络文化服务的提供，一个整合了电视、广播、多媒体等多个平台的服务网络将为亚太地区的观众提供服务，以便让更多的受众了解澳大利亚。

第三节　澳大利亚文化产业优势领域

一、文化旅游业

澳大利亚旅游资源独特而丰富，自然以及人文的著名旅游景观遍布全国，除闻名遐迩的世界自然遗产大堡礁、艾尔斯岩（乌鲁鲁）及卡卡杜国家公园之外，还有浩瀚的沙漠、广袤的原野、苍翠的山谷、白雪皑皑的山峰、绵羊遍野的牧场、神秘的土著文化、独特的地质遗迹、迷人的热带雨林以及引人入胜的海滨沙滩。加上澳大利亚大陆大部分地区属热带、亚热带，气候温和，季节与北半球正好相反，使澳大利亚成为四季皆宜的旅游观光目的国家，每年都吸引大批国内外游客，旅游业迅速成为澳大利亚的重要经济支柱之一。悉尼、墨尔本等城市在每年的世界最佳居住城市评选中都名列前茅。

几十年来，旅游业在澳大利亚经济中一直占有十分重要的地位，是澳大利亚出口创收的支柱性产业之一。政府也未雨绸缪，认为一旦采矿业繁荣势头结束，旅游业等第三产业将有助于澳洲经济的进一步发展。因此，文化产业特别是文化旅游产业日益受到联邦政府的重视。

纵观全球，澳大利亚入境旅游业的增长速度始终高于全球国际旅游业的增长速度。20 世纪 80 年代和 90 年代，澳大利亚的入境旅游基本达到每十年翻一番的规模。澳大利亚国家统计局于 2013 年 4 月 26 日发布的数据显示，2012 年，澳大利亚旅游业总产值从 2011 年的 390 亿澳元增至 410 亿澳元，占国内生产总值的 2.8%，增幅为 5.13%，高于同期澳大利亚整体经济增速 4.9%。尽管澳元走强，但赴澳旅游的国际游客数量仍保持增长。来自中国、新西兰、印度尼西亚等国家和地区的游客数量增长迅猛，中国游客数量增幅更是连续多年达到两位数百分点。著名的旅游城市和景点，如悉尼、墨尔本、布里斯班、阿德莱德、珀斯、黄金海岸、达尔文、大堡礁、乌鲁鲁岩等，最具吸引力。

澳大利亚旅游业的飞速发展离不开澳大利亚政府对旅游业的高度重视。澳大利亚政府每年都花费巨款在世界范围内通过各类媒体和各种活动大力推介该国独一无二的风土人情和美丽风光。其旅游产业政策、旅游资源开发和景区保护的规划及立法等方面的先进管理理念也存在许多值得我们学习和借鉴的地方。

首先，澳大利亚的旅游业体系完善：重视基础设施建设，具备立体化发展的旅游交通网络；市场运作机制成熟，且充分利用互联网技术发展先进的旅游营运模式；注重开发多样化的旅游产品，并通过高质量的宣传海报而非人为炒作进行市场推广。

其次，澳大利亚十分重视旅游规划的先导作用，不同地区因地制宜发展具有当地特色的旅游产业，如：昆士兰州充分利用黄金海岸、融合山海的地域气候特点与城市绿化景观进行规划布局；维多利亚州则有效规避其在旅游资源方面先天不足的缺陷，举办澳大利亚网球公开赛、一级方程式赛车澳大利亚大奖赛、英联邦运动会等节庆赛事作为带动旅游业发展的重要手段。

再次，澳大利亚在发展旅游业的过程中十分重视自然生态的保护，严格执行有关自然环境保护的法律法规，保护其自然环境不被破坏，大力倡导绿色旅游，创新发展生态旅游，同时采取积极有效的措施应对自然生态景观退化，实现旅游业的可持续发展。

最后，澳大利亚的旅游业还注重凸显其“原始生态与现代文化并存”“东方与西方联姻”的文化特色，高度重视历史遗迹的保存和东西方文化的兼容并蓄。

二、电影业

如果单从拍摄数量上来看，澳大利亚并不能算是电影产量很高的国家；其电影市场对欧美全面开放，因此受好莱坞大片冲击比较大，其本土市场票房受到严重瓜分。澳洲全年票房约 15 亿澳元，其中好莱坞电影占 70%，澳洲本土仅占 4%，剩下的是其他地区（主要是欧洲各国）电影。

尽管如此，澳大利亚电影业的整体水平和影响力在世界上还是属于前列，仍然是公认的电影强国。

澳大利亚电影业最突出的特点和优势就在于电影特效和后期制作。澳大利亚的电影拍摄及辅助公司众多，拥有世界一流的电影拍摄设备、道具制作团队、数字特效以及摄影棚设备等。相对来说，成本较欧美低廉，性价比高。为了吸引更多剧组前来，澳大利亚政府还会慷慨解囊，制定了多项优惠政策。再加上澳洲风景壮丽、气候宜人，因此许多国家的电影剧组都喜欢在澳大利亚进行取景以及后期制作，使得澳大利亚跻身全球重要的电影制作基地，好莱坞的《黑客帝国》系列、《星球大战 2》、《星球大战 3》、《碟中碟 2》等都是在澳大利亚进行后期制作。

澳大利亚非常重视影视产品的出口和与其他国家的合作拍摄，使得不少澳大利亚电影走上了国际市场，在国际市场上具有一定的影响力。2008—2013 年，澳大利亚电影在德国票房超过 120 万欧元的有 7 部，在英国票房超过 100 万英镑的有 9 部，在美国票房超过 2000 万美元的有 9 部。[①]

除了票房以外，澳大利亚电影在国际电影节上获得的奖项也可以作为澳大利亚影片质量的一项评价标准。20 世纪 80 年代以来，澳大利亚不断有电影在国际上获奖。《钢琴》《沙漠王后普莉希拉历险记》《宝贝》《耀》

---

① 叶非：《2008—2013 年的澳大利亚电影产业综述》，《中国电影市场》，2014（5），26—30 页。

《我光辉的事业》《鳄鱼邓迪》《枯燥的跳舞厅》《玛丽欧的婚礼》等影片都曾获奥斯卡奖。基于文化宣传而非单纯经济利益的战略目的，这些优秀的澳大利亚影片已经成为一张张精美的澳大利亚文化名片。此外，澳大利亚培养了众多国际一线明星，诸如多次在金球奖、奥斯卡奖中捧得大奖的梅尔·吉布森、罗素·克劳、凯特·布兰切特、妮可·基德曼，以及《X战警》系列中的“金刚狼”休·杰克曼、超模米兰达·可儿、“超感警探”西蒙·贝克、“阿凡达”萨姆·沃辛顿等。

就国内消费而言，澳大利亚电影产业的发展势头也堪称良好。2008—2012年，澳大利亚年均影院观众8764万人次，平均每人每年看4次电影，票房收入排在全球第十位左右，可谓是世界电影产业大国。另外，值得一提的是，澳大利亚电影院的科技水平很高，3D技术、超大屏幕、杜比和DTS音响等为观众带来了奢华的视听享受。2007年年底，澳大利亚就有不少影院全面实现数字化。一些豪华影院更是通过向观众提供优质高档的食品和酒类服务、放映体育赛事和音乐会实况等方式不断吸引更多人到电影院进行消费。

三、教育出口

澳大利亚在国际教育方面走在世界前列。在澳大利亚，教育业作为一项重要的出口行业，其发展取得了极大的成功，澳大利亚的大学成为该行业发展的中心。

完备的教育政策和法律体系是澳大利亚国际教育发展的根本保障。澳大利亚政府于1991年颁布了《海外学生教育服务法》(ESOS)，确立了教育出口战略和高等教育国际化战略。此外澳大利亚教育质量保证体系、澳大利亚联邦学校和课程注册局、国家级质量规范机构“高等教育质量与标准署”、外国学生健康保险制度、灵活高效的签证政策等都成为澳大利亚留学生各方面权益强有力的保障。

澳大利亚国际教育还通过全球布局、网络化的招生团队，以及分工细致、专业流水线化的作业方式，吸引了大量海外学子赴澳留学。成立于1969年的澳大利亚教育国际开发署(IDP)是澳大利亚最大的教育推广机构，是政府下属的教育服务中介机构，在澳大利亚高等教育国际化进程中发挥了重要的推进作用。

20世纪70年代，在多元文化政策的推动下，招收海外留学生的计划开始在澳大利亚实施。自1986年起，澳大利亚联邦政府大刀阔斧地改革教育制度，开始实行教育出口计划，扩大招收海外学生数量，供留学生选择的学业也开始放宽，从博士生、硕士生、本科生扩大到预科、专科、高中、初中以及短期语言培训班等。政府的努力推动，加上高质量的教育水平、潜在的就业机会、多样性的文化、高水平的社会服务等，使澳大利亚成为其他国家海外留学热门目的地。实行教育出口的第一年，就有1万多名海外学生来澳大利亚就读，而在1986年以前来澳就读的海外学生总共不过2200名。[①] 此后，每年都有数万名海外学生赴澳大利亚各类学校就读，平均每年为国家赚取外汇7.5亿多澳元，并且这个数字不断增长。1992年9月，澳大利亚政府重新审视了之前的留学生教育政策，教育与培训部部长在阐述新政策时，提出将重点放在教育国际化上，认为国际教育是澳大利亚国际关系的重要组成部分，它有利于拓展国际文化、经济和人民的往来，促进相互了解，同时有利于充实本国的教育和培训体系及社会体制。

近年来，澳大利亚政府采取了一个政府主导、整合各种项目和资源的战略方针，由教育与培训部负责国际教育服务方面的战略、规划、政策和整体推广，视教育为重要出口产业，为各级各类教育机构与中介机构提供全方位的支持，鼓励这些学校按照商业模式去吸引海外生源、开拓海外市场。2008至2009财年澳大利亚国际教育出口额达到172亿澳元，国际教育产业价值同比增长了23.2%。国际教育产业持续成为澳大利亚价值最高的服务产业，甚至超过了旅游产业。澳大利亚教育国际开发署数据显示，2014年共有58万9860名海外学生持学生签证来到澳大利亚，超过英国，澳成为仅次于美国的全球第二大留学目的国；其中接受高等教育的学生约25万，约占全国高校学生总人数的24%。澳大利亚国家统计局公布的数据显示，2014至2015财年澳大利亚国际教育服务业的出口额创史上新高，达到188亿澳元，其中接受高等教育的海外留学生贡献125亿澳元，接受职业教育培训的留学生贡献29亿澳元；教育服务出口额较2013至2014财年增长了15%，这意味着澳大利亚国际教育服务业的高度繁荣与高速发展。

目前，澳大利亚的留学生以亚洲学生为主，其中中国学生达20%，之后是印度学生，达16%。

---

① 刘少才：《澳大利亚教育出口："钱"景依然广阔》，《改革与开放》，2010（21），20页。

第四节　澳大利亚文化产业经典案例

一、悉尼歌剧院

自1973年投入使用以来，悉尼歌剧院已经走过40多年的旅程了。如今的悉尼歌剧院不仅是全澳文化艺术的神圣殿堂，还是悉尼乃至整个澳大利亚的地标性建筑和旅游名片，更是公认的20世纪建筑艺术奇迹之一。

悉尼歌剧院从20世纪50年代开始构思兴建，1955年公开征求世界各地的设计作品，到1956年共收到32个国家233件参评作品，后来丹麦建筑师Jorn Utzon的设计中选，之后耗时16年斥资1200万澳元完成建造。建造过程中为了筹措经费，除了募集基金外，澳政府还曾于1959年发行悉尼歌剧院彩券。

悉尼歌剧院于2007年在新西兰举行的世界遗产委员会会议上被批准列入《世界文化遗产名录》。世界文化遗产委员会批准悉尼歌剧院为世界文化遗产的理由是：它是近现代建筑的大师级作品，在结构工程和科技创新上有杰出贡献，乃20世纪世界著名建筑。

作为澳大利亚首屈一指的表演艺术中心和全球最成功最繁忙的表演艺术场馆之一，悉尼歌剧院每年大约举办2400场活动，其中包括1700场左右的现场演出；每年吸引各地观众达120万左右，并接待约400万名世界游客。悉尼歌剧院还有专为展览设计的展览厅、话剧厅、电影厅、大型陈列厅和接待厅、图书馆、咖啡馆、酒吧等，可以说是各类文化产业的集聚区。

德勤会计师事务所曾对悉尼歌剧院进行了估价，根据门票销售、历史地位、特殊设计等因素，计算出悉尼歌剧院市场价值为46亿澳元，每年可为澳国民经济贡献约7.75亿澳元。①

由于悉尼歌剧院是政府主持投资建设的澳大利亚首座国家级的大剧院，耗资巨大，地位重要，因此悉尼所在的新南威尔士州于1961年通过了专门的法案，即《悉尼歌剧院信托基金法案》，对悉尼歌剧院的管理进行了详细的规定。在信托基金会理事会的领导下还成立了悉尼歌剧院公司对演出场地进行管理。该公司为非营利组织，作为公益性演出团体接受政

① 李佳彬：《悉尼歌剧院走过40年美丽旅程》，《光明日报》，2013年10月28日。

府重点扶持，并享受有关税收优惠和接受社会捐赠。

悉尼歌剧院的自创收入主要包括演出场地出租费、与演出公司的票房分成、旅游服务、附设商业设施（餐饮、纪念品商店、咖啡厅等）创收等等。其中，场地出租的创收通常可以占到总创收的40%左右，旅游服务通常可以占到10%以上。商业板块的成功运作为悉尼歌剧院的发展壮大提供了大量的资金，但政府拨款仍是悉尼歌剧院占比最高的资金来源。此外，悉尼歌剧院还接受一定的企业捐款和社会捐助。

悉尼歌剧院各场馆的运作大多采用演出场所与本地艺术团队建立长期固定合作关系的模式，这既是悉尼歌剧院公司的职责所规定的，也保证了固定的场地用户及上演剧目的水平。与悉尼歌剧院长期合作的澳大利亚演出团队堪称一流，包括悉尼交响乐团、澳大利亚歌剧团、悉尼戏剧公司、澳大利亚芭蕾舞团和其他一些公司或艺术家。固定合作伙伴通常以合约方式确定双方的合作责权，如：音乐厅以较低租金提供使用，同时要求演出方每年在音乐厅举办专门的演出季，并承诺重要演出首选音乐厅。此外，悉尼歌剧院公司还制作自己的节目，除一些保留剧目外，每年推出大约14个新剧目，致力于发展多种非传统艺术形式，并大力推介具有不同文化背景和领域的艺术家。悉尼歌剧院公司还经常首演澳大利亚最具有号召力的创作者的新作，也常常与国际著名演出机构合作推出剧目。除与以上固定合作伙伴的合作之外，悉尼歌剧院每年还有来自世界各大演出团体的租用者，被用于组织许多大型活动，如2005年的印尼海啸灾区赈灾筹款晚会、澳大利亚偶像竞赛总决赛的场地等。

由于节目内容丰富，市场营销和观众培养得力，悉尼歌剧院保持了良好的上座率并吸引了大量的观众。其中，本地观众大约占总观众数的80%，外地观众包括来自世界各地的游客以及澳大利亚其他地区的观众。1996—2005年，悉尼歌剧院场馆使用率高达76%—83%。[①]

二、昆士兰创意产业集聚区

昆士兰创意产业集聚区（Creative Industries Precinct，CIP）位于澳大利亚布里斯班中央商务区的西边，是澳大利亚首个致力于创意产业创意实验和商业化发展的集聚区，也是国际文化创意产业园区的典范之一。该集

① 毛少莹：《悉尼歌剧院的经营管理经验及启示》，载于张晓明等主编《2006年：中国文化产业发展报告》，292页，北京，社会科学文献出版社，2006。

聚区斥资 6000 万澳元耗时 3 年建造，于 2004 年 5 月正式启用，是澳大利亚政府和教育界为发展创意产业而合作的第一个项目。

1998 年英国“创意产业”概念传入澳大利亚，澳大利亚的布里斯班政府深受启发，迅速启动一系列举措，如举办第一个旨在弘扬布里斯班文化的社区节庆活动“布里斯班河节”。2001 年，布里斯班支持昆士兰科技大学（QUT）在凯文格罗夫校区建立了世界上第一个创意产业学院，专门培养创意产业专业人才，同时组织开展了一系列研究。QUT 是澳大利亚最大的学校之一，该校的教学计划以注重结合实际应用而闻名，研究和教育方面以符合就业市场的需求为目标，为学生构建理论和实践的完美结合，被誉为“应用型大学”。该校把一些具有创造性的艺术（如表演艺术、媒体、新闻）以及基于 IT 技术的设计（如时尚、游戏、媒体设计）有机结合起来，分设了设计、舞蹈、视觉艺术、音乐、创意写作、广告、新闻、电视媒体、动画等科系。研究所则包含广告、艺术、新闻、音乐、传播设计、策略性广告、舞蹈教学、数字媒体、艺术管理与创意事业等类别。其先导性具有世界意义，各国高校及市政部门经常邀请 QUT 前往开展交流与培训。在创意产业学院的基础上，QUT 与昆士兰州政府合作率先建成了今天具有标志意义的创意产业园区。QUT 凭借自身优越的学术资源、与产业界的密切联系、与政府的合作沟通，影响着澳大利亚创意产业的发展。该校具有澳大利亚创意产业发展先锋导航的地位，甚至成为创意企业全球网络的中心。①

昆士兰创意产业集聚区是官产学研相结合的集合体：其成立来源于昆士兰科技大学和昆士兰州政府的合作；除此之外，创意产业集聚区有限公司和与之相关的企业中心、澳大利亚创意产业与创新国家重点研究中心、大洋洲互动设计合作研究中心、LaBoite 专业戏剧演出公司等产业界和学术研究界的机构也是昆士兰园区的投资者；而且昆士兰模式之所以能够获得较好的发展，也是以上政府、教育界、产业界、研究机构等共同参与和推动的结果。

得益于集聚区所提供的良好的发展环境，昆士兰的创意产业形成了富有特色的五种发展模式：金融扶持企业发展模式、教育和科技支持企业发展模式、创新联结企业和大学发展模式、采购帮助企业发展模式、营销促

① 崔国：《布里斯班：创意经济造就新兴世界城市》，《东方早报》，2014 年 3 月 25 日。

进企业产品升级发展模式。五种模式环环相扣、首尾相接，构成一个整体。通过这些发展模式，昆士兰创意产业集聚区不仅试图培育澳洲的创意产业人才，同时运用其学术资源与官方关系影响着澳洲在创意产业发展上的走向，并且也有与产业界务实合作的期盼。

目前昆士兰创意产业集聚区内汇聚了印刷媒体、视觉表演艺术、音乐创作和出版、新媒体（如动画游戏和互联网内容设计）、广播电视媒体和电影、传统艺术活动等创意产业。创意者个人被该环境吸引，形成创意产业的主导力量——创意阶层，而创意阶层又能够加强该环境的创新氛围。新的产品、设计和营销能为本地带来丰厚的利润，使地方基础设施的建设有了资金保障并能吸引更多的创意者来到该区域。①

在昆士兰园区发展成功的基础上，“昆士兰模式”成为各国文化创意产业界争相效仿的对象。这个概念是由澳大利亚学者约翰·哈特利等人撰写的《昆士兰模式：创意产业园区链接生产企业、教育、研发、文化生产和会展》提出来的。这种在国家、地方以及城市三个层面政策的指导下，以及在创意产业区域项目配合及互动环境下，由昆士兰州政府和昆士兰科技大学共同规划并投资兴建的教育—科研—企业—咨询交叉联动的创意产业园区发展模式，就是人们常说的“昆士兰模式”，也可以称为昆士兰创意产业园的“政、产、商、学、研一体化”的集聚模式，其最显著的特点即对教育和研究的强调。这一园区是各种企业特别是文化创意企业的集聚中心，肩负着文化创意产业的教学和科研任务，是一个完全的“创意复合体”。②

---

① 张京生、沈晓平：《伦敦、昆士兰创意产业集聚区发展分析》，《投资北京》，2008(11)，47页。

② ［澳］约翰·哈特利、金迈克、斯图亚特·坎宁安：《昆士兰模式：创意产业园区链接生产企业、教育、研发、文化生产和会展》，载张晓明、胡惠林、章建刚主编《2007年：中国文化产业发展报告》，359页，北京，社会科学文献出版社，2007。

第九章　泰国文化产业

泰国文化产业分为四大类，共 15 项。第一大类是文化遗产，包括手工艺、历史与文化观光、泰国料理、泰国传统草药 4 项。第二类是艺术，包括表演艺术、视觉艺术 2 项。第三类是媒体，包括电影、出版、广播、音乐 4 项。第四类是创意，包括设计、时尚、建筑、广告、软件 5 项。[①]

第一节　泰国文化产业概况

近年来，泰国文化产业的发展取得了举世瞩目的成绩。不论是产量和水准在近十年突飞猛进的电影产业、关注度持续升温的旅游观光产业，还是异军突起的电视产业、剑走偏锋的广告产业，都在以惊人的速度悄然崛起。

一、丰富的历史文化资源

泰国拥有悠久的历史文化，是一个具有两千多年佛教史的文明古国。在其历史长河中所形成的文学、艺术、绘画都有其独特的风格。泰国是一个以小乘佛教为主，伊斯兰教、基督教等众多宗教信仰共存的国家，其人民社会生活中形成的价值观和传统习惯也有着独特的个性。

（一）宗教文化资源

由于 90％以上的泰国人都信仰佛教，谈到传统的泰国文化，就不能不提到寺庙和佛教。佛教传遍泰国，数千年来，已深深地影响了泰国人民，浓郁的佛教文化氛围使其文化内涵更加丰富和深刻。任何节日喜庆、结婚、丧葬、新店开张或楼宇落成等都会邀请僧人诵经，举行祭典。寺庙除了是佛门之地外，也成为村镇的中心，是人们接受教育、举行仪式、庆祝

① 戴承良：《泰国文化创意产业发展与大学标杆》，《上海经济》，2014（4），57 页。

节日的场所。

泰国是佛教之邦，以“千佛之国”闻名于世，素有“黄袍佛国”美誉，在美丽富饶的国土上到处佛寺林立，有32000多座充满神话色彩的古老寺院和金碧辉煌的宫殿，仅曼谷就有400多座佛寺。泰国约有30万僧侣，普通人也有去寺院短暂修行的传统，大多数男性到了一定阶段都会到寺院修行，时间长短因人而异。泰国佛寺外观造型宏伟壮观，建筑装饰精巧卓绝，享有“泰国艺术博物馆”美称，是泰国的国宝、泰国文化的精粹。

佛教文化的繁盛吸引了世界各地观光客，极大地推动了泰国文化旅游业的发展，泰国政府也专门推出了一些宗教文化主题的旅游项目。泰国的宗教主题电影很多，各种商业、艺术电影中也有大量宗教色彩的情节、场景或者道具出现。

（二）旅游资源

泰国地处热带，属热带季风气候，植被种类达30多万种，有170多种一类野生保护动物，旅游资源丰富。泰国有许多举世闻名的景区，曼谷、普吉岛、芭堤雅、清迈和帕塔亚等地深受世界各地游客的喜爱。普吉岛是泰国最大的岛屿，是东南亚最具有代表性的旅游度假胜地。芭堤雅被誉为“东方夏威夷”，每年接待游客100多万人次，收入外汇折合70多亿泰铢，是海外游客的主要目的地之一。

泰国的历史文化景观主要集中在中部，以素可泰与大城地区为代表。至2016年，泰国共有5处世界遗产，包括文化遗产3处：素可泰及邻近历史文化城市、班清考古遗址、阿瑜陀耶遗迹公园，自然遗产2处：考艾国家公园、通艾会卡肯野生动植物保护区。素可泰王朝距今已经700多年，是泰国政治、文化、经济、艺术的摇篮。素可泰古城城墙内外遗留了大量寺庙、佛塔及各种建筑，人们仍能从其斑驳的旧址中感受到当时的灿烂与辉煌。

（三）传统艺术资源

每一个历史悠久的国家都会留下为数众多又极其珍贵的传统艺术资源，这是其国家历史文化的结晶，泰国也不例外。其中木偶戏和面具舞（孔剧）都深受大家喜爱。

泰国木偶戏被认为是亚洲最有影响的三大木偶戏种之一。泰国木偶是半身型木偶，身高约40厘米，体型较大，一般需要三个人同时操作一个木偶。木偶戏的制作表演大致和中国广东潮汕地区的木偶戏相同，“用泥土为原料，身上和手部系以绳索，表演时配以剧情介绍和唱曲”①。木偶戏剧的节目众多，多来自民间传说，多彩的木偶、优美的音乐、典雅的表演都为古老的传说赋予了新的生命力。

孔剧起源于400多年前泰国的大城王朝时期，是泰国的国宝级艺术，融合舞蹈、音乐、诗歌、绘画、武术和皮影戏等各种艺术形式于一身，被看作泰国最美丽的舞剧艺术。重要特点就是演员头戴面具，造型独特，因此也称为假面舞剧。随着现代生活节奏的加快，孔剧和其他传统艺术一样受到了挑战，特别是在年轻人中，欣赏者越来越少。为此，泰国官方和民间齐心协力，共同呵护这一传统文化遗产。国王拉玛九世八十大寿时，国王和王后就在国家大剧院主持了盛况空前的孔剧演出。与现代艺术形式结合，是发扬传统文化的有效手段。泰国王室和国家旅游局合作，运用了现代灯光和舞台设计重新排演孔剧，演员也以新人为主，加了英语解说，上演后广受好评。

（四）饮食文化资源

泰国人以米饭为主食，再辅以料理、汤等，餐具以汤匙、叉子为主，不同地区有不同的菜肴。泰式料理用料主要以海鲜、水果、蔬菜为主。特殊的气候条件，造成了泰国人民对酸味和辣味的依赖。泰式料理的招牌菜有：冬阴功汤（酸辣海鲜汤）、椰汁嫩鸡汤、咖喱鱼饼、绿咖喱鸡肉、炭烧蟹虾、咖喱蟹、杧果香饭等。泰国对餐饮业非常重视，在“泰国世界厨房中心”计划中，便以输出海外餐厅为基础，打造包括餐厅、餐饮设施设备、餐饮人才培训、金融整合、文化营销在内的产业链，全方位地将泰国饮食文化面向全球包装营销。近几年来，在国际都市如洛杉矶、伦敦、悉尼、东京及北京、上海等地开设的泰国餐厅大受欢迎。

二、泰国文化产业发展历程

（一）初始阶段

泰国原是一个农业国，19世纪中叶，西方国家打开了泰国的市场，对大米、橡胶、锡和其他原料的需求刺激了泰国经济的发展，但经济格局相对单一，经济基础落后。二战前，除小规模和低技术水平的碾米、锯木和采矿业外，几乎没有开始发展工业。1960年泰国农业收入占国民收入的80%左右；农业劳动力占总就业人数的83%，工业仅占5%，服务业占

① 林仁风、玉腊：《泰国民族传统艺术》，279页，昆明，云南美术出版社，1997。

12%。由此可见，泰国工业基础非常薄弱，起点较低。为了尽快跻身工业化国家行列，泰国政府从1961年开始制定了一系列方针政策，并且依照其国情特点及不同时期的经济发展状况制定了6个经济和社会发展的五年计划，作为各阶段的经济发展战略和指导原则。

20世纪80年代起，泰国积极调整工业结构，引进技术密集型和附加值高的中轻型工业，寻求适合泰国的工业发展模式，并取得了良好效果。电子工业等制造业发展迅速，经济持续增长。20世纪90年代，泰国成为东南亚国家联盟的成员国之一，实行自由经济政策，经济发展突飞猛进，跻身“亚洲四小虎”之一。1996年人均GDP达3035美元，世界银行将泰国列入中等收入国家。1997年，泰国爆发严重的金融和经济危机，当年的经济增长率仅为0.6%，外债高达900亿美元。1998年经济下降10.8%，直到1999年下半年，泰国经济才开始走出低谷。①

泰国政府对文化产业十分重视，尽管泰国政局并不稳定，但多届政府都曾有过非常翔实、全面的计划来积极推进文化产业的发展。对每一项产业都从资金、政策、人才、技术、营销等方面全面地进行规划，将区块、城镇都当成企业来发展，其目的除了推动国家经济的整体增长外，更着眼于培养个体对创意经济的意识与技能，从根本上富国强民，缩小贫富差距。②

（二）他信政府时期的文化产业

2001年，他信·西那瓦总理上台，从政府层面上开始大力推动文化产业的发展。2002年中期，他信政府在国家竞争力大师迈克尔·波特的建议下，选出五大竞争力产业：观光业、时尚业、食品业、电脑动画业、汽车业。在政府的挑选之下，文化创意产业成为带领泰国进行经济复苏的重要策略性产业。与之相关的计划包括：曼谷时尚城市计划、泰国创意设计中心计划、“一村一品”计划、泰国世界厨房中心计划与电影产业振兴计划等。

1. 曼谷时尚城市计划

曼谷时尚城市计划旨在通过服装、纺织品、珠宝、化妆品、皮革制品、制鞋等产业的拉动，通过举办专业展览的方式，大力推销泰国的设计

---

① 王庆馨、邹沁园：《碰撞与交融：泰国与云南特色文化产业研究》，28页，昆明，云南大学出版社，2015。

② 王庆馨、邹沁园：《碰撞与交融：泰国与云南特色文化产业研究》，44页，昆明，云南大学出版社，2015。

师及其设计的产品，致力于将曼谷推向国际时尚舞台，目标是在2012年使曼谷跻身为“全球时尚的联结点”。这一计划为泰国的现代创意设计师提供了许多支持与机会，极大地挖掘了泰国在传统手工艺之外的现代时尚产品创造潜能，使泰国设计产业的出口总值一举超过3000亿泰铢，时尚纺织产品出口额也突破1300亿泰铢。

2. 泰国创意设计中心计划

泰国政府于2003年9月2日通过成立泰国创意设计中心的决定，其发展目标有：(1) 通过泰国创意设计中心的介绍与资源，让泰国人了解自己的文化；(2) 让设计师与业者了解设计、生产等方法；(3) 创意经济发展的宣传与国家网络的建立。

在时尚创意设计方面泰国是后起之秀。2004年以前，当人们提及世界时尚品牌的时候，几乎没有人会联想到泰国。泰国创意设计中心拉开了泰国时尚创意设计的序幕，并在短短几年中展现了它巨大的潜力，成为国外来泰投资的行业中最受关注的一个。[①]

3. “一村一品”计划

2001年4月30日，在泰国王室的支持下，他信政府宣布正式推动“一村一品”(OTOP) 计划，即在一定区域范围内，通常是以村落为最小的社区单位，按照市场需求及变化，充分挖掘当地的资源与传统优势，并通过标准化、品牌化以及市场化的建设，使一个村或几个村能够拥有一个或多个市场潜力巨大并且地方特色明显的主导产品和相关产业。2001年OTOP计划刚开始推进时，销售收入只有2亿1500万泰铢，至2012年达700亿泰铢，参与的中小企业生产者达到35179家。

泰国的许多政府机构都参与了“一村一品”计划，在各个层面给农民提供必要支持：工业部帮助规划产品发展、技术培训和质量监控；内政部直接与每个村镇合作，帮助对产品进行适合市场的微调；商务部专门聘用了设计团队参与产品的包装和设计，其下设的出口促进部又专门负责挑选商品参加本土和海外的贸易展，为“一村一品”商品提供出口协助。另外所有产品都在特别设立的委员会的监督下进行生产，由地方委员会协助开发和分级。

为了促进出口，泰国政府每年在曼谷举行两次“一村一品”贸易展销

① 王庆馨、邹沁园：《碰撞与交融：泰国与云南特色文化产业研究》，47页，昆明，云南大学出版社，2015。

会，邀请各国的贸易商参加。政府还根据各国的消费能力和产品喜好选取各类商品，赴国外参加贸易展销会。

（三）阿披实政府时期的文化产业

2008 年 12 月 15 日阿披实·维乍集瓦当选为泰国总理，之后陆续推出多项文化创意产业计划。2009 年 8 月 31 日，“创意泰国”计划正式启动，并立即于 9 月 10 日成立国家创意经济政策委员会，由阿披实担任主任委员。另外，泰国政府宣布 2010 年为泰国“创意经济年”。这些都显示泰国政府对于文化创意产业的重视。

支持创意泰国与创意经济年的实际举措之一是“泰坚强计划”中对文化创意产业的财政支持。据有关统计数据，泰国政府在 2009 年 1 月和 8 月，分别通过两次“泰坚强计划”。第一次预算总金额为 1167 亿泰铢左右，第二次的方案则加至 1.34 万亿泰铢。在第二次为期 4 年（2009—2012）的方案中，第四部分就是创意经济部分，规划有 200 亿泰铢的投资金额，分为 6 大类，即文化遗产、艺术与文化表演、手工艺、创意产品、媒体与软件产业、设计与研发。①

遗憾的是，由于泰国政局仍存在一定风险以及一些客观存在的困难，一些投资项目无法落实。

（四）英拉政府时期的文化产业

2011 年 8 月 5 日，英拉·西那瓦当选为泰国第 28 任总理，成为泰国历史上首位女性政府首脑。英拉在任期间，泰国文化部按照她的要求，完成了 7 个国家文化产业发展项目计划的制定工作，其中包括 5 个国家发展战略项目和 2 个东盟战略项目。

（五）巴育上任后的文化产业

2014 年 8 月 21 日，泰国国家立法议会召开会议选举临时总理，曾发动 5 月 22 日军事政变的陆军司令巴育以全票当选。

2015 年泰国经济受到包括国内政局动荡、全球经济复苏乏力等国内外诸多不良因素的影响，成长迟缓。就在全国多个行业不振之际，泰国旅游业却逆势而行，再创佳绩，创收 2.23 万亿铢。据盘谷银行研究部统计，2015 年全年共计有 2990 万外国游客赴泰旅游，同比增长 20.7%，创下过去 10 年来的纪录。其中第四季度外国游客人数高达 776.55 万，同比增幅为 4.1%，已连续第 5 个季度增长，同时较第三季度提高 6.89%。2015 年

---

① 戴承良：《泰国文化创意产业发展与大学标杆》，《上海经济》，2014（4），57 页。

外国游客为泰国带来高达1.44万亿铢的经济收入，同比提高23.53%，一举扭转2014年泰国旅游业外国游客人数下降、收入降低6.55%的不利局面。①

2016年泰国国家旅游局在8月推出首个女性主题旅游月活动“她们的泰国之旅”，借此为女游客提供消费优惠，吸引更多女性自由行游客。泰国国家旅游局与各大商场、餐厅、景点、酒店、旅行社及航空公司等旅游相关企业联手，为女游客提供打折优惠，并推出女性高尔夫之旅、名媛泰国行、网络名人齐聚泰国、女摄影师眼中的泰国等主题活动。

其他文化产业相关行业也都保持增长状态。据腾讯游戏产业新闻报道，泰国也是东南亚游戏消费最高的国家。泰国总人口6720万，网民数2110万，玩家数1470万，付费玩家830万，付费玩家人均年消费额27.76美元。2014年泰国游戏市场规模2.3亿美元，游戏产业年复合增长率达到了30.9%，且进入了全球前20大游戏市场。知名游戏研究公司Newzoo预计，泰国的游戏市场规模将从2014年的2.3亿美元增长至2017年的4.9亿美元。

整体而言，泰国文化产业目前已经形成了比较成熟的发展模式。丰富的旅游资源吸引了世界各地游客的目光，纷至沓来的观光者为泰国带来了丰厚的经济收入，旅游业产值占到泰国GDP的10%左右，是当之无愧的泰国经济支柱产业。旅游业也带动了手工艺产业的发展，为工艺品的销售积淀了深厚的基础，手工艺品构成了旅游礼品和出口商品重要的组成部分。另外，以电影、音乐为主的娱乐产业正以欣欣向荣的态势影响着亚洲国家乃至世界的娱乐市场，以动漫、游戏为主的数字内容产业也在稳步健康地发展当中。

第二节　泰国文化产业政策

为促进各项文化事业和文化产业发展，泰国明确了文化发展的宗旨、原则和战略，制定了具体的文化产业发展政策，给予资金支持等保障。

泰国政府认为，开展推动文化发展的工作必须本着尊崇泰国文化本质属性的原则。按照泰国人的价值观，为实现既定的目标和计划，泰国文化

① 中国驻泰王国大使馆经济商务参赞处：《2016年泰国旅游业有所增长》，http://th.mofcom.gov.cn/article/jmxw/201604/20160401308731.shtml。

发展总体战略包括：（1）保护、传承国家文化的稳定性，保持地方文化的多样性；（2）塑造泰国式的价值观、意识和修养；（3）用国家专项文化基金来提升社会的文化品质和增加经济的文化含量；（4）管理好宗教、艺术和文化组织；（5）加强旅游业的发展，吸引更多的游客了解泰国文化。①

泰国文化部是泰国负责监督文化、宗教和艺术的政府机构。1943 年泰国政府正式成立了文化委员会（1953 年扩充为文化部），该委员会负责制定泰国的文化发展规划，首份《国家文化发展规划》主要有 14 项任务：（1）培育美好的价值观念和民族特性；（2）强调家庭的重要性；（3）鼓励对民间智慧的学习和研究；（4）在国家层面和国内各地区鼓励政府和人民尊重并保护有文化特性的价值观念；（5）扩大对文化生活的参与；（6）提倡国内和国际的艺术和文化交流；（7）树立为社会所赞许的态度、知识和对自然的理解；（8）增强将文化遗产视为宝贵财产的意识；（9）各旅游机构和文化机构间协调和相互支持，以达到手段与目标的统一；（10）为社会公众参与文化活动提供必要的设施；（11）和地方文化相结合，改善教育；（12）鼓励佛教机构的设立；（13）改善文化管理机构的组织结构和效率；（14）建设文化信息网络。

泰国政府于 1992 年 10 月将文化的概念列入其议会的政策声明之中。在声明中，泰国政府“号召人民、组织、机构和团体进行更加积极的保护、促进和宣传泰国文化艺术的活动”。为了落实该项政策，政府为 1994 年泰国文化年活动提供了专项资金，多个公共机构和企业也提供资金以通过电视、电台及报章促进国民对文化的理解。泰国内阁还决定将 1994 年的文化活动年延续 3 年，每年有不同的侧重点。1995 年的主题是“文化与发展”，1996 年是“文化和旅游”，1997 年是“文化和大众传媒”。②

总的来说，在他信执政前，泰国政府制定的关于文化发展的政策有以下几点共通之处：（1）敦促中小学生、大学生学习研究泰国优秀的文化传统；（2）保护文化、艺术、文物古迹，让文化资源既能发挥教育的功能又能增加国民收入；（3）鼓励民众和青少年在文化艺术建设、发展、保护中发挥作用，让家庭和社区都成为传承文化的场所；（4）在发展泰国的工业和旅游业的过程中发扬泰国优秀文化。

2002 年，他信政府制定并推行了对文化产业发展的积极扶持政策。一

---

① 余海秋：《泰国文化产业政策初探》，《学术探索》，2013（6），102 页。

② 瓦亚·撒旺库、胡霁荣：《为何是文化而非产业关系到泰国的经济发展》，《中国文化产业评论》，2008（2），338—349 页。

方面大力扶持农村文化经济的发展，采取的措施主要包括建立为农村经济提供信贷资金的乡村基金和民众银行，以及通过“一村一品”和“梦幻学校”等发展计划为乡村经济的发展提供更多机会；另一方面，大力发展食品业、时尚服装业、旅游业、汽车产业、医疗服务业、动漫产业和软件产业，提高了城市的竞争力，为泰国经济的发展注入了新的活力。

2013年，文化部根据时任总理英拉的要求，经过慎重和仔细的商议后，制定出国家文化产业发展7个项目计划，其中包括5个国家发展战略项目和2个东盟战略项目。这5个国家发展战略项目包括：(1) 全面发展各种行业项目，增加文化产品和文化资本的价值，建立创意文化产业发展服务和咨询中心；(2) 创意文化城市项目，首先在8个府治和城市试行，包括清迈府、普吉岛以及芭堤雅市等，在这些地区的未来发展中侧重于多元文化的认同，同时实现旅游业的多样化；(3) 促进创意文化产业项目，增加国家在文化产业上的竞争力，进而为国家带来收益，重点发展泰南地区的特色文化，学习泰南地区多元素的文化特点；(4) 生态文化发展项目，促进生态文化城市的发展，并在10个府治试行，包括春武里、罗勇、坤敬以及大城府等；(5) 与东盟国家合作发展文化产业，利用地缘文化纽带加强东盟国家间的交流与合作，重视提升边境文化交流窗口作用，大力发展与邻国接壤的5个府治与邻国边境地区的文化交流合作，包括与缅甸接壤的清迈和清莱府、与老挝接壤的农开府、与柬埔寨接壤的沙缴和四色菊府，进而促进边境地区的经济发展，提高双方边境居民的生活水平。

第三节　泰国文化产业优势领域

一、泰国电影产业

(一) 泰国电影产业的历史沿革

泰国历史上首部影片是1910年泰国王子摄制的关于泰王拉玛五世皇家庆典活动的纪录片。起初，摄制电影只是泰国皇室和上层社会的一项兴趣爱好，影片内容也仅是一些皇室生活的影像记录。随着泰国经济的发展，外国电影逐渐作为一种娱乐方式在泰国流行起来，电影院在全国各地纷纷建立。

受泰国国王拉玛六世的号召，一些皇室贵族开始参与投资建立电影公司和组织。一些有着“皇家国营”性质的电影企业，如Siam Niramai电影公司，以及泰王拉玛六世亲自创设的“联合影院公司”和“泰国电影协会”等，凭借得天独厚的优势逐渐垄断了当时的电影市场，形成了最初的泰国电影产业。[①] 1932 年泰国由完全的君主制演变为君主立宪制。王权统治的结束，意味着垄断的打破，先前泰王下属的影业公司和电影组织相继宣告解散或转为政府机构。20 世纪 30 年代，大量涌现的民营电影企业逐渐占据了泰国电影产业的市场。

二战期间，许多电影公司不堪重负纷纷倒闭。战后，泰国的政治局势趋于稳定，电影业也再次繁荣。20 世纪 70 年代，随着泰国社会工业化的步伐，民营电影企业开始出现电影产业垂直一体化趋势。这一时期被誉为泰国电影业的黄金时期，看电影已成为泰国人最主要的娱乐方式。70 年代末，泰国最终形成了四个大型电影企业：Pyramid Entertainment，Saha Mongkol Film，Five Star Production，Go Brothers。80 年代以后，这四大电影企业基本上主导了整个泰国电影市场。[②]

20 世纪 80 年代后，泰国电影技术及影片品质无法适应泰国社会的现代化转型，仍然沉浸在低成本的动作片和爱情剧浪潮中，而好莱坞和香港影片却受到了城市里新兴的中产阶级和年轻知识分子的追捧，缺乏创新的泰国电影逐渐失去原来的观众和票房。利润的减少让原先支撑泰国制片业的大院线公司不再愿意投资拍摄本土电影，到 90 年代能稳定生产的本土电影公司已所剩无几。

2000 年以后，泰国电影的发展逐渐由注重数量上的增长转移到质量上的提高，越来越多高质量的泰国影片获得较高的电影票房，一大批艺术电影、作者电影崭露头角。在一批新生代电影人的努力下，泰国电影利用先进的电影技术手段进行本土化叙事，独有的民族文化景观在国际化的商业包装下产生了活力，越来越多的商业类型片打败好莱坞大片赢得票房大卖，并获得国外市场广泛的认可。

现在的泰国不但是重要的电影外景基地，更成为重要后期制作基地之一，吸引了不少外国电影公司前来进行取景拍摄与后期制作。自《007》之后，泰国便在好莱坞打开了属于自己的天地，包括《第一滴血 4》《星球大战前传 3 西斯的复仇》《绝密飞行》，还有莱昂纳多主演的《海滩》、伊万·麦克格雷格主演的《海啸奇迹》、尼古拉斯·凯奇主演的《曼谷杀手》

---

① 陈晓达：《透视当代泰国电影产业的崛起》，《浙江传媒学院学报》，2012 (1)，67 页。

② Patsorn Sungsri. *Thai Cinema as National Cinema*. Murdoch University Digital Theses，2004，p151.

等大制作都在泰国取景。2003年前往泰国拍摄影视节目的外国团队就达到338个，包括纪录片、广告、电影、电视、音乐录影带制作等，创造营收约12亿泰铢，更有不少影音工作者都前往泰国成立工作室；到2008年，前往泰国拍摄的外国团队达到526个，创造营收20亿泰铢；2012年海外电影摄制组为泰国带来的营收增加至45亿泰铢；2015年到泰国取景的外国电影一共724部，带来收入31.64亿泰铢，在东盟区域居冠。

近年来，泰国也得到了中国电影摄制组的青睐，爱情浪漫片、警匪枪战片都能找到合适的场景，如《泰囧》《杜拉拉升职记》《唐人街探案》《栀子花开》《杀破狼2》《门徒》等。前往泰国的中国摄制组逐年递增，2010年在泰国取景的中国电影22部，2011年33部，2012年24部，2016年30部，2014年37部，2015年40部。除了电影，还有很多中国的综艺节目也来泰国取景拍摄，如《24小时》《我们相爱吧2》《了不起的挑战》《极速前进2》等。

据泰国星暹传媒报道，泰国国家旅游局2016年7月4日发布的统计数据显示，从2010至2015年，在泰国取景的外国电影中，日本电影751部居第1位，其后为印度721部，欧洲489部，韩国200部，中国186部。2016年前5个月在泰国取景的外国制片公司消费额，美国居首，印度和中国依序排第2和第3。①

（二）振兴电影产业的举措

泰国政府对电影业的扶持措施包括以下几点：首先是制定和完善《电影法》，为本国电影业发展提供有力的法律保障；其次是大幅降低电影器材进口税，鼓励国产片的拍摄，放宽审查尺度，严厉打击盗版影碟，再次是简化外国人的入境手续以及拍摄故事片、纪录片的审批手续，降低外国演员的所得税率，吸引外资来泰国拍片与进行后期制作，以提高泰国电影业的各类硬件和从业人员水平；（目前在泰国拍摄纪录片审批手续需要1到5个工作日，拍摄故事片审批手续需7到14个工作日，在泰国拍片的外国演员所得税率最高不超过收入的10%。）另外是泰国政府大力支持曼谷电影节活动的举办，借此吸引国际媒体对泰国电影业的关注和重视，并将电影产业与国际旅游联合推广，通过电影提振本国旅游业。

① 《过去5年，中国在泰国取景拍摄影视作品多达186部，你们都看过哪一部?》，泰国《星暹日报》，2016年7月5日，http://www.aiweibang.com/yuedu/130161575.html；《中国电影泰国取景量渐增》，《今日头条》，2016年7月5日，http://toutiao.com/i6303681525506376194。

（三）泰国国产电影特点

1. 本土化题材盛行

任何一种形式的艺术作品都会或多或少地受到本国政治、经济、文化的影响，电影作为艺术形式之一同样也来源于生活和艺术家对生活的想象。一个国家要发展自己的民族电影，除了应该具备本土资金、本土主创和针对本土观众以外，最关键的就是要有植根于本土语境的故事题材。[①]众多因素都会引发电影人对社会发展的种种思考，进而用艺术的形式表现在影视作品中，扩展电影艺术的表现空间。泰国电影创作人从政治、经济的背景中寻找倾诉诉求，并植根于泰国本土的文化语境，创作出饱含丰富民族文化的高质量影片。

2001 年，一部反映 16 世纪泰国大城王朝时期历史故事的电影巨作《素里育泰》的公映在泰国引起了轰动。这部历经 5 年筹备、两年拍摄，耗资 4 亿泰铢（约合 900 万美元）的电影史诗，描写的是大城王朝中期宫廷斗争及抵御缅甸入侵的史实。电影首映后获得空前成功，刷新了泰国历史上影片公映前 3 天的票房纪录。

之后，泰国电影人又齐心协力创造出一批制作精良的国产电影，有的取材于泰国古老的历史故事或民间传说，有的取材于泰国青年人触手可及的现实生活，有些电影还展现了泰国独有的“人妖”“变性人”等元素。本土电影取得了越来越好的票房收益，甚至走出国门赢得了一定的国际声誉。比如《初恋这件小事》《小情人》等浪漫清新的泰国电影在中国也很受欢迎，甚至有了“泰式小清新”的评价。

2. 植根于本土宗教文化及民间信仰

泰国独特的宗教文化以及秀美的风景备受世人青睐，长期的移民现象使泰国的社会文化拥有了较强的开放性和包容性，在以泰族文化为基础的社会形态里交融了多种文化元素。此外，泰国也是一个多民族国家，全国共有 30 多个民族，境内语言的多样性远超人们的普遍认识。在泰国电影里，我们既可以看到泰国的神秘文化，又可以感受到印度文化、汉文化、日本文化以及欧美文化在其现代社会形态里的映射。

泰国是一个相信超自然力的国家，人们认为大自然和人类的灵魂是相通的。形成泰国电影地域性文化的核心部分是宗教，它标志性地体现在泰国恐怖片中，并且或以形式元素或以深层价值观的方式出现在几乎所有类

---

① 贺圣达：《电影在东南亚：发展、问题和前景》，《东南亚》，2005（3），60 页。

型的泰国电影中。[1] 佛教是泰国国教，佛教思想是泰国文化的基本内涵。早在素可泰王朝建立之前，泰国地区已有佛教流传。在传统泰国人的观念里，佛教、国家和国王是他们精神力量的三根支柱，缺一不可。[2] 宗教和巫术在泰国电影中最集中的体现便是泰国的恐怖片，这也是泰国电影行销国际市场的最受期待的品牌类型。佛教的因果报应说和轮回说，是大多数泰国恐怖电影里发生诡异之事时的信仰依托。另外，泰国的一些民间巫术和蛊术传说也为恐怖电影提供了丰富的素材。

由朗斯·尼美毕达执导的恐怖电影《鬼妻》于 1999 年上映，该片根据泰国家喻户晓的民间传说改编，上映后受到空前欢迎，并在日本、法国、美国等多个国家上映，在各大电影节也颇受好评，该片被看作是泰国电影的复兴之作。2004 年由新锐导演阿彼察邦·韦拉斯哈古执导的《热带疾病》获得了戛纳电影节评委会大奖。2010 年阿彼察邦的作品《能召回前世的布米叔叔》上映，讲述当地人对前世今生、轮回的创意幻想，探索人类、自然和超自然世界的奇妙关系，这部富有浓郁泰国风情的电影获得第 63 届戛纳电影节金棕榈奖。

泰国人常说："不相信鬼神不要紧，但别轻视鬼神。"泰国恐怖片之所以可以打动人是因为它具有本国的民族特色，以本国特有民俗文化为土壤，体现了本国宗教文化信仰和民族价值观念。

3. 成熟开放的市场运作体系

泰国电影硬件设施基础好，电影氛围浓厚，拥有良好的观众基础。20 世纪 90 年代，虽然泰国电影市场严重不景气，但是美国和中国香港影片在泰国的卖座促进了当地电影放映市场的繁荣。为了配合大片的视听标准，泰国和外国的投资者在首都曼谷及泰国各主要城镇纷纷修建了大量先进的多厅影院，如今 ECV、Major Cineplex 和 SF Cinema City 这三条主要的电影院线在泰国国内拥有 400 多个银幕。

泰国电影的复苏得益于拥有一个具有创造性、使命感和熟悉国内外潮流的编剧、导演和制作群体。一批在金融危机本土电影萧条时离开泰国电影业的年轻人，或者去好莱坞、香港等地电影行业进修学习，或者留在本国转行进入广告行业受商业化锤炼。他们回归泰国影坛后，带回了先进的电影理念和新兴技术，以商业化的模式包装展现泰国民族文化的本土认

① 洪帆：《当代泰国电影的文化品牌与类型归属》，《当代电影》，2013 (8)，126 页。
② 段立生：《泰国文化艺术史》，336 页，北京，商务印书馆，2005。

同，掀起了被称为“新浪潮”的泰国电影复苏运动。

电影市场又有商机后，原先从事传媒的一些大公司如 Grammy、RS Promotion 开始涉足电影制片业。2004 年 Grammy 与两家公司合作成立 CTH 公司，瞄准作为电影消费主力的中产阶级和年轻人市场，先后成功推出了票房大卖的《小情人》《鬼影》等青春片和恐怖片。这种严格而残酷的商业化环境，其实为本土主流电影提供了一个明确以市场为目标的良好氛围。①

二、泰国旅游产业

（一）泰国旅游产业历史沿革

二战后，西班牙等一些西方资本主义国家，从本国地理位置优越、交通通信设施完善、工业生产发达和旅游资源丰富的实际出发，制定和实施“旅游立国”策略并取得巨大的成功。泰国政府借鉴和吸取西班牙等国旅游业发展的成功经验，明确提出要走“旅游立国”的发展道路，通过制定规划、加强领导、增加投资和扩大宣传来加快旅游业发展，把旅游业发展成为关联效益大、先导作用强的支柱产业。从此，泰国的外国游客人数一直不断地增加，泰国成为亚洲乃至世界的重要旅游市场。

1960 年，泰国政府成立了旅游管理局，有组织、有计划地进行旅游产业开发。70 年代，在越战期间，海边小镇芭堤雅成为美国海军陆战队的重要驻扎基地，美式自由奔放的生活方式刺激了芭堤雅的休闲及娱乐市场，这种影响延续至今。

1979 年，泰国政府提出了《国家旅游草拟法令》和《旅游业个体经营草拟法令》，通过议会的表决后就宣布两条草拟法令为泰国的法律，且还决定成立泰国国家旅游局，便于更好地宣传泰国风光以及服务外国游客，促进泰国旅游业发展。

泰国政府于 80 年代对旅游管理机构进行较大调整，在总理府下设立旅游委员会，委员会每月召开例会，研究解决如旅游规划、法规制定、重点开发等重大问题。整个 80 年代，泰国的旅游公司和导游行业可谓是跨越式发展，但发展的同时也给旅游业造成了很多问题，如游客安全、价格欺诈等问题频发。所以，泰国政府觉得应该制定相应的法令来管控旅游公司和导游这两种行业，以便保护游客的安全、管理旅游公司和导游，促进

① 陈晓达：《透视当代泰国电影产业的崛起》，《浙江传媒学院学报》，2012（19），67 页。

两个行业的健康快速发展。

1992年泰国通过和实施了《旅游和导游执业法》，以国家旅游委员会作为泰国旅游业的最高管理机关，确定了管理旅游业的主要法律框架。泰国《旅游和导游执业法》规定了泰国旅游业的主管机构也就是泰国旅游委员会的构成与职责、在泰国从事旅游业所需要的资质和义务，以及违反该法律的相关处罚等等。

2002年，泰国旅游和体育部成立，是负责管理和发展泰国旅游和体育的政府内阁部门，负责推动旅游业、促进学校和其他机构的体育运动，以及管理和组织泰国举办的重要体育赛事。

（二）泰国旅游产业的特点

1. 政府先导性

政府参与指导、制定发展规划，是泰国旅游业的特点之一。为促进旅游业的发展，泰国政府曾出台一系列的政策和措施，从第五个五年计划（1982—1986）开始就把旅游业正式列入计划项目，对旅游业的各类发展目标和增长指标做了具体规定。2001年6月，泰国国家旅游局发布了《2002年泰国旅游业行动纲领》，明确了中长期发展目标，中期目标是使泰国成为质量上乘的旅游目的地，长期目标是使泰国成为世界级的旅游目的地并实现旅游业的可持续发展。① 同时，泰国国家旅游局还制定了长远发展规划，主要内容是：

（1）通过国家旅游局驻国内外办事机构加大宣传力度，积极开展促销活动展示泰国自然与人文景观的魅力。

（2）适应人们日趋崇尚绿色、回归自然的需求，增开新的度假休闲类旅游景点，推出各种特色旅游项目。

（3）通过宣传教育增强全民环境和文化保护意识，增建扩建旅游基础设施，并在全国100多所大学设立旅游专业课程，培养旅游业急需人才，提高服务质量。

（4）与邻国加强合作，开辟新的跨国旅游专线，作为泰国旅游外交的重要内容。②

在泰国《国民经济与社会发展第九个五年计划（2002—2006）》中，旅游业的“高质量目的地”就作为一个全国性的目标被列入，“可持续旅

① 人民日报代表团：《打造“高品质旅游”》，《人民日报》，2001年9月26日。

② 夏茂盛、谢超美、张业清：《泰国印象》，《光明日报》，2001年5月29日。

游”被列为国家议程的优先项目之一，并据此制定了《可持续旅游国家议程》。

2. 区域经济联动性

无论当今世界经济中的其他产业有多低迷，旅游业仍是热门产业。随着全球化和区域经济一体化的发展，泰国及其周边国家对加强区域间的经济技术合作、贸易合作、旅游合作等达成共识，建立了不少贸易合作组织和框架，如中国—东盟博览会、东盟10+3（中日韩）、大湄公河次区域合作框架、环孟加拉国经济技术合作框架等，共同寻求经济的发展，达到区域间互惠共赢的目的。国际旅游客流的重心正向亚太地区特别是东北亚地区转移，亚太地区成为国际旅游市场最具活力、发展最快的地区和极富发展潜力的国际旅客产生地和接待地。

泰国与中国是邻国且关系向来友好，泰国也是大湄公河次区域框架的国家之一；中国与东盟国家也正在不断地磨合中，合作也会不断加强。泰国在这样的国际环境中发展旅游业是非常有利的。

3. 关联效益性

旅游业是一项投资少、效益大、污染轻、关联效益大、先导作用强的“无烟工业”。泰国政府利用旅游业的关联效益和先导作用，通过大力发展旅游业来有效带动和促进相关产业的发展和落后地区的开发。旅游业发展为泰国提供了大量就业机会。据统计，泰国每接待境外游客9人，就能为国内提供1个就业机会。泰国现有旅游业从业人员46万人，另外还提供100万个旅游业相关设施的就业机会。旅游业还促进泰国工业尤其是工艺品生产的发展。泰国北部山区经济和文化原来比较落后，泰国国家旅游局便把那里的民族风情和自然景物作为重点旅游资源开发，开辟了诸如北部山区丛林探险、民族风情采风、民族文化考察、共庆民族节等别具一格、丰富多彩的旅游项目。这些充满泰味、新颖别致的旅游项目，吸引了大量国外游客，不但使国家获得大量外汇收入，而且促进了当地商业和工业发展，使当地群众的收入迅速增加并逐渐脱贫致富，从而加快了落后地区的开发。

（三）泰国旅游产业成功经验

1. 完善的基础设施

泰国完善的旅游基础设施为其旅游业的繁荣创造了条件。早在20世纪80年代中期，泰国已建立了海陆空全方位立体化的交通网络，铁路、公路、航空纵横交错，四通八达。在旅游中心城市曼谷，国际机场平均每两分钟就有一架大型宽体客机起降，每年来往旅客量超过 1600 万人次。由于曼谷交通拥堵现象严重，为了给游客旅行提供方便，在通往市内旅游景点的公路上，大多设有旅游客车专用通道；即使在没有专用通道的地方，交警也会让载有外国游客的车辆先行，以体现“游客优先”的原则。曼谷建立了发达的立交高架公路网，同时设立了单行通道，不同类型的车辆可以各行其道，秩序井然，这样就较好地解决了旅游交通拥堵问题。

除了交通设施的建设，泰国的宾馆、餐饮、购物、会展等其他旅游配套设施也很齐全。在泰国注册的酒店超过 6500 家，拥有 30 多万个客房，曼谷东方饭店以其优质的服务连续多年位居世界著名酒店之列。同时，在泰国的每一个著名景点，都设有购物中心、医疗中心、大型停车场、游客休息室和游客服务中心，能够充分满足游客的各种需要。泰国还十分重视景区卫生间的设置和建设，其公共卫生间在外观上特别讲究与周围环境的协调一致，内部都非常明亮洁净。另外，泰国的每个公共卫生间都提供质地优良的卫生纸，许多洗手间还安置了专供穆斯林使用的洗浴器。这样一个小小的卫生间实际上反映的是泰国旅游服务设施的整体水平。

2. 良好的旅游服务

泰国素有“微笑国度”之称，对游客有求必应、礼貌耐心、处处提供便利是泰国旅游服务的一大特色。在泰国的酒店、餐饮、休闲、娱乐、观光和购物等各种旅游场所，游客随处都可以享受到一流的服务。为了随时为游客排忧解难，泰国国家旅游局在全国各地都设立了旅游服务专线电话，提供多种语言的服务。泰国还组建了一支逾千人的旅游警察部队，在全国各种主要旅游区巡视，其主要职责是保证为游客提供全方位服务，确保他们的安全和利益，促进国家旅游业的发展。

另外，在曼谷、清迈等大城市，警察局还为节假日外出的游客提供守门看家服务，多日出游的居民可以将房屋和车辆的钥匙交给当地警察，由他们负责巡视保护，完全免除了人们外出旅游的后顾之忧。

泰国警察为旅游业所提供的全方位服务在全世界都是不多见的。为了保障旅客的合法权益，2013 年 9 月 5 日，泰国在旅游城市芭堤雅成立了第一家“游客法庭”，这是泰国为游客全方位服务的又一新举措。

为了更好地服务于游客，泰国还大大简化了入境手续，对来自 55 个国家的旅游者提供免签逗留 15 天的方便，取消对中国香港游客必须有担保方能入境的规定，允许马来西亚的旅游车办理登记手续即可入境。这些措施进一步优化了泰国的旅游环境。

3. 多样化的旅游项目

积极挖掘旅游资源、不断开发多样性的旅游项目和旅游方式是泰国旅游业长时间保持兴旺发达的又一重要原因。

进入21世纪后，为了使旅游业的内容更加充实丰富，泰国在特色旅游项目开发方面做出了相当大的努力。比如，2003年，泰国旅游业着重开发了13项专项旅游产品，主要包括城市旅游、跨城市旅游、探险旅游、人造景观、主题路线、医疗旅游、长期旅游、体育旅游、教育旅游以及主题节目游等。除此之外，泰国开发的特色专项旅游项目还有海岛潜水游、古迹寺庙游、森林生态游、泰式美食游、会展和奖励游、绿色季节（雨季）游，与婚姻相关的蜜月和周年纪念游，学泰拳、享受泰式按摩和泰草药疗法的健身游，等等。在泰国，保健旅游的内容主要包括体检、温泉保健、按摩和草药研制等。作为亚洲的保健中心，泰国发展保健旅游项目的前景非常广阔。

另外，泰国旅游业还高度重视细分市场，对于妇女旅游者、家庭旅游者、背包旅游者以及来自日本、中东、澳大利亚和斯堪的纳维亚等不同国家和地区的特殊的旅游群体都力求做到区别对待，并根据他们的特点和需求，提供多元化的旅游产品和旅游项目。

三、泰国广告产业

近年来，在海外的各种社交网站，以及中国国内的优酷土豆、腾讯视频等各大视频网站都能找到很多有趣的泰国广告，甚至有爱好者分门别类，贴上“十大最催泪广告”“史上最搞笑广告”“最反转效果广告”之类标签。尽管大部分都是网民自发上传，画面清晰度不高，有的中文字幕也不够严谨，但是点击量非常高，流传甚广，网友跟帖认可度高，充分体现了泰国广告的魅力。

（一）泰国广告发展概况

根据泰国广告协会2002年提供的分类，泰国广告经历了三个阶段：平面阶段、广播阶段和影视阶段。

平面阶段非常简单，就是直接把产品特点等信息印在报纸上。第一份有记录的广告可追溯到1845年泰国第一份报纸诞生之时。在这个漫长的阶段，字体、商标、图画逐渐被尝试引入广告中。1900年，广播电台被引入泰国，广告业开始向电台上转移，广告音乐和广告歌开始流行，用来加深听众印象。20世纪50年代电视的引入再次掀起了广告业的高潮，随着国际4A公司（美国广告公司协会American Association of Advertising Agencies，通常简称为4A）的涌入，泰国电视广告的霸业已经基本被西方公司垄断，整个泰国广告业的未来人才也基本是由这些4A公司依照欧美模式来培养的。

泰国广告注重讲好一个故事，只在末尾升华情感的那一刻才融入广告，不突兀，也不让人厌恶。很多广告看起来像是微电影，跳脱了单纯促销产品的功能，甚至可以拿来欣赏和收藏。天马行空的创意，真诚豁达的姿态，使得泰国广告不落俗套，融商业与艺术为一体，也得到了业界的认可，不断在各大国际广告节揽获大奖。泰国广告公司不断成为莫比斯广告奖、戛纳广告奖、伦敦国际广告奖、克里奥国际广告奖、纽约广告奖等各大国际广告奖项颁奖礼的座上客。此外，在亚太广告节、Shots、Oneshow等顶级广告大赛中，泰国广告界也屡屡获奖。从广告公司的前端创意，到制片公司的后端执行，在整个亚太地区，泰国被公认为是一个拥有高水平广告创意的国度。可以说，目前泰国广告业已然直追日本跻身亚太第一阵营。

（二）泰国广告的特点

1. 想象丰富，夸张幽默。泰国的广告多数都营造出轻松幽默的氛围，传达出的笑点非常明显，演员夸张的表情和行为给人以无厘头的感觉，有的场景在我们看来略带恶搞嫌疑。以前泰国经济不发达，泰国大众生活条件艰苦，但是他们从不气馁，用幽默和自嘲的方式渡过艰难的逆境。这种豁达的心态延续到了现在。泰国人善于从戏谑的角度看待人生百态，连痛苦甚至死亡都能透过幽默的三棱镜变得奇幻多彩。在一则泰国普利司通轮胎广告中，一只小狗看见自己女友偷情，黯然神伤，扔下叼来的两块骨头狂奔到车水马龙的公路上，冲到一辆疾驰而来的大货车前准备殉情，但一阵急刹车后，它睁开双眼发现自己毫发未伤。原来，飞驰的大车用的是抓地力强、可随时急停的普利司通轮胎。广告让人对滑稽的情节捧腹大笑之余，又对小狗的遭遇感同身受。①

2. 注重公益，以情感人。泰国是个佛教国家，佛家的慈悲和关怀很好地融入广告的理念之中，这些温情广告非常容易触动人心。泰国的公司往往不是那么急功近利，他们更加注重品牌形象塑造，展现一种有担当、负责任的企业气质，所以较少干涉广告创作，允许广告人投入自己的情怀。

① 郑晓君：《泰国广告业异军突起的原因》，《新闻实践》，2012（2），73—74页。

因此，泰国广告人的创作空间比较充裕，关注环境保护、社会伦理道德、公共秩序、社会热点等问题，耐心去讲述一个个温馨感人的故事；在故事的最后点出广告主的品牌，当然这个品牌的经营项目是非常契合这个故事的。泰国很多银行和保险公司的广告都是这一风格，颇有几分公益广告的感觉，令人印象深刻，使人对广告主企业好感度和信赖度大增。《大西洋月刊》同样对泰国广告的创意水平赞不绝口。该杂志认为，泰国正悄悄成为广告市场的“全球领袖”，它的秘密武器就是“讲述催人泪下的故事”。[①]

3. 创意奇特，善于反转。泰国广告相对来说时间较长，有更多的表现空间。因此，广告的情节性较强，并且很少平铺直叙，而是层层递进，或者结果来个大反转，令人震撼。泰国连锁超市 Tesco Lotus 为庆祝泰国妇女节推出过一则宣传广告：一名黝黑的中年男出租车司机，辛勤工作，但是工作中难免遭遇各种麻烦。比如乘客坐车到终点突然跑掉；还有一次碰到打劫的坏人，受伤侥幸逃脱，回家后还是强装笑颜。看到这还没觉得特别，但是小男孩喊了一声“妈妈”，顿时令人热泪盈眶。原来她是一名单亲妈妈，开出租车赚钱养家，剪掉秀发以男人的形象出去工作。刻意装扮，加上越来越黑越来越憔悴，所以看上去真的很像个男人。一个女人的心酸、一个母亲的力量变得丰富而立体。

4. 家长里短、平民生活。泰国广告的主人公主要是普普通通的真实人物，很少依靠明星和昂贵物品的堆砌，呈现的是你我他都熟悉的日常生活，不知不觉打动消费者的心。奥美集团曼谷分公司的首席创意总监科恩表示，泰国广告更关注人文关怀、社会大爱和亲情友情等，广告人很看重广告的灵魂以及能给予社会何种启发，“这也是我们的广告从来不选用俊男美女和酷炫舞台的原因”。[②] 泰国调研机构调查显示，泰国商业广告使用平民的占 85.25％，使用明星与社会知名人士的仅占 3.12％，其余广告则以动植物或神话、科幻人物作为广告主角。

5. 技术先进，文化多元。泰国的文化富有包容性，长期受日本、中国香港和西方文化影响，东西多元文化神奇地融合在一起。西方广告公司在20 世纪 50 年代就已经进入泰国并主宰了市场。知名 4A 广告公司为泰国引进了最为先进的技术和最新颖的广告理念，并培育了一批青年新锐创意人才，这些西方文明成果与泰国本土文化相结合后产生了意想不到的催化

① 张文智：《“泰式”广告凭什么火遍全球》，《青年参考》，2015 年 9 月 23 日。

② 张文智：《“泰式”广告凭什么火遍全球》，《青年参考》，2015 年 9 月 23 日。

作用。

6. 景色优美，泰式特色。泰国广告人善于取材于日常生活场景，充分运用泰国传统文化和特色元素，无论是僧人还是泰拳、变性人、人妖、泰国料理等都能巧妙地运用到广告中去。美女、宝宝、动物是泰国广告中最常出现的元素。浓郁的热带风情、如画的海滩、干净的街道和勤劳的泰国劳动人民，每一个普通商品广告都像生动的旅游广告，观者对泰国的向往之心顿生。

泰国人寿保险推出过一则《无名英雄》的广告，可谓集上述各种优点于一体。短短几分钟，出现的都是普通人的生活场景，信息量很大，情节曲折反复，幽默与温情穿插，结局富有感染力，信仰滋养爱心，给人以启发。又与广告主诉求高度契合：泰国人寿保险，就是每个平凡人身边的无名英雄，在他们需要帮助的时候，默默伸出援手。广告开头，一个小伙被屋檐落水浇头，他顺手把干枯的一盆花放在下面；他每天默默帮助街坊邻里，帮卖东西的大婶推车，多买一份食物喂流浪狗，坚持用自己微薄的收入捐赠想要上学的乞讨小女孩，给邻居奶奶门上挂香蕉。他天天这样做似乎也没有什么回报，他没有因此而富有，也没有因此而出名；反倒有人摇头认为他傻，有人叹息他捐钱被骗，被帮的大婶也习以为常。接着，动人的旋律中旁白："他所做的事收获最多的就是感情，他见证了幸福，感受到爱，获得金钱买不到的东西，世界因此变得更加美丽。"镜头一转：每个夜晚双手合十跪拜的时候，信仰给了他平静与力量，被帮助的小姑娘穿上了校服，邻居老奶奶给了他热烈的拥抱，被浇灌的枯花绽放美丽花朵，一切都是如此美好。结尾一句"那么您一生当中最大的追求又是什么呢?"，令人深思。

第四节　泰国文化产业经典案例

一、《初恋这件小事》

泰国电影的典型类型主要有青春片、恐怖片以及功夫片等。其中青春片主要以描画男女之间懵懂青涩的爱情故事或纯真的友谊为主。《初恋这件小事》是泰国青春爱情喜剧电影，2010 年 8 月在泰国上映。

电影讲述的是长相平凡、家境平平的初中生小水，因喜欢上帅气的学长阿亮，人生从此发生天翻地覆的变化的故事。这部电影虽然没有太多的剧情创新，却在上映之初就获得了广泛的关注，在口口相传之下收获了8000万泰铢的票房，成为泰国历史上票房榜排行第四的电影。

《初恋这件小事》全片渲染了积极向上的基调，无论是人物的性格还是表情、动作都没有沉浸在悲情中，取而代之的是爽朗活泼的人物特点、风趣幽默的对白、丰富多变的表情和让人忍俊不禁的动作。

《美丽拳王》的导演亚格差乌干腾说道："泰国人喜欢看漂亮面孔，所以影星大多是俊男靓女。"青春靓丽的演员们凭借纯美的外形和出色的演技迅速吸引着无数观众的眼球。《初恋这件小事》的男主角马里奥·毛瑞尔于2007年首次主演电影《暹罗之恋》，随后在出演多部青春爱情电影后成为泰国最受欢迎的青春偶像。主人公小水的扮演者平采娜·乐维瑟派布恩是泰国少有的极具天赋的90后女演员之一，银幕形象清秀可人，人气极高。

没有跌宕起伏的波折，没有震撼人心的特技，《初恋这件小事》以动人的主题和细腻的情节征服观众，弥漫的泰式小清新、浪漫温情的泰式甜蜜炮弹、不经意间撩动心弦的剧情、男女主角的青春靓丽都能让观众发现自己青春时期的影子。这在好莱坞大片狂轰滥炸的当下，为年轻人提供了缅怀青春的空间。

2016年5月，中国元力影业宣布，经多次谈判，成功获得曾红遍亚洲的泰国纯爱电影《初恋这件小事》的全球独家剧本改编权，中国版取名为《这些小事是爱吗》。影片将携手银来影业共同开发，并将邀请国内一线艺人和导演加盟。

二、芭堤雅旅游区

芭堤雅位于首都曼谷东南154公里的暹罗湾处，市区面积20多平方公里，是泰国春武里府的特别管理区，是世界闻名的旅游城市。芭堤雅城可分为四个区：南芭堤雅、北芭堤雅、中芭堤雅和卓木天海滩。芭堤雅旅游区素以阳光、沙滩、海鲜名扬天下，被誉为"东方夏威夷"，是世界著名的新兴海滨旅游度假胜地。

素万那普机场的建设直接为芭堤雅带来交通和运输上的极大便利。另外芭堤雅还是区域交通和通信的中心，周围与春武里、罗勇、达叻等地相连或相近，特殊的地理位置也成就了芭堤雅旅游业的发展。

芭堤雅风光旖旎，气候宜人，终年温差不大，年均温度20℃左右；即使进入所谓的"凉季"，温度也并不低，各种花卉依旧绚丽多姿，魅力不减。因此芭堤雅拥有了丰富多样的旅游资源。连绵 15 公里的避暑海滩，舒缓平展，而且海水纯净透明、清澈见底，吸引着国内外的游客在此驻足。艺术遗产类景观（瓶子博物馆、迷你芭堤雅博物馆、西安寺、信不信由你博物馆、迷你泰国城市模型等）、宗教圣地（真理圣殿、奇珍山大佛雕等）、水域风光（格兰岛、克罗岛、萨克岛、乔木提恩海滩、月亮湾海滩、邦萨列湾等）、风土人情（芭堤雅象村、四区水上市场、海味市场等）都独具特色。

在这里，游客可以欣赏海洋景观，品味鲜香味美的海鲜，观赏泰国的各种传统表演，还可以体验各式各样的娱乐游戏。在白天，丰富多彩的海上活动、海岛的寻幽探秘之旅、惊险刺激的蹦极跳适合热情活跃的青年人；潜水、风帆、水上摩托车、拖曳伞、滑浪、游泳、享受日光浴或欣赏这里奇异多彩的海底世界，最适合一家大小前往。每当夜幕降临，大街小巷的商店摊档陈列着泰国的手工艺品及各种舶来品，供游客选购。

第十章 其他国家或地区特色文化产业

第一节 荷兰特色文化产业

荷兰将文化产业称为创意产业，荷兰经济部和教育文化科学部发布的《创意价值：文化与经济政策报告 2009》中将创意产业划分为三个部分：艺术（包括音乐、舞蹈、戏剧等表演艺术，摄影、博物馆、展览、画廊、拍卖、艺术市场等视觉艺术，以及文化中心、文化组织和文化节等）；媒体和娱乐（包括出版与印刷、报纸、图书馆、书店、电影业、广播与电视节目等）；创意商业服务机构（包括设计、建筑、城市规划、游戏、新媒体和广告业等）。其中，艺术属于唯一性的创意内容，而媒体和娱乐属于可再生产的创意内容。①

一、概况

荷兰国土面积狭小，但在文化产业上却是一个强国。荷兰素有“创意之国”和“设计之邦”的美誉，其首都阿姆斯特丹一直是艺术创意的温床。从 17 世纪的古老运河和风车到新近伦佐·皮亚诺设计的 NEMO 国家科技中心再到给全球带来快乐的大黄鸭，“荷兰创意”不时给世界带来精神上的震撼。如今，荷兰的艺术创意几乎无处不在，仅阿姆斯特丹就拥有梵德容、思达特、卡瑟斯克莱曼、多莉罗杰斯等闻名遐迩的创意设计公司。②

---

① The Ministry of Economic Affairs & The Ministry of Education, Culture and Science. *Creative Value: Culture and Economy Policy paper 2009*, p12. Retrieved from http://www.slideshare.net/dondelillo69/creative-valuecultureandeconomypolicypaper.

② 崔卿：《文化立法为“荷兰创意”护航》，《中国文化报》，2015 年 4 月 27 日。

2015年马丁繁荣研究所发布的《全球创意指数》中荷兰排名全球第十。[①] 2015年，荷兰共有各类创意公司17.9万家，占全国企业总数的8.6%；2020年，荷兰力争成为欧洲最大的创意经济体。[②] 在理查德·佛罗里达对于创意阶层（creative class）的研究中，他指出创意阶层可以孕育开放、多元、个性化和专业化的城市环境，这种环境又可以吸引更多的创意人群、商业和资本；比起大型商业建筑，这种人才与环境的双向互动对于城市的长期发展有更大作用。而创意阶层和经济发展之间存在三个主要因素（3T）：技术（technology）、人才（talent）和宽容度（tolerance），[③] 上文所提及的全球创意指数便是以这三个标准进行衡量；其中荷兰在技术方面排名全球第二十位，人才排名第十一位，宽容度排名第六位。[④] 值得注意的是，宽容在荷兰创意产业的发展中起到了至关重要的作用，宽容的社会环境吸引了来自世界各地、不同族群、不同背景的创意人群。在《全球创意指数》中，荷兰的创意阶层比例排名全球第八，[⑤] 这与开放多元的社会环境有密不可分的关系。

二、产业相关政策

荷兰政府十分注重文化管理的科学性，建设参与型社会并促进文化多样性。荷兰教育文化科学部在2013年发布的《荷兰文化体系》中阐述了近些年荷兰文化政策的发展变化：荷兰政府在逐步缩减对文化领域的资金支持，以期使文化组织和艺术家能够更好地适应自由市场的变化，公民参与和教育、创新以及人才发展、企业精神、国际化依然是制定文化政策时优先考虑的方面。[⑥]

---

① R Florida，C Mellander，K King. *The Global Creative Index 2015*，p22. Retrieved from http://martinprosperity.org/media/Global-Creativity-Index-2015.pdf.

② 田博：《引进高端人才，江苏文化产业荷兰招贤纳士》，《欧洲时报》，2016年3月10日，http://www.oushinet.com/news/qs/qsnews/20160310/223995.html。

③ E Stam，G Marlet. "Creative industries in the Netherlands：structure，development，innovativeness and effects on urban growth". Geografiska Annaler：*Series B*，*Human Geography*，2008，90（2），p119.

④ R Florida，C Mellander，K King. *The Global Creative Index 2015*，p22.

⑤ R Florida，C Mellander，K King. *The Global Creative Index 2015*，p6.

⑥ The Ministry of Education，Culture and Science. *The Dutch Cultural System 2013*，p4. Retrieved from https://www.government.nl/documents/leaflets/2013/06/17/the-dutch-cultural-system.

（一）三级结构的文化治理体系

中央、省级、市级的议会和政府机构都参与荷兰文化政策的制定，其中教育文化科学部是中央政府中主管文化事务的部门，下属文化委员会、文化遗产和艺术司、媒体和文化产业司、国际政策司、文化遗产局和国家档案馆等，还设有公共媒体基金和各种公共文化基金。[①] 国家文化政策主要由三部分机构实施：直接接受政府拨款的 84 个文化机构（剧院、交响乐团、博物馆等），这些机构是国家文化基础设施，在全国和地区的艺术文化发展中扮演着重要角色；6 个文化基金会，分别支持艺术、电影、视觉艺术、文学、创意产业和文化参与，政府负责制定基金会的政策和工作方法，但具体决策工作由基金会自行决定；文化项目，这些项目需要教育文化科学部与其他政府部门、其他层级的部门展开合作。[②] 中央政府和省级、市级政府的合作是文化政策中非常重要的部分，这种合作可以协调各层级政府部门工作，避免分裂和官僚主义，为民众提供内容坚实和形式广泛的文化设施。三级政府部门都对文化组织进行资助，但文化内容和产品是由自由市场决定的，这就需要文化团体和公民的积极参与。三级政府协同合作，政府、团体、公民各司其职，是荷兰文化产业得以健康发展的重要原因。

（二）文化多样性准则

根据荷兰官方数字，荷兰人口 1690 万，其中大约 16.8%的人口在 65 岁以上，20%的人口来自其他国家，人口老化和移民问题是荷兰文化政策需要考虑的重要问题。荷兰宪法为移民的公民权利和文化权利（如参与文化生活，保护、发展文化和语言认同等）提供了法律保障。

荷兰政府将文化多样性放在极其重要的位置上，多次在文化政策文件中设置文化发展多样性的议题。2010 年，在教文科部的支持下，荷兰文化行业制定了《文化多样性准则》。这是一个行业自律的行为准则，同时也是一个兼具框架指导和具体指导意义的实际工具，有助于文化组织制定并实现文化多样性的目标任务。该准则主要通过规划、公众影响力、合作伙伴及员工、管理政策 4 个方面来实现，旨在把文化多样性永久性地嵌入荷

---

① 杨晓龙：《荷兰公共文化管理坚持“政府—委员会—基金会”决策体制：“一臂之距”原则是什么原则》（下文简称《“一臂之距”原则是什么原则》），《中国文化报》，2016 年 2 月 29 日。

② The Ministry of Education，Culture and Science. *The Dutch Cultural System 2013*，p4.

兰的文化组织。[①]

（三）“一臂之距”的管理原则

荷兰政府的文化产业政策注重扶持而非过度干预。坚持托尔贝克原则（Thorbecke Principle），即政府应该避免对文化表达进行评判，政府负责保护和发展文化，提供资金帮助，并向国际传播，但在具体文化议题上不进行干预。[②]

荷兰政府是文化活动的主持者，但非公共艺术和文化的最大主顾，艺术发展的主体是公民和文化机构，这就是所谓的“一臂之距”原则。主要体现在两个方面：其一，在制定文化政策时多依赖各类文化委员会进行相关的调查和论证，荷兰文化主管部门只关注一些具体的政策议题，例如文化遗产、男女平等议题；其二，在分配文化财政资金时多依赖各类文化基金开展相关的项目和活动。在制定和实施文化政策中秉持中立原则，一方面可以提高政府决策的科学性和客观性，另一方面还可以减少政府工作中的官僚作风，提高政府工作效率。[③]

荷兰政府这种对待文化的宽容态度有着悠久的历史，“17、18 世纪，荷兰王室和各派教堂都不是艺术品的重要主顾，荷兰‘黄金时期’的艺术发展主要依靠中产阶级的财富而非王室或国家的干预”[④]。

（四）财政资助政策

1993 年，荷兰议会通过了新的《文化政策法案》，规定荷兰政府每 4 年制定一次文化政策发展规划，即文化政策备忘录。文化政策备忘录的重点内容是对未来 4 年文化发展的财政政策进行规划，其目的是实现政府对财政资金的合理安排，便于文化艺术机构在足够的资金支持下启动长期项目。

1. 税收优惠

为了激励文化运营的企业精神以及社会对文化的捐赠，荷兰于 2012 年颁布实施《赠予和继承税法》，规定公益组织享有多重税收优惠，如继承或接受财物用于公益目的时无须交纳继承税或赠予税、用于公益目的而制作的礼物无须交纳赠予税、个人和公司向公益组织捐赠财物可享受个人所得税或企业所得税扣除。但是，文化机构必须首先成为公益组织，才有

① 杨晓龙：《荷兰：建立混合经济成分的文化供给系统》，《中国文化报》，2016 年 5 月 30 日。

② The Ministry of Education，Culture and Science. *The Dutch Cultural System 2013*，p4.

③ 杨晓龙：《“一臂之距”原则是什么原则》，《中国文化报》，2016 年 2 月 29 日。

④ 杨晓龙：《开放务实的荷兰对外文化交流政策》，《中国文化报》，2016 年 3 月 17 日。

资格享受这一税收优惠。在荷兰，一个机构至少90%的力量用于大众利益时才被认定为公益组织。

荷兰在增值税上针对文化艺术行为也有相应的规定。荷兰增值税税率分为三档：高税率21%、优惠税率6%和零税率。欧盟立法允许成员国家对影剧院、马戏团、游艺集市、游乐园、音乐会、博物馆、动物园以及类似文化机构的门票和场地以优惠税率6%征税，而受委托从事某项工作的艺术家如作家、作曲家、广告作曲、建筑师和设计师等则按高税率21%计税。

2. 资金补助及文化消费优惠

在荷兰存在着多种多样的基金会组织，既有公共的，也有私人的，都在荷兰社会的发展过程中发挥了重要作用。荷兰文化艺术领域的大量资金来自公共文化基金。荷兰中央政府补贴的基金主要有表演艺术基金、文化参与基金、蒙德里安基金（视觉艺术基金）、创意产业基金、电影基金和文学基金6个。此外，荷兰还有大量资助文化机构、文化项目和艺术家的私人基金，较为知名的有伯恩哈德亲王文化基金、范登恩德基金和布玛文化基金。①

文化创业项目及相应的组织：旨在激发文化机构、独立艺术家和创意专业人士的创业精神，帮助创新企业和文化机构逐步实现经济独立。例如帮他们寻找赞助商、银行、基金、私人捐助或其他投资方式，或作为担保方帮助他们获得银行贷款。项目每年会提供几十份小额贷款，用于支持诸如新品时装秀或剧团购买巡演大巴之类的项目。②

文化青年护照：30岁以下的荷兰人可以申请文化青年护照，每年缴费15欧元，便可享受剧院、电影院、博物馆和音乐会的优惠门票以及其他文化消费如购买DVD、杂志、服装、旅游服务和健康保险的折扣。

文化卡：主要针对初中生，学校组织学生自愿参加，每年政府出资5欧元、学生个人出资10欧元，其作用及折扣幅度与文化青年护照相同。

博物馆卡：成人收费49.95欧元/年，持卡人可以免费参观荷兰400多个博物馆（不含特展）。2011年，荷兰共有80.5万人持有博物馆卡。

（五）知识产权保护政策

荷兰把知识产权分成两类：一是工业产权，包括工业设计和发明；二是著作权，包括文学（小说、诗歌、戏剧、电影、音乐作品等）、艺术（素描、油画、照片、雕塑和建筑设计等）作品。荷兰司法与安全部负责

---

① 杨晓龙：《“一臂之距”原则是什么原则》，《中国文化报》，2016年2月29日。

② 张小兰：《“荷兰方法”名扬四海背后的顶层设计》，《中国文化报》，2015年10月29日。

著作权的立法工作。

荷兰有17家版权组织，代表作者、出版商和制作人的利益，确保他们在作品被使用时能够根据《著作权法》和《邻接权法》获得相应报酬，法律适用范围从摄影、声像作品到娱乐产业、空白声像载体以及出版和复制。知识产权协会是由这17家版权组织组成的一个伞状机构，旨在改进组织成员的工作机制和方法。此外，协会还是涉及著作权和邻接权问题与投诉的联系点。①

（六）积极开放的对外文化政策

荷兰政府注重国际化、多元化与实用主义，积极开展国际文化交流与合作。极高的英语普及率（90%—93%）为吸收国外文化带来了很大便利，民众可以通过电视收看BBC、CNN等英语频道，荷兰也有专门的英语电视台和制作大量英语节目的电视台。除儿童电影与儿童电视节目外，大部分引进电影与电视节目都采用原声配荷兰语字幕。这样国际化、多样化的文化政策可以更好地吸引海外创意人才。荷兰在创意阶层上的优势与其对人才的吸收和培养有密不可分的关系。

荷兰政府重视艺术教育项目，在资金与课程上给予支持，帮助学生在文化市场就业；大学中广泛采用全英语教学，既能吸引海外学生，也能开拓本国学生的国际视野。

2016年8月，荷兰出台了《国际文化政策框架2017—2020》，阐述了荷兰的国际文化交流观，分析了宏观环境，强调了国际文化合作的重要性，确认了未来国际文化政策的原则和目标，倡导全面认识文化固有的、社会的以及经济的价值，主张文化要针对社会问题提供全面解决方案。荷兰2017—2020年国际文化政策制定的出发点是：政府要“打心眼里”明确各个参与机构的位置，加强体系建设与指导；国家文化政策与国际文化政策的紧密联系非常重要，国际维度是荷兰国家文化政策的不可分离部分。荷兰分析、总结了其国际文化政策的关键元素，主要有：聚焦于文化固有的、社会的和经济的价值；强调交流、网络、互惠的重要性，国际文化政策远不是出口政策；构建系统而全面的国家战略，发挥荷兰国际文化合作中心的作用，提倡更广范围的定制方案和领域内倡议活动；致力于发挥文化的国际作用，特别是在“欧洲弧”区域；支持世界范围的文化外交。②

---

① 崔卿：《文化立法为“荷兰创意”护航》，《中国文化报》，2015年4月27日。

② 杨晓龙：《荷兰：制定文化政策必须高度重视国际维度》，《中国文化报》，2016年8月15日。

三、优势产业领域

（一）博物馆业

艺术是荷兰文化产业中极其重要的一部分。荷兰艺术领域既有伦勃朗、维米尔、哈尔斯这样黄金时代的大师，也有19世纪后印象派的杰出画家凡·高，并且在现代艺术方面也有很好的发展，而这些传统和现代的艺术在博物馆中得到了最好的展示。荷兰博物馆历史悠久且数量可观，既有荷兰国家博物馆、凡·高博物馆这样世界知名的艺术博物馆，也有米菲兔博物馆、木鞋博物馆这样规模较小的主题性博物馆。最古老的博物馆是建于1784年的泰勒斯博物馆。①

成立于1926年的荷兰博物馆协会负责对符合条件的荷兰博物馆进行注册，并为博物馆提供服务，如举办加强各个博物馆之间专业联系和知识共享的研讨会。每年4月的第一个周，该协会会组织博物馆周，该活动已经举办了30余年，是荷兰最著名的文化盛事之一，参加活动的博物馆会向公众提供折扣或者免费参观，并且通过在馆内举办活动来吸引参观者。

荷兰首都阿姆斯特丹享有"博物馆之都"的美誉，有包括荷兰国家博物馆、凡·高博物馆、阿姆斯特丹市立博物馆、安妮之家在内的50余座博物馆。其中最著名、参观人数最多（2014年参观者数量达到245万人）的博物馆是始建于1800年的荷兰国家博物馆，它是荷兰最大的艺术博物馆，拥有1200年到2000年间的100多万件藏品，其中8000余件对公众展示，包括2000余件荷兰黄金时代画家（包括伦勃朗、弗兰斯·哈尔斯、扬·弗美尔、扬·斯特恩等）的杰作。该博物馆近年来最值得注意的举措是在2012年将12.5万件藏品的高清图片在网络上向公众开放，并计划每年新增4万幅图片，直到全部藏品图片全部公开。公众可以免费下载这些图片，可以收藏图片创建私人博物馆，还可以对图片进行二次创作并上传或者制作纪念品，优秀作品有机会获得博物馆提供的奖金。② 这一举措可以使全世界的普通民众通过网络接触大师的作品，激发他们去实地参观博物馆的热情；充分展现了博物馆的教育与娱乐功能，提高了公众参与度，培养了公众对艺术品的兴趣，使高雅艺术不再被束之高阁，而成为公众日

---

① The Netherlands Museum Association. *The Social Significance of Museums*, 2011, p8. Retrieved from http://www.museumvereniging.nl/Portals/0/NMV%20'More%20than%20worth%20it'.pdf.

② RijksStudio. Retrieved from https://www.rijksmuseum.nl/en/rijksstudio?ii=0&p=0.

常生活的一部分。

凡·高称得上是荷兰的国宝画家。1973年6月2日，凡·高美术馆正式开放，荷兰女王朱丽安娜亲临剪彩，从此凡·高美术馆成为阿姆斯特丹的一处名胜。收藏有凡·高黄金时期最珍贵的200幅画作，约为其全部作品的四分之一，以及素描几百件，还有凡·高的几乎全部书信，备受瞩目。近几十年，凡·高的名气越来越大，每年有过百万的游客前来欣赏大师画作，接受艺术的熏陶。

每年11月的第一个周六，阿姆斯特丹会举办博物馆之夜。游客可在网上购票（18欧元左右），凭票可参观50座博物馆和文化机构，还可免费搭乘电车。博物馆在晚上7点到凌晨2点开放，组织沙龙、音乐会、表演等特别活动并提供食物饮料。这一文化盛事使得博物馆游客数量“比平日参观人数提高了近50%，并且三分之二的参观者来自荷兰境外”①。

（二）文化旅游业

荷兰拥有7处世界遗产，艺术和文化遗产是荷兰最具吸引力的观光项目。2014年，荷兰游客人数达到1390万，其中400万来自邻国德国。② 荷兰政府的旅游业政策主要集中于三方面：企业文化、可持续性和增加外国游客数量，计划使游客数量在2020年达到1600万。③ 荷兰旅游董事会负责荷兰旅游业的营销和品牌树立，采取措施增加知名度较低的景点的游客数量，并缓解热门旅游景点的压力，以期实现荷兰旅游业的平衡发展。

博物馆作为一种公共资源，虽然是非营利性的，但可以带动旅游业发展。阿姆斯特丹是荷兰最受欢迎的旅游城市，同时也是欧洲最受欢迎的旅游目的地之一，旅游业在经济危机中依然保持增长态势，增速高于全国平均水平，其中上文提到的博物馆就是其重要的吸引点。这一点在阿姆斯特丹三大博物馆——荷兰国家博物馆、凡·高博物馆和阿姆斯特丹市立博物馆在2013年重新开放后旅游人数的迅速增长中可以看出：2013年1月到10月，旅馆预订人数比2012年增长7%，博物馆参观人数增长17%，其

① 汤溪：《创意产业经济如何倒逼荷兰博物馆创新》，荷兰在线，2015-11-16，http://helanonline.cn/article/13886。

② United Nations World Tourism Organization. *UNWTO Tourism Highlights 2015*, p8. Retrieved from http://www.e-unwto.org/doi/pdf/10.18111/9789284416899.

③ Government of the Netherlands. Strengthening the Tourism Industry. Retrieved from https://www.government.nl/topics/tourism-and-recreation/contents/strengthening-the-tourism-industry.

他旅游景点参观人数增长4%。[①] 这三大博物馆都坐落于阿姆斯特丹南部的博物馆广场，并且靠近阿姆斯特丹音乐厅，这一联结成片的旅游区方便了游客参观，同时也是众多文化节、庆典、游行的举办场所，促进了阿姆斯特丹的旅游业发展和经济发展，提高了就业率。

古典和现代的有机结合也体现在荷兰的旅游业中。阿姆斯特丹的博物馆是古典的代表，而著名港口城市鹿特丹则是现代化的代表。除繁忙的国际贸易外，大量现代派建筑也成了鹿特丹这座城市的名片。这座荷兰第二大城市在第二次世界大战中受到严重破坏，却也成了具有实验精神的建筑师发挥才能的舞台，汇集了许多知名建筑师、建筑公司和建筑学院。最有代表性的建筑是布洛姆设计的建筑集群方块屋，这种倾斜45度的立方体房子代表树木，而建筑集群则代表森林，建筑理念是城市中的村落生活。这些极具个性的建筑吸引了大量游客来到鹿特丹这座商业气息浓厚的城市参观。

运河、郁金香、风车、木鞋和代尔夫特蓝瓷也都成了荷兰的旅游名片和国家名片，对它们的营销是荷兰旅游业发展的重要组成部分，大量相关纪念品应运而生，满足了游客需求。

郁金香是荷兰种植最广泛的花卉，也是荷兰的国花。它象征着美好、庄严、华贵和成功。郁金香为荷兰带来了极大收益，无论是花卉交易还是旅游开发，都是热闹非凡。荷兰郁金香的种植面积达到7000多公顷，占全世界产量的65%，球茎花卉更是达到2万公顷。阿斯米尔鲜花拍卖市场总建筑面积100万平方米，是世界上最大的商业建筑，其交易的鲜花品种高达1.3万种，每年的鲜花交易量占到荷兰鲜花总交易量的近50%；而荷兰花卉出口量占世界的80%以上。每年最接近5月15日的周三为郁金香节，全世界会有几十万人涌到荷兰，参加这具有浓郁民族风情的盛会。

（三）设计产业

荷兰设计是荷兰文化产业十分重要并且知名度很高的一部分，特点是极简主义、实验性、创新性和幽默。荷兰设计师擅长赋予看似无用的事物新的价值，其作品往往简单却有力。“荷兰设计”这个词的广泛应用始于20世纪80—90年代。这一时期许多荷兰设计家在国际上赢得了声誉，一些设计公司和团体在大型设计活动上获得关注，时尚设计师和建筑师也为

---

① Gemeente Amsterdam. *Tourism Sector in Amsterdam Continues to Grow*. 2014, p3.

这一声誉的取得做出了贡献，如上文所提及的现代派建筑便是荷兰设计的典型代表。荷兰科技中心城市埃因霍温每年会开展荷兰设计周，举办展览、工作坊、研讨会、派对等活动，吸引了大量参观者。埃因霍温希望通过举办这样的活动成为全国工业和设计中心。

创业是荷兰创意产业的一个重要特征。例如，从2003年到2013年这10年间，荷兰创意产业的公司数量大幅增长。这些公司中很多都是由年轻荷兰设计师和创新人才创立。[①] 荷兰教育文化和科学部部长杰特·布斯马克认为这种创业精神的根基源自教育。文化素质教育不仅仅要让学生了解什么是美，还要帮助他们树立批判思维和开放的心态，从而能够从不同的视角来观察世界。

荷兰艺术家极具国际视野，全球许多城市中都可以看见他们简洁而有力的作品，如在世界各地展览的大黄鸭（概念艺术师弗洛伦泰因·霍夫曼设计）、各国儿童熟悉的米菲兔（插画家迪克·布鲁纳设计）等。荷兰设计时尚建筑协会帮助设计师开拓海外市场，与其他国家建立长期合作关系，关注当地需求，从而提高荷兰创意产业的国际地位。

第二节　德国特色文化产业

德国的文化产业实际上也包括广义和狭义两种用法：广义的就是文化产业（cultural industries），最初主要是各州政府借此进行城市的艺术化改造，后来发现文化产业可以在最广泛的经济背景中发展，涵盖范围越发广阔；狭义的则是“文化与创意经济”概念，包括音乐经济、图书市场、文化艺术市场、电影经济、广播电视业、设计业、建筑业、新闻出版、表演艺术市场、广告市场、软件与电子游戏产业等11个核心领域或分市场。[②]

一、概况

欧洲与北美、亚洲并称全球文化创意产业的三大热点地区。德国是欧洲第一经济大国，但文化创意产业发展与整体实力不相称，落后于英国、法国等欧洲国家。

---

① 张小兰：《“荷兰方法”名扬四海背后的顶层设计》，《中国文化报》，2015年10月29日。

② 中国驻德国大使馆经济商务参赞处：《德国文化产业简介》，http://de.mofcom.gov.cn/article/ztdy/201011/20101107267529.shtml。

德国文化领域主要分为三个部分：私营商业文化企业，主要指图书、电影、音乐、艺术品市场、私营剧院等行业；公共领域，包括剧院、文化遗产、纪念馆和图书馆等国立、州立和市立公共文化机构；自发性非营利性组织创办和运营的文化活动和设施。德国人热爱文化艺术，发展艺术产业、将艺术思维和艺术创作融入内容产业当中，是德国文化产业发展中的首要特色。

目前，文化产业已成为德国文化生活独立且成熟的一部分，文化产业产值逐年上升，占德国国内生产总值的比例接近3%，几乎与德国汽车业相当。同时，文化创意产业也为该国的就业做出了重要贡献，目前该产业超过24万个企业共创造了约100万个就业机会。

德国文化产业的市场主体主要由微型企业和中小企业组成。据统计，德国微型企业（年销售额在200万欧元以下）占企业总量的97.2%、占销售总额的27.1%，小型企业（年销售额200万至1000万欧元）各占2.2%和15.6%，中型企业（年销售额1000万至5000万欧元）各占0.5%和17.1%，大企业（年销售额超过5000万欧元）仅占总量的0.1%、占销售总额40.2%。

目前德国拥有超过100万的文化产业从业人员，散布在约24万家文化企业中，其中78%的文化企业都是10人以下的小企业。相较于大型公司，小企业显得更为灵活，面对经济危机时，在市场中更有活力。由于文化企业具有规模小、个体经济成分大、涉及领域广等特点，德国建立了全国性、跨部门的促进机构和协调机制，制定支持中小创意企业的发展政策，在促进投融资与风险分担、知识产权保护与运作、培养年轻创意人才和开展国际合作等方面都建立了相应的制度，以便各级政府部门在实际操作中能够规范并有效地落实国家发展创意产业的各项鼓励政策。①

2016年，德国文化与创意产业事务中心在柏林设立，致力于挖掘并提升文创产业的潜力，为文创产业提供全方位服务。其核心工作包括：扶持文创产业与其他行业的合作，大力宣传并推介文创产业的创新力，为文创产业搭建更多的联络与对话平台。该机构未来将重点关注“工业4.0”“创客经济”和“创意城市发展”等主题。②

---

① 中国驻德国大使馆经济商务参赞处：《德国文化产业简介》，http：//www.mofcom.gov.cn/aarticle/i/dxfw/jlyd/201011/20101107267529.html。

② 《德国2016文化领域新动向》，《中国文化报》，2016年2月15日。

二、产业相关政策

（一）“集权”的文化管理与“分权”的文化自治

与英美等国家实行分权式的文化管理不同，德国实行的是集权式的文化管理。此处的“集权”是相对于非官方或半官方组织如艺术理事会而言的。德国文化管理权集中在各级政府以及所属行政部门，联邦政府直接管理联邦基金会、负责有关文化事务的联邦立法和涉及第三国的文化政策制定；而艺术理事会则是表达、协调各具体文化单位或行业协会利益的论坛性机构，其实际功能并没有得到明确界定。

1998 年，时任联邦总理施罗德在组阁时设立了文化和媒体委员会，又设立了文化与媒体事务专员，协调各个州之间的文化事业发展政策。统一后的德国有了国家级的文化协管机构，图书统一定价、文化遗址保护等工作才得以开展。

2008 年 5 月，德国联邦政府成立了“文化与创意经济行动组”，通过举办研讨会等活动来搭建文化经济从业人员与政界交流的平台，探索在政策上促进文化经济发展的可能性。在联邦政府统一制定文化政策的前提下，文化治理的权力更多的还是在地方政府手上。多数情况下，各州的法律在公共活动领域内将各自特定的文化责任分配给市政当局。按照德国基本法的规定，集体有权按照自己的方式管理文化活动，这里的集体指的就是城市、城镇和郡县等市政当局，各地需要按照当地民众的意愿和本地的特色去治理文化事务。

（二）文化多元主义政策

作为一个重新融合的国家，德国一直受到移民问题的困扰。二战后初期，大量的西德人民返回家乡，东欧地区的不少难民也一并进入了当时的西德地区；随着 20 世纪中期德国经济的起飞，土耳其等国的外籍务工人员也大量涌入德国；两德统一后，东德和西德两地的民众开始融合，东欧剧变中的难民也开始大量涌入其中。凡此种种，造成了德国的文化版图犬牙交错，亚文化此起彼伏，性别歧视、种族歧视问题和暴力事件层出不穷。为了解决这些社会问题，德国政府提出了以爱心和良知为基础的文化多元主义政策，在要求外国居民学习德语的同时，也鼓励德意志人学习外国居民的语言，实现德意志人与移民的跨文化爱心沟通。在这一政策的主导下，德国的宗教、文化、艺术迎来了空前的发展，这一政策也成为德国发展文化产业和创意经济的基石以及贯穿其中的纲要。

（三）对文化遗产保护高度重视

德意志人是世界上最热爱艺术的民族之一，对文化和艺术遗产向来非常珍视，对文化遗产的保护性立法非常重视。1955 年德国制定了《防止文化财产外流法》，又于 2007 年制定了《文物财产归还法》，对德国文物外流以及其他文物流进德国两种情况都做了法律层面的约束。其中《防止文化财产外流法》的主要目的是控制列入《国家级文化财产清单》和《国家级档案清单》的文物出境，规定“清单中的文物只有经专家委员会同意，并得到联邦文化媒体事务国务秘书（联邦层面文化事务主管官员）许可后，才能出境”[①]，条件非常苛刻。德国政府严厉打击非法文物交易。2016 年 1 月 14 日，德国普鲁士文化遗产基金会联合国际博物馆协会理事会在国家博物馆考古学中心正式对外公布《伊拉克红色危急文物名录》的德语译本，公布该名录对于打击非法交易被盗文物将起到有效的遏制作用。

（四）可持续的财政扶持政策

1. 联邦政府和地方政府持续加大资助力度。

为扶植文创产业发展，增强国家软实力，近年来联邦政府动作频繁，连年提高文化事业预算，为促进文化经济发展提供了有力的资金支持。2003 年联邦政府财政文化支出投入占 12.5%，总支出 87 亿欧元；2005 年为 12.72%，总支出 79.9 亿欧元；2007 年占 14.68%，总支出为 83.22 亿欧元。2006 年预算同比增长 3.4%，2007 年则上升了 1.3%，而 2008 年增加了 5%。[②] 2014 年德国文化部的预算金额达到 12.07 亿欧元，比上一财年增加了 2.3%。大致说来，全年用于文化方面的总投资中，德国联邦占 13%，联邦各州占 42%，各市政占 44%至 45%。[③]

2. 提供多渠道融资支持。

自 2007 年以来，德国针对处于不同阶段的文化企业采取不同的扶持措施。新创企业以及个人工作者（室）、未来发展潜力一般的中小型企业可以通过政府的信贷基金获得小额贷款，具有良好发展前景的小文化企业可以获得创投资本的资助。2008 年 1 月 1 日推出“复兴银行启动金”制度，资助企业或自由职业者发展文化产业或开拓国外市场。企业或个人申请贷款最高限额 5 万欧元，还贷时间不超过 7 年；如贷款申请人无力偿还

---

① 《德国立法防止文化财产外流》，《中国文化报》，2016 年 4 月 11 日。

② 杨兰亭：《论文化事业发展与国家政策的关系》，《中国民族博览》，2016（2），64—65 页。

③ 安战国：《对德国文化政策与管理的认识与启示》，《当代兵团》，2013（5），40 页。

贷款，放贷银行可向德国复兴银行申请偿还部分贷款。

3. 设立专项基金和奖项。

2006 年成立了“德国联邦电影基金会”，联邦政府每年出资 5000 万欧元，以返还在德国支出的电影制作费用的形式鼓励本国影视艺人创作，并吸引外国制片商到德国拍片。德国本土电影也表现不俗，证明基金会对电影行业的发展起了重要作用。此外，德国还开通了“电影网站”，该网站由德国电影研究所负责运营，作为网络中心平台提供全面的德国电影信息，成为德国开展国内外影视试点与合作项目的主要渠道。另外，2009 年，联邦政府联合有关行业协会设立了奖金高达 60 万欧元的德国电脑游戏奖，以促进相关产业的发展。

在联邦政府一级的财政帮扶中，有很多与文学艺术有关的基金项目与捐赠项目特别值得关注，包括德国文学基金项目、德国翻译者协会基金项目、德国表演艺术基金项目、德国艺术基金项目与德国社会文化基金项目等，这些基金项目每年也会从联邦政府财政预算中获得数额不等的帮扶资金。[①] 剧场建设与音乐的发展也一直是德国文化产业发展的重点投入领域，德国国家歌剧院、奥格斯堡歌剧院都是德国推广传统歌剧文化的重要场所，主要由德国联邦财政支持。

三、优势产业领域

（一）会展业

德国展览会起源可追溯到中世纪早期集市贸易。随着德国中部地区银、铜等矿产资源的开发以及东西方贸易的崛起，中世纪后期，德国中部的商品交易会影响越来越大，其中最负盛名的是莱比锡商品交易会。15 世纪末、16 世纪初，莱比锡商品交易会成为欧洲商品交换的中心，其发展也达到了历史上的巅峰。

德国处于欧洲的中心地带，在此地举办展会，非常有利于欧洲人员前往进行商品交易和信息交换。20 世纪，德国举办了一系列国际性展会。1926 年创办的柏林国际绿色周农业博览会、1947 年创办的汉诺威博览会、1948 年创办的法兰克福春季消费品博览会、1949 年创办的法兰克福图书博览会和纽伦堡国际玩具博览会、1966 年创办的柏林旅游国际博览会、1971 年创办的科隆国际五金工具博览会、1986 年创办的汉诺威信息技术

① 戴正宗：《德国财政扶持文化产业之道》，《中国财经报》，2014 年 12 月 2 日。

博览会等一系列国际性博览会，都是世界首屈一指、最具影响力的国际博览会。

德国会展业进行规模化、产业化运作。德国法律规定德国的政府部门和行业协会只是展览业的治理者和协作者，不直接参与展览举办。但是德国的展览场馆由政府投资兴建，政府是展览场馆的经营者，政府还将展览业作为支柱产业加以扶持，出台了一系列鼓励措施和优惠政策。

在国际上最具竞争力的十大展览场馆中，4个为德国所有，面积占近50%，其余6个归意大利、俄罗斯、法国、西班牙、美国和中国所有。全世界最重要的150个专业展览中，由德国举办的有120多个。每年在德国境内举行的博览会大大小小约有数百场，可以为德国带来高达25亿欧元的收入。①

德国有专业的会展组织公司（professional congress organizer，PCO）为会展主办方提供专业的决策咨询以及具体的业务组织。在世界上营业额最大的十家会展公司中，德国占据过半席位。慕尼黑国际展览集团、杜塞尔多夫公司、汉诺威公司等都是非常专业化和标准化的PCO公司，从市场调研到场馆布置，再到观众反馈，都能提供高水准的展会服务，是世界PCO公司的行业翘楚。在德国，每个展览都是由展览组织者与参展商、参观者以及行业协会密切协商后制定出来的。展览公司与行业客户保持经常性联系，由客户提供信息，共同探究相关展览的市场定位，可以有效避免重复办展。

德国会展的专业性还主要体现在展会内容设置上，每年举办大约150个专业会展，几乎涵盖了所有工业产品领域和服务行业。德国按不同行业的特点和产品种类，举办不同行业、不同种类的展会，满足不同企业和客户的需求。即使同样的行业，也有具体的分类，如汉诺威信息技术展和柏林消费电子展，虽为相同专业，但前者以采购商等专业客户为主要对象，后者则以终端消费者为主要对象。②

德国还有权威的会展行业协会和评估认证机构。德国著名的会展行业协会“展览会与展览会经济委员会”（AUMA）是全球公认的权威会展行业协会，在世界各地拥有超过70名会员，均为颇具实力的经济组织和博览公司，包括德国优秀的经济团体、对参展有兴趣的展商和采购商以及展

---

① 熊澄宇：《世界文化产业研究》，247页，北京，清华大学出版社，2012。

② 徐伟：《德国会展业发展经验及借鉴》，《全球化》，2014（3），86—96页。

会搭建公司、德国展会组织人以及实施国外参展计划的企业。AUMA是德国会展行业的核心组织，在联邦经济与技术部和消费者保护、营养与农业部协助下，为德国官方参与国外展会做筹划准备工作。AUMA下辖的FKM是权威的展会评估机构，1965年成立，其目的是制定展会评估标准，重点对展会的物理层面进行审核，并将客观科学的数据提供给展会主办方、参展商以及展会观众，让这三方对展会有更理性全面的认知。这种评估机构的出现将为会展行业带来长远而积极的影响。

近年来，德国的传统会展业也感受到了危机。一是来自世界其他国家以及著名城市的竞争，像法国的巴黎、澳大利亚的悉尼等；二是来自互联网的影响，在线虚拟展会等新业态对实体会展还是有一定的冲击。德国的一些著名会展公司及时进行调整。一是纷纷把目标瞄向海外，尤其对中国、俄罗斯和印度等新兴市场国家的展会市场更加关注，通过国际合作交流，参与国外会展行业的竞争，还有的通过资本运作寻求扩张，进入国外会展市场。二是直接在国外主办会展，或者派驻人员协办会展，为客户提供更周到的服务和更完善的解决方案。目前，德国会展公司已经在国外建立了420多个办事处，实地为当地企业参展提供一系列信息咨询服务。

（二）出版业

15世纪中叶，德国人古登堡发明铅活字印刷，掀起了一场出版业的革命，使德国很早就成为欧洲的出版和印刷中心。德国人被称为“阅读民族”，由来已久的阅读传统也推动了出版业的发展。2015年德国发行量最大的全国性报纸《图片报》达到了187.3万份的日发行量；《西德意志汇报》是发行量最大的地方报，日发行量39.7万份；德国最重要的时事政治周刊《明镜》和《焦点》全年发行量分别为79.6万份和50.1万份。[①]德国具有异常发达的图书销售网络，加油站、超市、报亭都是图书杂志的零售点，每1.6万居民就有一所书店为其提供服务，书店的密集程度几乎是美国的17倍。[②]

德国异常发达的出版业与政府的引导机制有关。为了鼓励德国以及世界其他各国的作者在德国出版书籍，德国于2002年正式将“固定图书价格，不允许任意打折出售”的政策写入法律当中，并严格执行，极大地激励了作者的创作热情，稳定了图书市场，维护了中小型书店的权益。同

① 中华人民共和国外交部：《德国国家概况》，2016年2月更新，http://www.fmprc.gov.cn/web/gjhdq_676201/gj_676203/oz_678770/1206_679086/1206x0_679088。

② 李丕光：《德国出版业的两大机制》，《出版广角》，2003（7），20—21页。

时，为了鼓励出版业的发展，政府对出版行业采取了减税的政策，相较于其他行业征收15%的重税，书籍、报刊等出版业只需征收7%，大大减轻了书商、书店以及出版机构的成本压力。近年来，数字出版业兴起，德国传统的出版业并未受到较大的冲击，这与德国人沉稳、保守的性格有关，也与数字出版业中许多尚待解决的版权问题有关；最重要的是德国通过法律手段限制了图书的定价，这使得电子图书无法以极度低廉于纸质本的价格取悦消费者。在相当长的一段时间内，德国的出版业仍无须惧怕数字出版业带来的挑战。

德国是会展业大国，形形色色的书展对出版业的发展也起到了促进作用。每年秋季举办的法兰克福书展规模最大，是世界书业的盛会，有国际图书出版业的“奥林匹克”之称。1949年由德国书业协会创办，其展览宗旨是“允许世界上任何出版公司展出任何图书”，不仅对德国出版业的意义重大，同时也是世界出版业的风向标。法兰克福书展为全球的出版商、代理商以及图书馆工作人员提供了版权交易洽谈、出版业务咨询和展书印书等互动的平台，每年吸引来自100多个国家和地区的书业界人士前来参加。据统计，在该书展上达成的版权交易占世界全年版权交易总量的75%以上。一方面是出版机构的版权负责人前来洽谈、购买国外版或翻译版版权，另一方面是大批文学代理人寻找海外出版公司。作为东道主的德国，借着法兰克福书展带来的东风，每年的图书出口总额在所有出口产品中占据很大的比重。

近年来，随着跨行业联合渐成趋势，每年2月在德国举办的纽伦堡玩具展也和法兰克福书展合作，在玩具展中为少儿图书开设展台，“让玩具进入图书贸易，少儿图书进入玩具贸易”①。

（三）电影业

德国是传统的影视大国，在20世纪30年代德国曾是欧洲的电影中心，60年代受到好莱坞电影的冲击和电视的竞争，德国电影观众锐减，遭到了寒冬式的重创。

为了挽救电影业，德国政府于1967年颁布了《电影促进法》，建立了电影促进基金，对电影业进行补贴。此外，优秀电影促进会、德国青年电影董事会等电影协会和优秀电影援助计划等资助方案都促进了德国电影的发展，90年代德国电影开始复苏。

---

① 李智玲：《德国会展业发展的新趋势及启示》，《城市问题》，2009（5），88页。

对电影业，德国政府层面实施国家和联邦州两级的电影资助，德国电影促进署是最重要的国家资助机构。根据《电影促进法》规定，票房收入中的1%—3%要上缴给德国电影促进署，德国电影促进署每年还可以从电视台和录像带经营者那提取资金，用来资助德国本土电影的拍摄。各联邦州政府也都有电影资助机构，如北莱茵-威斯特法伦州电影基金会、柏林-勃兰登堡州电影董事会等。在德国各级政府的号召和支持下，德国电视台极少播放本土以外的电影，好莱坞电影在德国并不占主导地位。

联邦政府机构资助主要用于提高德国本土电影的艺术性。2015 年是德国电影产出量极高的一年，德国电影基金会 2015 年全年资助金额达 6130 万欧元，年末追加至 6270 万欧元，共资助 107 部电影发行，包括 78 部故事片、26 部纪录片和 3 部动画片。[①] 2016 年，德国联邦文化财政为本土电影的艺术性创作新增投入 1500 万欧元，主要用于长片的制作，使得电影艺术创作基金总额达到了 2800 万欧元；同时单笔电影艺术创作资助额度上限也从 25 万欧元上调至 100 万欧元。“该笔经费将为电影领域的创意人提供更多自由的艺术创造空间，尤其是为年轻电影人才开拓更多实验可能，使其勇敢探索电影创作的新形式。”[②]

为了加强国际交流，提高德国电影水平，促进电影的“引进来”与“走出去”，德国每年都会举办上百个电影节，其中享誉全球的是创办于 1951 年 6 月的柏林国际电影节，现已与戛纳国际电影节、威尼斯国际电影节并称为欧洲三大国际电影节，极大地加强了各国电影工作者的交流，促进了电影艺术水平的提高。在 2012 年的柏林电影节中，逾 8000 名观众前往观影，票价收入 220 万欧元，相关的书报杂志收入 50 万欧元；光税收就高达 1700 万欧元，是政府对该电影节投资总额的一倍。[③]

德国世界电影基金会成立于 2004 年 10 月，是德国联邦文化基金会和柏林国际电影节的一项联合倡议，它成立后很快地成为一个杰出的国际电影基金领导机构，并迅速获得了电影行业的认可。世界电影基金会的资金已成为电影品质的一个标志。基金会的重点主要放在以下区域：非洲、拉丁美洲、中东、中亚，从 2007 年夏天也开始关注东南亚和高加索地区，这些地区电影的著作权拥有者可以申请德国发行基金。

（四）工业城市艺术改造

① 《德国 2016 文化领域新动向》，《中国文化报》，2016 年 2 月 15 日。

② 《德国加大对艺术电影扶持力度》，《中国文化报》，2016 年 4 月 25 日。

③ 安战国：《对德国文化政策与管理的认识与启示》，《当代兵团》，2013（5），40 页。

在德国，首次将文化产业作为一个研究和政策主题是在1992年的北莱茵-威斯特法伦州（中国媒体经常简称“北威州”）。当时的州经济部部长来穆特·约吉森（Reimut Jochimsen）将文化产业视为摆脱鲁尔区结构性危机的方法，并发布了一份文化产业报告，[①] 建立了一个文化产业特别部门（开始用culture industries，2007年变更为cultural industries）。北威州是德国“艺术立市”的典型代表。

北威州在发展文化产业的过程中对艺术以及艺术家进行了大力度的补贴和资助。以2000年由北威州经济部和文化部联合为当地艺术家们举办的“启动计划”为例，该计划为艺术家们提供了共50万欧元的创业基金，通过竞赛的形式刺激艺术家拿出适合市场运作的艺术方案，兼备艺术与商业效益的项目将会得到相应的资助。此举大大激发了艺术家们面向市场的热情，也让艺术摆脱了自娱自乐的尴尬境地。

作为曾经的重工业片区，北威州非常善于利用工业遗迹，将它们打造成适合艺术家们进行创作构思的缪斯圣地。如迈德里希冶炼厂有一座高大的炼钢炉，在该厂废置后，北威州政府将其改建为北杜伊斯堡文化公园，高大的炼钢炉为影视艺术家们的创作提供了不少灵感。像这样把一个毫无生气的工业遗迹改造成创意艺术园地的例子在北威州不胜枚举，使得北威州一跃而成为德国乃至整个欧洲工业城市成功转型艺术城市的典型。

目前，北威州是德国最重要的文化产业中心之一，该州内从事文化产业的企业接近5万家，文化产业至2000年为该州提供的岗位是28万个，一直呈现上升的趋势。[②]

为了持续发扬德国在打造艺术城市方面的优势，从2016年开始，德国政府在柏林地区设立了文化与创意产业事务中心，该中心主要致力于对德国文创产业的扶持和推介，“创意艺术城市”是该中心重点关注的议题。

四、代表性文化产业

德国贝塔斯曼集团是全球性的传媒集团，该集团制作媒体内容、提供媒体服务并销售媒体产品，通过提供信息、娱乐和媒体服务，来丰富人们

---

① 贝恩德·费瑟尔、迈克尔·松德尔曼：《德国：文化和创意产业发展报告》，中华人民共和国财政部官网它山之石频道，http：// wzb. mof. gov. cn/pdlb/tszs/201208/t20120809_674364. html。

② 于雪梅：《新经济时代下文化与经济的融合之路——德国北威州文化产业发展经验解读》，《德国研究》，2005（20），56页。

的日常生活。

（一）贝塔斯曼概况

贝塔斯曼集团诞生于德国小城居特斯洛，拥有180多年的历史，源于1835年卡尔·贝塔斯曼创建的出版社和打印室，最初主要出版神学方面的书刊。1947年，第五代掌门人莱恩哈德·摩恩重组了出版公司，在公司内部实行了“利润分享”的新举措，公司将盈利分给员工，员工再将资金投入公司，以累积资本。他倡导的“分权管理、权责分明、自由创新、遵守公司规章制度”的方针被誉为“贝塔斯曼模式”，并一直沿用至今。在莱恩哈德·摩恩的带领下，贝塔斯曼由一个中等规模的印刷和出版企业，逐步发展为多元的传媒集团。

目前贝塔斯曼集团的主营业务涵盖电视、图书、杂志、服务、音乐唱片发行、媒体俱乐部等方面，拥有6个子集团，分别为RTL集团（电视）、兰登书屋（图书）、古纳雅尔（杂志）、BMG（音乐）、欧唯特（Arvato，服务）、直接集团（Direct Group，媒体俱乐部），这些成员在各自领域都是行业翘楚。

RTL集团是欧洲居领导地位的娱乐内容制作和传播公司，其网络覆盖欧洲11个国家的45个电视频道和31个广播电台，并在全球拥有众多实力雄厚的节目制作公司；兰登书屋旗下拥有150多家出版社，是全球最大的图书出版集团；古纳雅尔在30多个国家和地区出版超过500种期刊，是欧洲最大、世界第二大杂志出版集团；欧唯特集团拥有欧唯特服务、欧唯特印刷、欧唯特数码服务和欧唯特信息系统四大业务分支，270余个子公司遍布全球37个国家，是全球最大的服务供应商之一；BMG全称贝塔斯曼音乐集团，旗下拥有全球200多家唱片公司，是全球五大唱片公司之一；贝塔斯曼直接集团在全球拥有5500万会员，是全球客户订购传媒和音乐产品的首选。

（二）贝塔斯曼的扩张之路

从20世纪60年代开始，贝斯塔曼走上了并购扩张之路。先是在欧洲开展一系列并购活动，收购古纳雅尔和歌德曼出版公司；此后火速打入美国市场，1979年并购美国阿里斯塔唱片公司，1980年在纽约收购当时世界上最大的平装书出版公司矮脚鸡图书公司，1986年收购道布尔戴出版社以及“道布尔戴书友会”和“文学公会”两家书友会，同年音乐品牌RCA也被贝塔斯曼纳入囊中，从而实现了贝塔斯曼在美国传媒市场上的突破。

1984年，贝塔斯曼进军商业电视领域，将古纳雅尔和贝塔斯曼的电子媒体业务合并成汉堡 UFA 电影公司，UFA 以 40%的参股入驻德国第一家电视台 RTL，RTL 成为欧洲广告收入最好的电视台。1995 年贝塔斯曼与“美国在线”合作成立“欧洲在线”，1996 年参与创立了德国第二大网络供应商 Media Ways，至此贝塔斯曼完成了进入互联网服务领域的目标。1998 年，贝塔斯曼收购美国最大的图书公司兰登书屋，控制了 50%以上的英文出版物市场。

（三）全新的发展战略

2002 年集团确立了新的发展战略，将多媒体产业和娱乐业，包括电影、电视、广播电台和音乐作为今后发展的重点。随着集团的发展，贝塔斯曼在提高其收入、经营成果和集团利润的同时，于 2013 年再次投入巨资拓展其业务、实施其战略，从 2012 年的 6.55 亿欧元提升至 20 亿欧元，承担的金融负债是 2005 年以来的最高金额。贝塔斯曼通过合并企鹅出版社和兰登书屋，创建了世界最大的大众图书出版公司；RTL 进一步拓宽其频道资源，收购影视制作公司，在德国获得了非常抢手的 2016 年欧洲杯足球锦标赛和 2018 年世界杯国家足球队资格赛的转播权，实现利润增幅 42%，增额高达 8.7 亿欧元。

在完成大规模对外扩张后，贝塔斯曼将力争在未来几年中实现更迅速、更数字化、更国际化的发展，并在五到十年内逐步实现转型。首席执行官瀚韬表示：“公司已步入正轨，力争在 2017 年收入达到 200 亿欧元左右，逐步将集团利润提至 10 亿欧元以上。同时，缩减增长缓慢的行业，比如复制、打印和直销业务等。”基于这项目标，执行董事会、监事会与股东共同制定四大战略：强化核心业务、推进数字化转型、搭建增长平台和重视区域增长。

第三节　非洲特色文化产业

非洲具有丰富的自然资源和文化传统。在这片神奇的大地上，既有广袤荒凉的撒哈拉大沙漠，也有神秘的埃及狮身人面像和金字塔；既有多姿多彩的草原野兽乐园，也有清新典雅的历史文化名城摩洛哥。自独立以来，非洲各国的自我文化意识逐渐觉醒，逐步开始发展自己的文化产业，以独立崭新的面貌摆脱殖民国的文化阴影。

一、文化旅游业

非洲丰富的自然、文化遗产资源，确保其可以大力发展以物质遗产为主导的旅游业。根据世界银行发布的报告，非洲尤其是撒哈拉沙漠以南的黑非洲正通过旅游业日益引起世界的关注。1990 年，到非洲旅游的游客不过 600 余万人次，而到了 2012 年，赴非洲游客已经达到了 3000 余万人次，非洲旅游业的迅猛发展让人眼前一亮。

（一）类型一：文化遗产旅游

非洲发展旅游业具有得天独厚的优势，这与非洲拥有众多独特的名胜古迹、自然景观与民族风情有关。作为非洲旅游业最发达的地区之一，北非地区①因保留了大量巍峨雄伟的古建筑而吸引了大量国际游客前往观光，其中被称为历史文化古国的摩洛哥与埃及更是北非旅游业中耀眼的明珠。

以金字塔闻名于世的埃及旅游业极为发达，大家已颇为熟悉，在此我们以摩洛哥为例。摩洛哥位于非洲大陆的西北端，既有干旱炎热的沙漠，也有鲜花灿烂的平原。这里曾是法国、西班牙的殖民地，在此之前还历经六个王朝，是名副其实的北非古国。丰富而多元化的历史更迭使得摩洛哥王国成为一座活着的博物馆，素有“北非花园”之称。主要旅游城市有拉巴特、马拉喀什、卡萨布兰卡、非斯、阿加迪尔、丹吉尔等。

摩洛哥王国拥有拉巴特、非斯等四大王城。其中拉巴特城是摩洛哥王国的首都，始建于公元 12 世纪穆瓦希德王朝。现存老城为 18 世纪所建，新城于 1912 年兴建。拉巴特王宫、穆罕默德五世墓、乌达亚城堡和舍拉废墟等都是极具吸引力的名胜古迹。

非斯则曾是摩洛哥伊德里斯王朝的首都，建有举世闻名的卡拉维因清真寺。这座清真寺历史悠久，已经伫立于非斯城超过 1100 余年。这座清真寺也是世界上最古老的大学卡拉维因大学的校园所在，卡拉维因大学成立于 859 年，也是目前吉尼斯世界纪录承认的一直开着的授予学位的全球最古老大学，为非斯赢得了“学术首都”的美誉。卡拉维因清真寺里面还有由 270 根柱子构成的“白林”，参观者需赤足入内参观，场面壮观之至。

自 1965 年起，摩洛哥每年接待国际游客的人数以年均 8.5％的速度递增，到 1990 年旅游业产值在国民生产总值中已占 5％，旅游业已经成为摩

① 北非的宗教信仰和人文特征与西亚地区相似度高。研究世界局势和政治问题时，往往把它和西亚放在一起研究，称阿拉伯国家或者阿拉伯世界。对于文化产业的研究，在这里我们还是统一放在非洲框架下进行讨论。

洛哥当地的支柱产业。2007 年，由于政府推行 2010 年旅游业远景目标以及与欧盟签署的“天空开放”协议正式生效，摩洛哥旅游业持续发展，全年共接待境外旅游者 770 万人次，当年旅游收入约 73 亿美元，同比增长 13%。而为了提高国际游客接待能力，摩洛哥已经投资 10 余亿美元兴建大型动物园、海滨度假区和高尔夫球场等，使摩洛哥进一步成为旅游强国。

（二）类型二：野生动物观光旅游

撒哈拉沙漠以南的肯尼亚、塞内加尔等国则以丰富的野生动物资源吸引国际游客的光顾。放眼全球，大概没有哪个国家在野生动物资源上可以与非洲比肩。东非野生动物大迁徙发生在坦桑尼亚的塞伦盖蒂大草原和肯尼亚的马赛马拉大草原之间，是野生动物（主要是角马、斑马、瞪羚）为寻求水源和食草进行的规律性年度迁移活动。

肯尼亚是一个典型的东非国家，境内的东非大裂谷将其一分为二，正好与赤道形成一个垂直的十字架形象，有“东非十字架”之称。森林面积 8.7 万平方公里，森林覆盖率约 15%。全境位于热带季风区，沿海地区湿热，高原气候温和，全年最高气温 26℃，最低为 12℃。

每年 6 月至 9 月，大量野生动物均会横渡马拉河从坦桑尼亚来到肯尼亚的马赛马拉国家动物保护区。每年这个时候，全球的摄影爱好者都将目光聚集在了肯尼亚。

肯尼亚在发展野生动物观光业方面是非常积极的。在马赛马拉保护区之外建立了数以千计的小旅馆或帐篷营地，价格每天 10—100 美元不等。旺季时，每天有 1 万多名游客涌入马赛马拉。除了壮观的动物大迁徙，肯尼亚还有将近 160 个国家公园与动物保护区。如纳库鲁国家公园，内有 200 余万只鸟儿，是非洲首个鸟类国家保护公园；内罗毕国家公园则是天然的大草原和大型动物的乐园，狮子、河马、长颈鹿等动物在这里和谐共处。此外，肯尼亚还有长颈鹿公园、大象孤儿院等。这些公园中的动物均自由自在地生活，没有动物园中把动物围起来观赏的拘束，着实能提供给游客不一样的体验。2000 年的肯尼亚国际游客数量突破了 100 万大关，至 2005 年，肯尼亚的旅游和餐饮业增长率达到了 13.3%；2006 年，旅游业收入达到了 562 亿先令，增长率达到了 15%，可谓发展迅猛。在旅游人数方面，2006 年到达游客人数为 1800 万，比 2005 年增长 12.5%。

此外，高端的商务旅游也是肯尼亚重点发展的旅游类型。来肯尼亚参加国际会议的人数从 2005 年的 12634 增加到 2006 年的 16663，增长 31%。

值得一提的是，2006 年来肯商务旅游人数增长了 58%；度假旅游人数从 2005 年的 592000 增加到 607000，增长了 2.5%。[①] 尝到甜头的肯尼亚进一步增强该国在高端旅游业上的优势，斥资 66 亿先令兴建酒店、自然保护区和高尔夫球场等，并通过网络努力宣传肯尼亚风光之美，实现肯尼亚旅游业从追求数量向追求价值的转型。

（三）类型三：民俗文化旅游

除了上述两种旅游类型，非洲也有大量国家通过发掘自身的民族及民俗文化资源来大力发展旅游业。民俗文化是民间民众的生活风俗文化的统称，也泛指一个国家、民族、地区中聚居的民众所创造、共享、传承的生活风俗习惯。非洲独特的热带民俗风情对世界大多数旅游者来说都充满诱惑。

南非共和国作为非洲经济最发达的国家之一，素有“彩虹之国”的美称，有丰富的贵金属资源，是世界奢侈品原材料的重要输出国。南非一度是非洲最大的经济体，尽管近年被尼日利亚超越，实力依然不俗。国民拥有较高的生活水平，经济相比其他非洲国家相对稳定。

2010 年，南非政府开始实施“新增长路线”，试图将绿色经济、旅游业、基础设施建设等行业联合开发，释放产能。为了配合南非政府“新增长路线”的实施，艺术文化部推出了“姆赞西金色经济战略”，为南非的艺术文化发展重新寻求合理的定位。这一战略非常明确地提出了艺术和文化都是具有无限价值的金矿，艺术和文化经济就是一种金色经济。这一计划重点支持了南非文化中的几个重点产业：文化遗产、手工艺品、音乐产品、演艺和庆典等。

南非极度注重开发本国文化资源，使其转变为民俗文化旅游的重要资源。境内民族众多，每个民族都有自己的民族文化特色。这种多民族的局面一度为南非招致极为严厉的种族隔离政策，而在南非独立后，多民族反倒成了一笔可观的文化产业资源，各种规模不一的民族文化村是南非文化旅游业发展的特色。以南非最大的民族祖鲁人为例，祖鲁人以玉米为主食，至今仍保留父系民族组织结构，沿用一夫多妻制，并以豹皮的穿戴作为酋长的标志。祖鲁人的居所营造别具特色，用藤蔓编织的屋顶庞大，几乎低垂至地面，屋门设置得很低，要蹲着才能进去。这种独特的房屋营造

① 中国驻肯尼亚共和国大使馆经济商务参赞处：《肯尼亚旅游业继续保持主要创汇行业地位》，http://ke.mofcom.gov.cn/aarticle/p/200702/20070204349073.html。

结构与祖鲁人长期与敌人交战、防止敌人攻击屋内的老弱妇孺的警惕心理有关。祖鲁人能歌善舞，尤其擅长跳勇猛有力的战舞，极具观赏性。游客在南非最著名的“桑达祖鲁文化村”中可以欣赏到南非土著民族祖鲁人的表演和建筑风情，还可以购买由他们制作的手工艺品，品尝他们做的风味食品，全方位地体验当地人的生活。

二、体育产业

非洲人似乎都具有发达的运动天赋，他们热爱体育，善于奔跑，非常适合从事田径、足球等对身体灵活性要求较高的体育项目。埃塞俄比亚的运动员长期称霸世界中长跑田径项目，南非、尼日利亚的运动员则在世界足球领域有傲人的成绩。

体育人才辈出的肯尼亚，把位于东非大裂谷山间高地的埃藤丘陵地带打造成世界最理想的长跑训练基地。在这个海拔两千多米的丘陵地带中，集中了至少 20 个顶级的长跑训练基地，将近两百名获得世界比赛奖牌的运动员在此训练。来自世界各国的一流教练员和体育经纪人也汇聚于此，为世界一流的运动员提供专业的指导和服务。

非洲的体育产业正处于快速上升的时期。尼日利亚政府自 20 世纪 90 年代开始就逐步放开对私人投资在体育事业中所占份额的限制，让体育项目的运作更加市场化和商业化。当地体操联合会的一名重要官员认为政府减少对体操、田径等一些重要体育项目的干涉，引入更多的私营企业以商业赞助的形式资助体育项目的发展，是一个三方可以共赢的做法：政府对体育项目运作的压力会减轻，赞助商投入体育事业的热情会得到提升，运动员获得经济收入的途径可以更多元化。在这样的政策的引导下，一些运动饮料品牌和通信业品牌开始赞助尼日利亚的一些球队和赛事。

除了引入商业资本进入体育项目的培育外，非洲国家还通过申办、举办大型赛事引入外部资本，为自身带来可观的经济收益。因为成功的申办往往可以吸纳来自政府、企业、国际财团的资金，这些资金并不仅仅用于比赛所需要的体育设施建设以及人员报酬，还可以用于当地的住房建设、交通改善等，同时对当地的旅游业也是一个极大的促进举措，可以为举办方带来无法估量的经济和社会效益。

在这方面，做得最为出色和成功的非洲国家当属南非。南非是非洲承办国际赛事最多的国家，如英式橄榄球世界杯比赛、世界青年骑行锦标赛等都曾在南非举办。其中 2010 年由南非主办的世界杯足球比赛可谓是非洲国家承办国际赛事的历史中最浓墨重彩的一笔。

自2004年成功申办世界杯足球赛后，南非举国上下展开了长达6年的精心筹备，先后投入了43亿美元对南非的交通运输领域和基本设施领域进行了建设。仅在2010年当年，基础设施建设就为南非贡献了6.7亿美元的GDP。而自2004年以来持续展开的交通与基础设施建设也为南非渡过2008年的金融危机做出了贡献。从2007年到2010年，南非世界杯交通与基础设施工程的展开为南非当地民众创造了13万个就业机会，使得南非避免了金融危机带来的大失业潮以及由此带来社会动荡，并为南非带来了持续9年的经济增长。

世界杯带给南非的经济、社会效益也是非常直接的。2010年的世界杯让南非成为全球关注的焦点，争先涌入的电视转播权合约和商业赞助合约给南非带来了40亿美元的经济收入。在世界杯期间，全球有200多亿人次观看了世界杯的直播或录播比赛，对南非而言，这绝对是一个推广国家形象而又可以省下巨额宣传费用的绝佳时机。除此以外，在世界杯期间，数十万海外游客涌入南非，这些游客所产生的餐饮、酒店、交通消费对南非而言也是一笔巨大的额外收入。仅葡萄酒一项，在2010年世界杯中的销售额便较上年有15%的增长率，世界杯对南非相关行业的消费带动能力可见一斑。因此，承办国际赛事，对大部分非洲国家而言，确实是一举多得。

非洲体育产业的相关链条也在逐步完善中，体育用品行业开始崛起。在2004年至2009年短短五年时间里，南非的户外体育用品销售业绩喜人，增速超过10%。尼日利亚的体育用品市场自2003年开始每年以接近10%的速度增长。体育用品行业的增速体现出非洲民众对于体育活动的认可和持续热情。

非洲民众热爱体育运动，体育除了给他们带来快乐和荣誉之外，还可以带给他们健康。随着非洲体育产业的纵深发展，与身体健康相关的产业也被带动发展了起来。在非洲，过半数的年轻人都赞同健康生活的理念。随着非洲社会中产阶级的崛起，非洲社会对保健品、营养品的渴求也在增大，非洲的保健市场潜力巨大。

除了重点发展和吸纳体育保健产业外，非洲的一些风光秀丽的国家也开始发展健康和疗养式旅游产业。非洲健康与疗养式旅游业的发展可谓是当地体育产业鼎盛发展的一种衍生。肯尼亚、南非等具有得天独厚天然资源的非洲国家先后发展起了成熟健全的健康疗养业，并试图在个性化产品、定制旅游方面有所突破。随着非洲民众中健康生活的意识日渐增强，越来越多跟体育产业有关的领域会逐步成熟，带动非洲进入经济社会均衡发展的新阶段。

三、电影业起飞

除了以上一些依托非洲传统优势资源发展的文化产业，以尼日利亚为代表的部分非洲国家开始另辟蹊径，盯上了有文化产业“火车头”之称的电影产业，并开创了非洲“瑙莱坞”的一番电影工业新气象。

20世纪中叶，非洲国家先后摆脱殖民统治，走上了独立发展的道路，电影工业迎来了新的发展契机。第一代非洲电影导演如乌斯曼·塞姆班等人从当时的苏联高尔基电影厂系统地学习了电影制作理论与方法，致力于讲述非洲人在独立自主的道路上的精神风貌，在表达出反对种族歧视、讴歌民族解放的鲜明主题的同时，也不乏对腐败横行、藏污纳垢的现实的无情揭露，现实主义题材的创作倾向非常明显。

非洲的第一部电影是哪部有一定争议，一般认为1963年由塞姆班拍摄的黑白短篇电影《马车夫》是第一部真正意义上的非洲电影，被称为“早期非洲电影的标本”，导演塞姆班也被誉为“非洲电影之父”。在《马车夫》之后，塞姆班又先后执导了《黑女孩》《汇款单》《雷神》《局外人》《泰鲁易军营》《割礼龙凤斗》等电影，均获得国际社会的肯定，先后获得威尼斯电影节评委会大奖、柏林电影节银熊奖、威尼斯电影节评审团特别大奖、威尼斯电影节意大利参议院金奖等。

进入到21世纪以后，非洲电影中的政治色彩日渐淡薄，表现非洲风情以及人伦情感的电影日益增多。南非和乍得地区的新生代导演开始崛起。其中南非导演嘉文·胡德执导的电影《黑帮暴徒》，改编自南非作家阿索尔·富加德的小说，讲述一名街头小混混在一次黑帮行动中将一名年轻女子打死，却意外发现汽车中遗留下了那名女子所生的一个女婴。女婴的哭声触动了这个小混混的内心，他决定抚养这名女婴。在抚养女婴的过程中，看着她一天一天长大，这名小混混的良心也逐渐被唤醒，最终完成灵魂的救赎。该片打动了全球观众的心，荣获第78届奥斯卡最佳外语片奖，体现出国际社会对非洲电影艺术成就的认可，也表明非洲电影工业已然蜚声世界，成为非洲文化产业的一张重要名片。

值得一提的是，在非洲电影逐渐以自身的民族特色走向世界的同时，非洲也逐渐形成了一个能与美国“好莱坞”、印度“宝莱坞”相提并论的非洲“瑙莱坞”电影工业基地。电影工业以尼日利亚为主导在非洲推进，星星之火已经渐成燎原之势，构造了世界多极影像的新景象。

尼日利亚瞄准了非洲大陆上大部分低收入民众，采用“低投入，低回报”的方式运作电影的制作和发行。尼日利亚电影通过录像光盘制作的方式在非洲流行开来。1992年该国拍摄的《活在枷锁之中》开启了尼日利亚电影的繁荣之路。影片以展现非洲原始的宗教仪式为主，讲述一个男人如何通过牺牲自己的家人获取宗教仪式定义的“成功”的“迷信”故事。这部影片采用了非洲当地的语言伊博语拍摄，并配以英文字母，带有猎奇色彩，刚一投放市场就大受欢迎，一共售出了75万盘录像带，大大超出了投资商的预期，为尼日利亚日后的电影工业发展提供了成功的范式，也由此奠定了非洲电影中的巫魔色彩基调。

“瑙莱坞”电影主要取材于非洲人真实、质朴的日常生活，其中不乏非洲草根观众所喜闻乐见的爱情故事、警匪故事、巫魔故事等，妇女问题、艾滋病、官员腐败等问题也是常见的题材。除此以外，尼日利亚电影中还宣扬了非洲人民“善恶到头终有报”的传统观念，当中不乏善良老实人忽然中了头彩、奸猾阴险之徒最后偷鸡不成蚀把米的情节。这种扬善抑恶的价值观取向使得尼日利亚电影能迅速唤起非洲观众的共鸣。尼日利亚电影这种取材方式“贴近非洲人民自身，而不是好莱坞式的非洲景象——充满异域风情的土地、狂怪的野生动物和生活于水深火热之中的村民”①，在整个黑人世界都受到了欢迎。

“瑙莱坞”的拍摄门槛也是比较低的。一部尼日利亚录像式电影只需要两万美金就可以满足拍摄需要。外景直接取景于非洲的城市或者乡村，内景则有统一的模式化布置，无须绞尽脑汁构思。在尼日利亚电影中，室内的布景通常非常符号化，包括彩色的墙、黑色的沙发、素雅的窗帘等。几乎每一部尼日利亚电影的内景都以此标准设置。电影的拍摄和后期制作周期通常只有一周左右，特技用简单的电脑制作就可以完成，非常节省人力和物力资源。

在发行渠道上，尼日利亚电影工业将拍摄完成的电影迅速制作成VCD、DVD、录像带售卖或者出租，使得非洲民众可以用极少的价钱就可以在家中或者录像厅里面欣赏到本土电影。值得注意的是，尽管制作成DVD、VCD、录像带来发行确实影响了电影在播放中的音质和画质，观众

① 和丹：《后殖民时期瑙莱坞电影的表述方式》，《当代传播》，2015（4），74页。

的观影体验被大大降低，但是这种发行方式使得尼日利亚电影摆脱了电影院的限制，使得针对不同消费群体制作而成的电影可以同时在市面上流通，大大增强了尼日利亚电影的流通力和影响力，在很短的时间内就打造出了像理查德·达米祖这样席卷全非洲的尼日利亚电影明星。

这种消费模式使得尼日利亚电影迅速占领了非洲电影消费市场以及欧洲、北美等侨居黑人的消费市场，每年可为非洲带来上百万个就业机会，这还不包括大量没有登记的乡村录像厅和放映室。这些录像厅与放映室大多条件简陋，往往只包括一台放映机和几张板凳，但是却能为非洲民众提供一个轻松随意的看电影和交流生活看法的场所，在非洲也大受欢迎。

除了播放和销售，租赁也成为尼日利亚电影发展中的主要业态。电影租赁的收入甚至已经超过了电影音像制品的销售收入。尼日利亚首都拉各斯出售、出租电影录像带的商店超过了10万个，占整个尼日利亚同类型商店的20％。2006年，尼日利亚电影的销售收益大约为9700万美元，电影租赁与登记在案的录像厅、放映室收入则高达4.4亿美元，是电影音像销售收入的4倍多。

随着电影工业的发展，尼日利亚政府也希望甩掉“瑙莱坞”电影粗制滥造的低端形象，将其逐渐引导成为高端电影制作行业。因此，新世纪初期，尼日利亚电影工业呈现出两大发展趋势：其一是数字化播放趋势。早在20世纪末，“瑙莱坞”电影已经在一些电视频道无偿播放，以扩大受众层面。2003年，南非数字卫星电视开播后，“瑙莱坞”电影又抢占先机，在该频道播放电影，再次成功俘获大量观众，并且将自身的发行渠道成功地从较为低端的录像带向高端的数字电视过渡。其二是逐渐向院线播放靠拢。为了鼓励高水平、高投入的电影制作，尼日利亚于2004年投入建造了当地第一家连锁电影院——银鸟，专供高技术含量的“瑙莱坞”电影上映之用。尼日利亚政府此举希望彻底扭转“瑙莱坞”电影的低端形象。

尼日利亚“瑙莱坞”的成功也引发了其他非洲国家纷纷仿效，为打造各种“非莱坞”电影产业添砖加瓦。如喀麦隆、加纳等非洲国家均开发了大量录像带电影，其风格、主题、制作、发行等各环节均与尼日利亚“瑙莱坞”电影极为相似。

喀麦隆与尼日利亚有着极深的渊源，因此两国在电影产业的发展中也同样以巫魔电影作为录像电影的主流。喀麦隆1998年的录像电影《爱情之眼》便是巫魔电影的典型代表。

加纳电影产业在20世纪90年代中期以前被政府广播集团垄断，随着政府垄断逐渐被打破，私人制作录像电影的运作模式开始大行其道。每当电影商制作出来一部电影，他们就会在电视上进行宣传，然后再雇一辆装着大喇叭的车在街道上来回大声播放新片的信息，吸引顾客前往卡车处购买电影拷贝。[①] 在内容的编排方面，加纳电影也紧跟着尼日利亚"瑙莱坞"的步伐，主要围绕非洲民众所喜欢和熟悉的内容展开。但是与"瑙莱坞"电影主要偏向浪漫的爱情故事、宣扬善恶有报的思想、表现日常生活中的巫魔不同的是，加纳更擅长以家庭生活、犯罪侦查为主题的电影。

可以想见的是，随着尼日利亚"瑙莱坞"的崛起，在非洲这片神秘的大陆上，更多的"非莱坞"也在逐渐崭露头角。拥有众多自然、人文资源的非洲在国际舞台上获得了更多自我展现的机会，电影工业正是他们抒发己衷、赢得尊重的有效手段。

第四节　拉丁美洲特色文化产业

拉丁美洲的多元文化遗产日益引起世界的关注。拉丁美洲可以算是世界上文化色彩最为斑斓的地区。拉丁美洲人民生性热情，能歌善舞，且对艺术有着独特的体悟。拉丁美洲又是人类文明主要的滥觞之地，不仅保存了大量宗教、音乐、舞蹈、绘画、体育等仍然活着的文化资源，还保存了大量历史文化建筑如故居、陵墓等遗迹。

这块神奇的土地上既有玛雅、阿兹特克、印加等印第安土著文明不断繁衍生息，也有西班牙、葡萄牙殖民主义者留下的铁蹄和脚印，也有20世纪90年代汇聚于此的各国移民的文化记忆。现存于拉丁美洲的文化体系大约可以划分为三个大类：一是土著的印第安文化，这一类型的文化主要存于墨西哥、巴拉圭等国家；二是欧洲殖民地文化，这一类型的文化主要来源于西班牙、葡萄牙等老牌殖民帝国的文化输入；三是一战、二战期间较为集中的欧洲移民潮所带来的移民文化。

除了这些异彩纷呈的历史文化积淀，由于特殊的地理位置，拉丁美洲风光旖旎，自然资源十分丰富。在万物有灵的自然思想的影响下，当地气势磅礴的瀑布、神奇瑰丽的冰川、茂密葱郁的原始森林以及干净清爽的海滩等宝贵自然资源均得到了悉心保存。

---

① Foluke Ogunleye: *African Video Film Today*. South Africa: Academic Publishers, 2003, p11.

一、复合型旅游资源开发

（一）丰富的人文与自然资源

根据2015年7月8日在德国伯恩召开的第39届世界遗产委员会大会审定，24项世界文化遗产作为新增遗产被纳入到《世界文化遗产名录》，其中3项新增文化遗产分别为来自拉丁美洲国家墨西哥的16世纪水利设施“腾布里克神父水道桥”、乌拉圭的“弗赖本托斯文化工业景观”，以及牙买加的“蓝山与约翰克洛山脉”。前两者为单纯的文化遗产，后者则为文化与自然双重遗产。[①]

近年来拉丁美洲的遗产申报类型多以文化遗产为主。2014年，阿根廷等拉美国家联合将南美洲前殖民时代覆盖面最广的运输体系“印加路网”申请为世界文化遗产，使得拉美的世界文化遗产家庭中一下子增加了129个景点。其中最著名的印加路段是西班牙殖民者使用的“皇家大道”，全长5200公里，穿越安第斯山脉，是西班牙殖民时期重要的货运枢纽。印加路网中的另一条著名路段位于秘鲁马丘比丘市的一段小径。“马丘比丘”在当地语言中意为“古老的山顶”，马丘比丘市也有“云中之城”的美誉，海拔达2430米，藏于延绵的山峰中，印加帝国的执政者和数量庞大的仆人曾居住于此。这座城市之所以修建得如此之高也与印加帝国的太阳神崇拜有关，城中布满神庙与各种信仰遗迹。小城中没有足够的农业可以支撑城中人员的生活需求，因此必须依靠外部供给。著名的马丘比丘小径就在这时发挥了商品和服务运送的重要功能。

从1978年至2015年，拉丁美洲共有百余项人文或自然景观入选世界遗产。其中墨西哥入选世界遗产的数量最多，达33项。墨西哥向来以深厚的印第安文化积淀而著称，其都城墨西哥城早在1987年就与赫霍奇米尔科历史中心入选世界遗产名录。墨西哥城拥有5座精美的阿兹特克神庙以及拉美大教堂。赫霍奇米尔科城距离墨西哥城不到30公里，保留了大量人工运河和人造岛屿，是阿兹特克人和16世纪殖民时期的历史见证。同年入选世界遗产名录的还有“瓦哈卡历史中心与阿尔班山考古遗址”和普埃布拉历史中心。前者保留了大量的巴洛克风格圆顶教堂，堪称16世纪殖民文化完好保存的典范；后者的建筑则在巴洛克风格的基础上，更多

① 数据来源：联合国教科文组织《世界遗产名录》中心（World Heritage Centre of UNESCO），http://whc.unesco.org/en/list。

融入了美洲土著的建筑风格。

丰富的人文与自然资源刺激了拉丁美洲当地旅游业的发展。在墨西哥、秘鲁、阿根廷等拉美国家中，旅游业更是取代了当地的石油业、制造业、种植业，成为当地经济增长中的支柱。2007年阿根廷旅游业接待国外游客220万人次，成为阿根廷的三大外汇来源之一。[①] 2010年加勒比地区在旅游业的拉动下经济增长了0.5%。巴西的旅游业增速迅猛，2010年旅游业年度收入增长达到51%，2011年增速放缓但也达到了32%。2012年旅游业在墨西哥国民生产总值中的比重高达9.4%，是继侨汇和石油之后的第三大国民收入。拉丁美洲大部分景点均位于一些较为贫穷落后的区域，发展旅游业对当地经济的发展意义重大。

（二）积极的旅游促进政策

为了充分发挥当地旅游业的最大效应，拉丁美洲的主要国家大多非常重视旅游文化政策的制定以及实施。如阿根廷就主要采用金融杠杆撬动本国旅游业的发展。为了发展和振兴旅游业，阿根廷政府与银行、旅游部门达成协议，以优惠贷款作为对旅游的奖励。阿根廷本国国民只要外出旅游，就可以获得折合人民币3500元左右的低利率贷款优惠额度；而消费者在阿根廷国内旅游时，可以获得为期3个月至半年的无息贷款。

墨西哥政府采用免签等手段吸引国际游客。从2009年开始，墨西哥开始逐步放开签证政策，至2013年，墨西哥已经对全球100多个国家实行免签政策。对于部分未能实现免签的国家和地区，墨西哥实行简化签证程序，如为中国、俄罗斯公民创建电子签证办理流程，在线申请即可，非常方便。

墨西哥政府采用了低定价的旅游消费策略，更看重游客的综合消费。以墨西哥玛雅文明古城“奇琴伊察”为例，这座古城内有数百座古建筑，其中包括著名的羽蛇神崇拜库库尔坎金字塔。库库尔坎金字塔以其对天文历法的准确计算以及对春分、秋分的准确预测震惊世界，被誉为“玛雅文明最杰出的代表作”。正是这样一座古城，却票价低廉，某些特定时期，墨西哥人还可以享受免票或者半价的优惠。门票收入在墨西哥旅游整体收入中只有不到10%的比重，却带动了餐饮、旅馆等关联消费，其中对餐饮业和交通运输业的带动效果最为明显。

---

① 宋洁云、冯俊扬：《阿根廷提供无息贷款鼓励国内游》，新华网，http://news.xin-hua-net.com/fortune/2008-12/12/content_10494266.htm。

在这些政策的护持下，旅游业在墨西哥一直保持着上升态势。2011年，墨西哥国内发生多起暴力冲突，对社会治安构成一定的影响，然而墨西哥的旅游业并未受此影响，反而突破纪录，境内外游客达到1.191亿人。至2014年，墨西哥的旅游业再度创出历史新高，国外游客人数一年内总量为2900万人次，增长16.5%。[①]

巴西具有丰富的历史文化和自然资源，世界遗产数目在拉美仅次于墨西哥，共有19项世界遗产。巴西最著名的景点为伊瓜苏国家公园，以其壮观的伊瓜苏大瀑布著称。

巴西试图使其旅游策略变得更加富有针对性，把旅游业的发展聚焦在世界性的重大活动上，2014年的世界杯、2016年的奥运会都是巴西旅游部门重点准备的对象。巴西的基础交通设施极不发达，城市较为分散，空中和陆地交通运输成本较高，不少游客往往对巴西这种现状望而却步。为了解决举行世界杯的重要城市里约热内卢基础设施薄弱、交通不便的现状，巴西从2011年开始就在里约热内卢兴建数十座酒店、增设开往里约热内卢的航班等。这种"重点突破"的旅游发展战略取得了成效。在2014年世界杯期间，里约热内卢带动整个巴西经济增加了超过110亿美元的收入，成绩斐然。

（三）复合型旅游度假区开发

除了制定并实施大量有助于旅游业发展的政策外，拉美国家还努力地参与到旅游资源的开发中。早在1969年，墨西哥就成立了旅游基础设施建设国家基金委员会，主要职责为规划、执行旅游工程基础设施建设以及开发相关旅游资源，并配合国家对本国旅游业的宣传与促销政策。1988年，墨西哥重要的杂志《FONATUR》刊文提出了复合型旅游度假区的发展战略。这种发展战略非常适合拥有众多海滨和漫长海岸线的墨西哥以及巴西、秘鲁等国家。如拉美的名港阿卡普尔科位于太平洋沿岸，历史上就一直是美国明星和富商巨贾云集休闲的理想场所，具有深厚的历史积淀和完备的硬件基础。

在这样具有持续性的旅游开发政策主导下，墨西哥当地发展出了大量的综合性海滨度假区域。其中坎昆度假区发展得最早，也最为成熟。坎昆度假区以20公里长的海岸线以及细腻的白色沙滩著称，位于墨西哥境内

---

① 中华人民共和国商务部网站：《墨西哥旅游业盈利下降》，http://www.mofcom.gov.cn/aarticle/i/jyjl/l/201202/20120207967571.html；《2014年墨西哥旅游业创历史新高》，http://sbscgc.scjss.mofcom.gov.cn/article/i/jyjl/l/201502/20150200896398.shtml。

加勒比海岸上。除了自身的发展外，对附近海域中的度假区如苏梅尔岛等区域具有经济带动作用，十分具备战略意义。墨西哥政府对坎昆地区的开发始于20世纪70年代。坎昆地区的基础设施包括地下排水、排污管道铺设、公路、机场的规划等方面的工序都达到国际标准。与此同时，墨西哥旅游基础设施建设国家基金委员会主要负责本地居民的建筑技能以及西班牙语的培训，以确保他们能很好地与国际游客生动有趣地分享坎昆地区的风土人情。在政府各种合力的打造下，坎昆从墨西哥加勒比海沿岸的一个小小渔村一跃成为能与美国迈阿密海滩比肩的世界级滨海旅游胜地，包含了坎昆岛、坎昆城、国际机场、自然保护区等多个不同功能的区域，可以同时为游客提供海滩度假、风情体验、往来商务通勤以及自然生活等多种服务。最重要的是，坎昆还有举世闻名的玛雅文明遗址奇琴伊察古城和图卢姆古城，游客在休闲度假之余还可以一睹玛雅文明的古老风姿，可谓是一举数得。墨西哥政府也在努力加推其新制定的“玛雅世界”旅游路线，试图增强墨西哥对国际游客的吸引力。

乌拉圭的埃斯坦西亚维克何塞度假区在拉美众多滨海度假区中是一个特例。这个度假区并不以海滩为卖点吸引游客，而是以其广袤的草原、开阔的牧场以及专业化的马术、马球俱乐部让游客趋之若鹜。除了牧场、草原、马术，埃斯坦西亚维克何塞度假区还设有各种高档酒店供游客居住。酒店的布置可谓是不惜血本，匠心独运。从房间里面的家具到酒店内部艺术厅、体育馆，均出自名家之手，体现出无处不在的艺术设计意味，深得游客之心。

再如智利的复活节岛。复活节岛是南太平洋上最孤独的一座，距离其最近的、尚有人类活动的岛屿皮特凯恩群岛也与其相隔两千公里。然而正是这个与世隔绝的岛屿发展出了高度的文明，并遗留下数百座匪夷所思的巨型石像。这些石像高度通常在7到10米之间，全为半身像，戴着帽子，光一顶帽子就重达10吨，鼻梁高挺，眼窝深陷，有欧洲人和美洲人的特征。这些石像如何搬运到海边，为何要搬运到海边，仍然是一个谜团。1722年荷兰探险家正好在复活节那天发现了这个岛屿，由此将其取名为复活节岛。1888年，智利政府将复活节岛租给一家牧羊公司放牧。随着整个拉丁美洲旅游业的复兴，智利政府也逐步将复活节岛从牧羊公司手中收回，将其开发成综合性的旅游度假岛屿。这里不仅有神秘的巨型石像文化，还有干净的海滩、独特的火山地貌，供游客潜水、游泳、观赏之用。同时智利政府还培训当地居民波利尼西亚人学讲西班牙语和英语，为游客表演舞蹈和仪式，使这个小岛增添了不少活着的文化印迹。

二、重视地方历史文化资源的保护

拉丁美洲文化产业的迅速发展还得益于当地人对历史与文化极端重视的保护态度。以拉丁美洲首批入选世界文化遗产的历史文化名城墨西哥城为例，在墨西哥城的市中心有一座“三文化广场”，这一广场包含了三种不同的时代文化内涵：印第安玛雅与阿兹特克文明、西班牙殖民主义文化，以及独立后的现代墨西哥文化。与这三种文化内涵对应的是，“三文化广场”由阿兹特克人的金字塔祭坛、西班牙殖民者的巴洛克风格教堂以及墨西哥外交大厦构成，体现出墨西哥城在不同时段发展演进的历史轨迹。

拉美人民对历史和文化的珍视还表现在对传统节日的坚守。目前在拉丁美洲，每年最为盛大的节日有两个，其一是由巴西主办的狂欢节，其二是由墨西哥主办的亡灵节。这两个节日均来源于民间传统。近年来随着节庆规模的增大，地方政府也介入到节庆的运作中，获取了巨大的经济收益。

巴西的狂欢节约于每年 2—3 月开幕，被誉为“地球上最伟大的表演”。狂欢节的文化根源滥觞于 19 世纪中叶西班牙殖民者上层中的室内化装舞会。19 世纪中期，这种舞会从室内走向了街头，男女老少不分阶层均可随着乐队演奏的音乐起舞，这是巴西狂欢节的雏形。

狂欢节最初只是一个民众自发的活动，缺乏监督和管理，其中不乏各种违法犯罪乱象。政府最初介入狂欢节主要是充当监督者的角色，通过加派警力、发放避孕工具等方式引导狂欢节的健康发展。随着狂欢节规模和影响力的扩大，政府看到了当中的商机，开始主动地介入到狂欢节的管理和运作当中。巴西里约热内卢州政府率先于 1983 年在当地建立了一座能容纳数万观众的桑巴舞赛场，随后于 1984 年又在当地修建了一条“桑巴大道”，可以容纳将近 7 万观众同时观看桑巴表演。21 世纪初，政府又于里约港建立了一座“狂欢节工场”，即桑巴表演彩车大棚，可以让游客一睹表演排练、彩车制作的过程，极大地满足了游客猎奇的心理。为了让狂欢节的表演更加出彩，里约州政府和市政府于 2009 年共投入了 450 万美元用于桑巴学校的节目排演，尤其注重将电脑等高科技应用于狂欢节的彩车以及表演设计，让狂欢节的表演层次得到了极大的提升。在巴西政府的苦心经营下，狂欢节终于在世界范围内打响了知名度，成为南美洲的一张名片。狂欢节的举办也带动了巴西当地的度假业和酒店业的发展。2016年，里约狂欢节的总体经济收益达到了7亿美元，可谓投入少、收益大，这也正是巴西狂欢节经久不衰的主要原因。

与巴西狂欢节业已形成较为完整的国际化投入产出链条相比，墨西哥的传统节日亡灵节则更注重对节日本身包含的传统文化内涵的保存和继承。亡灵节是墨西哥最重要的节日，2003年被联合国列为“人类口头及非物质遗产代表作”，也是以墨西哥为代表的美洲大陆最重要的一项“非遗”节庆。

与人们在想象中认为亡灵节充满各种哀伤和沉重的情绪不同的是，墨西哥的亡灵节充满了举国同庆的欢乐气氛。墨西哥人并不认为死亡是一件值得伤心的事，相反，死亡意味着人生到达了极乐的终点，是一件值得开心的事。墨西哥人也认为，在亡灵节这一天，故去的亲友会回来过节。只有尽可能地让他们开心，来年生者才会平平安安，事事顺利。因此，在墨西哥的亡灵节中，诙谐、热闹、神圣是主要基调。

在亡灵节当天，男女老少都可以戴上骷髅头面具，招摇过市，尽情狂欢。骷髅头是亡灵节绝对的主角。骷髅头是死亡的象征，也是墨西哥人永恒的爱。在亡灵节当天，骷髅头可谓无处不在。商场、广场及一切公众娱乐设施都摆满了骷髅头艺术品和各种雕塑。孩子们手里把玩的玩具也是骷髅头。这些骷髅头并非死气沉沉或者阴森可怕，而是在华丽的商业包装下摆出各种富有喜剧效果的表情与姿势，让人看了忍俊不禁，马上就能感受到墨西哥特有的诙谐和幽默风格，以及他们对于死亡轻松调侃的人生态度。

在亡灵节中，食品供应商也会做出各种造型的“亡灵面包”供祭祀使用。“亡灵面包”的原料和制作工艺跟日常食用的面包并无二致，只是造型有所区别。常见的造型上面有个十字架样的隆起。除了这种最流行的面包样式外，墨西哥当地还有800余种样式，可以详细划分为人、植物等形状类别。其中一种叫作“罗斯凯特”的螺旋状面包是生命不断轮回的象征。近年来随着拉丁美洲整体文化产业意识的觉醒，“亡灵面包”成了政府引导当地文化产业发展的有效渠道。每逢11月1日的亡灵节，政府会组织墨西哥面包协会的会员在节日现场烤制大量的“亡灵面包”免费发放。每次发放工作人员总会开心地对游客说“谢谢”，感谢游客的前来为墨西哥延续了亡灵节的传统。而为了保持这一传统，墨西哥政府每年都组织几个州政府轮流在首都墨西哥城举办亡灵节的风俗展，为亡灵节增添新的节日亮色。

墨西哥中央政府为了确保这项文化遗产延续下去，每年都投入巨资以发动各级地方政府鼓励、支持民众举办亡灵节庆祝活动，并为民众在亡灵节期间欣赏歌舞表演、品尝和购买传统的节日食物、制作和销售节日手工艺品提供资助。不仅如此，墨西哥政府还在中小学开设文化遗产课程，将亡灵节等重要的文化遗产纳入到教材之中，让墨西哥人从小就树立稳固的民族文化意识，将墨西哥的民族精神文化一代代传下去。

墨西哥政府对亡灵节的参与做法体现出他们一以贯之的“保护活着的文化遗产”的理念。从旅游资源的开发到历史文化遗迹的培育，墨西哥政府极为注重“永续发展”的理念，其考虑得更多的并非是如何让现有的自然与文化遗产产生最大的经济效应，而是如何让现有的自然与文化遗产所带来的良好效应可以一直存续下去。因此很多时候，墨西哥人往往选择以牺牲目前的经济收益或者加大投入为代价换取遗产的可持续发展。

三、举办展会积极推广拉美文化

拉丁美洲国家普遍乐于通过出国展览以及举办文化艺术节的形式对外推广拉美文化。自20世纪50年代初期开始，拉美国家就联合举办艺术双年展，将东道主和拉美本土的艺术一起“捆绑销售”，推向世界。

在艺术展览这一领域中，巴西率先展开了实践。以1951年巴西圣保罗双年展为例，在这一艺术展会中，巴西征集了全球各地700余名艺术家的作品进行展出，成为除威尼斯双年展以外规模最大的国际级艺术展览。自此以后，圣保罗双年展作为一个传统延续了下来。陈列展品的展馆占地3万平方米，由巴西的国宝级设计师尼迈亚设计完成。

圣保罗双年展无疑是主打国际牌的典型，被视为巴西艺术文化现代化与国际化的重要象征。从参展的艺术家来看，圣保罗画展所吸引的对象有西班牙立体主义画家毕加索、瑞士构成主义者马克斯·比尔等欧美名画家以及他们的知名作品《格尔尼卡》等。

这种双年艺术展览得以在巴西举行与20世纪40年代以来巴西的文艺激励政策有关。在二战之后，巴西加快了其财富积累的步伐，迅速地向现代化国家转型。在这一转型过程中，巴西将文化的建设放在了重要的位置上。在40年代末期，在国库并不是很充裕的时候，巴西就启动了圣保罗艺术馆、圣保罗现代艺术馆、巴西国家电影公司等艺术工程的建设计划。圣保罗双年展正是以巴西为代表的拉美国家大力发展艺术行业的一个小小的缩影。

除了艺术类展览外，拉美国家也积极地采用文化交流的形式推广拉美文化。如在2016年的“中拉文化交流年”中，拉丁美洲的不少国宝级艺术家就深入到北京的社区街道，与中国大妈共舞。在此之前，中国与拉丁美洲主要是加勒比海沿岸国家之间的交流多以“拉美艺术季”的形式展开，集中在某一时段展示古巴、格林纳达、墨西哥等国的歌舞和艺术。而在2016年掀开帷幕的“中拉文化交流年”除了拉美歌舞文化表演以外，还举办“拉美加勒比文化旅游艺术节”、摄影展等文化活动，活动时间持续一整年，是中国与拉丁美洲国家有史以来最大规模的大型文化交流活动。

第五节　中东阿拉伯国家①特色文化产业

阿拉伯国家②指以阿拉伯民族为主的国家，语言上以阿拉伯语为主，宗教上以伊斯兰教为主，普遍倡导谦逊的理念以及注重家庭的价值观。主要分布在西亚、北非地区。

中东地区则是“两洋三洲五海”③之地，是世界的十字路口，也是东西方文明的重要中转站。中东国家④主要是阿拉伯国家，但有四个重要国家土耳其、伊朗、以色列、塞浦路斯为非阿拉伯国家。伊朗不是阿拉伯国家，但与伊拉克同属于什叶派穆斯林掌权的国家。土耳其是一个横跨欧亚

① 关于本节的范围，笔者考虑了海湾国家、西亚地区、阿拉伯国家、伊斯兰国家、中东伊斯兰、中东诸国，各种概念定义都有交叉，各种国际组织纵横交错，中东不愧是目前形势最复杂的地区。对此研究世界文化产业的资料大多以点带面或者几笔带过，而我们觉得这里的精彩不容忽视，理当尽可能为读者介绍更多元的海外文化产业发展情况，于是采取“中东阿拉伯”两次概念限定，缩小了范围。但是顾此失彼，限定之外的伊朗电影产业和土耳其的旅游产业都有出彩之处，欠缺尚请读者宽宥。

② 阿拉伯国家一般说来包括巴勒斯坦、约旦、叙利亚、黎巴嫩、沙特阿拉伯、伊拉克、也门、科威特、阿联酋、卡塔尔、巴林、阿曼等12个西亚国家，阿尔及利亚、摩洛哥、突尼斯、利比亚、苏丹、埃及等6个北非国家，非洲西部的毛里塔尼亚，非洲东部的吉布提、索马里、科摩罗。

③ 中东处在联系亚欧非三大洲、沟通大西洋和印度洋的枢纽地位。五海具体指里海、黑海、地中海、红海、阿拉伯海。

④ “中东”不属于正式的地理术语。一般说来包括巴林、埃及、伊朗、伊拉克、以色列、约旦、科威特、黎巴嫩、阿曼、卡塔尔、沙特、叙利亚、巴勒斯坦、阿联酋、也门、土耳其和塞浦路斯（塞浦路斯地理上属于中东地区的一部分，但是他们自认为属于欧洲），共17个国家和地区。

两洲的国家，在政治、经济、文化等领域均实行欧洲模式，宪法规定土耳其为民主、政教分离和实行法制的国家，主要宗教是伊斯兰教逊尼派[①]。以色列国是世界上唯一以犹太人为主体民族的国家。塞浦路斯是位于欧洲与亚洲交界处的一个岛国，处于地中海东部，主要民族是希腊人和土耳其人，2004 年 5 月 1 日已经加入欧盟。还有黎巴嫩尽管是阿拉伯国家，但是国民的主要信仰是伊斯兰教和基督教两种。中东阿拉伯各国在具体的经济和科技及文化产业水平上，发展也极不平衡，贫富差距较大。

前面非洲部分已经涉及北非的埃及，其主要的文化产业形态是以金字塔游览为代表的旅游产业，鉴于其在各种资料上介绍较多，本书从略。

在各国纷纷发展文化产业，并极力融入世界潮流的今天，中东阿拉伯国家虽有丰富的宗教与历史资源，却难免给人一种“偏安一隅”的保守印象。近年来中东国家亦逐步开始有意识地发展本国文化产业，试图打造更加开放、文明、富庶的阿拉伯国家形象。

一、从对卷入全球化的焦虑到高度重视全球化

在当代全球化的境况中，阿拉伯文化的地位是比较尴尬的。欧美文化市场的阿拉伯文学消费极为单一，这种单一性也体现在欧美电影对阿拉伯题材的开掘上。从数量上看，欧美电影业是热衷于表现阿拉伯题材的。20 世纪 60 年代，好莱坞涉及阿拉伯题材的电影超过了 100 部，阿拉伯世界的东方风情让西方社会沉醉。然而这些电影在表现阿拉伯优美的风光的同时，却常常将阿拉伯世界塑造成一片充满了背叛、愚昧、落后的邪恶领土，体现出西方社会强烈的文化优越意识。

面对此困境，大部分的阿拉伯学者认为应该积极地面对全球化对伊斯兰文化带来的挑战。这些学者大多认为全球化是一股难以避免的信息化浪潮，倘若一味地回避和抵挡全球化，会导致伊斯兰文化被孤立，并最终被放置于历史的边缘位置。穆斯林要做的“不是赞扬全球化，批评全球化，隐藏全球化，而是要去理解全球化”[②]。

正是这种理性看待全球化的声音使得阿拉伯国家下定决心放下重重顾虑，打造全新的阿拉伯形象，向外界传递关于阿拉伯的积极信息，让伊斯兰文化在全球化浪潮中不至于被排斥、遗忘、孤立，并抢占一席之地。

---

① 什叶派和逊尼派是伊斯兰教的主要教派。

② Fauzi Najjonar. “The Arabs，Islam and Globalization”. *Middle East Policy*，2005 (3)，p100.

二、打造开放的国家形象

在 9·11 等恐怖主义袭击发生后，因为恐怖分子多信仰伊斯兰教，并以伊斯兰装束示人，整个阿拉伯世界的公众形象严重受损。在这样的情况下，阿拉伯国家并没有坐以待毙，而是迅速与恐怖分子划清界限，致力于维护世界和平。其中沙特阿拉伯王国（简称沙特）和卡塔尔两国的举措尤为积极。

为了打造一个开放阿拉伯国家形象，沙特花费了大量金钱用于在美国各大电视台、杂志、网站打广告，表明阿拉伯国家在反恐事件上一直是美国坚实的盟友，并及时安抚了受害者及其家属。在 2002 年 9 月，9·11 恐怖袭击事件一周年纪念日之际，沙特又在美国各大城市进行广告投放，再度对受害者及其家属进行安抚。这种勇于承担责任、开诚布公的公关策略为阿拉伯国家赢得了良好的国际声誉，也加快了阿拉伯国家打造开放的文化国家形象的步伐。沙特一直努力打造其开放、文明、高科技的高大形象。2010 年，沙特参加了在中国上海举办的世界博览会。在世博园中，沙特馆的月亮船造型占地 6000 平方米，世界为之惊艳。

另一积极主动构建良好形象的阿拉伯国家是卡塔尔。卡塔尔积极主动将自身的文化融入国际社会，一直非常努力地在文化层面发出自己的声音。

卡塔尔是海湾地区第一个获得亚运会主办权的国家。2006 年在多哈举行的第 15 届亚运会在参与人数与规模上都突破了历史纪录。此次火炬传递是亚运会历史上传递距离、经过国家和地区数量空前的一次盛典，全亚洲有 3000 名火炬手参加传递活动。不仅如此，不同宗教信仰的参赛者和观众、不同文化背景的记者和文化传媒机构在这一次亚运会中均得到了充分的尊重，充分展现了一个阿拉伯国家面对亚洲多种文明时博大宽容的态度以及穆斯林极高的民族素质。

之后，多哈又成功举办了 2011 年的亚洲杯足球比赛。这些国际赛事为卡塔尔带来了良好的口碑，极大地提升了国家形象，为阿拉伯国家构筑了强大的软实力。尤为令人惊喜的是，卡塔尔获得了 2022 年第 22 届世界杯足球赛的举办权，这被称为“体育史上最重大的决定”，也是世界杯有史以来争议最多的决定。2015 年 9 月 25 日，国际足联确定了 2022 年卡塔尔世界杯的举办时间，比赛首次放在冬天举行，时间从 11 月 21 日到 12 月 18 日，持续 28 天。这将是世界杯首次在中东国家举行，同时也是继 2002 年韩日世界杯后世界杯再一次在亚洲举行。

三、发展阿拉伯特色游戏业

阿拉伯国家游戏软件审查制度普遍非常严厉。具有反伊斯兰文化、反政府倾向，包含色情、血腥、暴力、赌博、酒精内容，以及使用网络作为游戏形式的游戏均被禁止进入阿拉伯市场，这使得多款西方游戏大制作被拒之门外。尽管阿拉伯国家对电脑游戏实行严厉的审查制度，但是阿拉伯市场日益呼唤电脑游戏的进入也逐渐成为不争的事实。

在宽带的使用方面，大部分阿拉伯国家开始加大网络基础建设投入，宽带用户的平均增速是每年 85%。网吧在阿拉伯国家的年轻人中也颇为流行，上网活动以语音、视频聊天以及多人游戏为主。日益成熟的硬件市场需要更多的游戏软件来填充。

有感于阿拉伯年轻一代多沉迷于各种充斥着西方文化符号的电玩游戏，而这些游戏又往往充满太多反阿拉伯元素，21 世纪初期，一些阿拉伯游戏公司开始从民族文化的角度开发以伊斯兰文明为主题的电脑游戏，希望可以见证历史。

叙利亚游戏开发商 Afkar Media 工作室 2003 年在大马士革成立，2006 年的时候已有 50 多名员工，成为中东地区最大的游戏开发商之一。他们的代表作是《围攻之下》和《古莱氏家族》。《围攻之下》取材于 1994 年 2 月 25 日约旦河岸的易卜拉欣惨案。《古莱氏家族》则取材于公元 6—7 世纪伊斯兰帝国 100 余年的辉煌历史。[①] 然而开发商一片良好的初衷在实际的市场运营中却遭遇了尴尬，当开发商忽略了玩家最在意的游戏体验时，在市场中遭遇滑铁卢不可避免。

尽管如此，阿拉伯人通过游戏业振兴阿拉伯文化的决心并没有动摇，阿拉伯游戏业的大旗随后由阿联酋的迪拜王子法哈德举起。法哈德王子从美国的斯坦福大学学成归来，是一位富有创造力和想象力的年轻人，并对 IT 行业抱有极大的热情。他时常穿戴阿拉伯的传统服饰，如宽大的长袍，头戴围巾。他下定决心改变外界对阿拉伯的负面印象。

法哈德王子首先为阿拉伯地区引进了脸书（Facebook）等网络社交工具，使得更多的阿拉伯人可以在互联网社区中分享他们的生活、故事和感受。此举使得互联网上涌现了大量阿拉伯诗歌。诗歌一向是阿拉伯国家最

---

① 《一个叙利亚人的战争游戏》，网易游戏“见证”专题，http://play.163.com/special/news/jianzheng_68.html。

推崇的文学形式，不少阿拉伯青年都深受诗学的熏陶，具有深厚的诗歌修养底蕴。脸书的引进让他们有更多的机会不受拘束地通过诗歌表达自己内心的感受。此举也使得阿拉伯女性可以有更多的机会表达她们的个人想法，因为在阿拉伯的现实生活中，女性的社交确实会受到一些限制。阿拉伯女性对于软件业的从业兴趣也在增强。

其后法哈德王子迅速将注意力转向了游戏产业，并于2015年在约旦成立了阿拉伯新媒体（NA3AM）公司，主旨为“通过创造带来改变”。该公司着力于对阿拉伯地区线上娱乐平台以及应用的开发，开发种类包括卡通游戏、动漫、教育软件以及休闲游戏。法哈德王子改变了以往中东游戏开发商过分注重民族宗教情感的思路，将娱乐性和玩家体验放在首位。该公司目前开发的游戏有《骆驼快跑》《洞穴大师》等。除此以外还开发了一些教育类游戏，主要在手机上使用，弥补阿拉伯游戏市场中具有民族特色手机游戏的空白。

NA3AM公司还着力于通过娱乐平台的开发改善和提高阿拉伯妇女的地位。该公司不仅主张多雇佣阿拉伯女性员工、男女员工享受同等的福利和待遇，还注重开发与阿拉伯女性权益相关的游戏。如他们最近制作的电子游戏《沙特少女革命》就是以沙特女性的经历为主线进行开发的，场景和情节都有精美的设计，堪称良品。

法哈德王子认为游戏是有效振兴阿拉伯文化的重要手段，他亦相信游戏业可以为阿拉伯文化带来复兴，因为“新兴起来的数字时代允许我们向这个世界和其他人展示出我们都是独立个体的人类，以及我们有不同的复杂性”①。

四、打造穆斯林主题玩具产业链

尽管当前的阿拉伯社会正在逐步地向全球化迈进，但是他们仍然在考虑如何在全球化的过程中保留自己民族传统的风俗习惯以及价值观，避免被其他主流或者非主流的价值观所同化。在这种思维导向下，阿拉伯社会开发出了大量与穆斯林价值观吻合的儿童玩具提供给穆斯林儿童玩耍之用，力求让穆斯林儿童从小就与自己国家和民族的传统有亲密的接触，文化传承从娃娃抓起。在这个产业领域中，开发得最成功的案例当属由叙利

① Brian Crecente，超昂草莓编译：《沙特王子和游戏艺术：用游戏改变阿拉伯世界》，http://games.sina.com.cn/yjdt/cyxw/2015-05-07/doc-iawzuney5080614.shtml。

亚一个穆斯林儿童玩具商家“新男孩”（Newboy）开发的穆斯林女孩玩具芙拉（Fulla）娃娃。

芙拉娃娃是当今在阿拉伯半岛、北非等穆斯林地区最受欢迎的儿童玩具。“芙拉”在阿拉伯语中是一种茉莉花的名字，象征女孩子的纯洁与美丽。芙拉娃娃身高、体型与芭比娃娃差不多，于1999年被开发出来后迅速受到阿拉伯国家消费市场的热捧，并于2003年掀起了销售热潮，成为中东地区最受欢迎的儿童玩具，在中国、印度尼西亚、北非等有穆斯林人群聚居的区域也有不错的销售业绩。在中东地区，芙拉娃娃的形象随处可见。芙拉系列的营养麦片、口香糖、泡泡糖是杂货店货架的常客，小女孩也乐于骑着芙拉牌脚踏车到处串门玩耍。芙拉娃娃俨然已经成为阿拉伯国家以及推崇阿拉伯文化地区的一个重要标志。

芙拉娃娃是中东地区为了抵抗芭比娃娃对当地女孩传统价值观的瓦解而开发出来的新产品。虽然芙拉娃娃与芭比娃娃都是青春无敌的美丽少女，但是芙拉娃娃并不像芭比娃娃那样喜欢穿华丽、时尚和暴露的衣服。她是一个温柔娴静的中东女孩，喜欢阅读。她也有自己丰富的小衣柜，但是她最爱穿的还是出门装，即中东女性最爱穿的深色素净的长袍。她的皮肤是棕色的，没有男朋友。

在此之前，也有过多种穆斯林小姐娃娃推向市场，其中芭比娃娃的拥有者美国马特尔公司曾推出两款中东化的芭比，一款被称作“摩洛哥芭比”，另一款叫“莱拉”。再如尽管不是阿拉伯国家、但是同属伊斯兰国家的伊朗推出的穆斯林小姐“莎拉”，身穿传统的穆斯林服装、头戴盖头的漂亮女性娃娃。莎拉娃娃在推出之前经历了六年的策划，并且一上市就以电影、动画、故事书配套出售，是中东地区首个以音像配合销售的穆斯林娃娃。

这些穆斯林娃娃的开发、投产和销售都为芙拉娃娃的设计和营销提供了宝贵的经验：组合营销，发掘玩具娃娃内在的性格特质。芙拉娃娃的成功就在于结合了此前几款穆斯林娃娃的营销的经验和教训，对产品进行重新定位，设计出一款全新的穆斯林娃娃。芙拉娃娃的成功经验可以归结为以下几点：

首先，最重要的一点，就是要比竞争对手更了解阿拉伯市场和文化，并不是简单地让娃娃穿上长袍就行。芙拉娃娃是一个集中了所有穆斯林美德的漂亮女孩，她非常诚实，充满仁爱，有耐心，孝顺父母，还讲究卫生。这些美德和品格在和芙拉娃娃配套推出的电影短片、故事书以及动画片中都可以体现出来。不仅如此，芙拉娃娃的行为举止还非常符合穆斯林的规范。芙拉娃娃随身携带一个小型的礼拜小垫，每当礼拜声响起，芙拉娃娃要去做礼拜了，和她一同玩耍的女孩子也要一同做礼拜。女孩子给芙拉娃娃换衣服和布置房间时，也要按照伊斯兰精神执行，久而久之，女孩就学会了如何在伊斯兰社会中打扮自己和布置房间。因此，任何一个穆斯林女孩都可以从芙拉娃娃的身上学习到如何成为一个优秀的有美德的女孩子。这点对芙拉娃娃的成功是至关重要的，任何穆斯林父母都希望自己的孩子有教养、守规矩、在传统社会中得到承认。

其次，芙拉娃娃背后是一个完整的产业链条。和芭比娃娃一样，芙拉娃娃也有数不清的衣服、饰品、家具、生活用品等等。与芙拉娃娃的生活配套的还有很多生活场景布置，如医院、学校、购物广场等等。这些产品可以和芙拉娃娃一起配套出售，也可以自成组合单独出售。芙拉娃娃及其配套产品的推出又促使开发商开发出以芙拉娃娃为品牌的一系列产品，如牙膏、糖果、脚踏车、文具、皮箱、餐具等。在各种芙拉娃娃商品的包围下，消费者潜移默化地选择芙拉商品，是顺理成章的。这也使得芙拉娃娃在众多穆斯林娃娃中脱颖而出，博得了消费者的青睐。

最后，芙拉娃娃代表了穆斯林女孩对未来的美好追求。芙拉娃娃身份高贵，衣服首饰均非普通的穆斯林家庭可以比拟，而且出门一趟必须有新款的名贵汽车接送，出远门还要带上她心爱的运动器械，完全是迪拜富家女子的做派。与这种雍容华贵的营销风格相匹配的是，一个芙拉娃娃价值约 150 元人民币，对于像叙利亚这些地区来说，这是一个较高的定价。然而传统的穆斯林父母们为了让孩子从小就接受纯正的伊斯兰教育，把女儿培养成端庄贤淑的大家闺秀，即使一掷千金也在所不惜。值得注意的是，为了防止形象的单调性，芙拉娃娃工作室还为芙拉娃娃设计两份不同的职业：教师和医生。这两种职业都是中东地区公认的女性最好的职业。对于那些从小就把玩芙拉娃娃的女孩儿来说，芙拉娃娃是她们灿烂前程的象征：有美德，有美貌，有财富，还有一份好工作。

参考文献

1. [美] 大卫·赫斯蒙德夫著，张菲娜译：《文化产业》，北京，中国人民大学出版社，2007。

2. [澳] 塔尼亚·芙恩著，裘安曼译：《文化产品与世界贸易组织》，北京，商务印书馆，2010。

3. [法] 弗雷德里克·马特尔著，刘成富译：《主流：谁将打赢全球文化战争》，北京，商务印书馆，2012。

4. [英] 约翰·B. 汤普森著，高铦译：《意识形态与现代文化》，南京，译林出版社，2005。

5. [英] 贾斯汀·奥康诺著，王斌、张良丛译：《艺术与创意产业》，北京，中央编译出版社，2013。

6. 陈鸣：《西方文化管理概论》，太原，书海出版社、山西人民出版社，2014。

7. 毕佳、龙志超：《英国文化产业》，北京，外语教学与研究出版社，2007。

8. 李庆本、吴慧勇：《欧盟各国文化产业政策咨询报告》，郑州，大象出版社，2008。

9. 殷俊、汤莉萍：《世界文化产业案例选析》，成都，四川大学出版社，2009。

10. 李常庆：《日本动漫产业与动漫文化研究》，北京，北京大学出版社，2011。

11. 肖赞军：《西方传媒业的融合竞争及规制》，北京，中国书籍出版社，2011。

12. 熊澄宇：《世界文化产业研究》，北京，清华大学出版社，2012 。

13. 张京成、沈晓平、张彦军：《中外文化创意产业政策研究》，北京，科学出版社，2013。

14. 李季：《世界文化产业地图》，北京，中国建筑工业出版社，2014。

15. 张胜冰、徐向昱、马树华：《世界文化产业导论》，北京，北京大学出版社，2014。

16. 李炎、陈曦：《世界文化产业发展概况》，昆明，云南大学出版社，2014。

17. 王曦：《澳大利亚创意产业“昆士兰模式”研究》，北京，经济科学出版社，2014。

18. 武常岐：《世界经典文化产业园区》，北京，中国建筑工业出版社，2015。

19. 李庆本等：《文化创意产业：“北京模式”与“昆士兰模式”比较研究》，北京，北京大学出版社，2015。

20. 张慧娟：《美国文化产业政策研究》，北京，学苑出版社，2015。

21. 熊澄宇、张铮、孔少华：《世界数字文化产业发展现状与趋势》，北京，清华大学出版社，2016。

22. 刘吉发、陈怀平、李雯：《中西方文化产业比较研究》，北京，中国社会科学出版社，2013。

23. 中国中央电视台：《公司的力量》，太原，山西教育出版社，2010。

24. 许文郁、朱元忠、许苗苗：《大众文化批评》，北京，首都师范大学出版社，2002。

25. 叶志良：《大众文化》，上海，上海文艺出版社，2003。

26. 陆扬、王毅：《大众文化与传媒》，上海，上海三联书店，2000。

27. [德] 瓦尔特·本雅明著，张旭东、魏文生译：《发达资本主义时代的抒情诗人》，北京，三联书店，1989。

28. 蔡尚伟、温洪泉等：《文化产业导论》，上海，复旦大学出版社，2006。

29. 郑也夫、李强：《西方社会学史》，北京，能源出版社，1987。

30. [美] 约翰·奈思比、[美] 帕特里夏·阿伯丁著，王仁良等译：《2000 年大趋势》，北京，时事出版社，1990。

31. 孙连才：《文化产业教程》，北京，中国传媒出版社，2012。

32. [荷] 约斯特·斯密尔斯、玛丽克·范·斯海恩德尔著，刘金海译：《抛弃版权——文化产业的未来》，北京，知识产权出版社，2010。

33. [美] 爱德华·W. 萨义德著，李琨译：《文化与帝国主义》，北京，三联书店，2003。

34. 柳士发：《文化市场学》，上海，上海文艺出版社，2002。
35. 董观志、李立志：《盈利与成长——迪斯尼的关键策略》，北京，清华大学出版社，2006。
36. 孙有中等：《美国文化产业》，北京，外语教学与研究出版社，2007。
37. 刘晓明、方世忠：《都市戏剧产业——国际对标和中国案例》，上海，上海文化出版社，2010。
38. 高振强：《全球著名媒体经营经典案例剖析》，北京，中国国际广播出版社，2003。
39. 侯聿瑶：《法国文化产业》，北京，外语教学与研究出版社，2007。
40. 程立茹：《文化产业金融创新问题研究：国别经验与典型案例》，北京，中央民族大学出版社，2014。
41. 王兴斌：《中国旅游客源国/地区概况》，北京，旅游教育出版社，2013。
42. 王晴川、陆地：《媒介法规教程》，上海，上海交通大学出版社，2013。
43. 黎斌：《中国电视业资本运营系统分析》，北京，中国传媒大学出版社，2006。
44. 李舒东：《国际一流媒体研究》，北京，世界知识出版社，2013。
45. 李怀亮：《国际文化市场报告》，北京，首都经济贸易大学出版社，2014。
46. 陈奇佳：《日本动漫艺术概论》，上海，上海交通大学出版社，2006。
47. 栾黎荔：《人文关怀视野下的动漫衍生产品》，武汉，武汉大学出版社，2013。
48. [日] 永井良和、藤木宪一著，苑崇利、史兆红、秦燕春译：《日本战后的大众文化》，北京，社会科学文献出版社，2010。
49. [韩] 姜锡一、赵五星：《韩国文化产业》，北京，外语教学与研究出版社，2009。
50. 王丛：《韩娱经济学》，北京，中信出版社，2015。
51. 尹鸿：《世界电影发展报告》，北京，中国电影出版社，2014。
52. 庞井君：《国外广播影视体制比较研究》，北京，中国国际广播出版社，2007。

53. 张讴：《印度文化产业》，北京，外语教学与研究出版社，2007。

54. 王兴斌：《中国出入境旅游国家和地区概要》，北京，化学工业出版社，2014。

55. 王永章、李冬文：《国际文化产业典型案例选编》，北京，北京出版社，2008。

56. 徐静：《会展概论》，北京，北京大学出版社，2013。

57. 江蓝生等：《2001—2002年中国文化产业发展报告》，北京，社会科学文献出版社，2002。

58. 任珺：《跨域视角下的文化政策研究》，北京，社会科学文献出版社，2014。

59. 张晓明、胡惠林、章建刚：《2006年：中国文化产业发展报告》，北京，社会科学文献出版社，2006。

60. 张晓明、胡惠林、章建刚：《2007年：中国文化产业发展报告》，北京，社会科学文献出版社，2007。

61. 王庆馨、邹沁园：《碰撞与交融：泰国与云南特色文化产业研究》，昆明，云南大学出版社，2015。

62. 林仁风、玉腊：《泰国民族传统艺术》，昆明，云南美术出版社，1997。

63. 段立生：《泰国文化艺术史》，北京，商务印书馆，2005。

后　记

山东大学自2004年创建文化产业管理专业以来，一直为本科生及后来的研究生开设海外文化产业相关课程。多年来，我们始终高度重视海外文化产业的最新学术理论成果以及产业发展动态，特别关注数字技术所带来的飞速发展及其催生的新业态。

后来，我校集中编纂《中国文化产业学术年鉴》，搜集梳理我国的文化产业学术研究成果，也一并整理了大量的涉及海外文化产业的研究资料，为本书的编纂提供了坚实的理论基础和丰富的案例资源。

本书较为系统地介绍了目前国际上比较有典型意义的国家和地区的文化产业发展概况，总结其模式特点，并对具有一定国际竞争优势的文化产业部门予以解读，以期找到对我国文化产业发展具有启示意义的产业内涵，促进我国文化产业的发展。鉴于海外文化产业体量巨大，我们又处于这样一个信息爆炸、技术跨越式发展的时代，各种新业态、新模式层出不穷，因此还需要读者对产业新动态予以持续关注。

本书是集体智慧的结晶，编写过程中得到了众多老师和同学的支持和帮助，大家充分发挥主观能动性，集思广益，精诚合作。王彦和杜文倩[①]提供了大量原始资料并给予多处建设性的意见；谢健[②]执笔撰写了第一章、第三章和第十章；何晓倩、朱姝、陈政、寸凯宁、皮彦芳、吕凌、刘璐参与了本书的编写工作；鞠增平、王欢欢、吴晓宇等在资料搜集和校对环节做出贡献。此外，本书的部分工作受到山东大学人文社会科学青年团队项目（IFYT12031）和山东省旅游局齐鲁文化修学游及传统文化传承与创新研究服务采购项目的资助。在此，一并予以诚挚的感谢！

教材的编写需要厚积薄发、博采众长，在以往的教学及现今的编写过

① 山东大学国际教育学院教师。

② 哈尔滨工业大学（深圳）人文学院人文艺术国际研究中心助理教授。

程中，我们都广泛参考借鉴了学界前辈及业界同行的智慧成果，特别是《中国文化报》派驻海外记者的最新报道给了我们很大启发。尽管参考文献的来源我们尽可能标注了，但难免疏漏，不到之处恳请海涵。

“文章千古事，得失寸心知。”衷心希望本书能为大家从事海外文化产业的学习和工作带来一定的帮助。

李大伟

2016年8月